**LE VISAGE CHANGEANT
DE LA POLITIQUE AUX ÉTATS-UNIS**

LE VISAGE CHANGEANT DE LA POLITIQUE AUX ÉTATS-UNIS

La politique ouvrière et les syndicats

PATHFINDER

NEW YORK • LONDRES • MONTRÉAL • SYDNEY

Rédaction : Michel Prairie

© 1997 Pathfinder Press.
All rights reserved. Tous droits réservés.
ISBN 978-0-87348-981-2

Imprimé aux États-Unis. Printed in the United States.

Première édition : 1997
Deuxième édition : 2004
Quatrième tirage : 2011

CONCEPTION GRAPHIQUE : Toni Gorton et Susan Zárate
PEINTURE SUR LA PREMIÈRE DE COUVERTURE : Hans Hofmann,
    Abstract Euphony, 1958, huile sur toile, 127 x 101,6 cm.
    Collection privée, reproduite avec l'aimable coopération de la
    galerie André Emmerich de New York.

Pathfinder
www.pathfinderpress.com
Courrier électronique : pathfinder@pathfinderpress.com

TABLE DES MATIÈRES

Préface à la troisième édition en anglais   9
Introduction   11
Préface à la traduction en espagnol de 1999   43
Sigles   52

I
LA MARCHE DU CAPITALISME VERS LA GUERRE ET LA DÉPRESSION   55

II
DIRIGER LE PARTI VERS L'INDUSTRIE   77

    Les perspectives du socialisme en Amérique   82
    Diriger le parti vers l'industrie   176
    Forger la direction d'un parti prolétarien   228

III
CONSTRUIRE UN PARTI DE TRAVAILLEURS SOCIALISTES   269

    Construire un parti révolutionnaire de travailleurs socialistes   273
    Le tournant et la construction d'un mouvement communiste international   282
    Une nouvelle étape de la politique ouvrière révolutionnaire   309
    Vingt-cinq leçons des années 70 et perspectives pour les années 80   413
    Former la direction d'un parti prolétarien   488

IV
LA PERSPECTIVE RÉVOLUTIONNAIRE ET LA CONTINUITÉ COMMUNISTE AUX ÉTATS-UNIS   509
    Le tournant vers les syndicats industriels   *514*
    La continuité communiste aux États-Unis   *548*

Note sur la traduction   *569*

Notes   *571*

Index   *583*

LES AUTEURS

JACK BARNES Jack Barnes est le secrétaire national du Parti socialiste des travailleurs (SWP) aux États-Unis depuis 1972. Actif dans la défense de la révolution cubaine et dans la lutte pour les droits des Noirs, il a adhéré au mouvement socialiste en 1960. Au milieu des années 60, il a été le président national de l'Alliance des jeunes socialistes et fait partie du comité éditorial de la revue *Young Socialist*. Il est membre du Comité national du SWP depuis 1963 et a assumé de nombreuses responsabilités de direction dans le mouvement communiste international.

Jack Barnes est collaborateur à la rédaction de la revue de politique et de théorie marxistes *New International,* qui a publié plusieurs de ses articles dont « Leur Trotsky et le nôtre : la continuité communiste aujourd'hui, » « The Fight for a Workers and Farmers Government in the United States, » « The Politics of Economics: Che Guevara and Marxist Continuity, » « La révolution à venir en Afrique du Sud, » « Les premières salves de la troisième guerre mondiale : l'attaque de Washington contre l'Irak » et « La marche de l'impérialisme vers le fascisme et la guerre. »

Ses articles, discours, entrevues et introductions ont été publiés dans de nombreux livres et brochures, dont *Malcolm X Talks to Young People* [Malcolm X parle aux jeunes], *Revolutionary Strategy in the Fight against the Vietnam War* [Stratégie révolutionnaire dans la lutte contre la guerre du Viêt-nam], *The Eastern Airlines Strike* [La grève contre la compagnie aérienne Eastern], *Letters from Prison* [Lettres de prison] et *FBI on Trial: The Victory in the Socialist Workers Party Suit against Government Spying* [Le procès du FBI : la victoire du Parti socialiste des travailleurs contre l'espionnage gouvernemental].

MARY-ALICE WATERS Auteure de l'article « Forger la direction d'un parti prolétarien » contenu dans ce livre, Mary-Alice Waters est la directrice de la revue *New International*. Elle a adhéré à l'Alliance des jeunes socialistes en 1962 sous l'impact des révolutions cubaine et algérienne et du mouvement pour les droits civils. Elle est membre du Comité national du Parti socialiste des travailleurs depuis 1967 et a beaucoup voyagé comme dirigeante du mouvement communiste mondial.

Mary-Alice Waters a été directrice de la revue *Young Socialist* et par la suite de l'hebdomadaire *The Militant* et de la revue socialiste *Intercontinental Press*. Elle est l'auteure de *Feminism and the Marxist Movement* [Le féminisme et le mouvement marxiste] et a dirigé la publication de *Cosmetics, Fashions, and the Exploitation of Women* [Les cosmétiques, la mode et l'exploitation des femmes]. Elle a écrit de nombreux articles sur la révolution cubaine, dont *Che Guevara et la lutte pour le socialisme aujourd'hui : Cuba fait face à la crise mondiale des années 90*.

Préface à la troisième édition en anglais

« Un nouveau motif est en train d'être tissé dans la lutte, à mesure que les travailleurs émergent d'une période de retraite, » a souligné l'auteur Jack Barnes dans une présentation faite en décembre 1998 lors de la session de clôture d'une conférence parrainée conjointement par le Parti socialiste des travailleurs et les Jeunes socialistes à Los Angeles en Californie. Les travailleurs résistent aux conséquences de la « mondialisation » capitaliste — « ce terme grandiloquent qui affiche l['] arrogance impérialiste [des dirigeants] tout en masquant leurs attaques brutales contre la dignité humaine à travers le monde. » Ce nouveau motif, a-t-il noté, est fait d'actions d'avant-garde prolétariennes nombreuses — et, dans un premier temps, sans rapport entre elles. Ces actions ont pour résultat une avant-garde en émergence « dont les rangs grossissent chaque fois qu'un travailleur ou qu'un agriculteur tend la main de la solidarité vers d'autres travailleurs et agriculteurs et leur propose de lutter ensemble. »

Sous le titre « Des changements de mer dans la politique ouvrière, » cette présentation constitue le premier chapitre du livre *Le désordre mondial du capitalisme : la politique ouvrière au millénaire,* aussi de Jack Barnes, le pendant du présent ouvrage. Ce chapitre fait le pont entre les deux livres. Le cours politique qu'il présente a été discuté et adopté par le congrès d'avril 1999 du Parti socialiste des travailleurs à San Francisco en Californie.

Cette troisième édition comprend la préface à la traduction publiée en 1999 du livre en espagnol. La lecture complémentaire du *Visage changeant de la politique aux États-Unis* et du *Désordre mondial du capitalisme* aidera à voir la dynamique de classe et les changements politiques qui sous-tendent le présent livre et à en accroître la valeur et le caractère irremplaçable comme manuel pour les organisateurs prolétariens révolutionnaires.

Mary-Alice Waters
Avril 2002

Introduction

Le visage changeant de la politique aux États-Unis : la politique ouvrière et les syndicats est avant tout un guide pour les générations de travailleurs qui entrent dans les usines, les manufactures et les mines dans la deuxième moitié des années 90 — des travailleurs qui vont réagir à la vie de plus en plus incertaine, aux bouleversements incessants et à la brutalité qui accompagneront l'arrivée du vingt et unième siècle. C'est un guide pour les millions de travailleurs dont la conscience de classe va s'accroître à mesure qu'augmentera la résistance à ces conditions de vie qui se dégradent — des travailleurs qui, avant qu'ils en aient fini, vont complètement se transformer, complètement transformer leurs syndicats et complètement transformer la société.

Cette nouvelle édition constitue aussi un guide important pour tous les jeunes qui, en nombre croissant, sont dégoûtés par le racisme, l'inégalité des femmes et les autres relations sociales d'oppression et d'exploitation que le capitalisme reproduit chaque jour de manière de plus en plus intolérable à l'échelle internationale. C'est un livre pour tous les combattants qui, peu importe leur point de départ, sentent que si ce système social international n'est pas remplacé,

VOIR LES NOTES EN PAGE 41

il mènera l'humanité à la ruine économique, à la tyrannie fasciste et à la guerre mondiale.

Ce livre découle de l'expérience de la classe ouvrière au cours des 20 dernières années. Il reflète les leçons durement acquises tirées de l'activité de la section organisée de cette classe qui a une conscience de classe et un esprit révolutionnaire. Une grande partie du contenu de ces pages a été discutée et adoptée lors de congrès et de réunions de la direction élue du Parti socialiste des travailleurs aux États-Unis. Des travailleurs et des jeunes de plusieurs autres pays ont participé à ces rencontres, y ont apporté leurs expériences et ont eu une influence déterminante sur les décisions adoptées.

Ce livre essaie avant tout de montrer pourquoi seule la classe ouvrière, qui ne possède aucun des grands moyens de production, peut inspirer ses alliés et sortir l'humanité de la crise sociale endémique au capitalisme en déclin. Les pages qui suivent tentent de montrer pourquoi les travailleurs industriels et leurs principales organisations de défense, les syndicats, ont le potentiel d'être les bataillons les plus puissants de la classe ouvrière et pourquoi c'est vrai partout dans le monde.

Ces perspectives plongent leurs racines dans quelque 150 ans d'expérience et de tradition communistes dans la politique ouvrière et les syndicats. La première, et d'une certaine façon toujours la meilleure, présentation systématique de ces conclusions s'intitule « Les syndicats : leur passé, leur présent et leur avenir ». Elle a été rédigée en 1866 par Karl Marx[1]. *Le visage changeant de la politique aux États-Unis* s'appuie sur ces leçons historiques et présente une stratégie de lutte pour transformer les syndicats — devenus après la deuxième guerre mondiale des institutions de la société bourgeoise, faibles et bureaucratiquement dominées, de moins en moins capables de défendre même les intérêts quotidiens de leurs membres — en une composante importante d'un mouvement social révolutionnaire des travailleurs, des agriculteurs et de leurs alliés.

C'est par le biais de leur implication et de leur travail politique quotidiens dans les usines, les syndicats et les mouvements de protestation sociale que les membres de ligues communistes encore relativement petites comme le Parti socialiste des travailleurs aux États-Unis développent leur capacité de participer de manière efficace dans la politique — des escarmouches d'usine, des grèves et des manifestations de rue qui ont lieu aujourd'hui jusqu'aux batailles de classe beaucoup plus grandes et aux luttes explosives que le prolétariat dirigera demain. Dans ces batailles, qui font partie de conflits de classe internationaux grandissants, des partis communistes forts peuvent et vont être forgés, dont l'objectif est, ainsi que le disent les statuts du Parti socialiste des travailleurs, « d'éduquer et d'organiser la classe ouvrière, afin d'établir un gouvernement des travailleurs et des agriculteurs qui abolira le capitalisme […] et se joindra à la lutte mondiale pour le socialisme. »

Dépression et crise sociale mondiales

Les pages qui suivent décrivent le visage changeant de la politique aux États-Unis et dans le monde depuis que la courbe du développement capitaliste a commencé à descendre au début des années 70, après la longue expansion économique qui a suivi la deuxième guerre mondiale. La plus grande dégringolade à survenir en une seule journée depuis le début du siècle, l'effondrement de la bourse de New York le 19 octobre 1987 a signalé une accélération de cette glissade. Littéralement du jour au lendemain, il est devenu mondial. Au début des années 90, le système capitaliste est entré dans une dépression internationale. Aussi longtemps que le capitalisme se maintiendra et en dépit des oscillations incessantes du cycle économique, ces conditions de dépression et leurs tendances déflationnistes érosives ne seront pas renversées à moins que les plus puissantes classes dirigeantes de l'Amérique du Nord, de l'Europe et de l'Asie-Pacifique ne soient capables d'infliger de grandes défaites à la classe ouvrière et au mouvement ouvrier et de détruire d'énormes quantités de marchandises et de capitaux à travers une concurrence acharnée et des conflits commerciaux de plus en plus aigus. Une telle éventualité s'accompagnerait inévitablement d'un effondrement financier dévastateur, du développement de mouvements fascistes et d'une guerre mondiale.

Le déclin des taux de profit à l'échelle internationale intensifie la concurrence capitaliste pour les marchés, les sources de matières premières et la domination des « plates-formes d'exportation » à bas salaires dans le monde semi-colonial. Beaucoup de capitalistes ont sabré leurs prix à la limite de la faillite afin d'acculer leurs concurrents au pied du mur. Depuis la fin des années 80 aux États-Unis, « dégraissage des effectifs » et « réingénierie » sont devenus les mots codés utilisés par les super-riches propriétaires des industries et des banques pour mener une offensive sans merci visant à réduire leurs coûts. Ils ont licencié des directeurs et administrateurs intermédiaires, des techniciens, du personnel de bureau ainsi que des travailleurs industriels. Ils ont simplifié la production et les tâches administratives à l'aide de l'informatisation. Ils ont mis au rancart les usines et l'équipement désuets et ils se sont débarrassés de leurs divisions les moins rentables. Ils restructurent les chaînes de production et implantent des systèmes dits « juste à temps » ou en « flux tendu » de gestion d'inventaire et de livraison de pièces et de matières premières. En le faisant, ils rendent leurs usines beaucoup plus vulnérables aux arrêts de travail.

Les capitalistes mènent une guerre incessante — parfois ouverte, parfois masquée — contre la santé et la sécurité, contre la syndicalisation et contre la dignité même de la classe ouvrière. Les employeurs ne cessent d'essayer de réduire les salaires et les allocations sociales. Ils augmentent les heures supplémentaires, ainsi que les emplois à temps partiel et « temporaires », mal payés et sans prestations sociales. Ils accélèrent de manière intensive les cadences, accentuent les différences entre travailleurs embauchés pour faire le même travail et élèvent l'âge d'admissibilité à la retraite. Les familles dominantes dans le monde impérialiste se livrent à un assaut féroce contre le salaire social — les programmes de sécurité sociale élémentaires financés par le gouvernement, que les travailleurs se sont battus pour obtenir afin de protéger l'ensemble de notre classe en en défendant les membres les plus vulnérables.

Les dirigeants capitalistes cherchent à avoir les mains plus libres pour approfondir cette offensive anti-ouvrière en réduisant les droits que les travailleurs ont conquis au travail et dans la société. Les directions d'entreprises essaient de restreindre le droit des travailleurs d'agir comme des syndiqués et des gens politiques au travail. Elles utilisent les tests de « dépistage de drogue » et d'autres stratagèmes du genre pour réprimer les militants. Les employeurs et leurs gouvernements cherchent à affaiblir l'unité et la force de frappe de la classe ouvrière et du mouvement syndical en essayant de reprendre les gains faits par les Noirs, les femmes et les syndicats au moyen de l'action affirmative. Dans le but de mâter l'esprit rebelle des jeunes travailleurs et de les forcer à se conformer à la discipline et aux valeurs capitalistes, les patrons visent aussi les jeunes avec des campagnes « contre le crime » et des sentences beaucoup plus sévères. Les flics, les tribunaux et le Congrès s'attaquent aux droits les plus fondamentaux des accusés et des condamnés.

Esclaves ruraux du capital par le biais de la dette, les petits agriculteurs continuent à voir attaquer leur droit à un revenu décent et celui de travailler la terre pour produire des aliments et des fibres. Les efforts des dirigeants pour maintenir leur taux de profit accroissent leur indifférence face aux mesures visant à protéger l'environnement.

L'évolution de la crise capitaliste dans les dernières années du vingtième siècle donne une force nouvelle à la conclusion tirée par Karl Marx il y a quelque 130 ans, selon qui ce système de production exploiteur « épuis[e] en même temps les deux sources d'où jaillit toute richesse : la terre et le travailleur [2]. »

La marche du capitalisme vers la guerre et la dépression
Au milieu des années 90, il est devenu clair que, pour le moment, les dirigeants U.S. sont sortis gagnants des premières mêlées les opposant à leurs principaux rivaux, y compris les plus puissants d'entre eux, l'Allemagne et le Japon. Qui plus est, le capital U.S. augmente son avantage. « L'inquiétude face au rythme lent de l'économie obscurcit un heureux développement d'une importance considérable : la capacité concurrentielle des États-Unis sur les marchés mondiaux s'est améliorée de façon remarquable, » a déclaré triomphalement le *Wall Street Journal* en septembre 1993 dans une chronique publiée à la une. Ce développement, a-t-il ajouté, « n'est peut-être qu'une maigre consolation pour les Américains dont les emplois ont récemment disparu ou pour ceux qui ont vu la valeur d'achat de leur chèque de paye baisser depuis quelques années. » Mais c'est la seule façon de battre les rivaux du capitalisme U.S. « dans un monde de plus en plus étroitement lié et compétitif. »

Une maigre consolation en effet. Mais cet article s'adressait à l'époque à la riche minorité qui vit du travail des autres, pas à la majorité productrice dont le travail crée la richesse sociale et la possibilité matérielle de toute culture.

Les attaques des capitalistes U.S. au cours des dernières années pour réduire leurs coûts et leur capacité de production leur ont permis de reprendre une importante « part du marché » mondial dans l'automobile et la fabrication de camions, l'électronique, les semi-conducteurs, les télécommunications, l'acier, les équipements agricoles et de construction, et d'autres produits. Le terrain ainsi arraché à leurs principaux rivaux et une reprise dans le cycle économique ont poussé les employeurs à commencer à embaucher des travailleurs dans le but d'accroître leur production et d'augmenter leurs profits. En avril 1994, au moment où s'effectue la préparation pour l'impression de cette nouvelle édition, de nombreux jeunes travailleurs se trouvent du travail — beaucoup pour la première fois — dans des usines automobiles, des aciéries, la construction de mines, les chemins de fer et d'autres industries. Se trouver parmi ces nouveaux embauchés constitue la plus grande opportunité et le plus grand défi auxquels font face les travailleurs qui sont communistes depuis qu'ils ont été au centre de ceux qui, dans leur lieux de travail et dans leurs syndicats, en sont venus à s'opposer à l'escalade militaire impérialiste qui a culminé dans l'assaut meurtrier de Washington contre l'Irak.

La première section de ce livre, « La marche du capitalisme vers la guerre et la dépression, » a été écrite pendant cette escalade belliciste de la fin de 1990. Elle décrit les coups portés pendant les années 80 contre le niveau de vie, les conditions de travail et le bien-être général de la classe ouvrière aux États-Unis, sous l'impact de l'offensive antisyndicale des patrons et de l'évolution vers la droite bipartite des politiques domestiques gouvernementales. Ces tendances se sont poursuivies pendant les années 90. Les employeurs profitent de l'affaiblissement du mouvement syndical pour embaucher de jeunes travailleurs en faisant fi des listes d'ancienneté, des comités de sélection, des affectations de poste et des autres dispositions des conventions collectives. Le patronat non seulement veut de jeunes os et de jeunes muscles, mieux en mesure de tenir le coup devant l'accélération brutale des chaînes de production et l'érosion des conditions de travail. Les employeurs espèrent aussi que ces jeunes travailleurs auront une moins grande conscience syndicale et que, heureux d'avoir un peu d'argent dans les poches, ils seront davantage disposés à s'accommoder pour s'en sortir.

Le rapport adopté par le congrès de 1979 du Parti socialiste des travailleurs et qui est reproduit dans ce livre fait référence à un autre moment au vingtième siècle où les patrons et d'autres ont fait le même genre de suppositions sur les jeunes travailleurs et en ont été bientôt amèrement déçus. À Minneapolis au début des années 30, plusieurs cadres du mouvement communiste en sont venus à assumer des responsabilités centrales dans les grèves et les batailles ouvrières qui ont fait de cette ville une place forte syndicale. Les travailleurs socialistes ont aidé à construire les Teamsters comme un puissant syndicat dans tout le nord du Midwest et ont franchi les premiers pas pour forger une direction de lutte de classe dans le mouvement ouvrier, du Dakota du Nord au Texas, de Seattle à Cincinnati. On trouvera le récit de ces expériences, que les jeunes travailleurs communistes étudient et réétudient, dans la série de quatre livres sur les Teamsters écrite par Farrell Dobbs, un organisateur des Teamsters durant la montée du mouvement pour les syndicats industriels des années 30 et un dirigeant central du SWP pendant de nombreuses années [3].

« Les socialistes de Minneapolis, explique le rapport, ont compris et valorisé des aspects de la situation que beaucoup d'autres voyaient comme des obstacles — par exemple l'inexpérience des jeunes travailleurs. Comme le souligne Farrell [Dobbs], ceci signifiait que les rangs n'avaient pas à désapprendre autant de choses. On n'avait pas réussi à leur faire croire qu'une couche de bureaucrates syndicaux se situait à leur gauche. Une fois que ces jeunes travailleurs sont entrés en action, ils ont appris très vite. C'est vrai : les patrons ont dû leur porter une série de coups avant qu'ils ne se tournent vers leur syndicat et quelques autres encore avant qu'ils ne regardent plus loin que leurs dirigeants syndicaux de départ. » Mais regarder — et agir — ils ont vite eu fait de le faire.

Les capitalistes et leurs porte-parole projettent sur la classe ouvrière leurs propres conceptions — déformées par des préjugés de classe, justificatrices et trompeuses — de ce que sont les travailleurs, qu'ils considèrent en fait comme des moins que rien. Pour les employeurs, les travailleurs ne sont que des objets, des outils d'un genre spécial — à utiliser jusqu'à la corde, puis à jeter pour en embaucher d'autres. Les patrons comptent sur les effets corrosifs de la concurrence pour les emplois et sur les divisions entre travailleurs qu'engendrent le système de marché et ses valeurs de loups qui se mangent entre eux. Ils prennent pour acquis que ceux qui ont un emploi ne feront jamais leur la cause des chômeurs. Les dirigeants croient que le racisme, la discrimination contre les femmes, le chauvinisme contre les immigrants et les travailleurs dans les autres pays, ainsi que les conflits de génération garderont, en dernière analyse, la classe ouvrière et le mouvement syndical faibles et divisés. Les capitalistes sont surpris quand la solidarité humaine (que la classe ouvrière porte en son sein pour le futur de toute l'humanité) se manifeste dans une résistance explosive et inattendue aux attaques contre le niveau de vie, les conditions de travail et les droits démocratiques et sociaux des travailleurs.

Les jeunes qui entrent dans les usines et les autres lieux de travail aujourd'hui se trouvent à côtoyer des travailleurs de plusieurs autres générations. Les nouveaux embauchés peuvent apprendre, et apprennent, de ces travailleurs expérimentés les coups qui ont été portés aux salaires, aux conditions de travail et aux syndicats au cours des deux dernières décennies. Ces attaques sont aussi décrites en détail dans ce livre.

Mais ces revers et leurs conséquences ne pèsent pas sur la jeune génération de travailleurs comme ils le font sur ceux qui ont mené une grève il y a quelques années et l'ont perdue. L'impact est différent chez ceux qui ont mené une grève qui s'est terminée par une impasse frustrante ou chez ceux qui, comme c'est arrivé pendant presque une demi-décennie après la récession dévastatrice de 1981-1982, ont accordé pratiquement sans riposte de grandes concessions aux patrons, pour ensuite se faire de toute façon flanquer à la porte usine après usine quand les propriétaires ont réduit leur capacité productive. Les travailleurs plus jeunes n'ont jamais connu autre chose que les manufactures et les syndicats qui existent aujourd'hui. C'est leur point de départ. Les revers et les impasses du passé ne pèsent pas d'un grand poids sur leur façon d'évaluer les choses quand il faut dire « non » aux exigences de concession des employeurs ni sur leur façon de juger quand et où commencer à se battre. Ni l'âge ni la bureaucratie syndicale n'ont appris aux jeunes travailleurs ce qu'ils « ne doivent pas faire. » On ne leur a pas non plus appris qui ils ne doivent pas écouter ni ce qu'ils ne devraient pas prendre la peine de lire.

Pour ces raisons précises, la nouvelle génération a plus de chance de voir les changements importants, de reconnaître les nouvelles faiblesses dans la situation des employeurs et de saisir l'opportunité d'initier une lutte capable de renforcer le syndicat. Parce que les travailleurs plus jeunes ne sont pas soumis à la démoralisation engendrée par les revers et les impasses du passé ni encore « socialisés » par les couches plus privilégiées des usines, leur résistance peut exploser en dépit des leçons de morale des prêcheurs et des pontifes, des rationalisations avancés par la bureaucratie syndicale pour justifier des concessions qu'ils ont faites ou des promesses faites par les capitalistes et leur gouvernement sur ce que « nous » pouvons accomplir si vous « vous » sacrifiez juste un petit peu plus longtemps. Quand ça va arriver, beaucoup de travailleurs plus âgés vont puiser dans leurs réserves et découvrir qu'eux aussi sont des gens différents de ce qu'ils pensaient être devenus.

La clé pour que la classe ouvrière et le mouvement syndical réalisent de nouveaux progrès réside dans la combinaison de l'expérience durement acquise à travers des années de lutte et de la fraîcheur combative et de l'initiative des jeunes batailleurs.

Les maux du capitalisme engendrent une révulsion morale parmi les jeunes

Ces caractéristiques de la jeunesse ne se limitent pas aux seuls jeunes qui ont présentement un emploi. L'histoire de la lutte de classe moderne confirme que des millions de jeunes travailleurs et d'étudiants commencent à remettre en question les conséquences sociales et politiques de l'ordre capitaliste avant même que les crises sociales qui s'approfondissent n'éclatent en mouvements de masse dans les rues, en luttes ouvrières de grande ampleur et dans la croissance d'organisations révolutionnaires. Le début d'une radicalisation parmi les jeunes indique que des conflits sociaux plus larges se préparent.

Quand les jeunes regardent le monde capitaliste aujourd'hui, ils se rendent compte qu'ils sont aussi en train de dévisager leur propre avenir. Ils voient le genre d'êtres humains qu'ils sont éduqués et formés à devenir. De plus en plus, ils trouvent cette image grotesque et intolérable. Ils sont dégoûtés par l'avidité, l'hypocrisie, le léchage de botte cynique, la brutalité et l'inhumanité qu'ils voient partout autour d'eux, en particulier parmi les couches « compatissantes » des apologistes de la classe dirigeante. Ils remettent en question la crédibilité du gouvernement, de son armée, de sa police et des autres institutions capitalistes. Ils voient un futur encore plus horrifiant émerger d'un présent déjà horrifiant. De plus en plus d'entre eux veulent adopter une position de supériorité morale en disant simplement la vérité sur les conséquences de l'exploitation et de l'oppression dans le monde entier et en rejetant inconditionnellement ces horreurs sans se soucier des conséquences. Un nombre croissant d'entre eux, en tant qu'individus et en petits groupes, commencent à contester la légitimité du capitalisme lui-même et sont attirés par le socialisme, par le mouvement communiste et par les traditions de la classe ouvrière. Ils sont attirés par une vie dont les implications pratiques coïncident avec leurs convictions politiques profondément ressenties, où il n'y a pas de gouffre entre parole et actions.

Depuis le krach boursier de 1987, le monde en est devenu un où, pour la première fois en plus d'un demi-siècle, des millions de travailleurs dans les pays impérialistes mêmes prennent conscience que nous nous trouvons au début d'une crise sociale, économique et politique catastrophique. C'est un monde où les appareils staliniens de l'ancienne Union soviétique et de l'Europe de l'Est se sont écroulés l'un après l'autre, après avoir été les plus grands obstacles à la ligne de marche de la classe ouvrière mondiale pendant plus de 60 ans. C'est un monde où la polarisation politique a déjà atteint un point tel dans les démocraties capitalistes économiquement avancées que des démagogues et des mouvements d'extrême droite, bonapartistes et ouvertement fascistes se taillent un espace croissant à partir d'une base au sein de la politique bourgeoise. Patrick Buchanan et Ross Perot aux États-Unis ; les héritiers de Mussolini dans les blocs électoraux de droite en Italie ; les courants nationalistes d'extrême droite en Russie ; les bandes de rue fascistes en Allemagne, en France, au Royaume-Uni et ailleurs à travers l'Europe — ces forces pointent toutes dans la même direction tant que le pouvoir et la politique capitalistes dominent le monde. La perspective de voir une de ces forces bonapartistes s'emparer encore une fois des rênes gouvernementales dans un pays capitaliste industrialisé déchiré par une crise intolérable attire aussi l'attention sur la possibilité d'une guerre future entre les puissances impérialistes de l'Amérique du Nord, de l'Europe et de l'Asie — quelque chose de pratiquement exclu pendant près d'un demi-siècle après la deuxième guerre mondiale[4].

Pour les lecteurs de ce livre qui sont à la fin de la vingtaine ou plus âgés, ces développements représentent des changements politiques majeurs qui leur imposent d'ajuster de manière importante ce qu'ils prenaient pour acquis à propos du monde. Mais ce monde est celui que les jeunes travailleurs et les étudiants prennent pour acquis. C'est la seule réalité dans laquelle ils ont fait de la politique, même si c'est aussi un monde dont les maux et les injustices leur sont de plus en plus insupportables. Ils ont beaucoup moins à désapprendre lorsqu'ils entreprennent une formation sérieuse sur la politique de classe et le socialisme.

Les jeunes qui se radicalisent et deviennent actifs en politique le font en réaction *contre* ce qu'ils rejettent. Ce qu'ils *appuient* concrètement et comment y arriver restent habituellement vagues un peu plus longtemps. Les étudiants et les jeunes travailleurs ont été parmi les premiers à organiser des actions de protestation contre le massacre perpétré par le gouvernement des États-Unis en Irak en 1991. Ils sont au premier rang de ceux qui défendent les cliniques d'avortement contre les attaques physiques et de ceux qui cherchent à donner quelques bons coups aux extrémistes de droite qui les organisent. Ils détestent l'injustice et les affronts du racisme et vont utiliser tous les moyens nécessaires pour les éliminer si on leur offre une direction claire et efficace pour le faire. Ils descendent spontanément dans la rue pour exiger la fin de la brutalité policière, comme le passage à tabac de Rodney King à Los Angeles en 1991. Ils détestent le mépris arrogant de la classe dirigeante envers les immigrants, leur langue, leur culture et leurs aptitudes. Les jeunes sont dégoûtés par l'hostilité incessante des dirigeants U.S. à l'endroit de la révolution cubaine et par les conséquences économiques et sociales dévastatrices engendrées par des décennies d'oppression sous l'apartheid en Afrique du Sud. Ils s'indignent de la destruction toxique de l'environnement par un système social qui fait passer les profits avant tout autre priorité.

Mais les jeunes commencent aussi rapidement à essayer de comprendre ce qui cause les maux auxquels ils s'opposent et ce qu'on peut faire pour y remédier. Ils commencent à rechercher une force dans la société ayant la force d'effectuer un changement. Ils commencent à s'intéresser aux idées radicales et aux journaux, revues, brochures et livres où ils espèrent trouver des réponses claires aux questions qu'ils se posent. Un certain nombre d'entre eux commence à jeter un oeil du côté des organisations socialistes dans l'espoir d'en trouver une qui soit assez sérieuse pour y adhérer.

Parmi les maux du capitalisme, ce sont l'exploitation de plus en plus intense des travailleurs et les attaques anti-ouvrières croissantes des employeurs que les jeunes ont le plus de difficultés à reconnaître et à rejeter, particulièrement s'ils ne travaillent pas dans l'industrie ou s'ils ne sont pas membres d'un syndicat. Les grèves et les autres batailles syndicales font rarement partie des premières luttes vers lesquelles se tournent — parce qu'ils les associent de manière décisive au rejet des maux du capitalisme qui les amènent à devenir socialistes — de nombreux jeunes qui se radicalisent. Mais après avoir rencontré des travailleurs qui résistent à la détérioration des conditions de vie sous le capitalisme en déclin, les jeunes combattants élargissent rapidement leurs perspectives et concrétisent les assises politiques à partir desquelles ils agissent.

Avec le temps, une riposte croissante parmi les rangs des syndicats va converger avec la montée des protestations sociales. Les deux représentent une résistance à la brutalité du capitalisme, une brutalité qui est le plus grand obstacle à la solidarité humaine et au progrès social. Les jeunes et les autres combattants vont finir par comprendre que tous les maux du monde moderne sont le produit de son mal le plus fondamental : la façon par laquelle le capitalisme reproduit ses relations sociales d'exploitation pour enrichir une poignée de familles dominantes riches et, en le faisant, broie les êtres humains, détruit l'environnement naturel et renforce chaque aspect de l'oppression et de la dégradation héritées de milliers d'années d'existence d'une société divisée en classes.

Construire des partis de travailleurs socialistes
Ce livre explique le genre de parti dont la classe ouvrière a besoin de façon à se préparer pour les batailles de classe à venir qui décideront si le futur de l'humanité sera marqué par la tyrannie fasciste et la guerre, ou par les victoires révolutionnaires des travailleurs contre les horreurs d'un capitalisme moribond et par la reconstruction du monde sur de nouvelles assises socialistes. Si des partis communistes prolétariens ne sont pas construits longtemps avant que les batailles décisives ne s'engagent, il sera trop tard. Les travailleurs et leurs alliés dans la majorité laborieuse de l'humanité iront à la défaite.

Depuis ses origines au milieu du dix-neuvième siècle, le mouvement communiste moderne a placé au centre de ses efforts quelque chose de nouveau dans l'histoire humaine : la construction de partis dont les dirigeants aussi bien que les membres sont, dans leur grande majorité, des travailleurs.

Avec l'expansion mondiale de l'industrie capitaliste au vingtième siècle, les partis communistes ont travaillé à ancrer leurs activités dans le bastion de la classe ouvrière le plus central du point de vue stratégique et le plus puissamment organisé : les travailleurs industriels et leurs syndicats. C'est ce qu'ont fait les bolcheviks sous la direction de Vladimir Lénine. C'est ce que font aujourd'hui le Parti socialiste des travailleurs aux États-Unis et ses copenseurs dans des organisations communistes d'autres pays.

Pour des raisons expliquées dans les pages de ce livre, le SWP a dû battre en retraite entre le milieu des années 50 et le début des années 70 et cesser d'effectuer un travail politique de grande échelle au moyen de groupes organisés de travailleurs-bolcheviks dans les syndicats industriels. Les conditions politiques qui ont rendu cette retraite nécessaire ont changé au lendemain de la récession de 1974-1975, la plus profonde depuis 1937-1938 et la première aussi depuis cette époque à avoir une ampleur internationale. Cette récession a porté un coup aux illusions des travailleurs dans la capacité du capitalisme de leur offrir un semblant de sécurité permanente, à eux et à leur famille. Cette nouvelle conscience s'est ajoutée aux profonds changements d'attitude engendrés par les mouvements pour les droits civils et le Pouvoir noir, les manifestations contre la guerre du Viêt-nam et la nouvelle vague de luttes pour les droits des femmes dans les années 60 et 70. Au milieu et à la fin des années 70, ces changements parmi les travailleurs et l'espace accru qu'il en est résulté pour le travail politique des travailleurs ayant une conscience de classe dans le mouvement syndical se sont manifestés dans une série de luttes pour la déségrégation scolaire à Boston et dans plusieurs autres villes, dans la résistance des membres des Mineurs unis d'Amérique et des Métallurgistes unis d'Amérique, et dans une montée des actions de protestation des petits agriculteurs.

Étant donné cette nouvelle situation, le Parti socialiste des travailleurs a décidé en 1978 d'initier un tournant vers les syndicats industriels. Ce tournant avait pour objectif d'organiser la grande majorité des membres et dirigeants du parti pour qu'ils se trouvent des emplois dans l'industrie et deviennent des membres actifs des syndicats industriels. « Notre tournant découle du changement qui s'opère dans la classe ouvrière américaine, » a affirmé le rapport adopté par le congrès de 1979 du parti. « Quand un parti comme le nôtre a l'opportunité d'aller vers les sections syndiquées de notre classe les plus puissantes et les plus influentes et d'y faire du travail politique, nous devons le faire. C'est le b.a. ba » d'un parti marxiste prolétarien qui s'efforce de diriger les travailleurs jusqu'à la révolution socialiste.

« Agir ainsi *renforce* tout ce que nous faisons. Ça renforce le parti. Ça renforce chaque membre du parti. Ça renforce notre participation dans chaque lutte des opprimés. »

Beaucoup de ceux qui ont effectué ce tournant avaient été gagnés au mouvement socialiste dans les années 60 et 70. Comme jeunes, ils avaient trouvé leur voie vers l'activité politique en défendant la révolution socialiste à Cuba et en s'impliquant dans les mouvements de protestation sociaux de cette époque. En le faisant, ils en étaient venus à admirer des dirigeants communistes comme Fidel Castro et Ernesto Che Guevara et des figures révolutionnaires comme Malcolm X.

Les membres du SWP sont entrés dans l'industrie au début de 1979 quand une révolution a triomphé en Iran et que les masses travailleuses ont changé à jamais la position de l'impérialisme U.S. dans cette partie du monde. Plus tard la même année, des révolutions victorieuses au Nicaragua et dans l'île antillaise de la Grenade ont porté au pouvoir deux nouveaux gouvernements des travailleurs et des agriculteurs dans les Amériques. Ces deux victoires ont ravivé les perspectives d'une extension de la révolution socialiste dans les Amériques et ont permis aux travailleurs cubains et à leur direction communiste de faire de nouveaux pas en avant dans la construction du socialisme et le développement de leur cours internationaliste prolétarien. Parmi ceux qui se sont ralliés à ces révolutions aux États-Unis et dans d'autres pays, de jeunes combattants ont été gagnés au mouvement communiste et ont aidé à construire les fractions organisées des membres du SWP dans les syndicats industriels.

Plusieurs de ces jeunes avaient d'abord adhéré à l'Alliance des jeunes socialistes, une organisation de jeunesse indépendante en solidarité politique avec le SWP. Ils se sont convaincus par la suite de la nécessité de construire un parti de travailleurs communistes. « C'est la capacité de notre mouvement de recruter, depuis le début des années 60, dans la nouvelle génération de jeunes qui se radicalisent qui crée aujourd'hui la possibilité de faire ce tournant » vers les syndicats industriels, souligne un rapport reproduit dans ce livre et présenté en 1979 lors d'une réunion internationale de communistes. « Et cette *possibilité* coïncide maintenant avec une *nécessité* politique pressante, » poursuit le rapport, non seulement pour le SWP mais pour toutes les organisations communistes dans le monde.

La continuité politique prolétarienne du SWP

La dernière section de ce livre décrit comment le mouvement communiste aux États-Unis a effectué un tournant vers les syndicats industriels à la fin des années 30. Les batailles qui ont construit les syndicats industriels en un puissant mouvement social avaient accru les opportunités de travail politique communiste dans le mouvement ouvrier. Parmi des centaines de milliers de travailleurs ayant la plus grande conscience de classe, il y avait une ouverture croissante au besoin de briser la subordination politique du mouvement ouvrier aux partis capitalistes démocrate et républicain et de commencer à construire un parti ouvrier indépendant basé sur les syndicats.

Au même moment, la crise de plus en plus aiguë du système capitaliste mondial exerçait des pressions accrues sur les travailleurs des États-Unis et du reste du monde. Les travailleurs en Europe avaient subi au cours des années 20 et 30 les plus importantes défaites de l'histoire de la classe ouvrière avec la victoire du fascisme en Italie, en Allemagne, en Espagne et ailleurs. À la fin des années 20, une couche sociale bureaucratique privilégiée et à la tête de qui Joseph Staline s'était finalement placé avait chassé la classe ouvrière de la politique en Union soviétique et avait vaincu dans la direction du Parti communiste et de l'Internationale communiste ceux qui avaient lutté pour maintenir le cours révolutionnaire internationaliste de Vladimir Lénine, mort au début de 1924.

Au sortir de la première guerre mondiale de 1914-1918, les conflits latents entre les bourgeoisies impérialistes rivales des États-Unis, de l'Europe et du Japon avaient rapidement refait surface au centre de la politique mondiale parce qu'aucun n'avait été résolu de façon décisive par l'issue de la guerre. Alors que le capitalisme international s'enfonçait brusquement dans une profonde crise sociale pendant la grande dépression des années 30, l'effet combiné des défaites infligées à la classe ouvrière par le fascisme et le stalinisme a permis aux dirigeants impérialistes d'entraîner l'humanité dans un deuxième carnage mondial. Cette fois-ci, les diverses familles dirigeantes impérialistes ont non seulement cherché à rediviser le monde à leur propre avantage au détriment de leurs rivaux, mais elles ont aussi essayé de détruire l'État ouvrier soviétique et de reconquérir son territoire et sa main-d'oeuvre pour la surexploitation capitaliste.

Aux États-Unis, les préparatifs de guerre de l'administration démocrate de Franklin Roosevelt et les effets dévastateurs de la récession économique marquée de 1937-1938 ont changé le rapport de force entre les classes aux dépens de la classe ouvrière. Une bureaucratie pratiquant la collaboration de classe a commencé à consolider son emprise politique sur des secteurs du jeune mouvement des syndicats industriels. Les dirigeants U.S. ont profité des crimes contre-révolutionnaires et des trahisons politiques de Moscou pour monter l'opinion publique bourgeoise contre l'État ouvrier soviétique et le communisme, au nom de qui le régime stalinien prétendait faussement parler. La bureaucratie syndicale a fait de son mieux pour renverser l'élan vers l'action politique ouvrière indépendante et mettre le mouvement ouvrier à la remorque des partis des employeurs et de leur marche bipartite vers la guerre. Des démagogues d'extrême droite comme le père Charles Coughlin et des groupes fascistes comme les Chemises d'argent ont accru leurs activités en réponse à la montée syndicale qui avait récemment atteint son sommet.

Confrontés à cette situation politique, les communistes aux États-Unis ont reconnu le besoin pressant de centrer encore davantage leurs activités de construction du parti dans la classe et les syndicats industriels. L'importance de ce défi a été discutée dans un échange de lettres entre le dirigeant communiste James P. Cannon, un fondateur du SWP, et Léon Trotsky, un dirigeant bolchevique central exilé par Staline à la fin des années 20 parce qu'il dirigeait la lutte mondiale pour maintenir le cours révolutionnaire de Lénine. Trotsky, qui suivait de près la lutte des classes aux États-Unis et les efforts déployés pour y construire un parti communiste, a écrit à Cannon en octobre 1937 :

> Le parti n'a qu'une minorité de vrais travailleurs d'usine. C'est partout un début inévitable pour

> tout parti ouvrier révolutionnaire, en particulier aux États-Unis. […] [Mais la direction du parti doit maintenant] orienter, dans la pratique, toute l'organisation vers les usines, les grèves et les syndicats. Il semble que ce devrait être l'une des tâches les plus importantes du prochain congrès […][5].

Cette perspective politique s'est heurtée à la résistance de plus en plus grande d'une couche petite-bourgeoise dans la direction et les rangs du parti et dans le mouvement des jeunes socialistes de l'époque. Sous la pression de la marche vers la guerre de Washington, alors qu'augmentait la menace d'agression impérialiste, ce courant politique a commencé à abandonner dans un mouvement de retraite panique la défense de l'État ouvrier soviétique. Les livres *In Defense of Marxism* [En défense du marxisme] de Léon Trotsky et *The Struggle for a Proletarian Party* [La lutte pour un parti prolétarien] de James P. Cannon retracent la lutte qui s'en est suivie pour la survie du mouvement communiste aux États-Unis. Ces deux ouvrages sont publiés par les éditions Pathfinder[6].

Cette lutte politique s'est déroulée à la fin des années 30 et s'est terminée par la scission de l'opposition petite-bourgeoise du Parti socialiste des travailleurs, en même temps que se rapprochait inexorablement l'entrée de la classe dirigeante U.S. dans la deuxième guerre mondiale. Peu avant la scission, à la veille du congrès du parti de 1940, James P. Cannon a résumé la lutte en ces termes :

> Le congrès se tiendra et mènera ses délibérations sous le signe de l'*orientation prolétarienne*. C'est la façon d'affronter la guerre qui vient. Nous préparer à la guerre n'implique pas pour nous une tâche spéciale et ésotérique. Nous préparer veut dire tourner le visage du parti vers les travailleurs,

pénétrer plus profondément dans les syndicats [et prolétariser] la composition du parti⁷.

Ceci demeure la bannière sous laquelle le Parti socialiste des travailleurs et les jeunes socialistes effectuent leur travail aujourd'hui, face à la crise grandissante du capitalisme mondial et à la marche renouvelée vers le fascisme et la guerre.

Répondre aux défis des années 90 et après

Au cours des années 80 et au début des années 90, le Parti socialiste des travailleurs aux États-Unis et des ligues communistes dans un certain nombre d'autres pays ont avec succès mis en application le cours décrit dans ce livre. Ces partis et leurs comités de direction élus sont composés dans leur grande majorité de travailleurs ayant des emplois syndiqués industriels. Dans une situation mondiale qui change rapidement — et se dirige à un rythme que personne ne peut prédire vers de violentes confrontations de classe d'un caractère que personne n'a vu depuis la longue période qui a conduit à la deuxième guerre mondiale — le mouvement communiste aux États-Unis ne fait pas face aujourd'hui au besoin d'effectuer un tournant radical de l'ampleur de celui que son précurseur a dû effectuer un demi siècle plus tôt pour se prolétariser.

En même temps, le SWP et les organisations communistes ailleurs dans le monde ont ressenti l'impact des coups portés à la classe ouvrière et au mouvement ouvrier au cours des 15 dernières années. Des travailleurs ont mené des grèves et opposé une résistance importante. Mais ces luttes ne se sont pas généralisées et la classe ouvrière et les syndicats ont poursuivi leur retraite. À la fin des années 80, les gouvernements révolutionnaires des travailleurs et des agriculteurs de la Grenade et du Nicaragua ont tous les deux subi la défaite⁸. En Iran, un nouveau régime bourgeois se servant d'une démagogie nationaliste et religieuse pour justifier sa domination de classe a détourné les luttes ouvrières et paysannes de masse qui avaient renversé le schah en 1979.

Mais ni aux États-Unis ni dans aucun autre autre pays capitaliste industriel avancé, les capitalistes ne se sont attaqués à la classe ouvrière et au mouvement ouvrier ni les ont vaincus dans de grandes batailles de classe, contrairement à ce qui est arrivé avec le triomphe croissant de la réaction bonapartiste et fasciste en Europe et au Japon au cours des années 20 et 30.

De plus, la classe ouvrière est beaucoup plus forte à l'échelle internationale qu'il y a 50 ans. Ce que Karl Marx et Friedrich Engels ont appelé le prolétariat héréditaire — les travailleurs salariés et leurs familles, sans perspective aucune de retour à la terre ou à d'autres formes de petite production marchande couronnée de succès — constitue aujourd'hui la très grande majorité de la population dans tous les pays impérialistes. Même parmi les nations opprimées de l'Amérique latine, de l'Asie, du Moyen-Orient ou de l'Afrique, il y a de moins en moins de pays où la classe ouvrière, y compris son secteur industriel, ne se développe pas. Les formes capitalistes de propriété de la terre, de production agricole et d'exploitation des paysans et des travailleurs agricoles continuent à se répandre aussi.

L'exploitation accrue et l'oppression impérialiste dans ce qu'on appelle le tiers monde y accélèrent la polarisation et la différenciation de classe. Ceux qui travaillent sont chassés de la terre et forcés de se réfugier dans des bidonvilles surpeuplés et de franchir frontières et océans à la recherche d'un travail et d'un revenu leur permettant de vivre. De plus en plus, la terre n'est qu'un seul monde, à mesure que les travailleurs de tout les continents joignent les rangs de la classe ouvrière dans les cités et villes des États-Unis, du Canada, de l'Europe, de l'Australie, de la Nouvelle-Zélande et, dans une mesure moindre bien que croissante, même du Japon. À travers le monde capitaliste, les femmes s'intègrent à la population active — et aux syndicats industriels et à la vie politique et sociale — plus que jamais auparavant dans l'histoire.

Un fait a une importance particulière aux États-Unis : c'est le poids croissant des Noirs, des Chicanos et des autres nationalités et minorités nationales opprimées au sein de la classe ouvrière. Ainsi que l'explique Mary-Alice Waters, une dirigeante du SWP, dans un rapport intitulé « Forger la direction d'un parti prolétarien » qu'elle a présenté en mai 1979 et qui est reproduit dans ce livre : « Dans les années 30, les populations noire et chicana étaient beaucoup plus rurales et engagées dans l'agriculture. Elles étaient plus un allié de la classe ouvrière qu'une couche de la classe ouvrière. Cette situation a changé de manière dramatique au cours des 40 dernières années. [...] Voilà pourquoi il est aujourd'hui à la fois davantage possible et nécessaire de construire un parti prolétarien multinational dans sa composition et dans sa direction. »

Finalement, parmi les facteurs les plus importants qui améliorent les perspectives de la classe ouvrière aujourd'hui, il y a l'affaiblissement du stalinisme mondial. Pendant plus de 60 ans, la caste parasitaire privilégiée s'est servie de son pouvoir d'État et de la richesse qu'elle s'appropriait pour présenter les actions et les politiques qui servaient ses intérêts comme la continuité de la révolution bolchevique et du marxisme. Elle a présenté comme authentique une contrefaçon du communisme. Les staliniens ont profité du pouvoir de la révolution d'octobre pour gagner à leurs rangs la vaste majorité des travailleurs et des jeunes dotés d'un esprit révolutionnaire dans le monde qui, génération après génération, devenaient convaincus de la nécessité d'adhérer au mouvement socialiste. Au sein des partis staliniens, ces combattants — dont plusieurs étaient les meilleurs de leur génération — ont été soit brisés et corrompus politiquement en tant que révolutionnaires, soit démoralisés et chassés de la politique. Avec l'effondrement des appareils staliniens en Europe de l'Est et en Union soviétique depuis 1989, ce frein au développement de véritables partis et organisations de jeunesse communistes s'est largement relâché.

La fracture de la machine à tuer stalinienne internationale diminue le poids dans la politique mondiale des alternatives petites-bourgeoises aux directions prolétariennes qui émergeront des luttes des masses travailleuses. Elle ouvre la voie à ce que la nouvelle génération de dirigeants qui cherche à Cuba à suivre l'exemple de la perspective communiste de Che Guevara et de Fidel Castro et à s'appuyer sur elle fasse de nouveaux progrès politiques. Elle abaisse les barrières obstruant l'avancée révolutionnaire de dirigeants du Congrès national africain comme Nelson Mandela et d'autres, qui marchent vers une Afrique du Sud démocratique et non raciale et ouvrent un espace politique permettant aux opprimés et aux exploités de s'organiser pour faire valoir leurs intérêts de classe. Elle augmente partout la capacité des travailleurs et des jeunes qui réfléchissent d'assimiler l'héritage politique de Malcolm X ; de Thomas Sankara, le dirigeant du gouvernement révolutionnaire au pouvoir de 1983 à 1987 au Burkina Faso en Afrique ; de Maurice Bishop, le dirigeant de la révolution de la Grenade ; et de Carlos Fonseca, le fondateur du Front sandiniste de libération nationale au Nicaragua qui, inspiré par l'exemple de la révolution cubaine, a le premier au début des années 60 apporté le marxisme véritable en Amérique centrale.

Les éditions Pathfinder, qui publient *Le visage changeant de la politique aux États-Unis,* sont aussi aujourd'hui la principale source en anglais des écrits et discours de ces dirigeants révolutionnaires et communistes de la fin du vingtième siècle. Ces derniers ont leur place aux côtés de l'arsenal politique des éditions Pathfinder d'ouvrages communistes de Karl Marx, Friedrich Engels, Vladimir Lénine, Léon Trotsky, Rosa Luxemburg et de dirigeants du Parti socialiste des travailleurs aux États-Unis comme James P. Cannon, Farrell Dobbs, Joseph Hansen et George Novack.

Avec le discrédit du stalinisme, ces livres et brochures peuvent maintenant se gagner des lecteurs beaucoup plus nombreux et sérieux dans le monde. Comme l'explique le rapport du SWP de 1979 « Éduquer la direction d'un parti prolétarien, » il reste vrai aujourd'hui que « le rôle des idées est de plus en plus important dans la lutte de classe. »

Malgré l'augmentation depuis ce temps des tensions de classe et de la polarisation politique, c'est toujours le cas ainsi que le souligne le rapport de 1979 que « [n]ous en sommes à un stade où la radicalisation de la classe ouvrière ne s'exprime pas dans des formes organisées de masse. Il n'y a pas d'aile gauche de lutte de classe, pas même ce qu'on pourrait sérieusement considérer en être le noyau. Il n'y a pas de grand parti politique faisant partie du mouvement ouvrier. Il n'y a pas d'organisations de masse radicalisées des opprimés avec une politique prolétarienne. La classe ouvrière n'a ni voix ni véhicule de masse pour exprimer ses intérêts politiques historiques ni pour représenter les travailleurs qui réfléchissent et qui commencent à développer des idées exprimant une conscience de classe.

« Mais nous savons, poursuit le rapport, que cette situation ne peut arrêter la présente croissance à grande échelle de la réflexion et du débat au sein de la classe ouvrière. La profondeur de ce processus s'est confirmée au cours des dernières années, depuis que nous avons commencé le tournant. » Et cet intérêt pour les idées va croître en même temps que va augmenter la résistance parmi les travailleurs et les jeunes.

Réduire l'écart
La résolution de 1985 du Parti socialiste des travailleurs qui conclut ce livre explique : « Un nombre croissant de batailles de classe transformeront la politique et le mouvement ouvrier dans ce pays en se combinant à la longue à une crise sociale grandissante, à des soulèvements dans les pays coloniaux et semi-coloniaux et à des guerres impérialistes. Nous sommes entrés dans les stades initiaux d'une période préparatoire qui va mener, au cours des prochaines décennies, à une crise prérévolutionnaire marquée par des luttes révolutionnaires comme les travailleurs et les agriculteurs aux États-Unis n'en ont pas menées depuis plus d'un siècle. »

Mais la résolution continue en disant qu'il existe cependant aujourd'hui « un écart entre les expériences et la conscience actuelles de la classe ouvrière et les conditions et méthodes de lutte radicalement transformées qui vont émerger à mesure que les crises sociales, économiques et provoquées par la guerre déchireront le cadre actuel de relatives stabilité sociale et démocratie bourgeoise. »

Étant donné ce fossé entre les conditions qui prévalent aujourd'hui et les batailles de classe à venir, souligne la résolution de 1985, « un travailleur qui comprend que l'orientation de la bureaucratie syndicale actuelle éviscère la force des syndicats et mène à un cul-de-sac doit encore faire un saut de conscience individuel pour saisir la ligne de marche stratégique du prolétariat vers le pouvoir. Mais même sous l'impact des expériences initiales actuelles, ces sauts de conscience peuvent s'effectuer et ils se produisent. Des occasions se créent qui permettent au Parti socialiste des travailleurs d'influencer une couche encore petite mais importante de la classe ouvrière et du mouvement ouvrier et de recruter les travailleurs politiquement les plus conscients. Cette prolétarisation et cette éducation politique croissantes du parti sont cruciales non seulement pour répondre aux défis d'aujourd'hui et résister à leurs pressions, mais aussi pour se préparer à ce qui vient. »

Presque une décennie plus tard, cet écart demeure toujours une réalité politique. Mais quelque chose d'autre a besoin d'être dit qui est nouveau et très important : le monde qui a émergé depuis le krach boursier de 1987 a considérablement réduit cet écart dans l'imagination politique de millions de travailleurs et de jeunes. La guerre de l'impérialisme U.S. contre le peuple irakien en 1991 l'a réduit davantage. Dans le vacarme de temps de guerre engendré par la campagne de bombardements meurtriers, par l'invasion terrestre et par la grandiloquence patriotique de Washington, les travailleurs politiquement les plus conscients et les jeunes à l'esprit révolutionnaire ont pu entendre les premières salves d'autres guerres à venir, y compris des guerres entre puissances impérialistes dotées d'armes nucléaires[9].

Au moment où ce livre est mis sous presse, la guerre en Bosnie, la première guerre européenne en un demi-siècle, continue de s'étendre. Les puissances impérialistes rivales sont entraînées plus profondément dans ce carnage afin de protéger leurs intérêts, ce qui menace d'élargir la guerre et fournit une image plus juste de l'Europe des décennies qui viennent que ce que la plupart aimeraient croire.

Ces conditions économiques, sociales et politiques posent de nouveaux défis au mouvement communiste. Au début des années 90, sous l'impact de la retraite continue des syndicats et de la défaite des gouvernements des travailleurs et des agriculteurs du Nicaragua et de la Grenade, le Parti socialiste des travailleurs attirait moins de jeunes et son âge moyen s'est élevé. Les reprises du cycle économique capitaliste avaient été marquées par une très faible augmentation de l'emploi, ce qui limitait les opportunités pour les travailleurs communistes d'obtenir de nouveaux emplois industriels syndiqués et de revitaliser leur travail syndical.

Mais aujourd'hui, au moment où commence la diffusion de cette édition du *Visage changeant de la politique aux États-Unis,* de jeunes travailleurs et des étudiants aux États-Unis profitent de nouvelles opportunités politiques pour former une nouvelle fois une organisation nationale de jeunes socialistes. Les jeunes viennent à la politique révolutionnaire avec l'énergie et le désir de se battre et avec une haine viscérale de la brutalité, de la force destructrice, de l'injustice sociale et de l'inhumanité engendrées par le système capitaliste. Ce qu'il leur faut avant tout, c'est de faire partie d'une organisation ouvrière disciplinée dont les cadres, couvrant plusieurs générations d'expérience dans la lutte de classe, incarnent une tradition politique — une continuité politique révolutionnaire qui remonte à la fondation du mouvement communiste moderne il y a près de 150 ans. Dans un parti ouvrier révolutionnaire, ils recevront l'éducation, et le respect politique qui prévaut entre égaux, qui leur sont niés partout ailleurs dans la société bourgeoise.

En même temps que des jeunes socialistes lancent une nouvelle organisation aux États-Unis, les travailleurs communistes profitent de la première embauche significative à avoir lieu durant une reprise de l'économie en plus d'une demi-décennie. Une nouvelle levée de travailleurs, dont plusieurs ont moins de 20 ans ou sont dans la vingtaine, obtiennent des emplois dans de grandes usines syndiquées qui n'avaient pas embauché depuis longtemps. Et le Parti socialiste des travailleurs a l'opportunité apparemment soudaine de revitaliser et de réorganiser ses fractions syndicales industrielles. L'ampleur de cette revitalisation du tournant du SWP vers les syndicats industriels — le nombre de cadres expérimentés du parti impliqués — sera le facteur le plus décisif pour permettre aux nouvelles couches de jeunes attirés par le socialisme de s'intégrer dans le développement d'un parti prolétarien révolutionnaire.

La convergence de ces deux possibilités de consolider le mouvement communiste, chacune ayant sa propre dynamique politique concrète mais aussi les mêmes racines sociales dans la longue courbe du développement capitaliste, sera inégale, mais le résultat en sera vraiment plus important que la somme de ses composantes. Ainsi que l'indique le rapport de 1979 sur le caractère international du tournant vers l'industrie, les travailleurs-bolcheviks gardent toujours les yeux sur « les *jeunes rebelles* dans la classe ouvrière. Ces derniers seront décisifs pour nous et pour notre classe dans la période à venir. C'est eux que nous visons. »

Cette nouvelle édition du *Visage changeant de la politique aux États-Unis* constitue l'un des plus riches filons à explorer pour la continuité marxiste dont ces jeunes combattants ont besoin et qu'ils ont commencé à rechercher [10]. Le livre aborde cette tradition communiste du point de vue stratégique particulier qui est résumé dans son sous-titre « La politique ouvrière et les syndicats. » Comme l'a souligné le rapport du congrès du SWP de 1979 publié ici : « Notre but est très simple : faire tout ce qui est possible pour transformer les syndicats américains, comme Trotsky l'a expliqué, en « instruments du mouvement révolutionnaire du prolétariat. » Ce que nous faisons vise à développer des syndicats révolutionnaires qui agissent comme des organisations de combat de la classe ouvrière américaine. En le faisant, nous construirons l'instrument *politique* irremplaçable de notre classe, un parti révolutionnaire de travailleurs industriels. »

Jack Barnes
le 15 avril 1994

NOTES

1. Karl Marx et Friedrich Engels, *Oeuvres choisies,* Moscou, éditions du Progrès, 1978, vol. 3, p. 83-84.
2. Karl Marx, *Le Capital,* Moscou, éditions du Progrès, 1982, livre 1, p. 480.
3. Ces quatre livres sont *Teamster Rebellion, Teamster Power, Teamster Politics* et *Teamster Bureaucracy* [La révolte Teamster, La force Teamster, La politique Teamster et La bureaucratie Teamster], publiés par les éditions Pathfinder.
4. Voir les textes suivants de Jack Barnes : « Les premières salves de la troisième guerre mondiale » et « La marche de l'impérialisme vers le fascisme et la guerre », publiés dans les numéros 4 et 5 de la revue de politique et de théorie marxistes *Nouvelle Internationale.*
5. Le lecteur peut aussi se référer au cahier de la série « Education for Socialists » des éditions Pathfinder *Background to the 'Struggle for a Proletarian Party'* [Documents complémentaires à « La lutte pour un parti prolétarien »] de James P. Cannon, Léon Trotsky et al. On y trouve la lettre d'octobre 1937 de Léon Trotsky à James Cannon. Une traduction en français est parue dans Léon Trotsky, *Oeuvres,* Paris, Institut Léon Trotsky, vol. 15, p. 163.
6. Une traduction du livre *In Defense of Marxism* a été publiée en France sous le titre *Défense du marxisme* par les éditions EDI. Aujourd'hui épuisée, cette édition ne se trouve plus qu'en bibliothèque. Les éditions Pathfinder ont d'autre part publié de larges extraits du principal document contenu dans *The Struggle for a Proletarian Party* sous le titre *La lutte pour un parti prolétarien,* dans la série des « Cahiers de formation communiste ».
7. James P. Cannon, *La lutte pour un parti prolétarien,* série des « Cahiers de formation communiste », New York, Pathfinder, 1997.
8. Voir « La montée et la chute de la révolution nicaraguayenne, » publiée en anglais dans le neuvième numéro de *New International* et en espagnol dans le troisième numéro de *Nueva Internacional.* Ces deux revues de politique et de théorie marxistes sont distribuées par les éditions Pathfinder.
9. Voir Jack Barnes, « Les premières salves de la troisième guerre mondiale », dans le quatrième numéro de *Nouvelle Internationale.*

10. D'autres filons comprennent les numéros de *Nouvelle Internationale* et de ses publications soeurs *New International, Nueva Internacional* et *Ny International* en anglais, en espagnol et en suédois, de même que l'ensemble des livres et brochures communistes publiés par les éditions Pathfinder.

Préface à la traduction en espagnol de 1999

Cette deuxième édition d'*El rostro cambiante de la política en Estados Unidos: la política obrera y los sindicatos* est le produit de plusieurs centaines d'heures de travail effectuées par de nombreux collaborateurs à travers le monde. Leurs efforts ont permis de réviser et d'améliorer la traduction en espagnol de *The Changing Face of U.S. Politics: Working-Class Politics and the Trade Unions* de Jack Barnes, publiée en 1994 en anglais, la langue dans laquelle ont été données à l'origine les présentations qui constituent ce livre.

Les changements politiques qui ont marqué la lutte des classes aux États-Unis au cours de la courte période qui s'est écoulée depuis la parution en 1997 du premier tirage de la traduction en espagnol rendent encore plus importante la publication de cette nouvelle traduction corrigée. Les preuves continuent de s'ajouter que la classe ouvrière aux États-Unis et dans les autres pays impérialistes, à l'exception du Japon, est en train d'émerger de la retraite politique qui a suivi le bref, mais intense et brutal assaut impérial de 1990-1991 contre le peuple d'Irak. L'issue de cette guerre a été politiquement démoralisante pour les travailleurs à travers le monde et encore plus pour les soldats et la population de l'Irak même, parce que le bombardement et l'invasion sont restés largement sans réplique de la part du régime irakien, ce qui a permis aux dirigeants U.S. de payer peu cher leur massacre.

Aujourd'hui, on peut voir partout les signes d'une activité défensive renouvelée : des grèves et des actions de résistance contre les menaces, les lock-out, la dureté et le vol des employeurs, un reflet de la ténacité des rangs en lutte ; une augmentation notable de la confiance et de la détermination des travailleurs qui sont des femmes ; le poids accru du rôle dirigeant joué par les Noirs dans les batailles syndicales et dans les luttes des petits agriculteurs ; une remontée du mouvement pour l'indépendance de Porto Rico ; l'augmentation des actions de défense des droits des immigrés ; la renaissance d'aspects du mouvement chicano ; des réponses plus insistantes à la brutalité policière et à la discrimination raciste qui sévissent ; des jeunes qui sont attirés par l'exemple des luttes des travailleurs et des agriculteurs et qui veulent lier leur énergie et leurs initiatives de protestation sociale aux forces de classe qui peuvent construire un avenir *vivable* pour toute l'humanité.

Ces courants et individus d'avant-garde, ainsi que de nouvelles couches de travailleurs et d'agriculteurs, se rencontrent les uns les autres dans cette résistance, avides de solidarité et d'unité dans la lutte, avides de marcher côte à côte. Ensemble, nous nous renforçons les uns les autres et apprenons de nos luttes respectives contre les effets de l'esclavage du salaire et de l'esclavage de la dette. Dans les actions où nous sommes impliqués, nous apprenons à nous connaître les uns les autres et à avoir confiance les uns dans les autres. Nous trouvons des façons de communiquer même si nous ne connaissons pas encore bien la langue des autres. Nous lisons et discutons des explications et des alternatives au futur dévastateur — ce que de plus en plus de travailleurs anticipent — que le système capitaliste nous prépare tous. À mesure que de grandes sections de l'énorme classe ouvrière aux États-Unis entrent en action, à mesure qu'un nombre croissant de travailleurs deviennent conscients d'eux-mêmes en tant que classe sociale capable d'être une force politique indépendante, nous devenons de plus en plus confiants que cette classe aura la capacité d'unifier les travailleurs dans la lutte pour établir un gouvernement des travailleurs et des agriculteurs capable de conduire l'humanité hors de la profonde crise sociale du capitalisme.

Le plus grand obstacle auquel nous faisons face pour accomplir cette perspective libératrice et révolutionnaire, c'est le fait que les travailleurs qui luttent sous-estiment ce que nous sommes réellement en train de faire et ce que nous pouvons faire. Nous ne nous reconnaissons pas encore comme les véritables porteurs de la culture dans le nouveau millénaire. Mais ce sont des choses que nous allons apprendre, ensemble, au cours des batailles à venir.

Le travail incorporé dans cette édition corrigée d'*El rostro cambiante de la política en Estados Unidos* — un effort collectif de nombreux militants dévoués — n'aurait pas été possible sans les changements économiques, sociaux et politiques qui ont marqué les dernières années du vingtième siècle. Des obstacles ont été éliminés qui auraient auparavant rendu beaucoup plus difficile, sinon impossible, le genre de collaboration internationale qui a permis de repérer les traductions imprécises ou trompeuses qui ont entaché le premier tirage.

L'exploitation impérialiste qui s'intensifie en l'Amérique centrale et du Sud et dans les Antilles a forcé des millions de travailleurs et de paysans dont la langue première est l'espagnol à partir de chez eux et à se rendre aux États-Unis à la recherche d'emplois et de revenus capables de faire vivre leur famille. Souvent aussi, ils le font pour fuir une répression brutale. Des centaines d'exemplaires du premier tirage du livre ont été vendus à des travailleurs parlant espagnol non seulement en Amérique latine, mais encore plus aux États-Unis, au Canada, en Europe, en Australie et ailleurs dans le monde impérialiste. L'éventail des travailleurs provenant de plus d'une douzaine de pays dans les Amériques qui ont lu, étudié et discuté le livre et qui ont attiré l'attention sur divers mots ou expressions qu'ils trouvaient confondants, qui ne leur semblaient pas saisir assez clairement les concepts présentés originellement en anglais ou qui simplifiaient trop l'original ont aidé les rédacteurs de l'édition en espagnol à réviser un certain nombre des premières traductions.

La plus importante est celle du mot *travailleur-bolchevik,* une appellation politique née de l'admiration des travailleurs en lutte de la révolution russe d'octobre 1917 et utilisée assez fréquemment par Lénine. Dans la première traduction en espagnol de ce livre, travailleur-bolchevik (*robochii-bolchevik* en russe et *worker-bolshevik* en anglais) n'a pas été traduit comme un nom — une expression désignant un cadre communiste dont l'intégrité et la discipline, le fonctionnement organisationnel, la formation de classe, le milieu et les habitudes politiques sont totalement prolétariens. Il a plutôt été traduit comme deux mots distincts — un nom et un adjectif, un *travailleur bolchevique* (un travailleur qui appartient à un parti bolchevique). La complexité et la netteté *de classe* du russe et de l'anglais, qui saisissent le caractère fondamentalement politique du travailleur-bolchevik en tant qu'individu, se sont perdues.

Un lecteur de Cuba a aidé à corriger la traduction d'un autre des termes centraux de la politique du livre : le mot *tournant,* tel qu'utilisé dans les expressions *tournant* vers l'industrie et la construction d'un parti du *tournant.* Ainsi qu'il est expliqué dans les pages qui suivent, l'expression *parti du tournant* décrit à la fois un parti qui a effectué un tournant vers l'industrie comme celui que le Parti socialiste des travailleurs a fait à la fin des année 70 et un parti dont le rythme de travail, les normes de conduite et le milieu politique sont déterminés par le fait que la majorité de ses membres et de sa direction sont des travailleurs qui sont membres de syndicats industriels ou qui s'organisent pour s'insérer plus profondément dans le prolétariat en le devenant. L'expression est largement synonyme de celle de parti prolétarien, telle que les dirigeants du Parti socialiste des travailleurs l'ont historiquement utilisée. La meilleure présentation de ce qu'est un parti du tournant, de ce qu'il fait et de sa continuité à travers les générations jusqu'à la fondation du communisme aux États-Unis en 1919 se trouve dans la section du présent livre intitulée « Construire un parti de travailleurs socialistes. »

Dans le tirage précédent, *tournant* a été traduit par le mot espagnol *giro*. Ici, il est traduit par le mot *viraje*, qui indique plus clairement un changement de direction, par opposition à la connotation associée à *giro* : faire une rotation, tourner sur soi-même.

Cette nouvelle édition en espagnol corrige aussi la traduction du mot anglais *worker*. Contrairement à l'anglais, il y a deux mots en espagnol pour *worker* : *trabajador* [travailleur], qui comprend les travailleurs industriels ainsi que tous les autres travailleurs dont la subsistance dépend largement de la vente de leur force de travail en retour d'un salaire ; et *obrero* [ouvrier], qui signifie en général uniquement travailleur de manufacture ou d'usine. Dans ce tirage corrigé, *trabajador* est généralement utilisé pour traduire l'anglais *worker*, sauf là où le contexte se réfère clairement et uniquement aux travailleurs industriels. La première édition en espagnol avait en général utilisé *obrero*, une traduction qui a réduit et déformé les forces de classe auxquelles se réfèrent les rapports et résolutions adoptées par les congrès et les instances de direction du SWP et qui constituent la matière de ce livre.

Cette correction rompt avec une tendance — en fait, un préjugé petit-bourgeois qui prévaut dans une grand partie de la gauche en Amérique latine et en Europe — qui consiste à voir de manière étroite la classe ouvrière comme les travailleurs industriels déjà organisés dans des syndicats, en particulier les travailleurs « qualifiés » mieux payés ; et non pas comme dans la tradition bolchevique l'ensemble de la classe ouvrière — industrielle et non industrielle, au travail et au chômage, à la ville et à la campagne.

De nombreux autres termes et expressions ont aussi été révisés et la traduction rendue politiquement plus précise et plus transparente — plus utilisable.

Du temps et des ressources politiques ont été investis dans la préparation de cette traduction corrigée. Cet effort aide à forger une organisation de cadres politiques plus homogène dans laquelle les travailleurs dont la langue première est l'espagnol peuvent être confiants que ce qu'ils lisent est la même chose qu'ont lue d'autres travailleurs dont la langue première est l'anglais — et, avant tout, que ce qu'ils lisent leur fournit le même guide pour l'action et le même guide pour la sélection d'une direction, lorsqu'ils travaillent ensemble pour l'appliquer en pratique dans le mouvement de masse.

Ainsi que le savent ceux qui ont eu l'expérience d'interpréter d'une langue à une autre, traduire avec clarté et précision constitue un défi. Mais l'obstacle n'est pas principalement linguistique. Il réside dans les variations, d'un pays à l'autre, de politique, d'histoire et d'habitudes de pensée politique — autrement dit, dans les traditions de classe.

En soi, la grammaire de l'espagnol (ou celle du français, pour prendre l'exemple d'une autre langue dans laquelle les révolutionnaires socialistes ont traduit *Le visage changeant de la politique aux États-Unis*) n'a pas un penchant a-historique, antimatérialiste, antidialectique et non prolétarien substantiellement différent de l'anglais. Mais l'histoire et les traditions politiques du mouvement prolétarien aux États-Unis, qui inclut le Parti socialiste des travailleurs, ont créé un héritage différent qui a un impact très réel sur le vocabulaire politique et la terminologie de classe claire, même grossièrement taillés.

Le vocabulaire politique de langue anglaise du mouvement communiste aux États-Unis a été établi dans la lutte menée par le Parti socialiste des travailleurs pour parler aux travailleurs en termes de classe clairs, pour décortiquer les obscurcissements contre-révolutionnaires des forces staliniennes et sociales-démocrates, et pour éliminer les diverses prétentions et adaptations centristes. Les États-Unis sont le seul pays où, à cause de facteurs historiques échappant au contrôle de tout parti (comme le fait que les États-Unis ont échappé à la destruction physique subie par la classe ouvrière en Europe durant la deuxième guerre mondiale), la continuité communiste n'a pas été brisée au niveau organisationnel et a été comparativement forte au cours des 80 dernières années, indépendamment de sa taille. La faiblesse relative du mouvement communiste organisé en Amérique latine et en Europe au cours de la même période signifie que la terminologie politique de notre mouvement en espagnol, comme en français, a aussi eu tendance à s'adapter à la culture politique de la « gauche » de Front populaire, telle que transmise par le biais des modes de l'« extrême gauche » de ces pays.

Il y a eu une occasion de briser le moule du stalinisme, du centrisme et de la social-démocratie entre le début des années 60 et la fin des années 70. Une petite avant-garde politique attirée par le communisme a émergé dans plusieurs pays sous l'impact des révolutions cubaine et algérienne, de la lutte des Noirs aux États-Unis, du mouvement contre la guerre du Viêt-nam et des explosions prolétariennes populaires qui ont atteint des dimensions prérévolutionnaires en France, au Portugal et en Espagne, ainsi que dans le Cône Sud de l'Amérique latine, puis en Amérique centrale. Mais ces courants et organisations n'ont pas réussi à se prolétariser ou à coloniser de manière systématique les syndicats industriels. Sans une assise et une pratique politique prolétariennes, ils ont commencé à se désintégrer politiquement sous l'impact de la retraite du mouvement ouvrier et des coups portés par les dirigeants capitalistes au cours des années 80 et au début des années 90. N'étant pas enracinée dans le grand prolétariat, l'« extrême gauche » est devenue de plus en plus vulnérable aux panacées acceptées et promues par les milieux radicaux des professions libérales, des universitaires petits-bourgeois, des fonctionnaires syndicaux et des travailleurs qualifiés où elle vivait, travaillait, socialisait et pratiquait la politique.

Un autre facteur historique est important, qui peut à première vue paraître contradictoire. Comparativement aux États-Unis, la puissance des montées et reflux de la lutte de classe en Amérique latine et en Europe signifie que les traditions politiques du mouvement ouvrier y sont en fait plus fortes, même si l'avant-garde prolétarienne n'a jamais été capable d'y constituer un noyau stable ayant une continuité communiste couvrant des décennies. C'est ainsi que le langage politique qui « semble correct » aux travailleurs de ces pays, même à ceux qui sont récemment recrutés au mouvement communiste, est beaucoup plus imprégné d'un contenu politique stalinien, social-démocrate et centriste, incorporé dans un vocabulaire qui estompe la clarté de classe et déforme l'honnêteté historique. Ceci signifie que les travailleurs gagnés au mouvement communiste dans ces pays ont souvent plus à désapprendre que les travailleurs nouvellement radicalisés ailleurs — simplement pour être capables d'exprimer des contradictions dialectiques, des concepts matérialistes et avant tout un contenu de lutte de classe.

Les inégalités accentuées et les combinaisons sociales contradictoires qui marquent les derniers jours historiques de l'époque impérialiste se font sentir de plusieurs façons.

Étant donné le poids social croissant des travailleurs qui parlent espagnol, y compris dans les pays impérialistes de l'Amérique du Nord, et le fait que ceux-ci constituent une proportion significative et grandissante des cadres et de la direction des partis communistes dans ces pays, la clarté et la précision dans la traduction entre l'anglais et l'espagnol en particulier deviennent une composante cruciale de la lutte pour l'homogénéité politique et le centralisme révolutionnaire requis pour forger une direction prolétarienne suffisamment forte et suffisamment large pour conduire les travailleurs à l'assaut et à la victoire.

C'est dans cet esprit qu'est publiée cette deuxième édition d'*El rostro cambiante de la política en Estados Unidos*. Même si les modifications de traduction n'affectent qu'un petit pourcentage des mots et des expressions contenus dans ses pages, les lecteurs de la première édition vont trouver que celle-ci se lit comme un nouveau livre. Et nous espérons qu'ils l'achèteront avec le même empressement que les nouveaux lecteurs avec qui ils la discuteront et avec qui ils l'utiliseront comme un guide commun pour travailler dans le mouvement de masse.

Pour le travail qui a rendu possible cette nouvelle traduction, nous exprimons une appréciation spéciale et nos remerciements aux rédacteurs Martín Koppel et Luis Madrid, ainsi qu'à Michel Prairie, dont les efforts parallèles sur *Le visage changeant de la politique aux États-Unis* en français et le questionnement systématique de l'auteur ont mis en lumière non seulement des problèmes de traduction à corriger, mais plusieurs des défis politiques sous-jacents qui sont maintenant mieux traités. Le résultat, en bref, est une meilleure arme pour le prolétariat combattant.

Mary-Alice Waters
février 1999

SIGLES

AFL-CIO	Fédération américaine du travail - Congrès des organisations industrielles
AFSCME	Fédération américaine des employés d'État, de comté et de municipalité
AFT	Fédération américaine des enseignants
AIM	Association internationale des machinistes
CBTU	Coalition des syndicalistes noirs
CLUW	Coalition des femmes syndiquées
CORE	Congrès de l'égalité raciale
ERA	Amendement pour l'égalité des droits
FLP	Parti des travailleurs et des agriculteurs du Minnesota
IRS	Service fiscal du gouvernement U.S.
IUE	Syndicat international des travailleurs de l'électronique
IWW	Travailleurs industriels du monde
Métallos	Métallurgistes unis d'Amérique
NAACP	Association nationale pour l'avancement des gens de couleur
NBIPP	Parti politique noir indépendant national
NLRB	Commission nationale des relations de travail
NEA	Association nationale de l'éducation
NOW	Organisation nationale pour les femmes
OAAU	Organisation de l'unité afro-américaine
OCAW	Syndicat international des travailleurs des industries pétrolière, chimique et atomique

SCLC	Conférence de la direction chrétienne du Sud
SIEPB	Syndicat international des employées et employés professionnels(les) et de bureaux
SNCC	Comité de coordination non violent des étudiants
TAVT	Travailleurs amalgamés du vêtement et du textile
TUA	Travailleurs unis de l'automobile
TUAC	Travailleurs unis de l'alimentation et du commerce
UFW	Syndicat uni des travailleurs agricoles
UIOVD	Union internationale des ouvriers et ouvrières du vêtement pour dame
UMWA	Mineurs unis d'Amérique
UTU	Travailleurs unis des transports

I. LA MARCHE DU CAPITALISME VERS LA GUERRE ET LA DÉPRESSION

INTRODUCTION À LA SECTION

Le chapitre « La marche du capitalisme vers la guerre et la dépression » a été rédigé à partir de discours donnés à la fin de 1990 par Jack Barnes, le secrétaire national du Parti socialiste des travailleurs, au moment où Washington s'apprêtait à faire culminer dans le sang son blocus naval de plusieurs mois contre l'Irak et son énorme escalade militaire dans le golfe Arabo-persique. Les six semaines de bombardement intensif initié à la mi-janvier 1991 contre le peuple irakien et l'invasion terrestre de 100 heures lancée le 24 février par Washington et ses alliés constituent l'un des plus horribles massacres de l'histoire des guerres modernes. Cet assaut dirigé par les États-Unis a laissé de grandes régions de l'Irak en ruines. Au moins 150 000 êtres humains ont été tués. Des millions se sont retrouvés sans abri. Et un nombre incalculable de personnes ont soudainement fait face à la famine et aux maladies mortelles.

Pour la plupart des travailleurs aux États-Unis aujourd'hui, la guerre du Golfe a été la première expérience d'une attaque militaire de grande envergure lancée par Washington dans un monde marqué par la lente émergence de conditions de dépression et de crises sociales de plus en plus polarisées. La guerre du Viêt-nam et la lutte contre cette dernière s'étaient déroulées au contraire pendant les années culminantes d'une longue période d'expansion capitaliste. Mais le krach des marchés boursiers mondiaux de 1987 a confirmé que la stagnation du taux de croissance économique depuis le milieu des années 70, l'augmentation du taux de chômage et la dislocation sociale croissante n'étaient pas des aberrations.

« La guerre de Washington contre le peuple irakien a fait retentir les premières salves de conflits de classe, nationaux et interimpérialistes croissants. Ces conflits sont inévitables, » a écrit Jack Barnes dans un article intitulé « Les premières salves de la troisième guerre mondiale » paru dans le quatrième numéro de la revue de politique et de théorie marxistes *Nouvelle Internationale*. « Ce qui est loin de l'être cependant, c'est que ces batailles conduisent à une troisième guerre mondiale qui ferait régresser l'humanité d'une manière inconcevable. Ce sont les combats de classe qui auront lieu dans les années à venir qui vont trancher la question. Dans ces combats, les travailleurs et les agriculteurs auront leur chance, celle de remporter des victoires révolutionnaires et d'arracher aux impérialistes le pouvoir de faire la guerre. »

« La marche du capitalisme vers la guerre et la dépression » décrit la campagne prolétarienne contre l'impérialisme et la guerre menée par des centaines de travailleurs communistes dans les mines, les usines et les manufactures à travers les États-Unis avant et durant le conflit du Golfe. Ce texte explique comment ils ont travaillé comme une composante du mouvement ouvrier pour faire connaître la vérité sur le massacre impérialiste qui se préparait et comment ils ont participé aux discussions et aux débats à son sujet dans les usines, sur les campus et ailleurs, tout en aidant à diriger d'importantes manifestations contre la guerre.

La marche du capitalisme vers la guerre et la dépression

Pendant la même semaine de novembre 1990 où le Conseil de sécurité de l'ONU a adopté une résolution parrainée par Washington et autorisant le déclenchement d'une guerre contre l'Irak, de hauts fonctionnaires du gouvernement des États-Unis ont finalement été forcés de reconnaître que la récession qui frappait déjà le Canada avait aussi commencé aux États-Unis.

La même semaine, le gouvernement fédéral a aussi annoncé que pour la quatrième année consécutive, l'espérance de vie de la population noire aux États-Unis avait *baissé* — baissé en termes absolus. Cette baisse a été si forte qu'elle a entraîné une chute de l'espérance de vie moyenne aux États-Unis. Qui plus est, ce recul s'est aussi fait selon des lignes de classe très prononcées, sous l'impact d'une détérioration rapide des conditions de santé des couches les plus démunies de la classe ouvrière et pas seulement celles qui sont noires.

Le simple fait que l'espérance de vie moyenne puisse baisser dans la dernière décennie du vingtième siècle au sein de la puissance impérialiste la plus riche du monde et qu'elle

---

Ce texte est tiré de l'article « Une campagne ouvrière contre l'impérialisme et la guerre, » publié dans le quatrième numéro de la revue *Nouvelle Internationale*. L'article s'appuie sur des présentations faites à la fin novembre et au début décembre 1990.

VOIR LES NOTES EN PAGE 571

puisse le faire pendant quatre années consécutives chez les travailleurs et les agriculteurs d'une nationalité opprimée illustre la profondeur de la crise économique capitaliste sous-jacente. Pour reproduire les relations sociales de production qui sont nécessaires au maintien de sa propre existence, le capitalisme régénère et étend continuellement les institutions de l'oppression raciste. Ce processus intensifie l'exploitation de l'ensemble des travailleurs et approfondit la polarisation de classe.

On pourrait citer ici beaucoup d'autres statistiques. Toutes pointent vers la vérité de ce qui vient, vers le caractère de la crise sociale internationale vers laquelle nous nous dirigeons et vers les enjeux pour les travailleurs des batailles qui se préparent. Nous ne pouvons prévoir avec exactitude quand et comment les événements vont se dérouler. Mais nous pouvons affirmer avec certitude que les classes dirigeantes impérialistes entraînent aujourd'hui les travailleurs et les agriculteurs vers la guerre et la dépression.

La classe ouvrière aux États-Unis entre dans la présente récession après avoir été victime depuis plus de dix ans d'une offensive du patronat contre nos conditions de vie et de travail. Le salaire réel des travailleurs a baissé de 8 pour cent dans les années 80. En fait, notre pouvoir d'achat a tellement baissé qu'il est revenu au même niveau qu'en 1961. Depuis 1980, nos pensions, les soins de santé que nous recevons et la protection que nous offrent les assurances que nous payons ont chuté en moyenne d'environ 15 pour cent en termes monétaires réels. Sous la pression de cet assaut contre le revenu des travailleurs, la dette des familles ouvrières a grimpé en flèche alors qu'elles essaient désespérément de protéger tant bien que mal leur niveau de vie contre les coups qui lui sont portés.

Avec le chômage qui augmente déjà rapidement, seulement un tiers de ceux qui n'ont pas d'emploi dans ce pays reçoivent présentement des prestations de chômage, en grande partie à cause d'importantes coupures gouvernementales imposées sous la forme de restrictions aux critères d'éligibilité. Par contraste, plus des trois quarts des sans-emploi recevaient des prestations de chômage pendant la récession de 1974-1975 et environ la moitié durant le ralentissement marqué de l'économie capitaliste de 1981-1982.

Les petits agriculteurs entrent dans une nouvelle ronde d'endettement accéléré, de faillites et de saisies. La crise agricole capitaliste qui a chassé de leurs terres des dizaines de milliers de producteurs exploités dans la première moitié des années 80 — la pire crise depuis les années 20 et 30 — est loin d'être résolue.

Les capitalistes sont lestés par l'énorme endettement qui a atteint des sommets historiques durant les années 80. Les investissements dans de nouvelles usines ou installations plus productives ont stagné tout au long de la décennie. Pendant la même période, on a assisté à une explosion de la spéculation immobilière et des fusions et acquisitions d'entreprises financées à l'aide d'emprunts, à une prolifération des obligations de pacotille et à une instabilité croissante des marchés des valeurs, des matières premières et des marchandises. La dette du tiers monde a atteint des sommets terrifiants. Elle affecte profondément les travailleurs et les agriculteurs de ces pays et crée de nouvelles pressions sur la structure bancaire impérialiste. Aux États-Unis, les banques, les institutions d'épargne et de prêt et les grandes compagnies d'assurance se retrouvent dans la pire situation depuis plusieurs décennies. C'est aussi le cas des fonds qui sont aujourd'hui mis à la disposition des agences gouvernementales censées protéger les épargnants.

Des effondrements soudains ou des crises partielles sur n'importe quel ou n'importe lesquels de ces fronts — qui sont tous plus vulnérables en raison du ralentissement capitaliste actuel — menace de transformer une récession en un effondrement du système bancaire international capable de plonger le monde dans une dépression et une crise sociale majeures.

Une offensive antisyndicale

Les patrons, leur gouvernement et les politiciens des partis démocrate et républicain poursuivent leur offensive anti-ouvrière et antisyndicale. Pour résoudre définitivement tous les problèmes économiques du pays, insistent-ils, il faut garantir à tous les travailleurs le « droit » de travailler dans un « environnement sans syndicat. » Ils agissent de plus en plus comme si le seul bon travailleur, c'est un travailleur qui « remplace définitivement » un gréviste.

Les patrons continuent d'exiger que les travailleurs signent des contrats de concessions. Ces derniers approfondissent les divisions au sein de la classe ouvrière en troquant les salaires, les conditions de travail et les perspectives d'emploi des travailleurs plus jeunes et nouvellement embauchés contre une « sécurité d'emploi » complètement illusoire pour un nombre de plus en plus restreint de syndiqués ayant plus d'ancienneté. Les employeurs cherchent continuellement à miner les allocations de retraite et de maladie, à augmenter les cadences en réduisant le contrôle syndical sur la sécurité au travail et à détruire l'environnement.

Comme au milieu des années 70, les gouvernements des villes et des États à travers le pays se plaignent de la « baisse des revenus fiscaux » et de « budgets de plus en plus serrés » et soulignent « avec regret » le besoin de réduire de manière drastique le nombre des employés publics et d'imposer des conventions collectives de concession. Les gouverneurs et les maires sabrent dans les dépenses des services de base en matière de santé et d'éducation, de garde d'enfants et de programmes sociaux dont dépendent des millions de personnes. Les ponts et les routes continuent de se détériorer dangereusement.

Les travailleurs et les agriculteurs de ce pays font donc face aujourd'hui à une double marche : une marche vers une guerre horrible ; et une marche non seulement vers une récession, mais vers une dépression et une crise sociale internationales apparemment inexorables.

Un nombre croissant de travailleurs pressentent cette réalité, qui impose de grands défis et de lourdes responsabilités à chaque travailleur qui réfléchit, à chaque militant syndical du rang et à chaque communiste.

Le mouvement ouvrier n'a pas été chassé de la politique

La classe ouvrière et le mouvement ouvrier aux États-Unis ont subi des coups. La perspective pro-impérialiste et de collaboration de classe de la bureaucratie syndicale a affaibli encore davantage nos syndicats. Et l'offensive accélérée des patrons au cours des années 80 nous a mis sur la défensive.

Mais nous n'avons pas été vaincus. Le mouvement ouvrier n'a pas été chassé du centre de la politique dans ce pays. Notre capacité de résister n'a pas été brisée.

Depuis le milieu des années 80, on a vu se développer une nouvelle dynamique de résistance au sein de la classe ouvrière et des syndicats aux États-Unis. Malgré les difficultés, malgré les coups, on a vu les travailleurs et les syndiqués acculés au pied du mur par les attaques des employeurs trouver des façons de lutter. Des couches successives de travailleurs ont trouvé le moyen de ne pas se laisser simplement menotter, enchaîner et empêcher de s'organiser pour se défendre. Ils l'ont fait même quand les patrons et les bureaucrates syndicaux se sont unis pour les empêcher d'utiliser les tactiques syndicales éprouvées qui ont permis de remporter des victoires au cours de l'histoire du mouvement ouvrier — autrement dit, même quand ils les ont empêchés de recourir à la force et à la solidarité syndicales pour stopper la production.

Quand des travailleurs ont commencé à agir malgré ces conditions adverses, d'autres travailleurs ont exprimé leur solidarité avec leurs luttes. Une petite avant-garde de combattants au sein du mouvement ouvrier a commencé à accumuler des expériences importantes, riches en leçons sur la voie à suivre pour forger l'unité, surmonter les divisions et mener une lutte efficace. Ces luttes défensives sont menées d'une position de faiblesse. Les rangs ne sont pas dans une position de force suffisante pour écarter l'actuelle bureaucratie syndicale et la remplacer par une autre direction ayant une stratégie de lutte de classe alternative. Leurs efforts doivent largement se limiter au cadre de la stratégie imposée par cette bureaucratie ossifiée. Mais ce fait ne réduit en rien l'importance de ces expériences, qui sont l'arène où les combattants du rang se rencontrent et se jaugent.

On peut faire l'expérience de tout ça maintenant avec la grève qui se déroule contre le *Daily News* dans la grande région de New York.

Cette grève a commencé en octobre 1990 par un des pires lock-out depuis plusieurs années : un lock-out brutal, froidement calculé et mené de façon militaire par la direction du journal. La bureaucratie syndicale avait vainement espéré que ce conflit n'aurait pas lieu. Les camionneurs, opérateurs de presse et autres employés syndiqués du rang ont été précipités dans la lutte sans y avoir été préparés. Ils n'ont aucune structure syndicale démocratique pour s'organiser, prendre des décisions, discuter des tactiques, renforcer leur unité et aller chercher la solidarité du reste du mouvement ouvrier — de façon à faire jouer leur véritable force potentielle.

De son côté, la direction de l'entreprise était bien préparée. La production ne s'est jamais arrêtée. Le *Daily News* n'a pas sauté un seul numéro. Des briseurs de grève avaient été préparés des mois d'avance pour accomplir toutes les tâches requises pour produire un journal : de la rédaction à la composition des articles, de l'impression au transport des journaux dans toute la région métropolitaine. En quelques minutes, ils étaient à leurs postes, accompagnés d'hommes de main armés chargés de viser les syndicats. Les autres grands médias capitalistes de New York se sont joints à la campagne du *Daily News* pour accuser les syndicats de violence.

Mais quelque chose s'est produit que la direction n'avait pas prévu. Les patrons pouvaient bien écrire le journal, l'imprimer et le distribuer dans les kiosques en se servant de « remplaçants permanents. » Mais ils ne pouvaient pas convaincre les travailleurs de l'acheter ! La classe ouvrière de la région de New York s'est mobilisée pour garder le *Daily News* hors des kiosques. Les travailleurs font pression sur les propriétaires des kiosques qu'ils fréquentent pour qu'ils ne vendent pas le journal briseur de grève. Ils discutent avec eux et essaient de les convaincre. Certains de ces petits commerçants ont accroché des affiches de solidarité disant : « Nous ne vendons pas le *Daily News*. »

Des travailleurs débattent avec leurs camarades de travail, leurs amis et les membres de leurs familles pour les convaincre de ne pas acheter le journal. Acheter le *Daily News* est devenu un geste immoral, inacceptable et inconcevable pour tout travailleur ayant un gramme de décence, de sentiment humain et de solidarité. Des syndiqués se sont portés volontaires pour aller de porte en porte inviter les gens à annuler leur abonnement.

Il y a des milliers de kiosques qui vendent des quotidiens dans la région métropolitaine de New York. Avant la grève, le *Daily News* avait le deuxième plus grand tirage de tous les quotidiens métropolitains du pays. Il est difficile de le trouver en kiosque aujourd'hui. Ce résultat n'est pas le fruit d'un travail organisé et centralisé. Il a fallu les efforts de dizaines de milliers de travailleurs et de syndiqués. Les propriétaires de kiosque ont constaté que leurs clients réguliers considèrent comme une insulte la présence du *Daily News* sur leurs tablettes. Il s'agit de clients qu'ils ont appris à connaître au fil des ans, dont ils sont devenus les amis et de qui dépendent leurs affaires. Des facteurs comme ceux-là jouent un rôle dans les luttes ouvrières et sociales et ils ont un grand impact dans la grève contre le *Daily News*.

Il ne s'agit pas ici d'essayer de prédire l'issue de la grève, étant donné le caractère de la bureaucratie dans ces syndicats et l'état général du mouvement ouvrier. Pour que la lutte contre la direction du *Daily News* continue d'avancer, la bureaucratie des métiers de l'imprimerie doit continuer à ouvrir de l'espace où les rangs peuvent agir et les rangs doivent avoir du temps pour trouver comment s'organiser et se structurer, ainsi qu'on l'a vu se produire pendant la grève contre la compagnie aérienne Eastern.

L'ensemble de la classe ouvrière développe une haine croissante contre cet assaut antisyndical et ceci permet à des grévistes comme ceux du *Daily News* d'obtenir une solidarité accrue de la part d'autres syndiqués et travailleurs. Même si la grève n'est pas en mesure d'arrêter la production, elle a vu s'ouvrir un peu d'espace inattendu. Mais d'autres formes de lutte et de solidarité ne sont pas un substitut à la grève ; elles viennent la compléter. Elles deviennent une façon pour les rangs de s'affirmer et de prouver que l'antisyndicalisme n'est pas toujours une carte gagnante pour les patrons. Tout ceci est très important maintenant. Peu importe sa durée ou son résultat, cet effort mérite l'appui actif de tous les travailleurs.

La grève du *Daily News* n'est que l'exemple le plus récent de la dynamique des luttes syndicales apparue dans ce pays au cours des dernières années. C'est une dynamique inégale, avec des à-coups et des ratés. Mais elle est néanmoins plus claire aujourd'hui qu'elle ne l'était quand elle a commencé à prendre forme en août 1985 avec la grève des travailleurs d'abattoir contre la compagnie Hormel et les autres grèves qui ont frappé cette industrie au cours des 18 à 24 mois qui ont suivi[1].

Depuis, d'autres luttes ont impliqué des travailleurs du papier, des travailleurs des conserveries, des mineurs de charbon dans les bassins houillers de l'Est et de l'Ouest du pays, des travailleurs du téléphone et des employés d'hôpitaux. Toutes ont revêtu un caractère défensif et ont été menées par des travailleurs que les patrons avaient de plus en plus acculés au pied du mur. Leurs résultats ont varié. Il y a eu des défaites ou des reculs importants, des matchs nuls et quelques victoires. La victoire la plus importante au cours de la dernière période a été remportée par les membres des Mineurs unis d'Amérique et leurs partisans contre les efforts des charbonnages Pittston de briser leur syndicat[2].

À travers toutes ces batailles, vous pouvez voir l'effet cumulatif des attaques patronales. Mais vous pouvez aussi voir l'effet cumulatif d'expériences où les travailleurs trouvent le moyen de résister un peu plus longtemps ou de surprendre davantage les employeurs avec ce qu'ils arrivent à faire, ce qui augmente la confiance d'autres couches de la classe ouvrière qui vont à leur tour entrer en lutte.

La grève menée depuis mars 1989 par des membres de l'Association internationale des machinistes (AIM) contre la compagnie aérienne Eastern a été un peu différente des autres. Durant les premiers mois de la bataille, une direction de grève issue des rangs s'est développée et a eu assez de temps pour se structurer. Elle a constamment cherché à maintenir l'unité la plus large tout en cherchant des appuis ailleurs dans le mouvement ouvrier. Ces grévistes ont montré qu'ils étaient capables de recevoir des coups, de résister aux chocs et de tenir bon plus longtemps que les employeurs. Ils ne se battaient pas contre le premier venu des patrons. Pour le patronat, Frank Lorenzo était le brise-syndicats de la décennie, un modèle à suivre.

Les grévistes d'Eastern ont empêché Lorenzo de leur imposer une entreprise non syndiquée comme celle qu'il avait enfoncé dans la gorge des travailleurs de la compagnie aérienne Continental en 1983. En fait, ils ont chassé Lorenzo de l'industrie aérienne. Et leur lutte qui dure maintenant depuis près de deux ans a acculé à la faillite Eastern et Continental, les deux composantes de Texas Air, l'ancien empire de Lorenzo. Les grévistes d'Eastern ont forcé le gouvernement à s'impliquer et à se porter ouvertement responsable de l'avenir de la compagnie, au grand désespoir de ses actionnaires et de ses créanciers individuels. Tant à l'intérieur qu'à l'extérieur de l'industrie du transport aérien, ce développement a poussé les autres employeurs, fournisseurs et banquiers à douter que l'antisyndicalisme ouvert du milieu des années 80, le « lorenzoïsme », constitue la voie royale vers des profits considérables qu'il avait semblé être [3].

Le mouvement syndical n'a pas l'initiative contre les employeurs. Il n'y a aucun développement où que ce soit dans les syndicats qui représente l'émergence organisée d'une stratégie de lutte de classe alternative. Le mouvement ouvrier continue d'être affaibli par la politique de collaboration de classe pratiquée par la bureaucratie syndicale face à l'offensive continue des dirigeants. Tout ceci reste juste.

Mais ce n'est pas la fin de l'histoire. La dynamique de la résistance des travailleurs et des syndiqués au cours des cinq dernières années, leurs efforts pour faire jouer la solidarité de classe, leur volonté d'aller plus loin qu'eux-mêmes, plus loin que le mouvement syndical, plus loin que leur pays pour chercher et exprimer la solidarité — tous ces faits doivent aussi entrer en ligne de compte. Et pour les travailleurs communistes qui font partie de cette avant-garde ouvrière, ils font partie des faits décisifs dont nous tenons compte pour élaborer notre stratégie et nos tactiques, y compris notre campagne contre la marche de l'impérialisme vers la guerre.

L'action politique ouvrière indépendante
Ces luttes apportent une nouvelle expérience à une couche de travailleurs d'avant-garde, qui les aide à mieux se voir comme faisant partie d'une classe dont les intérêts sont distincts et opposés à ceux des employeurs, des partis politiques des employeurs et du gouvernement des employeurs. Pour renforcer leurs propres luttes, ces travailleurs ont dû forger leur unité et aller chercher la solidarité des autres travailleurs, ce qui les a aidés à surmonter certaines divisions et certains préjugés réactionnaires entretenus par les patrons. Ceci accroît leur capacité de comprendre qu'ils ont des intérêts communs avec d'autres travailleurs, dans ce pays et ailleurs dans le monde.

Ces changements sont importants pour les travailleurs communistes. Sur la base d'expériences communes de militants syndicaux du rang, ils offrent de nouvelles opportunités d'acquérir une compréhension plus large de la nécessité de construire un mouvement syndical qui fonctionne sur une base de démocratie, de solidarité de classe et d'action politique ouvrière indépendante. Nous avons besoin d'un mouvement syndical qui rejette le syndicalisme étroit tel que conçu par une bureaucratie timide. Nous devons lutter pour un mouvement syndical qui pense socialement et agit politiquement — dans l'intérêt de sa propre classe et non dans celui des patrons. Cette perspective devient plus nécessaire que jamais devant les initiatives de guerre accrues de l'impérialisme.

Les divisions tactiques au sein de la classe dirigeante sont réelles et il ne nous a pas été difficile d'en expliquer les raisons. Elles nous permettent de voir le caractère dangereux de l'escroquerie promue par la presse bourgeoise, à savoir que le débat qui a lieu au Congrès nous éloigne de la guerre. C'est le contraire qui est vrai. Les hypothèses et les objectifs impérialistes que partagent les politiciens des partis démocrate et républicain, et les politiques bipartites qu'ils ont déjà mises en branle — voilà les ingrédients mêmes qui augmentent la probabilité que le siège militaire actuel [contre l'Irak] devienne une guerre terrestre massive, qui aura peut-être comme prélude une guerre aérienne dévastatrice.

Les travailleurs et les agriculteurs, ainsi que tous les adversaires authentiques de la marche de Washington vers la guerre n'ont aucune voix, aucun représentant que ce soit au Congrès. Avant chacune des guerres impérialistes de ce siècle, des divisions et des querelles tactiques ont éclaté parmi les politiciens bourgeois qui siègent au Congrès et entre le Congrès et la Maison-Blanche. On a aussi assisté à une concentration croissante du pouvoir gouvernemental entre les mains de l'exécutif. Mais sans exception, chaque fois que le président a demandé au Congrès de l'appuyer dans une guerre, il a reçu un très large appui des deux partis. Peu importe la forme, c'est ce qui est arrivé lors des déclarations de guerre de 1917 et 1941, de l'adoption de la résolution du golfe du Tonkin en 1964 ou simplement du vote des crédits de l'armée. Les choses ne seront pas différentes cette fois-ci.

Ce dont le mouvement prolétarien a besoin, c'est d'espace pour organiser une grande discussion publique sur les liens qui existent entre les politiques de guerre mises en pratique par les dirigeants ici et ailleurs — une discussion avec tous ceux qui veulent débattre ces questions d'une manière courtoise et polie ; un espace pour organiser une opposition active à ces politiques dans les usines par le biais de nos syndicats ; un espace pour manifester notre opposition dans les rues et pour commencer à faire de la politique dans l'intérêt de classe des travailleurs, des agriculteurs et de nos alliés ici et ailleurs dans le monde. Ce débat doit être organisé avant tout parmi le près d'un demi-million de citoyens-soldats envoyés dans le désert d'Arabie par les amis de Frank Lorenzo à Washington.

Ceux qui auront à combattre et à mourir dans les guerres menées par les dirigeants bipartites de ce pays devraient pouvoir se prononcer directement sur le déclenchement ou pas de ces guerres. À première vue, ça semble être une simple question de décence et de justice. Mais il y a beaucoup d'impliqué ici, parce que la question de la guerre va droit au coeur du principal problème auquel est confrontée la classe ouvrière : nous n'avons pas d'organisation politique indépendante, ni de voix politique propre, ni de politiques correspondant à nos intérêts de classe contre les intérêts de ceux qui sont responsables de l'exploitation, de l'oppression et de la guerre.

La classe ouvrière n'a pas de politique étrangère. Le mouvement ouvrier n'a pas de politique étrangère. La *bureaucratie* syndicale défend fidèlement la politique étrangère des employeurs et fait ce que les patrons lui disent de faire. Mais le *mouvement* syndical — les travailleurs, les rangs, qui sont les syndicats — n'a pas de politique étrangère. Les classes qui meurent dans les guerres déclenchées par les partis et le gouvernement des patrons — et qui affrontent dans ces guerres des travailleurs et des agriculteurs comme nous vivant dans d'autres pays — n'ont aucune politique étrangère.

De nombreux travailleurs s'accordent sur le fait qu'il est inacceptable que les patrons aient un monopole pour établir toutes sortes d'autres politiques : les politiques qui régissent nos syndicats ; les politiques sur la santé, la sécurité et les conditions de travail dans les mines et les usines ; les règlements de travail dans les usines ; le droit de réduire nos salaires ou de nous congédier ; ou le droit de détruire nos syndicats et de poursuivre la production avec des briseurs de grève.

Mais lorsqu'il s'agit de politique étrangère, le monopole des patrons est encore largement accepté comme une chose normale. L'éventail des choix valables est établi par leurs deux partis politiques. Qui plus est, leur politique étrangère est vue comme « la nôtre », la politique étrangère de « notre » pays. Mais les pays n'ont pas de politique. Les pays sont divisés en classes sociales et les classes ont des politiques étrangères. Comme dans tous les autres pays capitalistes, partout dans le monde, la politique étrangère de la classe dirigeante de ce pays n'est pas « la nôtre », c'est « la leur ». Comme Malcolm X nous l'a enseigné, les travailleurs de ce pays ne sont pas « américains ». Nous sommes *victimes* de ce genre d'« américanisme ».

Les travailleurs n'ont pas de politique militaire non plus. Le mouvement ouvrier n'a pas de politique militaire. Seule la classe dirigeante a une politique militaire. Celle-ci commence avec les hommes de main et les policiers que les patrons utilisent pour briser nos grèves et faire rouler leurs camions briseurs de grève en Virginie-Occidentale ou à Bayside dans le quartier Queens à New York. Et elle se poursuit jusqu'à l'organisation d'énormes forces armées impérialistes.

Mais la classe ouvrière a autant besoin d'avoir sa propre politique militaire que sa propre politique étrangère. Et il y a des couches de travailleurs qui ont compris pourquoi au cours des dernières années, même s'ils n'ont pas encore tiré cette conclusion ou ne l'ont pas encore formulée de cette façon. Les grévistes du *Daily News* qui ont été victimes des bandes d'hommes de main embauchés par la direction sont en train de découvrir ce qu'est la politique militaire des patrons. C'est aussi le cas des mineurs de charbon et des travailleurs du papier, des abattoirs et des autres industries dont les piquets de grève ont été attaqués par les flics, aussi bien « privés » que « publics ». Et c'est aussi le cas aujourd'hui des travailleurs et des agriculteurs en uniforme — la chair à canon des forces armées utilisées par les impérialistes pour mener *leurs* guerres en défense de *leurs* intérêts de classe. (L'expression « chair à canon » prend ici une signification horriblement concrète à la veille d'une guerre dans le désert entre des armées fortement blindées.)

Aussi longtemps que le capitalisme et l'impérialisme continueront d'exister, il n'y aura pas de paix. Aussi longtemps que la classe ouvrière n'aura pas son propre parti politique — un parti ouvrier basé sur les syndicats et indépendant des partis impérialistes démocrate et républicain — nous n'aurons aucune organisation politique de masse capable de résister de manière efficace aux politiques de guerre du patronat en leur opposant nos propres politiques étrangère et militaire et en luttant pour elles. Et nous n'aurons aucun parti politique capable d'organiser la lutte contre la guerre que mènent les patrons ici même contre nos droits, nos conditions de vie et nos syndicats. À la place, nous serons toujours confinés au cadre des choix politiques imposés par *leurs* partis.

Laissez les gens voter sur la guerre
Pour les mêmes raisons, dans le cadre de leur campagne ouvrière contre la guerre impérialiste, les communistes mettent de l'avant le droit pour la population de ce pays de voter sur la guerre.

Le point ici n'est pas de dévoyer l'énergie des travailleurs, des agriculteurs et des autres adversaires de la guerre vers des voies électorales. Il y aura suffisamment de référendums pour le faire. Bien au contraire. Notre revendication vise à enlever la question de la guerre et de la paix des mains des démocrates et des républicains, du Congrès et de la Maison-Blanche pour l'amener dans les usines et dans la rue.

Quand les impérialistes vont en guerre, nous savons qu'ils cherchent toujours à limiter et à restreindre l'espace pour nous organiser et faire de la politique. C'est ce qui est arrivé durant les deux premières guerres mondiales, durant la guerre de Corée et durant la guerre du Viêt-nam. Et c'est ce qui va encore arriver. Plusieurs d'entre nous se souviennent des opérations d'espionnage, de harcèlement et de déstabilisation du programme Cointelpro effectuées pendant la guerre du Viêt-nam par le FBI, la CIA, les « escouades rouges » des polices municipales et les autres agences policières du gouvernement. Le Parti socialiste des travailleurs a été une victime directe de ces attaques, ainsi que d'autres forces et individus impliqués dans la lutte contre la guerre, la lutte pour la libération des Noirs et d'autres luttes sociales et politiques. Saisir cette réalité augmente l'importance pour les travailleurs d'avant-garde d'utiliser et de défendre chaque centimètre d'espace qu'ils peuvent [4].

Voilà pourquoi les travailleurs qui réfléchissent prêtent une attention particulière à tout groupe d'individus et à toute organisation qui cherchent à utiliser leurs droits démocratiques pour s'opposer publiquement à la marche vers la guerre — soit en discutant, débattant ou manifestant ; soit en organisant des actions de protestation publiques, des rassemblements, des colloques ou des manifestations. Ces activités aident à élargir l'espace pour discuter et agir autour de la guerre, de même que l'espace permettant à la classe ouvrière de s'impliquer dans la politique.

C'est l'opposé du terrain où les dirigeants capitalistes cherchent toujours à restreindre les discussions et les décisions sur la guerre. On nous dit que le déclenchement de la guerre contre l'Irak est aujourd'hui l'objet d'un grand débat sur la colline du Capitole. Mais c'est un débat qui implique au maximum 535 personnes, 536 si vous comptez le vice-président. La plupart sont des millionnaires. Et toutes s'opposent à l'action politique indépendante du mouvement ouvrier. C'est aussi vrai des démocrates et des républicains que de leurs sous-espèces « socialistes ». Ce sont les mêmes gens qui ont entraîné les travailleurs et les agriculteurs dans chacune des guerres sanglantes de ce siècle.

La lutte contre la guerre et la lutte pour défendre les droits démocratiques requièrent aussi les débats publics et les échanges de points de vue les plus larges. Les politiciens bourgeois vont tenter d'empêcher ces discussions. Et comme par le passé, les bureaucrates syndicaux, les pacifistes petits-bourgeois, les staliniens et les sociaux-démocrates vont souvent se joindre à cet effort réactionnaire, généralement sous couvert d'appuyer telle ou telle proposition ou campagne électorale d'un politicien capitaliste.

De l'autre côté, la classe ouvrière a tout intérêt à promouvoir une telle discussion. La clarté politique prend plus d'importance que jamais et une telle clarté ne peut s'obtenir que par la *différenciation politique*. Voilà pourquoi nous défendons les normes de la discussion civile au sein du mouvement ouvrier : le droit de présenter son point de vue et de le défendre sans crainte d'être injurié ou menacé physiquement. Cette approche exige aussi d'avoir le courage de clarifier les divergences au lieu de les masquer : celles-ci reflètent souvent des points de vue et des intérêts de classe conflictuels.

En même temps, les partisans d'un très large éventail de points de vue variés peuvent et vont s'unir pour agir, s'organiser et participer à des manifestations contre la guerre et à d'autres activités publiques de protestation. Les travailleurs communistes sont les plus fervents défenseurs de ce genre d'actions unitaires autour d'objectifs communs. Et ils sont les adversaires les plus farouches de toute tentative d'en exclure des individus ou des organisations à cause de leurs opinions politiques.

Nous cherchons à impliquer plus de travailleurs, plus de soldats et plus d'agriculteurs dans ces activités afin que ceux qui se sont battus contre l'offensive des patrons dans ce pays puissent participer au débat et devenir une composante de plus en plus importante de la lutte contre la marche vers la guerre.

II. DIRIGER LE PARTI VERS L'INDUSTRIE

INTRODUCTION À LA SECTION

Alors que Washington accélérait ses préparatifs de guerre bipartites à la fin des années 30, la bureaucratie des syndicats industriels nouvellement formés a empêché la classe ouvrière de s'engager dans la construction d'un parti des travailleurs indépendant des deux partis bourgeois dominant la politique aux États-Unis. La bureaucratie naissante a réduit le champ d'activité des syndicats aux salaires et à d'autres questions économiques. En parole comme en pratique, les hauts officiers syndicaux ont rendu clair que la lutte politique contre le système capitaliste n'était pas une « question syndicale » — même si ce dernier non seulement exploite les travailleurs sur une base quotidienne mais engendre la guerre, le racisme, le chômage et d'autres maux sociaux et politiques. Malgré leurs querelles, les syndicalistes d'affaires, les staliniens, les sociaux-démocrates et les libéraux au sein de la bureaucratie syndicale ont serré les rangs derrière cette perspective de collaboration de classe.

Avec l'entrée de l'impérialisme U.S. dans la deuxième guerre mondiale au cours des dernières semaines de 1941, les officiers syndicaux ont coopéré avec les dirigeants capitalistes pour mettre les syndicats au pas à l'aide de commissions gouvernementales, d'un contrôle obligatoire des salaires et d'un engagement à ne pas faire grève. En le faisant, la bureaucratie petite-bourgeoise a commencé à consolider son emprise sur les syndicats malgré une montée de la résistance ouvrière qui a débuté durant les dernières années de la guerre et s'est transformée en une vague de grèves en 1945-1946. Cette consolidation était achevée en 1950.

Durant l'expansion économique capitaliste internationale qui s'est étendue de la fin des années 40 au début des années 70, le mouvement ouvrier aux États-Unis a continué à reculer. Le pourcentage des travailleurs syndiqués par rapport à l'ensemble de la main-d'oeuvre a diminué : il a chuté d'un sommet de 25,5 pour cent en 1953 à 20 pour cent 25 ans plus tard — et à moins de 16 pour cent aujourd'hui. Le potentiel de lutte des syndicats s'est émoussé. La prospérité a permis aux travailleurs d'obtenir des augmentations de salaire et des « avantages sociaux » modestes mais réels, sans conflits accrus avec les employeurs. Les capitalistes n'ont pas directement remis en question la perception relativement stable de ses cotisations par la bureaucratie, ce qui leur a permis en échange d'exiger et d'obtenir de loyaux services de sa part. Avec le temps, les syndicats sont devenus les institutions flasques qu'elles sont aujourd'hui.

Fonctionnant dans ce cadre de collaboration de classe, les misleaders syndicaux ont ignoré les besoins des travailleurs non syndiqués, sauf là où il leur était possible de s'entendre avec tel ou tel employeur ou politicien bourgeois pour accroître le bassin de leurs cotisations avec peu ou pas de lutte. Les bureaucrates ont troqué pour de soi-disant avantages sociaux restreints aux seuls syndiqués les revendications des Noirs, des Chicanos, des travailleurs immigrés et des femmes, ainsi que la lutte politique pour obtenir des soins de santé et des programmes sociaux pour toute la classe ouvrière. Ils ont maintenu les perspectives politiques du mouvement ouvrier dans les limites établies par le gouvernement et les partis politiques jumeaux du grand capital. La haute bureaucratie syndicale est devenue l'un des plus zélés défenseurs de la politique étrangère anti-ouvrière de l'impérialisme U.S., y compris de la conscription des jeunes travailleurs pour aller mourir dans les guerres menées contre les peuples coréen et vietnamien.

Des luttes de masse ont commencé à éclater à la fin des années 50 et durant les années 60, d'abord avec le mouvement des droits civils pour l'égalité des Noirs et ensuite avec l'opposition à la guerre du Viêt-nam. Mais il était difficile d'en voir le caractère comme faisant partie de la lutte des classes aux États-Unis étant donné que la bureaucratie luttait pour empêcher l'implication active des syndicats dans ces luttes. Néanmoins, ces mouvements de protestation sociale ont profondément affecté la conscience politique de millions de travailleurs, dont beaucoup y ont participé à titre individuel même si dans la plupart des cas il leur était impossible de le faire à travers leurs syndicats.

Une flambée soudaine du prix du pétrole en 1973 et la récession économique mondiale de 1974-1975, la première récession depuis les années 30 à frapper simultanément tous les principaux pays industrialisés, ont commencé à saper les illusions de beaucoup de travailleurs aux États-Unis que la prospérité d'après-guerre durerait à jamais. En se combinant aux changements d'attitude résultant du mouvement contre la guerre du Viêt-nam et des luttes des Noirs et des femmes, ce choc a changé la politique aux États-Unis. Ce changement est au coeur de la résolution « Les perspectives du socialisme en Amérique » adoptée en 1975 par le Parti socialiste des travailleurs et qui ouvre cette section du livre.

Les coups portés contre les droits et conditions de vie des travailleurs au lendemain de la récession de 1974-1975 se sont heurtés à la résistance de sections du mouvement syndical. À la fin de 1975, un mouvement appelé « Les Métallos ripostent » a été lancé dans le syndicat des Métallos pour renverser le régime failli d'I. W. Abel et établir le droit des membres du syndicat de voter les conventions collectives. Le directeur du District 31 des Métallos, Ed Sadlowski, s'est présenté contre Abel à la présidence du syndicat. Cette tentative n'a pas réussi. Mais l'opposition des Métallos ripostent au « syndicalisme de club de loisirs privé » a touché une corde sensible chez beaucoup de membres des Métallos et a été un signe de nouveaux développements dans la politique U.S.

En 1977, les associations patronales de charbonnage ont provoqué un affrontement avec le syndicat des Mineurs unis d'Amérique en misant sur « la situation désespérément faible » des UMWA — ainsi que l'a écrit une revue de Wall Street à l'époque. Mais ce que les propriétaires de mines ont obtenu, c'est une grève de 110 jours — une des plus importantes batailles syndicales depuis des décennies. Des milliers de mineurs du rang ont marqué cette lutte de leur sceau et ont gagné l'appui de millions de travailleurs à travers le pays. Le président James Carter est venu à l'aide des patrons des charbonnages en proclamant un « état d'urgence national » et en ordonnant aux mineurs de retourner au travail. Mais ces derniers ont défié le gouvernement et les patrons. Ils ont ainsi repoussé un assaut concerté pour détruire leur syndicat et renforcé les UMWA.

Ces luttes et les changements qu'elles ont signalés dans la politique aux États-Unis ont convaincu la direction du Parti socialiste des travailleurs que les conditions existaient désormais pour harmoniser davantage la composition sociale et la structure du parti avec son programme prolétarien. Au cours des années 60 et au début des années 70, le SWP a recruté au mouvement communiste des centaines d'étudiants et de jeunes qui s'étaient radicalisés dans la lutte pour les droits des Noirs, les manifestations contre la guerre du Viêtnam et les luttes pour les droits des femmes. Ces jeunes ont été principalement recrutés à l'Alliance des jeunes socialistes, une organisation de jeunesse indépendante en solidarité politique avec le SWP. Plusieurs de ces jeunes socialistes ont plus tard adhéré au parti.

En réponse à cette nouvelle situation politique, les membres du SWP se sont jetés dans des activités de solidarité avec les mineurs de charbon, les métallos et d'autres syndiqués en lutte. Des membres du parti ont commencé à se trouver du travail dans des manufactures organisées par plusieurs syndicats industriels et à effectuer un travail politique et syndical organisé dans le mouvement ouvrier.

Ainsi que l'explique Jack Barnes dans le rapport de février 1978 contenu dans cette section, le parti a décidé sur la base de ces expériences « de nous organiser immédiatement pour faire entrer une grande majorité des membres du Parti socialiste des travailleurs dans l'industrie et dans les syndicats industriels et de tout subordonner à ce but. » Le rapport présenté par Mary-Alice Waters en mai 1979 et qui conclut cette section du livre souligne les nouvelles opportunités et les nouveaux défis pour développer une direction prolétarienne dans le parti posés par le tournant vers les syndicats industriels.

Les perspectives du socialisme en Amérique

RÉSOLUTION DU PARTI SOCIALISTE
DES TRAVAILLEURS

En s'ajoutant aux changements d'attitude provoqués par les mouvements de protestation sociale et la radicalisation politique des années 60 et 70, l'impact combiné des chocs sociaux et économiques des cinq dernières années nous a conduits au seuil d'une nouvelle période dans la transformation de la conscience politique de la classe ouvrière américaine.

Une nouvelle étape s'ouvre dans le processus de radicalisation. Des luttes d'un nouveau genre sont à l'ordre du jour.

Cette résolution examine à l'échelle mondiale les racines et les diverses composantes de la crise du capitalisme américain. Elle les compare et les contraste aussi bien à la période d'expansion capitaliste et de réaction politique qui a suivi la deuxième guerre mondiale qu'à la période de dépression économique et de radicalisation ouvrière des années 30. Elle vise à expliquer le dilemme auquel fait face la classe dirigeante, les changements structurels et idéologiques qui se produisent dans la classe ouvrière américaine et parmi ses

---

Ce texte constitue la principale résolution politique adoptée lors du vingt-septième congrès national du Parti socialiste des travailleurs, tenu du 17 au 21 août 1975.

VOIR LES NOTES EN PAGE 572

alliés, ainsi que la perspective révolutionnaire inhérente à la radicalisation de la classe ouvrière qui commence tout juste à se développer.

I. Les contradictions croissantes de l'impérialisme mondial

Au cours des trois décennies qui se sont écoulées depuis la deuxième guerre mondiale, les grandes puissances capitalistes ont toutes connu des récessions. Mais chacune de ces récessions distinctes a été atténuée par le fait que l'industrialisation, la productivité, l'embauche et le commerce poursuivaient leur cours expansionniste dans au moins un certain nombre d'autres pays capitalistes. La dépression américaine actuelle n'est pas seulement le recul économique le plus long et le plus sévère des six qui se sont produits aux États-Unis depuis la deuxième guerre mondiale. Elle fait surtout partie de la première récession *mondiale* depuis 1937-1938, une récession qui frappe toutes les principales économies capitalistes en même temps.

Cette récession mondiale est le produit de l'épuisement croissant de plusieurs des facteurs qui ont alimenté le boom capitaliste international d'un quart de siècle — comme la reconstruction de l'industrie européenne et japonaise, la croissance massive de l'industrie automobile et des industries connexes au cours des années 50 et 60, ainsi que la mécanisation, l'automatisation et l'informatisation de nouvelles branches entières de l'industrie.

Les stimulants expansionnistes, comme le financement par déficit budgétaire et le développement massif du crédit utilisé depuis 25 ans pour aider à sortir les économies capitalistes de leurs récessions, sont devenus des mesures périlleuses. Les politiques inflationnistes pratiquées par les gouvernements dans le but de sortir les économies capitalistes d'une récession s'avèrent moins efficaces et plus dangereuses que dans le passé. Même au milieu d'une dépression, l'inflation peut menacer d'échapper à tout contrôle.

La guerre d'Indochine a clairement révélé le déplacement du rapport de force mondial entre les classes au détriment de l'impérialisme. Elle a montré les nouvelles limites imposées à l'impérialisme américain pour *utiliser* son énorme machine militaire. Le géant impérialiste se heurte de plus en plus non seulement à la puissance nucléaire de l'Union soviétique, mais il se heurte aussi à l'absence dans les pays semi-coloniaux d'alliés et de clients jouissant d'un solide appui populaire, à la saignée que représente pour le capital U.S. son appui à des régimes dictatoriaux, et à l'opposition politique du peuple américain.

La défaite dans le Sud-Est asiatique a été un revers de proportion historique pour le capitalisme U.S.

Pendant ce temps en Europe, les puissantes offensives ouvrières représentées par la montée prérévolutionnaire de mai 1968 en France et par le « mai rampant » de l'automne 1969 en Italie ont fait ressortir la tendance croissante vers de grandes crises *sociales* qui existe au coeur des puissances impérialistes européennes. La fermentation révolutionnaire qui a éclaté au printemps de 1974 au Portugal a confirmé une nouvelle fois cette tendance.

Après avoir servi de force de réserve alliée offrant à l'impérialisme américain un soutien militaire, politique et économique dans sa lutte contre la révolution coloniale et les États ouvriers, des secteurs du capital européen deviennent aujourd'hui une source additionnelle de faiblesse.

Prélude à la dépression de 1974-1975, la crise du pétrole a montré une fois de plus que l'impérialisme américain demeure de loin la force la plus puissante dans le monde capitaliste. Sa seule production économique est aussi grande que celle de toutes les autres puissances capitalistes majeures réunies.

De plus, les pressions concurrentielles de la crise économique et sociale en cours ont anéanti toute prétention de la part des pays du Marché commun européen d'établir une devise et une structure étatique communes leur permettant de faire contrepoids à l'impérialisme américain et de défier efficacement son hégémonie.

Cependant, tous ces événements de la fin des années 60 et du début des années 70 n'ont pas seulement coïncidé avec la fin de la longue vague d'expansion économique capitaliste qui a suivi la deuxième guerre mondiale. Ils ont aussi reflété une diminution importante de l'avantage détenu par le capitalisme américain en matière de productivité vis-à-vis de ses concurrents les plus puissants.

Cet avantage au niveau de la productivité du travail avait permis au dollar de jouer son rôle de devise mondiale, d'exporter l'inflation et d'accorder des augmentations salariales modestes mais réelles au mouvement syndical américain. Il avait aussi permis à l'impérialisme U.S. de faire simultanément des investissements et des dépenses militaires massives à l'étranger. L'épuisement au cours de la période de 1968-1971 de l'expansion capitaliste internationale d'après-guerre a ainsi signalé l'ouverture d'une période de concurrence et de conflits interimpérialistes croissants, de nouveaux changements dans les rapports entre les puissances impérialistes et d'une nouvelle vague prolongée de stagnation économique et d'inflation explosive.

Avant l'ère des armes nucléaires, de tels changements dans le rapport de force auraient précipité une guerre interimpérialiste pour rediviser le marché mondial en contraction, comme en 1914 et en 1939. Mais la supériorité militaire qualitative du capitalisme américain au sein du camp impérialiste et la présence dissuasive de l'arsenal nucléaire soviétique ont changé de façon radicale le cadre dans lequel ces contradictions interimpérialistes classiques doivent se résoudre.

La politique de détente repose elle aussi sur une reconnaissance mutuelle de ces nouveaux rapports de force économiques et militaires. Tandis que Moscou compte sur l'aide économique des capitalistes pour augmenter la capacité industrielle et technologique de l'Union soviétique, par le biais d'une entente politique tacite, l'impérialisme américain peut de son côté compter sur l'aide de la bureaucratie soviétique, qui intervient de manière contre-révolutionnaire contre les actions indépendantes de la classe ouvrière internationale. Les partis staliniens à travers le monde sont aussi invités à collaborer à cette tâche. Cet échange de bons services constitue l'essence de la politique de détente et est mis à contribution contre chaque nouveau soulèvement révolutionnaire des opprimés.

La convergence de ces facteurs a précipité une crise de direction majeure du capitalisme mondial.

II. La crise de perspective de la classe dirigeante aux États-Unis

Pourtant si sûre d'elle-même et si arrogante au lendemain de la deuxième guerre mondiale, la classe dirigeante américaine cherche aujourd'hui à tâtons à établir une nouvelle stratégie mondiale. Ce changement se reflète dans le pessimisme des politiciens et des commentateurs bourgeois qui tentent d'analyser l'avenir de l'impérialisme américain à partir d'une perspective historique plus générale. Ils voient s'effondrer le « siècle américain » dont ils étaient tellement certains il y a 30 ans, ce qui évoque chez eux des visions d'empires en déclin et l'arrivée d'un « âge des ténèbres. » Ils voient le monde se diriger vers une nouvelle « ère de pénurie » ou suggèrent d'instaurer des décennies de croissance zéro dans l'économie comme la seule façon d'empêcher de détruire la capacité de l'environnement de soutenir la vie sur la terre. Ils soupèsent de manière « philosophique » les probabilités que la « démocratie » ne puisse se maintenir beaucoup plus longtemps si l'inflation et l'agitation sociale continuent.

Un tel pessimisme découle d'une reconnaissance du changement qui s'est produit aux dépens du capitalisme dans le rapport de force mondial entre les classes, du nouveau poids relatif des divers rivaux impérialistes eux-mêmes et de l'ampleur des problèmes engendrés aujourd'hui par un ordre capitaliste mondial en déclin.

Cette crise de direction et d'orientation ne se limite pas à la seule bourgeoisie américaine. Malgré le déclin relatif du dollar américain et de la puissance de Washington, il n'existe aucune autre puissance capitaliste capable de prendre la relève et de remplacer l'hégémonie de Wall Street — pas même les plus fortes comme l'Allemagne et le Japon.

Si irritées soient-elles par la domination U.S., les puissances capitalistes de moindre importance ne peuvent échapper à leur relation de dépendance vis-à-vis de Washington. Seules ou collectivement, elles n'ont ni les moyens financiers ni la capacité de maintenir l'ordre dans le monde. Et elles ne peuvent pas se permettre que l'ordre ne soit pas maintenu dans le monde.

Voilà la source du désarroi et des divisions croissantes qui frappent les directions bourgeoises américaine et mondiale. À mesure que ces divisions s'intensifient, les classes dirigeantes perdent de plus en plus confiance en leur propre capacité de diriger. Ces conflits et la crise de direction capitaliste approfondissent le malaise général dans la population.

Dans ces circonstances, les *véritables* perspectives que la prolongation de la domination capitaliste présente aux travailleurs américains, ce sont des coupures dans leur niveau de vie, de nouvelles aventures militaires et la restriction de la démocratie.

1. La classe dirigeante cherchera à augmenter son taux de profit en pressurant encore plus les travailleurs américains. Autrement dit, elle empêchera les salaires réels d'augmenter, rognera les conditions de travail, abaissera le niveau de vie et réduira radicalement les programmes d'assistance sociale. Elle cherchera à accroître les divisions parmi les travailleurs, en se servant en particulier du racisme et du sexisme. Et elle cherchera à empêcher le développement de la solidarité ouvrière internationale.

Elle réduira aussi l'héritage social légué aux générations futures : l'environnement naturel, les écoles, les hôpitaux, le logement, l'organisation des villes et l'ensemble du système de production. Et elle augmentera la dislocation sociale : le crime, l'alcoolisme, la toxicomanie, les pressions sociales et psychologiques à la hausse et une aliénation croissante. Voilà la qualité de vie que le capitalisme promet à la grande majorité.

Dans sa lutte contre les progrès relatifs des capitalistes allemands et japonais, la bourgeoisie américaine demande aux masses d'être « réalistes » et de se résigner à la triste réalité que le capitalisme américain ne peut plus maintenir le niveau de vie relativement élevé et en expansion que la classe ouvrière s'est habituée à *considérer* comme un *droit*. Les capitalistes demandent aux travailleurs de se sacrifier pour compenser les augmentations salariales « excessives » et le recours « excessif » aux services sociaux. Ils leur demandent aussi de réduire leurs attentes afin de « garder l'Amérique forte. »

2. La menace d'aventures militaires demeurera et, avec elle, la possibilité d'annihilation nucléaire. Les rivalités vont augmenter entre les puissances impérialistes alors qu'elles se font concurrence pour les marchés et les matières premières. L'impérialisme américain multipliera les efforts pour imposer ses besoins et ses perspectives aux masses du monde colonial et semi-colonial, ce qui provoquera une résistance inévitable.

Washington continuera de se heurter à la capacité limitée des staliniens de maîtriser les explosions de la lutte des classes à l'échelle mondiale. Depuis la proclamation de la détente, les événements en Grèce, à Chypre, au Portugal, dans l'Orient arabe et en Indochine ont amplement démontré à quel point il est impossible pour Moscou et Beijing d'empêcher les masses de perturber le statu quo.

À chaque occasion, la classe dirigeante ira aussi loin qu'elle le pourra. Elle mettra à l'épreuve le rapport de force qui l'empêche d'utiliser son immense puissance militaire et sa capacité de chantage nucléaire. Et elle essayera de voir quel avantage elle peut tirer de la menace d'actions militaires. Ces essais belliqueux comportent toujours le danger d'un mauvais calcul.

3. La classe dirigeante cherchera à restreindre les droits démocratiques des travailleurs américains, à miner leur capacité d'apprendre la vérité sur les actions et les activités des grandes corporations et du gouvernement, et à les empêcher d'entrer de manière indépendante sur la scène politique. Elle s'efforcera de repousser les gains sociaux et les nouveaux droits que les minorités opprimées et les femmes ont gagnés au cours des dernières années.

La baisse du niveau de vie des masses ouvrières aux États-Unis, le maintien des positions économiques américaines à l'étranger par le déploiement de la puissance militaire U.S., et la restriction des droits et des libertés que le peuple américain a gagnés au travail et dans la société en général : voilà la réalité que les dirigeants impérialistes U.S. offrent pour la prochaine période.

III. La conscience changeante de la classe ouvrière

La lutte des Noirs

Un scepticisme croissant devant ce qui était vaguement perçu comme « le système américain » a commencé à se développer dans les années 60. Il a pris la forme d'une remise en question *morale* chez les jeunes qui constataient le refus ou l'incapacité du « système » de répondre aux justes revendications de la population noire. Little Rock, les sit-in, le Mississippi et Selma, puis Watts, Détroit et Newark sont devenus des symboles de l'injustice et de l'inégalité sociales régnant en Amérique. Contrairement à ce qu'enseignaient les écoles, la démocratie bourgeoise n'était pas basée sur la liberté et l'égalité pour tous.

À partir de la lutte des Noirs et de tout ce qu'elle a révélé sur les inégalités racistes de la démocratie américaine, cette remise en question s'est répandue à d'autres conceptions et institutions obscurantistes qui soutiennent le capitalisme et que le capitalisme soutient : la religion, l'« éthique du travail, » l'éducation inégale, l'anticommunisme, le cadre d'entreprise « dévoué » et l'autorité hiérarchique, le mariage et la famille.

La guerre du Viêt-nam a marqué une nouvelle étape quand l'indignation contre les buts et les méthodes de l'impérialisme américain est devenue un phénomène de masse qui a débordé les universités et la jeunesse. La radicalisation qui en a résulté s'est étendue à de nouvelles arènes de lutte et a remis en question un nombre encore plus grand de vaches sacrées de la société de classe. D'autres nationalités opprimées, des soldats, des femmes, des homosexuels, des détenus et des personnes âgées se sont mis à revendiquer de façon bruyante et active leurs pleins droits humains.

L'héritage du Viêt-nam

L'expérience de la guerre du Viêt-nam a produit un profond changement d'attitude parmi les masses ouvrières américaines.

La force de ce que les pontifes bourgeois appellent le « nouvel isolationnisme » constitue l'héritage de l'opposition écrasante du peuple américain à l'intervention du gouvernement en Indochine et de son scepticisme envers les aventures militaires de Washington.

La population américaine est devenue sensible aux menaces d'utiliser la force militaire américaine. Le manque de crédibilité du gouvernement rend plus difficile d'organiser des provocations comme l'incident du golfe du Tonkin [1].

Les réévaluations « révisionnistes » du rôle et des intentions de Washington dans l'origine de la guerre froide, dans la guerre de Corée et même dans la deuxième guerre mondiale soulèvent un plus grand intérêt.

Il y a une plus grande conscience que l'escalade croissante du budget militaire se traduit par autre chose que des emplois pour ceux qui travaillent dans l'industrie de guerre. Elle entraîne la mort, la destruction, des mutilations et des meurtres inutiles, ainsi que la misère — pour le monde, pour les soldats américains et pour les familles ouvrières ici.

Parmi les effets radicalisants de la guerre du Viêt-nam et du mouvement contre la guerre, il y a eu la prise de conscience embryonnaire que la guerre, les préparatifs de guerre et le fardeau cumulatif du coût des guerres passées constituent un élément central de la « réponse » des dirigeants à la concurrence capitaliste mondiale et à ses crises périodiques.

L'impact du Watergate

Au cours des cinq dernières années, un changement s'est aussi produit dans la compréhension qu'ont les travailleurs américains de la réalité de la démocratie américaine.

Le fonctionnement de la « démocratie » américaine à l'étranger a été mis à nu au Viêt-nam et au Chili, à Cuba et dans l'ancien Congo belge, alors qu'une partie de l'histoire véritable a été exhumée des dossiers et des archives du Pentagone, de la CIA, du département d'État, de la Maison-Blanche et du Congrès. Mais bien plus que les opérations à l'étranger, ce sont les violations considérables des droits démocratiques ici qui ont profondément révolté un si grand nombre d'Américains quand le scandale du Watergate a éclaté et que les crimes commis ici même par la CIA, le FBI et le Service fiscal (IRS) ont été rendus publics.

À mesure que s'est déroulé le scandale du Watergate, les travailleurs américains ont commencé à comprendre que ce spectacle n'était pas simplement le fait isolé de quelques politiciens malhonnêtes pris en flagrant délit, mais la preuve d'un mode général de fonctionnement qui représente une menace pour les droits démocratiques fondamentaux[2]. Ces méthodes ont été initiées, poursuivies et ensuite dissimulées par une classe dirigeante déterminée à stopper et finalement renverser les gains sociaux et économiques que la classe ouvrière et ses alliés ont réalisés au cours des dernières années. Ainsi que l'ont révélé le plan de Houston, les documents du Cointelpro, le cas Ellsberg et le meurtre de dirigeants des Panthères noires à Chicago, les méthodes du Watergate visaient en réalité les Noirs, les Chicanos, les femmes, les jeunes, les prisonniers, les soldats opposés à la guerre et les travailleurs immigrés sans papiers. Les méthodes du

Watergate faisaient partie de la réponse « de loi et d'ordre » de la classe dirigeante à l'idée de plus en plus répandue que les travailleurs ont le droit d'exprimer leurs opinions sur la guerre, le droit à ce qui est essentiel pour vivre et le droit de lutter pour obtenir ces choses.

Un plus grand nombre d'Américains en sont venus à soupçonner que les références à la « sécurité nationale » visaient à cacher les véritables actions et intentions des dirigeants. Le « manque de crédibilité » qui a commencé avec le Viêt-nam et a atteint des proportions sans précédent avec le Watergate représente en réalité une crise de confiance politique dans le gouvernement et le début d'une crise de légitimité. Pour la première fois depuis les années 30, des dizaines de millions de travailleurs américains non seulement refusent de croire ce que leur disent leurs dirigeants, mais remettent en question les objectifs et les valeurs de la classe dirigeante.

Des valeurs sociales qui changent

Des changements importants et progressistes se sont produits dans les habitudes et les valeurs culturelles de larges couches de la population, même si certains d'entre eux se sont manifestés comme des réponses subjectives ou des évasions de la réalité.

Ces changements se reflètent dans des phénomènes comme la montée du mouvement pour la libération des gays, l'indépendance manifestée par les jurés dans les causes politiques, la politisation et l'esprit de révolte dans les prisons et l'empressement à dévoiler des secrets qui a conduit à des scandales comme ceux des dossiers du Pentagone et des révélations du Cointelpro.

On réexamine les normes et les rapports sociaux du point de vue de ceux qui ont été historiquement opprimés et exploités. Ces réévaluations critiques témoignent d'un relâchement de l'emprise de l'idéologie bourgeoise et de ses postulats conservateurs.

Les moyens de communication modernes, la télévision en particulier, ont joué un rôle sans précédent dans la diffusion rapide des nouvelles, des idées et des actions. Ils ont fait des guerres et des crises une réalité plus vive et ont propagé des tendances innovatrices.

Les activités associées à la radicalisation des années 60 se sont largement produites en dehors du cadre du mouvement ouvrier organisé. Cette absence de la force organisée de la classe ouvrière est ce qui a le plus entravé le développement de la radicalisation.

Mais au début des années 70, les jeunes travailleurs en particulier ont commencé à être touchés de manière significative. Ils ont moins réagi comme des travailleurs ou des syndiqués, que comme des jeunes sensibles aux injustices sociales.

Entre l'offensive du gel des salaires en août 1971 et la dépression économique de 1974-1975, les travailleurs ont commencé à découvrir qu'en plus d'être moralement suspect, le système dans son ensemble ne répondait ni à leurs attentes ni à leurs besoins. Ils ont réagi aux fortes doses de contrôle des salaires, d'accélération des cadences, de pénuries alimentaires, de crises du pétrole, de compressions des programmes sociaux, de taux d'inflation de plus de 10 pour cent, de taux de chômage de plus de 10 pour cent dans certains secteurs de l'industrie et parmi certaines couches de la population, et de licenciements massifs.

Aujourd'hui un nombre croissant de travailleurs américains pressentent qu'ils font face à plus qu'une dépression économique temporaire, aussi sérieuse soit-elle, mais bien à une crise *sociale* prolongée et mondiale. Il ne s'agit pas simplement pour eux d'entendre des personnalités importantes l'admettre à la télévision ; la classe ouvrière peut en voir la preuve partout. Elle peut le voir dans la détérioration de l'éducation, des services publics, des soins de santé et du logement, et dans la pollution croissante de l'environnement.

Les travailleurs commencent à pressentir que les problèmes économiques auxquels ils font face sont beaucoup plus graves qu'avant ; que la période de prospérité relative prolongée a définitivement pris fin ; et que si la période qui s'ouvre peut connaître des hauts, ces derniers ne seront ni élevés ni durables et les bas seront vraiment profonds et prolongés.

Ces pressentiments des travailleurs sont justes. Nous faisons face à une période où la stagnation l'emportera sur l'expansion économique et où les employeurs essaieront de resserrer leur contrôle sur les conditions de travail, les cadences, les conditions de santé et de sécurité, et sur l'organisation du travail.

Des combinaisons de crises et de pénuries, de ralentissements économiques et d'inflation, d'accélération des cadences et de dégradation du travail, et de nouvelles guerres : voilà ce que nous promet le capitalisme américain.

Nourri du mécontentement provoqué par la dépression actuelle, le plus grand effondrement de la confiance publique depuis l'administration Hoover a accéléré la crise de direction de la classe dirigeante américaine.

Le seul programme capable de prévenir la radicalisation éventuelle des syndicats serait une réforme sociale profonde, c'est-à-dire des concessions à grande échelle sous la forme de programmes de travaux publics créateurs d'emplois, de prestations de chômage, de logements, de services de santé et d'éducation, de protection contre l'inflation et d'autres réformes semblables.

La classe dirigeante est capable de faire des concessions et pourrait même à un certain point lancer à grand renfort de publicité un certain nombre de projets faisant partie d'un nouveau *New Deal*. Mais elle ne peut se permettre les réformes sociales qui pourraient satisfaire les attentes d'aujourd'hui. Ce cours exigerait de stabiliser l'économie capitaliste mondiale, de relancer son cours expansionniste et de renforcer considérablement la position dominante de l'Amérique dans le monde.

Trois obstacles majeurs empêchent toute perspective de réforme d'une ampleur suffisante pour assurer une période prolongée de stabilité politique et sociale.

Premièrement, l'évolution internationale de la lutte des classes elle-même va déclencher de nouvelles convulsions explosives à travers le monde. Washington est incapable de développer une politique étrangère impérialiste lui permettant d'entraver tout nouveau progrès de la révolution sociale. C'est la transformation du *New Deal* [nouvelle entente] en *War Deal* [entente de guerre] qui a arraché l'économie capitaliste à la crise des années 30 et désamorcé la radicalisation de cette période. Toute tentative de répéter ce cours aujourd'hui déclencherait une opposition politique massive.

Deuxièmement, l'état de l'économie capitaliste internationale après la fin de la longue expansion ne permet pas d'offrir à la classe ouvrière des concessions sociales et économiques suffisantes pour la fermer aux idées radicales. La perspective la plus probable, c'est une série de nouvelles convulsions de l'économie capitaliste mondiale, des crises imprévues, une reprise de l'inflation et des pénuries, et la quasi-faillite de certains des régimes satellites. Une nouvelle augmentation substantielle du budget militaire déjà gonflé du Pentagone ne contribuera pas à résoudre la crise comme à la fin des années 30. Une telle politique déclencherait rapidement une nouvelle vague d'inflation galopante et provoquerait de nouvelles luttes sociales parmi la population américaine.

Troisièmement, les perspectives économiques réelles du capitalisme américain rendent de plus en plus difficile pour la classe dirigeante de maintenir les concessions et les gains que la classe ouvrière a déjà obtenus. Elle peut encore moins répondre aux attentes accrues des opprimés et des exploités.

Il n'y aura pas de sacrifices patriotiques faits volontairement au nom d'un quelconque « intérêt national » supérieur. Les appels au racisme et au sexisme dans le but d'atténuer la radicalisation trouveront toujours une réponse favorable dans certains secteurs de la classe ouvrière. Mais ils seront qualitativement moins efficaces que par le passé et ils vont durcir la résistance de leurs victimes.

Les États-Unis ne retournent pas vers la période de prospérité, de réaction et de tranquillité des années 50 et du début des années 60. Ce qui les attend, c'est une montée de la conscience de classe, de la lutte de classe et de la polarisation de classe qui mènera de la radicalisation à une situation révolutionnaire, peu importe les oscillations qui se produiront en cours de route.

La crise mondiale du capitalisme ne favorise pas à long terme une *réforme* capitaliste importante et efficace aux États-Unis, mais le développement des conditions nécessaires pour une *révolution*.

IV. La nature et la composition changeantes de la classe ouvrière

Contrairement au mythe largement trompeté de la sociologie bourgeoise, les distinctions de classe n'ont pas disparu au cours de l'expansion économique d'après-guerre et le prolétariat américain ne s'est pas dissout dans une nouvelle petite bourgeoisie généralement à l'aise. En fait, c'est le contraire qui s'est produit.

Un pourcentage de plus en plus petit de la population a concentré dans ses mains la richesse et le contrôle économique. En même temps, l'industrialisation, l'automatisation et la monopolisation massives des manufactures, des fermes et des bureaux au cours des années 50 et 60 ont accru de manière considérable la taille de la classe ouvrière américaine, aussi bien en termes absolus que par rapport aux autres classes.

Stimulés par les besoins du capital monopoliste dans une période d'expansion accélérée, ces changements des trois dernières décennies ont considérablement transformé la composition et le déploiement de la classe :

- L'industrialisation et la mécanisation de l'agriculture ont chassé des millions de familles agricoles de leurs terres tout en faisant jouer au prolétariat agricole un rôle accru dans les fermes.
- L'industrialisation du Sud des États-Unis a prolétarisé la majorité de sa population.
- Couplés à l'énorme migration des Noirs vers le Nord, ces deux processus ont donné lieu à une prolétarisation rapide des Afro-Américains.
- Les travailleurs chicanos et portoricains se sont joints en grand nombre à la main-d'oeuvre urbaine et au prolétariat rural. Tout comme les Noirs, les populations chicana et portoricaine sont devenues plus urbanisées que la population blanche.
- L'expansion économique a entraîné des millions de femmes sur le marché du travail.
- Le recours croissant aux travailleurs à « temps partiel » a ajouté un grand nombre d'autres femmes et de jeunes à la population active. Parallèlement à cette vaste prolétarisation de la population, l'automatisation et la monopolisation de l'industrie américaine ont grandement modifié le déploiement, le tempérament et le caractère du prolétariat américain.
- Le pourcentage des travailleurs employés comme ouvriers spécialisés, opérateurs de machine et journaliers a baissé. Ce sont ceux que les statistiques du gouvernement appellent « cols bleus. »

- Comme dans tous les pays capitalistes avancés, il y a eu une forte croissance du secteur des services de l'économie, du pourcentage des travailleurs de bureau et du nombre des employés de la fonction publique dans les différents départements des gouvernements — fédéral, des États, des comtés et des municipalités. (Les statisticiens de la classe dirigeante n'appellent aucun de ces travailleurs des « cols bleus. »)
- La mécanisation d'un nombre croissant de métiers en a réduit le niveau de qualification requise et l'importance. Dans le domaine des métiers de la construction par exemple, l'augmentation de la construction préfabriquée permet plus facilement de se passer de maçons, de menuisiers et de peintres.
- L'« industrialisation » et l'automatisation d'une large proportion du travail de bureau et de vente, et même de ce qu'on appelle le « travail intellectuel, » ont créé un nouveau réservoir de travail prolétarisé et aliéné.

Ce processus de monopolisation et d'industrialisation s'est étendu à l'ensemble de la chaîne de production : des fermes et des mines, à la transformation et au transport, jusqu'à l'entreposage et à la distribution. Il a eu pour effet de dissiper considérablement les illusions et les rêves petits-bourgeois classiques dont se bercent même les secteurs spécialisés des travailleurs américains. La prolétarisation a changé la perception qu'ont d'eux-mêmes les travailleurs d'aujourd'hui comparativement aux générations précédentes. De nos jours, les travailleurs américains se voient davantage comme des travailleurs permanents que comme d'éventuels producteurs indépendants. Moins d'entre eux croient qu'ils auront un jour une boutique, une ferme ou une petite entreprise qui leur assurera un gagne-pain indépendant. Ils aspirent moins à posséder une petite entreprise ou à retourner à la campagne qu'à arracher un certain degré de contrôle sur les machines, l'organisation du travail et les conditions de santé et de sécurité auxquelles ils sont soumis.

En même temps, même si les travailleurs ne s'attendent pas à pouvoir s'élever au dessus de leur classe sociale, ils croient que leurs enfants ont *droit* à une meilleure éducation et à une meilleure vie qu'eux. Tout en se berçant moins d'illusions petites-bourgeoises traditionnelles que toute autre génération de travailleurs américains, ils ressentent néanmoins avoir *droit* à ce qui est considéré comme un niveau de vie de « classe moyenne. » Ceci comprend un revenu garanti, qui augmente lorsque la productivité augmente ; des soins de santé et un régime de retraite garantis et en expansion ; des moyens de transport adéquats ; une éducation décente et continue ; la paix ; et un environnement sain pour leurs enfants. Les travailleurs considèrent que si elle est bien gérée, l'économie américaine est capable d'assurer à tous un tel niveau de vie. Ces convictions sont un facteur révolutionnaire, et non pas conservateur.

Les changements qui se sont produits dans la composition de la classe ouvrière et dans les organisations de masse des travailleurs, les syndicats, méritent d'être examinés de plus près.

Les Noirs

Aujourd'hui, la population noire est plus prolétarisée et plus urbanisée que la population blanche. On trouve un pourcentage significativement plus élevé de femmes noires dans la main-d'oeuvre que de femmes blanches.

Le pourcentage de Noirs dans les industries de base est plus élevé que jamais, en particulier dans l'automobile, l'acier et le transport. Par le biais de poursuites légales et de quotas d'action affirmative, les Noirs ont fait des gains au niveau des emplois, des promotions, des salaires et de la sécurité d'emploi.

Les Noirs représentent environ 22 pour cent de l'ensemble des travailleurs employés dans la fabrication et la construction. En même temps, ils sont proportionnellement plus nombreux dans les emplois de service les moins bien payés et dans les échelons inférieurs de la fonction publique. Environ 27 pour cent de tous les Noirs qui ont un emploi travaillent dans les services.

La syndicalisation des travailleurs noirs reflète cette tendance dans l'emploi. Les Noirs constituent environ 20 pour cent des membres des syndicats suivants : les Travailleurs unis de l'automobile, les Métallos, la Fédération américaine des employés d'État, de comté et de municipalité, les Facteurs et postiers. Dans plusieurs sections locales, ce pourcentage est significativement plus élevé. Il s'élève à près de la moitié des membres dans le syndicat des débardeurs.

Les syndicats sont aujourd'hui les organisations qui comptent le plus grand nombre de membres qui sont noirs dans le pays. Dans l'automobile, le pourcentage d'officiers syndicaux locaux qui sont noirs est plus élevé que le pourcentage de Noirs dans l'industrie et plusieurs sections locales sont largement dirigées par des Noirs. La Coalition des syndicalistes noirs est un reflet initial de ce développement.

L'expansion rapide du secteur des services et de la fonction publique dans l'économie ; la prolétarisation des Noirs et des femmes ; la concentration significative de Noirs et de femmes dans ces deux secteurs ; et le fait qu'il s'agit aussi des secteurs où la syndicalisation progresse le plus rapidement : tous ces phénomènes sont étroitement liés.

Les femmes
La hausse du pourcentage de femmes dans la population active est un des plus grands changements engendrés par le capital américain dans la période d'après-guerre.

En 1930, les femmes constituaient seulement 20 pour cent de la main-d'oeuvre. Moins de 25 pour cent de toutes les femmes en âge de travailler le faisaient. En 1945, en grande partie à cause des besoins de l'industrie de guerre, les femmes constituaient 30 pour cent de la main-d'oeuvre et plus du tiers de toutes les femmes en âge de travailler avaient un emploi. Mais en 1972, les femmes constituaient 37 pour cent de la main-d'oeuvre et 44 pour cent des femmes travaillaient.

Au cours de la décennie qui a suivi la deuxième guerre mondiale, le nombre de femmes dans l'industrie ou qui avaient un emploi a légèrement baissé, ce qui a fait reculer certains des gains faits par les femmes au cours de la guerre. Mais dès 1955, la courbe des emplois pour les femmes a recommencé à monter. On a assisté au cours des 20 dernières années à une augmentation continue de l'emploi des femmes. Au cours de l'expansion économique des années 60, les femmes ont comblé les deux tiers de tous les nouveaux emplois créés. Ce taux de croissance de l'emploi des femmes s'est produit à cause du taux d'expansion rapide de l'ensemble de l'économie.

Le plus grand pourcentage de femmes au travail s'est concentré dans les secteurs de la classe ouvrière qui se sont développés le plus rapidement : dans le travail de bureau, les emplois de service et de vente, la fonction publique et l'enseignement — que le gouvernement classe comme des « cols blancs. »

Vers la fin de la période d'expansion d'après-guerre, l'imposition de quotas et des poursuites légales d'action affirmative ont permis aux femmes de commencer à occuper un nombre légèrement plus élevé d'emplois dans l'industrie de base.

Quarante pour cent de toutes les femmes qui travaillent sont l'unique ou le principal soutien de leur famille. En même temps, les épouses qui travaillent sont la plus grande source de l'« abondance » de plusieurs familles ouvrières américaines.

L'intégration croissante des femmes dans la main-d'oeuvre s'est traduite par une augmentation de la conscience de classe chez les femmes. De plus en plus, les femmes se voient et sont vues comme des membres permanents et à long terme de la population active. Le besoin de défendre leurs emplois et leurs conditions de travail en adhérant à des syndicats et en mettant leur combativité au service du mouvement ouvrier devient pour elles plus évident et urgent. Ce développement fait partie du processus qui a donné naissance à des formations comme les comités de femmes dans les syndicats et la Coalition des femmes syndiquées.

Les jeunes

La classe ouvrière américaine des années 70 est plus jeune qu'à aucun autre moment depuis les années 30. En 1960, seulement 16 pour cent de la main-d'oeuvre avait moins de 25 ans. Aujourd'hui, le chiffre dépasse 23 pour cent.

La hausse du niveau de scolarité de l'ensemble de la classe ouvrière est particulièrement marquée dans cette génération de jeunes travailleurs, hommes et femmes, qui sont demeurés plus longtemps aux études avant d'entrer de manière définitive sur le marché du travail. Aujourd'hui, plus de 27 pour cent de la main-d'oeuvre a terminé au moins une année d'études universitaires, contre 16 pour cent il y a 20 ans.

Ceci veut dire qu'un plus grand nombre de travailleurs américains qui entrent dans l'industrie sont exposés plus longtemps avant d'être assimilés dans la population active aux influences sociales, culturelles et idéologiques qui affectent l'ensemble de leur génération.

Les jeunes travailleurs de la génération actuelle présentent une autre différence. Ils constituent une couche complètement fraîche et invaincue, qui ne porte pas les marques ou le souvenir de la grande dépression, de la chasse aux sorcières et de la guerre froide. Ils sont empreints de l'esprit plus combatif de la radicalisation actuelle. Parce qu'ils se sont joints à la main-d'oeuvre à un moment où pratiquement tous les membres adultes d'une famille pouvaient se trouver un emploi relativement stable s'ils le voulaient, ils ont des attentes plus élevées de ce qui leur revient de droit.

Au cours des cinq dernières années, ce sont les jeunes travailleurs qui ont réagi le plus vivement à l'augmentation des cadences et à la détérioration des conditions de travail. Et ils comptent le moins sur les bureaucraties syndicales ossifiées pour défendre leurs intérêts. Ils ont initié plusieurs vagues de grèves sauvages et d'actions locales. Leur aliénation profonde s'exprime souvent par le sabotage de la production, par un taux élevé de changement d'emploi et par l'absentéisme.

Dans la décennie de la fin des années 60 et du début des années 70, les jeunes travailleurs ont souvent eu tendance à être hostiles ou indifférents aux syndicats. Ils ne les voyaient pas comme *leurs* organisations. Mais à mesure que les luttes contre la classe des employeurs s'intensifient, la nécessité commence à se poser d'une manière nouvelle de transformer les syndicats en instruments de lutte contre les patrons sous peine de faire face à des défaites énormes.

Les syndicats
Au début de la radicalisation des années 30, à peine 5 pour cent de la classe ouvrière était syndiquée. Ceux qui étaient syndiqués étaient pris au piège des structures désuètes des syndicats de métier, que dirigeait une bureaucratie conservatrice barrant le chemin à la construction d'organisations combatives de la classe ouvrière.

Au cours des années 30 et 40, avec la syndicalisation de l'industrie de base et l'établissement de syndicats industriels dans l'automobile, l'acier, le caoutchouc et ailleurs, le mouvement ouvrier américain a franchi un pas de géant qui en a transformé le caractère. En l'espace de quelques années, il est devenu une des classes ouvrières les plus puissamment organisées au monde.

À la fin des années 30, près de 16 pour cent de la main-d'oeuvre était syndiquée. À la fin de la guerre, ce chiffre avait grimpé à plus de 23 pour cent. Il a continué à augmenter jusqu'en 1953, alors qu'il a atteint un sommet de 25,5 pour cent.

L'ossification des directions syndicales au cours des deux dernières décennies, leur incapacité de lutter pour préserver les conditions de travail, de syndiquer les non-syndiqués, de combattre les lois antisyndicales et de mobiliser les syndicats au nom des luttes sociales progressistes, et leur subordination politique aux besoins du système bipartite des patrons se sont traduites par une stagnation et même un déclin du taux de syndicalisation. Aujourd'hui, à peu près 23 pour cent de la main-d'oeuvre est syndiquée.

L'absence de tout progrès notable dans la syndicalisation du Sud en parallèle à l'industrialisation et à l'urbanisation de cette région constitue l'un des échecs les plus frappants des bureaucrates syndicaux.

De la même façon, ces derniers ont fait preuve d'une indifférence brutale à l'égard de la lutte pour syndiquer les travailleurs agricoles, la bureaucratie du syndicat des Teamsters aidant même à diriger l'attaque contre elle.

Les patrons de la construction ont porté des coups durs aux syndicats de métier. En se couplant à la mentalité réactionnaire de trust d'emploi pour blancs qui caractérise les bureaucraties des métiers qualifiés, l'introduction de la mécanisation et de la préfabrication dans l'industrie du bâtiment a conduit à la stagnation et au déclin des effectifs des syndicats de métiers spécialisés, ainsi qu'à la détérioration des conditions de travail des ateliers syndiqués. L'affaiblissement de ces syndicats se reflète aujourd'hui dans la mécanisation de métiers de la construction comme la peinture et la menuiserie, et dans l'automatisation des métiers de l'imprimerie. Les conditions industrielles sont en train de détruire la structure des syndicats de métier, ainsi que la mentalité et les pratiques de syndicalisme corporatif ou d'affaires qui l'accompagnent.

Mais en s'imaginant que la grande expansion économique allait durer à jamais, les bureaucraties syndicales se sont érigées non pas comme la direction d'une classe ayant une mission historique dans la société, mais comme les représentants et les défenseurs des avantages dont bénéficie une mince couche des travailleurs blancs et de sexe masculin les plus privilégiés.

V. Radicalisation et mobilisation des alliés du prolétariat

Le refus des bureaucraties syndicales de lutter pour les besoins élémentaires des masses ouvrières qu'elles représentent a déjà mené aux premières révoltes contre quelques-uns de leurs secteurs les plus corrompus. Le renversement de la machine de Tony Boyle dans les Mineurs unis d'Amérique, l'établissement du droit des mineurs de voter sur leurs conventions collectives et la conscience sociale grandissante des mineurs ont donné un aperçu des initiatives auxquelles s'attendre de la part du puissant prolétariat industriel.

La syndicalisation rapide et à très grande échelle des employés du secteur public au cours de la dernière décennie, dont celle de millions d'enseignants et d'autres travailleurs qui se considéraient auparavant comme du « personnel professionnel de la classe moyenne, » a amené de nouvelles forces importantes dans le mouvement ouvrier.

Chacune des luttes des employés des services publics se heurte à une série d'obstacles. Celles-ci sont la cible de lois antisyndicales et antigrève. Elles sont affaiblies par l'absence de grandes mobilisations ouvrières en leur appui. Elles sont handicapées par le refus passé de leurs directions d'appuyer les luttes des communautés opprimées. Et elles doivent non seulement affronter le gouvernement comme patron, mais aussi les partis démocrate et républicain auxquels le misleadership du mouvement syndical américain a subordonné les syndicats.

Les employés du secteur public sont aujourd'hui la cible principale de l'offensive de la classe dirigeante visant à réduire les salaires, les conditions de travail, la sécurité sociale et les services sociaux, et à affaiblir et démoraliser le mouvement syndical américain. Ils sont plus vulnérables à ces attaques que ne le sont les travailleurs industriels puissamment organisés, qui créent les profits des dirigeants américains. Si les travailleurs du secteur public réussissaient à riposter et à surmonter ces obstacles, leurs efforts pourraient servir d'exemple et constituer un point tournant pour toute la classe ouvrière américaine.

Mais ceci va nécessiter un nouveau genre de direction, une nouvelle conscience et de nouvelles méthodes de lutte. La transformation du mouvement ouvrier américain en force sociale et politique dotée d'une conscience de classe sera marquée à la fois par des luttes sociales massives à l'extérieur des syndicats et par la montée d'une aile gauche de lutte de classe dans le mouvement syndical. Une telle formation cherchera à offrir une direction à toutes sortes de luttes sociales menées par les opprimés. Elle tracera un cours politique d'indépendance de classe pour les syndicats et arrachera ainsi des millions de travailleurs et d'alliés au système bipartite de la bourgeoisie et de ses agents.

Même dans un pays comme les États-Unis où les travailleurs forment la vaste majorité de la population, la classe ouvrière ne peut réussir à arracher le pouvoir des dirigeants capitalistes et à entreprendre la reconstruction socialiste de la société sans l'appui solide de ses alliés. En même temps, ces alliés — les minorités opprimées, les femmes, les petits agriculteurs, les artisans, les petits propriétaires, les soldats et la jeunesse étudiante — ont tous un intérêt vital dans la révolution socialiste.

Les alliés traditionnels des travailleurs ont été principalement les petits producteurs indépendants, les artisans et les petits propriétaires — aussi bien urbains que ruraux. Ceci était encore vrai durant la radicalisation des années 30 lorsque les agriculteurs formaient environ 30 pour cent de la population totale. Toutefois, les très grands changements apportés depuis à la structure de l'industrie, de l'agriculture et de la main-d'oeuvre par la croissance et la monopolisation accrue du capital américain ont radicalement réduit la grandeur et altéré la configuration de ces couches petites-bourgeoises classiques.

La composition et le caractère des alliés du prolétariat ont connu des changements significatifs en même temps que se transformaient de façon dramatique la structure et la composition du prolétariat lui-même. Mais ces changements ne minimisent en rien l'importance de comprendre les besoins et les luttes indépendantes de ces alliés ou celle de les gagner à la révolution socialiste. Au contraire, les travailleurs révolutionnaires doivent donner des réponses claires et concrètes à leurs revendications s'ils veulent mobiliser une pleine force de frappe contre celles du capital. En le faisant, ils élimineront l'obstacle central auquel fait face la révolution américaine à venir, soit les divisions qui existent au sein de la classe ouvrière.

Les nationalités et minorités nationales opprimées

Les nationalités et minorités nationales opprimées ont un double caractère. Elles constituent un pourcentage croissant de la classe ouvrière même et elles sont en même temps les alliés les plus importants de la classe ouvrière. Elles diffèrent à cet égard des couches opprimées de la petite bourgeoisie et de tous les autres alliés, à l'exception des femmes. Ne voir qu'un côté de cette dualité et ignorer l'autre serait une erreur fatale pour un parti révolutionnaire.

Les nationalités et minorités nationales opprimées sont exploitées en tant que prolétaires. Leur statut de paria intensifie cette exploitation puisqu'elles sont en même temps opprimées comme peuples distincts. La lutte contre cette double oppression est une des forces motrices centrales de la révolution américaine à venir. Elle est étroitement liée à tous les problèmes et questions qui se posent à la classe ouvrière américaine.

Leur importance comme alliées du prolétariat découle de plusieurs facteurs.

L'oppression nationale et le racisme utilisé pour la justifier sont enracinés dans le développement historique du capitalisme américain, dans les tâches inachevées de la deuxième révolution américaine (la guerre civile, qui a émancipé les Afro-Américains de l'esclavage mais n'a pas réussi à établir leur pleine égalité) et dans la montée de l'impérialisme et de l'idéologie raciste qui sert à justifier ce dernier.

La classe dirigeante utilise l'oppression nationale pour diviser la classe ouvrière, pour en acheter les dirigeants et les couches privilégiées — ce qui affaiblit la conscience de classe et l'indépendance politique des travailleurs et maintient ainsi la domination capitaliste. Avec ou sans la sanction de la loi, une composante majeure de l'armée industrielle de réserve a été maintenue dans un statut de paria.

Leur composition fortement prolétarienne et leur surexploitation signifient que les nationalités et minorités nationales opprimées seront les alliés les plus conséquents et les plus cohésifs de la classe ouvrière dans ses luttes. Elles vont de plus en plus offrir une direction dans la lutte pour transformer le mouvement ouvrier en un mouvement social de combat, qui utilise la force des syndicats pour appuyer les luttes de tous les opprimés.

Les Noirs
Les changements les plus importants dans la population noire ont déjà été soulignés :
- La mécanisation de l'agriculture dans le Sud après la guerre.
- L'urbanisation et la prolétarisation de la population noire dans le Sud.
- La migration massive de la population noire vers le Nord.
- Le grand afflux de Noirs dans l'industrie de base pendant et après la deuxième guerre mondiale.
- L'augmentation du nombre d'années que les jeunes Noirs passent à l'école et du pourcentage de ceux qui reçoivent des diplômes d'études secondaires et une certaine formation post-secondaire.

La période depuis 1945 a aussi marqué un pas en avant historique dans la lutte pour la libération des Noirs.

« Le système de Jim Crow doit partir »
Au cours des années d'après-guerre, l'impérialisme américain a cherché à étendre sa domination en Asie, en Afrique et en Amérique latine. Pour y arriver, il avait besoin d'une image nouvelle, moins raciste. De plus, les changements qui se produisaient dans la structure économique de la société dans le Sud ont créé le besoin pour de nouvelles formes de contrôle social. Les représentants les plus alertes de la classe dirigeante américaine ont commencé à reconnaître que le système de Jim Crow, le système de ségrégation légale maintenu dans le Sud par la terreur légale et extralégale, avait

cessé d'être le moyen le plus efficace pour perpétuer le statut de seconde classe du prolétariat noir.

Sous la pression d'un ressentiment de masse croissant, les forces armées U.S. ont été formellement déségréguées pendant la guerre de Corée. Puis en 1954, la Cour suprême a déclaré anticonstitutionnelle la ségrégation scolaire.

Mais ce qui a fait tomber le système de Jim Crow, c'est uniquement la décennie de luttes d'action directe qui ont mobilisé des millions de Noirs et leurs partisans. La force et la détermination de ces luttes ont joué un rôle décisif pour altérer la conscience et la confiance des Noirs. On a vu ce phénomène se refléter dans la montée du pouvoir noir et des sentiments nationalistes noirs ; dans la popularité de Malcolm X ; dans les luttes des autres minorités et groupes sociaux opprimés ; dans le questionnement moral qui a si profondément motivé la radicalisation de la jeunesse ; et dans la modification des idées de très larges couches de travailleurs blancs.

La lutte de masse pour mettre fin à la ségrégation et la puissante montée du sentiment nationaliste noir qui l'a suivie se sont reflétées par la suite dans le rôle d'avant-garde des soldats noirs dans l'opposition à la guerre du Viêt-nam.

La bataille de Birmingham et la manifestation de Washington en 1963, l'adoption de la loi sur les droits civils en 1964 et de la loi sur le droit de vote en 1965, et la confrontation de Selma en Alabama ont été le point culminant de la « période des droits civils » dans la nouvelle montée de la lutte des Noirs. L'impact des masses en action a même trouvé un écho grotesque dans le discours dit « Nous vaincrons » de Lyndon Johnson au Congrès.

Les ghettos explosent

Amorcées à New York en 1964, pour ensuite s'étendre à Watts en 1965, à Newark et Détroit en 1967 et finalement culminer dans les émeutes nationales qui ont suivi la mort de Martin Luther King en 1968, les rébellions dans les communautés noires ont inauguré une nouvelle période de lutte où les idées nationalistes noires se sont propagées rapidement. Ces soulèvements spontanés et les luttes de plus en plus nombreuses des étudiants noirs et d'autres secteurs de la communauté noire ont forcé la classe dirigeante à faire d'autres concessions et ont poussé sur le devant de la scène de nouveaux dirigeants qui sont devenus la cible d'une répression accrue du gouvernement.

Au sommet de l'expansion économique d'après-guerre, la classe dirigeante a coopté une couche de dirigeants ou de dirigeants potentiels de la radicalisation noire montante en leur accordant des concessions économiques, politiques et sociales.

Le pourcentage de Noirs inscrits dans les collèges et les universités du pays a triplé au cours d'une période de cinq ans, à la fin des années 60 et au début des années 70. Le gouvernement a versé les dollars de la « grande société » dans des programmes contre la pauvreté et une bonne partie de ces fonds a servi à payer des salaires à d'« aspirants dirigeants, » aussi bien noirs que blancs.

Le visage du Parti démocrate a aussi connu un changement significatif. La classe dominante a adroitement contrecarré la menace posée par l'opposition inconditionnelle de Malcolm X au Parti démocrate et par les premiers pas hésitants vers l'action politique noire indépendante que représentaient le Parti de la liberté maintenant du Michigan et l'Organisation de la liberté du comté de Lowndes. Que ce soit dans le Parti démocrate du Mississippi pour la liberté, dans l'élection de maires noirs dans une demi-douzaine de grandes villes industrielles, dans l'émergence du Caucus noir du Congrès et dans l'élection de plus de 1 100 Noirs dans le Sud profond, où il y a moins d'une décennie les Noirs n'avaient même pas le droit de voter — on a vu le leurre de « travailler à l'intérieur du système (bipartite) » attirer la majorité écrasante d'une génération de dirigeants noirs potentiels.

On devrait ajouter les éléments suivants au tableau de la crise de direction du mouvement noir :

1. La carence totale du mouvement ouvrier organisé. Sa direction de collaboration de classe s'est avérée incapable de s'élever au-dessus de sa seule préoccupation étroite, qui est de maintenir sa position privilégiée. Et elle a refusé de mobiliser la puissance du mouvement syndical en appui à la lutte des Noirs.

2. La politique calculée des autorités en place pour éliminer tout dirigeant potentiel — comme Martin Luther King, qui a incité les masses noires à lutter ; ou Malcolm X, qui commençait à exhorter les Noirs à s'engager dans l'action politique indépendante contre l'oppression capitaliste.

3. L'incapacité de faire face avec efficacité au harcèlement gouvernemental et à l'assassinat d'une couche de dirigeants de la génération des années 60. Le gauchisme de groupes comme les Panthères noires les a privés de toute perspective de masse et les a laissés sans défense devant le recours sans pitié du gouvernement à la terreur et aux agents provocateurs.

4. La faiblesse numérique des marxistes révolutionnaires, qui les a empêchés d'offrir une direction révolutionnaire sauf dans le domaine du programme et des perspectives socialistes.

Mais malgré cette crise, la montée du nationalisme noir et les explosions massives dans les ghettos ont marqué un progrès historique dans la confiance des Noirs et dans leur façon de se voir comme peuple. Ces luttes ont aussi changé la perception des Afro-Américains par les Américains blancs. Malgré l'absence de direction adéquate, la force du mouvement noir a arraché de nombreuses concessions et enregistré des progrès pendant la décennie des années 60. Ceci a été symbolisé par la participation au moins symbolique de Noirs à tous les niveaux de la société et de la culture : dans les réclames publicitaires télévisées, les sports, les postes syndicaux électifs et à la Cour suprême. À la fin des années 60, même l'écart de revenus entre les travailleurs blancs et noirs s'est réduit de manière modeste, mais perceptible. Les Noirs ont commencé à lutter pour un système préférentiel de quotas, de formation et de promotion dans l'industrie et dans le système d'éducation, qu'ils voyaient comme des pas nécessaires et irremplaçables vers l'égalité.

LA CONTRE-OFFENSIVE

Mais les coûts de la guerre du Viêt-nam et le resserrement économique croissant ont mis un terme à la période de concessions et de récupération utilisées comme moyen tactique par l'administration Johnson pour faire face à la montée du militantisme noir. En 1971, l'administration Nixon-Connally a imposé un gel des salaires et lancé une offensive économique après avoir reconnu que les nouvelles réalités économiques et le rapport de force international non seulement ne permettaient plus de continuer de hausser les salaires réels et les services sociaux, mais imposaient de renverser plusieurs des concessions déjà faites. De nouveaux progrès vers l'égalité sont devenus de plus en plus incompatibles avec le maintien de la supériorité concurrentielle sur le marché mondial.

La population noire n'a pas profité de la brève reprise économique de 1971-1972. En 1969, le revenu médian des Noirs a atteint un sommet en s'élevant à 61 pour cent du revenu médian des blancs. En 1973, cette proportion était tombée à 58 pour cent. Le chômage chez les Noirs a grimpé de façon continue, passant de 6,4 pour cent en 1969 à 10 pour cent en 1972.

En 1972-1973, la politique de compressions budgétaires poursuivie par l'administration Nixon dans pratiquement tous les secteurs des dépenses sociales — le logement, l'éducation, le transport, les garderies, l'assistance sociale, etc. — a fait partie de l'offensive visant à reprendre les gains faits par la radicalisation des années 60. Ces coupures ont visé l'ensemble de la classe ouvrière, mais ont frappé le plus durement les Noirs et les autres nationalités et minorités opprimées. Cependant, loin de repousser la radicalisation, ces compressions ont contribué avec le mouvement antiguerre à créer l'opposition qui a précipité la crise du Watergate et la chute de Nixon.

Voici quelles sont les lignes de bataille actuelles en ce qui concerne la libération des Noirs et le mouvement ouvrier. D'un côté, la classe dirigeante est obligée d'essayer de repousser la marche des Noirs vers l'égalité réelle. De l'autre, le mouvement des Noirs doit exiger que le gouvernement mette immédiatement en application les concessions déjà gagnées et des mesures de traitement préférentiel. Particulièrement en période de stagnation économique, la contre-offensive raciste dans l'éducation, le logement, l'emploi et d'autres secteurs soumet à une épreuve décisive la direction du mouvement des Noirs et le mouvement ouvrier.

Les Chicanos

La fin des années 60 et le début des années 70 ont vu un essor du nationalisme chicano. Comme dans le cas des Afro-Américains, cette nouvelle combativité était enracinée dans les grands changements économiques et sociaux survenus au sein de la population chicana durant et après la deuxième guerre mondiale : une urbanisation et une prolétarisation importantes de la population chicana et un large afflux de travailleurs mexicains appelés à pourvoir du travail à bon marché à l'industrie agro-alimentaire en expansion dans le Sud-Ouest des États-Unis.

Les avancées du mouvement pour les droits civils des Noirs et la montée du nationalisme noir, la révolution coloniale et la radicalisation étudiante ont influencé le mouvement chicano en ascension au cours des années 60.

L'opposition grandissante à la guerre du Viêt-nam et le nombre élevé et disproportionné de pertes parmi les Chicanos en ont par la suite alimenté la combativité. Le mouvement chicano a organisé d'assez grandes manifestations contre la guerre, sous la direction d'une couche de Chicanos radicaux moins affectés par le gauchisme que ceux qui dirigeaient le mouvement noir.

À partir du milieu des années 60, le point focal du mouvement chicano est devenu la grande campagne qui s'est développée en appui aux efforts de syndicalisation des travailleurs agricoles itinérants du Sud-Ouest et de la Côte Ouest, à l'emploi des monopoles agro-alimentaires les plus développés au monde. Les activités d'appui ont rapidement attiré des étudiants radicaux.

Dès le début, *la causa* a été conçue non seulement comme une campagne de syndicalisation, mais comme un grand mouvement social visant à défendre les intérêts de tous les Chicanos. Elle avait ainsi — et a toujours — un caractère qui la distingue nettement de celui qui prévaut dans le restant du mouvement ouvrier.

Bien que le nationalisme chicano se soit en partie inspiré du mouvement noir, il faut souligner plusieurs différences importantes.

1. Les statistiques varient, mais jusqu'à la moitié de la population chicana peut considérer l'espagnol comme sa première langue. Une des revendications centrales de la lutte des Chicanos, c'est le droit d'utiliser leur propre langue à l'école, au travail, dans les élections et dans tous les aspects de la vie.

Tout ceci est étroitement lié aux luttes des étudiants chicanos, à qui on refuse le droit d'étudier et d'apprendre dans leur propre langue en plus de les cantonner dans des établissements scolaires inférieurs. Il en résulte un taux d'analphabétisme fonctionnel plus élevé que chez les Noirs. L'oppression linguistique et l'oppression culturelle qui lui est associée ont largement contribué à faire éclater les rébellions massives d'étudiants chicanos dans les écoles secondaires de Los Angeles, de Denver et de plusieurs villes du Texas au cours des années 60.

2. Quatre-vingt pour cent de la population chicana se trouve dans une région géographique bien définie du pays. Elle est liée à la fois au Mexique et aux États-Unis par l'histoire, la culture et la langue.

3. En toute période de crise économique, une des campagnes centrales des exploiteurs au pouvoir, c'est une offensive raciste et xénophobe contre les travailleurs étrangers et en particulier contre les « illégaux », qui sont les plus faciles à attaquer. La solidarité ouvrière internationale est indispensable pour unifier et défendre la classe ouvrière, ses gains et ses organisations. Une des revendications centrales de la lutte des Chicanos, c'est le droit de traverser librement la frontière dans les deux directions et celui de travailler où et quand ils le désirent aux États-Unis, sans crainte d'être harcelés faute de permis de travail ou de documents d'immigration. Cette revendication met le mouvement ouvrier sérieusement à l'épreuve, une épreuve que la bureaucratie de l'AFL-CIO a lamentablement échouée jusqu'à maintenant.

Parce que les travailleurs chicanos sont en majorité concentrés dans l'industrie de base et qu'ils constituent une proportion importante des syndiqués dans le Sud-Ouest, ils peuvent jouer un rôle important dans la lutte pour renverser la politique réactionnaire de la direction de l'AFL-CIO d'appui à l'expulsion des travailleurs sans papiers.

LES TRAVAILLEURS AGRICOLES

Les campagnes pour syndiquer les travailleurs agricoles en Californie, au Texas et ailleurs font face à des obstacles considérables. Il est plus difficile de syndiquer une usine dans les champs qu'une usine entre quatre murs. Ces difficultés sont amplifiées par le caractère de plus en plus saisonnier et migratoire de la main-d'oeuvre. Les travailleurs agricoles font aussi face à quelques-uns des monopoles les plus puissants au monde, dont les intérêts sont protégés par les gouvernements fédéral, des États et des municipalités. Le rôle de briseurs de grève de la bureaucratie des Teamsters et les atermoiements indifférents de la bureaucratie de l'AFL-CIO ont créé des problèmes supplémentaires.

Malgré ces obstacles immenses, la campagne de syndicalisation du Syndicat uni des travailleurs agricoles (UFW) en Californie a remporté quelques victoires importantes. Dans les élections qui ont suivi l'adoption en août 1975 de la Loi sur les relations de travail dans l'agriculture en Californie, l'UFW l'a emporté malgré la coercition, l'intimidation et la fraude largement employées contre lui. Ceci en dit long sur la viabilité de *la causa* et sur ses racines profondes parmi les travailleurs des champs.

L'UFW a également été renforcé par la position qu'il adopte maintenant à l'égard des travailleurs mexicains sans papiers. La direction de l'UFW a reconnu qu'elle affaiblissait la lutte des travailleurs agricoles en revendiquant comme elle l'avait fait auparavant l'expulsion des prétendus étrangers illégaux. Elle travaille maintenant à gagner le vote des travailleurs sans papiers et lutte contre les efforts combinés des producteurs agricoles et des Teamsters pour attaquer ces derniers.

Seule une minorité de la main-d'oeuvre chicana est employée comme travailleurs agricoles. Mais l'exploitation féroce et l'oppression brutale qu'elle subit continueront à générer de nouvelles luttes. Les efforts pour mobiliser l'appui de la communauté chicana et d'autres alliés à *la causa* vont demeurer un point focal pour l'ensemble du mouvement chicano.

L'expérience montre que seul un mouvement de masse indépendant et résolu pourra forcer les producteurs agricoles à reconnaître le syndicat, même après une victoire électorale syndicale, et étendre la campagne de syndicalisation à d'autres secteurs de l'agriculture. Ceci pose de manière aiguë la question de l'orientation politique du mouvement et la nécessité pour lui de maintenir son indépendance vis-à-vis des démocrates libéraux — et de tous les autres politiciens capitalistes.

Au cours des dernières années, le Parti démocrate a redoublé d'efforts pour conserver le vote chicano. Ceci s'est traduit par la première élection de Chicanos comme gouverneurs dans deux États. La majorité des personnalités influentes au sein de la communauté chicana sont restées liées au Parti démocrate. Mais la réponse reçue par diverses tentatives des formations du parti de la Raza Unida de s'engager dans la direction de l'action politique indépendante de masse a confirmé qu'un nombre important de Chicanos pourraient être amenés à rompre avec l'appareil du Parti démocrate si une alternative viable leur était présentée.

LA RAZA UNIDA

Sur cette importante question, le mouvement chicano a pris les devants sur le mouvement noir. Les divers efforts pour construire des partis de La Raza Unida, avec leurs mérites et leurs faiblesses, constituent quelques-unes des initiatives les plus avancées jusqu'à maintenant en direction de l'action politique indépendante des deux partis capitalistes.

Les élections présidentielles de 1972 ont représenté une épreuve critique pour les partis de la Raza Unida. Lors du premier « Congrès national des partis de la Raza Unida » en septembre 1972 à El Paso au Texas, il était clair que la grande majorité des militants du parti appuyaient une politique d'indépendance vis-à-vis aussi bien des démocrates que des républicains.

La véritable épreuve s'est posée avec la campagne électorale elle-même. Au Texas, le parti a mené sa plus ambitieuse campagne électorale à l'échelle d'un État. Malgré des limites programmatiques, sa campagne était clairement indépendante et opposée au Parti démocrate. Au Colorado, le Parti de la Raza Unida a également mené une campagne clairement indépendante, bien que sur une plus petite échelle qu'au Texas.

Même s'il existe d'excellentes opportunités pour construire un puissant mouvement de masse du Parti de la Raza Unida, la croissance de ces partis reste limitée et inégale.

Le signe le plus clair de cette inégalité, c'est la petitesse des regroupements de la Raza Unida dans le sud de la Californie, où la population chicana s'élève à plus d'un million de personnes dans le seul comté de Los Angeles. De plus, les Chicanos de Los Angeles ont exprimé leur combativité de façon répétée et plusieurs campagnes électorales indépendantes ont démontré l'existence d'un appui significatif à l'action politique indépendante. Pourtant, aucune direction n'a émergé qui soit capable d'organiser cet appui et de consolider ne serait-ce que le noyau d'un parti indépendant.

Le Parti de la Raza Unida du Texas est le plus fort : il a vu croître son influence organisationnelle et politique sur une période de plusieurs années. Même s'il n'a encore réalisé qu'une fraction de son potentiel, sa survie et son progrès confirment la viabilité de l'idée d'un parti chicano indépendant.

Le défi auquel font face ces formations politiques chicanas indépendantes, c'est d'arracher les masses chicanas au

Parti démocrate et de les rallier à la bannière des partis de la Raza Unida. Ceci ne peut se faire qu'en combinant les initiatives électorales avec un programme de revendications immédiates, démocratiques et transitoires capables d'amener les masses chicanas à lutter pour leurs besoins et leurs aspirations. En luttant pour un tel programme, les Chicanos vont prendre confiance en leur propre force, inspirer d'autres victimes de l'injustice capitaliste et les gagner comme alliés du mouvement chicano. La réalisation d'une telle perspective donnerait un puissant exemple à suivre aux organisations noires et aux syndicats.

Les Portoricains aux États-Unis

Parmi toutes les minorités nationales opprimées, c'est la population portoricaine qui a connu quelques-uns des plus grands changements depuis la radicalisation des années 30. En raison de l'émigration massive de l'île depuis la deuxième guerre mondiale, 40 pour cent de tous les Portoricains vivent maintenant aux États-Unis, notamment à New York.

La surexploitation de la colonie portoricaine par l'impérialisme U.S. lui impose des conditions bien pires que sur le continent, même en période de prospérité. Les prix y sont plus élevés qu'aux États-Unis, les salaires n'y valent que 30 à 50 pour cent de ceux du continent et le chômage y est de trois à quatre fois plus élevé. Lors d'une dépression, cette surexploitation a un impact catastrophique pour les masses travailleuses portoricaines.

La minorité portoricaine aux États-Unis est concentrée dans les emplois industriels les plus difficiles, les moins bien rémunérés et les moins syndiqués. Cependant, certains syndicats de la fonction publique comptent parmi leurs membres un nombre considérable de Portoricains. C'est le cas par exemple des employés d'hôpitaux et des travailleurs des services. Les Portoricains constituent aussi un pourcentage important et grandissant des travailleurs du vêtement sur la Côte Est. Il y a aussi de 50 000 à 100 000 Portoricains qui sont des travailleurs agricoles saisonniers. La plupart travaillent dans les fermes maraîchères et dans les champs de tabac de la Côte Est.

Les luttes des Portoricains qui vivent aux États-Unis visent principalement à combattre la discrimination raciste dont ils souffrent et à améliorer leurs conditions de vie et de travail. En ce sens, elles sont différentes des luttes menées à Porto Rico. Mais les relations que maintiennent les Portoricains qui vivent aux États-Unis avec ceux qui vivent à Porto Rico servent aussi à les lier à la lutte pour l'indépendance de Porto Rico et à la révolution coloniale en général.

La minorité portoricaine a été profondément affectée par la lutte des Noirs. Elle a des liens étroits avec cette dernière à cause de la proximité des populations noires et portoricaines dans les ghettos et parce qu'il y a un pourcentage significatif de Portoricains noirs. Mais la classe dirigeante a cherché, en particulier en se servant des fonds à la pauvreté, à trouver des façons de monter les uns contre les autres les Portoricains et les Noirs et à les empêcher de s'unir dans la lutte.

Dans quelques villes du Midwest, en particulier Chicago, les communautés portoricaine et chicana vivent côte à côte. Les luttes où leurs intérêts convergent comprennent celles contre la discrimination linguistique et contre les abus racistes que subissent en général les gens originaires d'Amérique latine, de même que la syndicalisation et la mobilisation des travailleurs agricoles itinérants.

Des luttes importantes se déroulent actuellement autour de droits démocratiques fondamentaux comme le droit au bilinguisme dans l'éducation, dans les examens d'entrée à la fonction publique et sur les bulletins de vote ; celui de se faire servir en espagnol dans les lieux publics comme les hôpitaux et les bibliothèques ; et celui d'avoir accès à des procédures judiciaires en espagnol. Une des luttes de ce genre les plus avancées, c'est celle qui se mène dans le district 1 de New York pour le contrôle des écoles par les communautés portoricaine, noire et chinoise.

Comme elle l'a fait pour les mouvements noir et chicano, la classe dirigeante a cherché à canaliser la radicalisation portoricaine dans le système bipartite pour l'empêcher de s'engager dans un cours indépendant. On en a un exemple typique avec l'élection du premier Portoricain au Congrès, Herman Badillo, en tant que représentant du quartier Bronx à New York.

Les Amérindiens

Leur nombre, leur situation géographique et leur place dans l'industrie ne donnent pas aux Amérindiens le même poids social que les Noirs, les Chicanos ou les Portoricains. Mais leur poids moral est immense. Ils sont un rappel vivant de la véritable histoire de l'expansion capitaliste pendant quatre siècles et de la dégradation qui l'a accompagnée. Ils témoignent du fait que la société de classe ne pouvait évoluer qu'en exterminant les formes d'organisation sociale collectivistes et égalitaires et qu'en imposant par la suite la misère et une oppression écrasante aux Amérindiens.

Le réveil culturel nationaliste des Amérindiens et la combativité croissante de leurs luttes contre les conditions épouvantables qui leur ont été imposées ont ajouté un autre élément important à l'essor des minorités nationales opprimées.

La répression froidement calculée contre la direction du Mouvement des Indiens d'Amérique (AIM) fait partie d'un plan du gouvernement pour détruire l'AIM comme organisation. Elle montre que la classe dominante attribue aux luttes des Amérindiens une importance politique qui dépasse leur poids social. Leurs revendications pour l'autonomie politique et culturelle, pour le respect des droits reconnus dans les traités et pour le retour des terres qui leur ont été volées sont une partie intégrale de la révolution socialiste américaine à venir. L'octroi de ces revendications sera une des responsabilités du gouvernement ouvrier à venir.

Les autres minorités nationales opprimées

Les Chinois-Américains, les Philippins, les Japonais-Américains, les Dominicains, les Haïtiens, les Arabes et les autres minorités nationales opprimées possèdent chacune leur propre histoire d'émigration, d'oppression et de surexploitation. L'idéologie raciste blanche de l'impérialisme américain a servi à justifier la discrimination pratiquée contre elles en en faisant des parias dans l'armée industrielle de réserve.

Ces minorités nationales ne possèdent pas un poids social et politique comparable à celui des Afro-Américains, des Chicanos ou des Portoricains. Elles ne sont pas aussi grandes ni aussi largement employées dans l'industrie de base. Mais la radicalisation et le réveil nationaliste qui l'a accompagnée ont déjà accru la combativité de ces groupes contre leur oppression en tant que minorités raciales.

L'émergence de l'organisation des Asiatiques-Américains contre la guerre du Viêt-nam, le rôle des parents chinois dans la lutte du district 1 pour le contrôle communautaire des écoles à New York, les luttes des étudiants asiatiques-américains en Californie, les luttes des Chinois contre les politiques d'embauche discriminatoires dans l'industrie de la construction et contre la brutalité policière, le rôle des Philippins dans la campagne de syndicalisation des travailleurs agricoles en Californie, les actions des Dominicains et des Haïtiens contre l'expulsion des travailleurs sans papiers et des exilés politiques, et les manifestations des travailleurs arabes dans l'industrie automobile — voilà autant de signes de ce développement.

Même des groupements nationaux ou raciaux qui ne constituent pas des minorités nationales ou des nationalités opprimées aux États-Unis subissent le racisme et la xénophobie omniprésents que la classe dirigeante intensifie en période de crise sociale. L'antisémitisme contre les Juifs en est l'exemple le plus clair.

Les femmes
Les femmes constituent à la fois un pourcentage croissant de la classe ouvrière et un allié de plus en plus important de la classe ouvrière. Les femmes ne sont pas une minorité. Elles constituent plus de la moitié de la population et leur présence ne se limite pas à une région géographique, à une couche sociale ou à une occupation. Tout comme l'ensemble de la population américaine, elles ont une composition de plus en plus prolétarienne.

Le sexisme est aussi un des principaux outils idéologiques que la classe dominante emploie pour maintenir la classe ouvrière divisée, affaiblir sa conscience et son unité de classe et renforcer l'idéologie religieuse et obscurantiste réactionnaire.

Les capitalistes se servent aussi de l'idée largement répandue que « la place d'une femme est à la maison » pour promouvoir le mythe que les femmes se cherchent du travail non pas par nécessité, mais par choix. Le maintien des femmes au foyer crée un réservoir additionnel de travailleurs à la disposition des patrons et réduit les coûts sociaux et les conséquences qu'entraîne l'existence d'un grand nombre de femmes périodiquement sans emploi.

Tout comme l'oppression nationale, l'oppression de toutes les femmes en tant que sexe crée une section de parias dans l'armée industrielle de réserve, un bassin de travailleurs dont la surexploitation produit des taux élevés de plus-value, contribue à réduire le niveau des salaires de tous les travailleurs et affaiblit le mouvement ouvrier.

L'oppression des femmes en tant que sexe ne découle pas uniquement des exigences particulières du capitalisme. Ses origines historiques remontent à l'aube de la société de classe. Le sexisme est le soutien idéologique essentiel au maintien de la famille comme une institution de la domination de classe. La famille est un mécanisme fondamental pour inculquer des attitudes autoritaires et hiérarchiques à chaque nouvelle génération. C'est l'institution à qui les dirigeants capitalistes abdiquent la responsabilité sociale de prendre soin des jeunes, des personnes âgées, des malades et des chômeurs, et sur qui ils rejettent le fardeau de la crise et de l'effondrement économiques — un fardeau particulièrement ressenti par la classe ouvrière.

La lutte pour la libération des femmes pose la question de la réorganisation complète de la société, de sa plus petite unité répressive (la famille) à sa plus grande (l'État). La libération des femmes exige une réorganisation en profondeur des institutions de production et de reproduction de la société afin de maximiser le bien-être social et d'offrir à tous une existence véritablement humaine.

La recherche de solutions aux questions posées par la libération des femmes est une des forces motrices de la révolution américaine à venir. La capacité de l'avant-garde ouvrière de fournir des réponses claires et concrètes aux questions que pose l'oppression des femmes par le capitalisme et de lutter pour leur réalisation sera décisive pour mobiliser les forces nécessaires au renversement du capitalisme.

LE MOUVEMENT DE LIBÉRATION DES FEMMES

Un mouvement de libération des femmes a surgi à la fin des années 60. Son caractère politique et sa portée sociale le distinguent largement des formes qu'avait prises la participation des femmes à la dernière radicalisation ouvrière, dans les années 30. Trois processus, qui se sont développés au cours des décennies d'après-guerre, ont conduit à ce renouveau.

- L'intégration à grande échelle des femmes dans la main-d'oeuvre et la hausse significative du niveau général de scolarité qui a accompagné ce processus.
- La prise de conscience croissante parmi des millions de personnes que le développement des capacités productives et techniques de l'industrie et de la science rend maintenant possibles l'abondance illimitée et la socialisation du « travail des femmes, » à la condition d'organiser la société de façon rationnelle et planifiée.
- Conséquence de la radicalisation générale, la remise en question des normes sociales et morales bourgeoises a permis à un nombre important de femmes de se développer comme organisatrices et dirigeantes politiques.

Toutes ces conditions ont convergé à la fin des années 60, au point culminant du mouvement antiguerre et de la radicalisation étudiante. Plusieurs des premières organisatrices de groupes de femmes sont issues de ces mouvements. La croissance rapide du mouvement et ses répercussions profondes dans toutes les couches de la société, y compris dans le mouvement syndical organisé, ont témoigné de la maturité des conditions qui l'ont engendré.

Parce que les femmes sont réparties dans toute la société et à cause du caractère radical des questions qu'elles soulèvent, la montée du mouvement de libération des femmes a déjà profondément affecté la conscience de masse et tous les aspects de la culture prise dans son sens le plus général. La littérature, la télévision, le cinéma et d'autres médias ont ressenti son impact. Il y a une tendance à remettre en question toutes les moeurs et valeurs et à réexaminer du point de vue des femmes tous les aspects de la vie et toutes les facettes de la société.

Des millions de femmes et d'hommes sont en train de scruter soigneusement et de rejeter les postulats les plus fondamentaux de la société de classe à l'égard des femmes. La fermentation qui entoure la question des femmes aujourd'hui rappelle la radicalisation de la période d'Eugene Debs avant la première guerre mondiale ou même la radicalisation qui a précédé la guerre civile. Là aussi, la question spécifique du rôle des femmes dans la société était un élément distinct de la fermentation sociale générale, même si c'était sur une base pratique et théorique beaucoup plus restreinte. Les femmes jouent un rôle d'avant-garde analogue dans d'autres mouvements sociaux.

Les luttes des femmes pour leur émancipation comptent parmi les indicateurs les plus clairs de la profondeur de la crise et de la radicalisation *sociales* actuelles. Ces luttes ont commencé à surgir *avant* que les conséquences d'une grande crise économique ne se fassent sentir, ce qui confirme encore plus ce point.

PROGRÈS ET RÉACTION

Combinée à la montée du mouvement de libération des femmes, l'augmentation importante du pourcentage de femmes qui travaillent, du nombre de femmes qui sont chefs de famille et du nombre de travailleuses syndiquées a créé un problème difficile pour la classe dirigeante. Il est devenu moins acceptable d'utiliser les femmes comme main-d'oeuvre de réserve (la vaste majorité des femmes qui quittent le marché du travail en période de crise ne figurent même pas dans le décompte des chômeurs).

Comme pour les nationalités opprimées, la voie vers une véritable égalité et vers l'égalité des chances pour les femmes réside dans un traitement préférentiel — par le biais de quotas et de mesures d'action affirmative dans l'industrie, l'éducation, la politique et la société — visant à corriger l'inégalité des chances établie par des siècles de discrimination.

Ainsi, l'effort de la classe dirigeante pour effacer les gains faits par les minorités opprimées et les femmes à travers les victoires qu'elles ont remportées au niveau de l'embauche et de la promotion préférentielles constitue un élément important de la contre-offensive politique et économique des démocrates et des républicains. Et les femmes résistent de plus en plus à ce qu'on les chasse de leurs emplois sur la base du principe « dernier embauché, premier congédié. » Il y a de plus en plus de femmes qui refusent de perdre leur droit d'ancienneté pendant un congé de maternité, qui refusent de se voir nier l'accès aux programmes d'apprentissage pour les emplois spécialisés ou « lourds », qui refusent de recevoir un salaire inégal ou qui refusent de ne pas pouvoir se joindre à des unités de négociation parce qu'on les considère comme des travailleuses « à temps partiel. »

La radicalisation des femmes et les exemples d'action directe que d'autres ont donnés au cours des dix dernières années ont amené les femmes au foyer à réagir avec colère et frustration devant la compression de leurs budgets et à être plus portées à essayer elles-mêmes de faire quelque chose à ce sujet. Le boycott de la viande en 1973 et la popularité des enquêtes sur la consommation comme celles menées par Ralph Nader sont des signes avant-coureurs de protestations à venir.

L'essor du mouvement de libération des femmes représente une remise en question de l'ordre social bourgeois, ce qui explique pourquoi les gains faits par les femmes sont devenus une cible importante de la réaction, immédiatement après le mouvement des Noirs. À Boston, la campagne contre le *busing* ou transport des élèves afin de déségréguer les écoles, la tentative de renverser le droit à l'avortement et les manifestations contre l'ERA ont offert un exemple instructif d'une combinaison des cibles visées à travers le pays par les forces réactionnaires les plus enragées.

Aussi évidents peuvent-ils paraître à certains, le droit des femmes à l'avortement et des garanties constitutionnelles et législatives de l'égalité des droits pour les femmes représentent un défi à la société de classe et à l'ensemble de sa superstructure idéologique. Les défenseurs de l'ordre bourgeois le savent. Ils poursuivront donc leurs efforts pour ébrécher tous ces gains.

Plusieurs des premières participantes au mouvement de libération des femmes se sont rapidement heurtées à une crise de perspectives. Certaines ont été gagnées au marxisme révolutionnaire. D'autres ont emprunté la voie du gauchisme ou de l'évasion personnelle de la réalité. Beaucoup plus encore ont été entraînées dans le jeu bipartite de la politique capitaliste, où la classe dominante a une fois de plus agi rapidement pour créer des ouvertures pour les dirigeantes du mouvement.

Tout comme le retrait des troupes du Viêt-nam et l'abolition de la conscription, la décision de la Cour suprême de légaliser les avortements en début de grossesse a fait partie de l'effort général de la classe dominante pour désamorcer la radicalisation et pour éliminer quelques-unes des questions qui étaient devenues des points focaux de mobilisations de masse.

Mais comme dans le cas des autres concessions démocratiques faites aux femmes, la victoire sur l'avortement ne peut ni éliminer la source de l'oppression des femmes ni désamorcer leur lutte pendant longtemps. Au contraire. De tels gains peuvent mener à des répits temporaires ou à des baisses de l'action de masse. Mais à long terme, ils ne servent qu'à engendrer de nouvelles revendications et à créer des conditions plus favorables pour construire un mouvement féministe de masse indépendant capable de mobiliser les femmes dans la lutte contre leur oppression.

Les petits agriculteurs

La mobilisation des alliés petits-bourgeois traditionnels de la classe ouvrière aux États-Unis pose des défis très différents que dans les pays où la classe ouvrière constitue une minorité et est entourée par un grand nombre de producteurs indépendants, y compris par une immense paysannerie.

Au cours des décennies depuis la deuxième guerre mondiale, l'agriculture américaine a connu une mécanisation et une monopolisation considérables. On a assisté à la croissance verticale d'un grand nombre de ces monopoles, ce qui leur a permis d'obtenir la mainmise sur tout : la terre, les semences, les engrais, la machinerie agricole, les récoltes, la transformation, l'emballage, la distribution et la vente dans les grands centres de détail. On a vu se développer un prolétariat agricole assez important, composé en grande partie de « non-blancs » et fortement saisonnier et itinérant. De nombreuses associations coopératives agricoles se sont transformées en grandes entreprises ou en filiales des plus importantes banques commerciales. Et les monopoles agricoles se sont internationalisés, ce qui les a amenés à jouer un rôle important dans la politique étrangère de l'impérialisme américain. Tout ceci a été l'une des plus grandes « révolutions » économiques du dernier quart de siècle.

On voit se poursuivre l'élimination des petits agriculteurs les moins productifs, qui sont incapables de faire concurrence à la collectivisation, à la mécanisation et à la monopolisation de la production alimentaire exercées par le capital financier. À la fin de la deuxième guerre mondiale, 17,5 pour cent de la population vivait de la terre. En 1960, ce chiffre était tombé à 8,7 pour cent. Aujourd'hui il se situe à 4,5 pour cent et continue de baisser. Au cours de la même période, le rendement agricole par heure de travail a augmenté de 600 pour cent. L'agro-alimentaire est aujourd'hui le secteur de l'impérialisme américain qui bénéficie du meilleur avantage relatif en termes de productivité vis-à-vis de ses concurrents étrangers.

Les conséquences de cette gigantesque explosion de la productivité agricole aident à souligner la disproportion qui existe entre la capacité productive de la main-d'oeuvre américaine d'une part et les limitations et distorsions introduites dans la production et la distribution par le marché capitaliste et les frontières nationales de l'autre. Le contraste scandaleux entre la richesse personnelle immense de certains tandis que des millions d'autres souffrent de faim ou en meurent est devenu un des générateurs des bouleversements à venir aussi bien aux États-Unis que dans les autres pays.

Les habitants des fermes ne constituent aujourd'hui qu'un faible pourcentage de l'ensemble de la population. Mais leur importance est plus grande que leur nombre ne l'indique. La perturbation des rapports entre l'agriculture et l'industrie affecte directement la quantité, la qualité et le prix des aliments, des fibres et des autres produits agricoles que la classe ouvrière doit acheter. La hausse vertigineuse du prix des aliments, les menaces de pénuries ainsi que les actions combatives des petits agriculteurs pour dramatiser *leur* sort l'ont fait comprendre aux travailleurs américains au cours des dernières années.

Les politiciens démocrates et républicains font le maximum pour aggraver les conflits entre l'agriculteur et le travailleur et pour les opposer l'un à l'autre dans le but de maintenir la domination du capital sur les deux. Si l'avant-garde ouvrière se montre capable de mettre de l'avant des solutions aux problèmes des petits agriculteurs et de lutter pour celles-ci, elle pourra gagner ces derniers à la cause du mouvement ouvrier. C'est ainsi que le véritable antagonisme — celui qui oppose le petit agriculteur, le travailleur agricole et le prolétariat urbain d'un côté aux intérêts du capitalisme monopoliste de l'autre, y compris des géants de l'agro-alimentaire — sera compris et qu'il émergera comme un des éléments importants de la révolution américaine à venir.

La « classe moyenne »

La monopolisation du capital américain a diminué l'importance relative de la petite bourgeoisie, mais ne l'a pas éliminée. En fait, la monopolisation engendre continuellement une petite bourgeoisie qui comble les fentes et les fissures de la production, de la distribution et des services, où elle joue un rôle essentiel. On voit même l'importance de certains secteurs de la petite bourgeoisie augmenter par rapport à l'ensemble de la population et à leur poids antérieur. C'est le cas de ceux qui offrent des services spécialisés ou des compétences techniques.

Il faut toujours examiner concrètement la configuration exacte des classes moyennes puisque celle-ci varie grandement d'un pays à l'autre et souvent d'une région à l'autre à l'intérieur d'un même pays.

Par exemple aux États-Unis, les camionneurs artisans jouent un rôle important dans la distribution. Au début de 1974, la grève qu'ils ont menée a attiré l'attention nationale sur leur étranglement par la montée en flèche des prix du pétrole. Mais contrairement à la France, les petits boulangers indépendants constituent un phénomène marginal aux États-Unis.

Il faut également étudier la gamme des professions libérales, des techniciens et des autres occupations qui se situent entre les travailleurs salariés et la bourgeoisie.

À une extrémité se trouvent un nombre considérable d'enseignants, de techniciens, d'employés des services, etc., qui sont en réalité pour la plupart des travailleurs qualifiés ou semi-qualifiés, habituellement salariés. Ils n'ont aucune perspective de gagner leur vie autrement qu'en vendant leur force de travail à l'industrie ou au gouvernement. En période de difficulté ou de prospérité économique, leur objectif n'est pas d'ouvrir quelque part leur propre petite école ou laboratoire. Un nombre croissant d'entre eux sont prêts à considérer l'idée que la solution aux pressions sociales et économiques qu'ils ressentent, c'est de se joindre au mouvement syndical et de se battre collectivement pour améliorer leur sort, en utilisant les méthodes de lutte du mouvement ouvrier. La classe dominante fait tout ce qu'elle peut pour perpétuer l'illusion qu'ils sont en réalité du « personnel professionnel » qui appartient à la « classe moyenne » et non pas à la classe ouvrière. Mais en réalité, la différence entre un enseignant, un technicien qui reçoit un salaire inférieur ou un employé municipal, et une femme ou un homme qui travaille sur la ligne d'assemblage chez Chrysler est une différence au sein de la classe ouvrière même entre travailleurs qualifiés, semi-qualifiés et non qualifiés, et entre travailleurs payés à l'heure et travailleurs recevant un salaire fixe.

Les petits maîtres modernes appartiennent à une catégorie intermédiaire. C'est le cas des camionneurs indépendants par exemple. Les petits maîtres forment une catégorie large et variée, des hybrides situés entre le capitaliste et l'ouvrier. Ce groupe comprend ceux qui ont amassé suffisamment de capitaux pour commencer à embaucher d'autres personnes pour travailler avec eux et ceux qui sont au bord de devenir capitalistes. Il comprend aussi ceux qui possèdent simplement leurs propres outils, même si ce sont des outils dispendieux, et qui n'embauchent aucune main-d'oeuvre. Chaque tournant du cycle économique les rapproche de la file des chômeurs, à laquelle ils se joignent comme d'autres « travailleurs ».

À l'autre bout de la gamme du personnel professionnel et des techniciens, on trouve les médecins, les ingénieurs et les avocats bien nantis. Beaucoup d'entre eux travaillent à leur propre compte et la classe dominante rémunère leurs compétences à un taux qui leur permet d'avoir un niveau de vie qualitativement plus élevé que même les travailleurs les plus qualifiés. Ils peuvent faire des placements considérables, ce qui leur assure une sécurité financière à la retraite. Dans son ensemble, cette couche s'identifie consciemment au patronat, à sa domination politique et à son idéologie.

Cependant même ces membres des professions libérales, en particulier les plus jeunes, ne sont pas à l'abri des changements qui affectent les valeurs sociales et les moeurs, ce dont témoignent des actions comme la grève des internes des hôpitaux de New York et de la Nouvelle-Orléans. En commençant à réagir contre l'organisation archaïque et inhumaine de la médecine comme un ordre sacerdotal et en utilisant des méthodes de lutte ouvrières, les jeunes médecins mettent de l'avant des revendications très compréhensibles pour la masse des travailleurs (la semaine de travail de 80 heures, des tours de garde qui n'excèdent pas 48 heures, etc.). Les jeunes membres plus radicaux de ces professions peuvent évoluer brusquement vers la gauche sous les coups de massue d'une crise sociale grandissante.

ALLIÉS ET ADVERSAIRES

Les dirigeants de la classe ouvrière doivent aussi distinguer entre les occupations requises pour maintenir les *relations de production* actuelles et celles qui sont nécessaires pour maintenir et élargir les *forces de production*.

Parmi les premières, on trouve celles qui servent à augmenter le taux d'exploitation (chronométreurs, contremaîtres), celles dont le rôle est lié à l'appareil répressif de l'État (policiers, surveillants des libérations conditionnelles, certains travailleurs sociaux), et d'autres fonctions de parasites sociaux (avocats, spécialistes de la publicité, agents d'assurance).

Parmi les dernières, on trouve de nombreux individus qualifiés, comme les techniciens, les ingénieurs et les statisticiens.

L'histoire démontre que la vaste majorité de ceux qui occupent les premières fonctions demeurent des ennemis des mouvements des travailleurs et de leurs alliés. Mais un mouvement ouvrier revitalisé peut attirer à lui beaucoup de ceux qui occupent les secondes, qui sont par ailleurs nécessaires à l'établissement du contrôle ouvrier sur l'industrie et d'une production planifiée de l'économie.

Il est aussi important d'examiner soigneusement le caractère de certains mouvements de protestation que les médias attribuent souvent à la « classe moyenne » et qui se développent en réaction aux pressions de la crise capitaliste. Beaucoup de ces mouvements n'ont pas comme tels un caractère petit-bourgeois. Ce ne sont pas des actions qui cherchent à satisfaire des revendications qui préoccupent et intéressent la petite bourgeoisie en tant que classe sociale particulière (comme la croisade des petits agriculteurs pendant les années 80 et 90 du siècle dernier en faveur de l'étalon-argent ou la lutte des petits marchands pour maintenir les lois imposant des « prix équitables »).

Par exemple, de nombreuses femmes de la classe moyenne ont été à l'origine du boycott de la viande et y ont participé. Mais beaucoup de travailleurs ont également appuyé cette action et y ont participé en tant que *consommateurs*. Ce n'était certainement pas un mouvement petit-bourgeois.

Ce ne sont pas seulement la petite bourgeoisie et une mince couche des travailleurs les plus privilégiés qui appuient et s'intéressent aux mouvements de protestation des consommateurs, aux mouvements de protection de l'environnement et à la mise au jour de scandales comme celles initiées par Ralph Nader et ses associés. La grande majorité des travailleurs américains sont directement touchés par la disponibilité et le coût du crédit pour l'achat d'une maison, d'une voiture ou d'un bien d'équipement ; par la qualité, les coûts d'utilisation et le caractère sans danger de ces biens ; et par la réalisation de profits excessifs dans les services publics, les dépenses médicales, le coût du transport, les fonds de retraite, la pénurie de pétrole et d'autres questions semblables.

À l'heure actuelle, l'impact des mouvements de protestation autour de ces problèmes reste limité faute d'une direction syndicale de lutte de classe capable de se lier à eux, de leur associer la force du mouvement ouvrier, et de les généraliser et de les orienter dans une direction de lutte de classe. Pourtant, ces mouvements ne peuvent que se multiplier à mesure que la crise sociale s'approfondit. Le mouvement syndical aura de plus en plus de difficulté à s'abstenir d'y jouer un rôle actif. Il sera de plus en plus obligé d'y participer comme l'organisateur indépendant et unificateur de l'ensemble des travailleurs, et non pas comme une composante de la machine du Parti démocrate ou par le biais d'agences gouvernementales.

Les étudiants

Sous l'impact d'une véritable révolution technologique, les besoins de l'industrie américaine ont changé depuis la fin de la deuxième guerre mondiale, ce qui a entraîné de grandes modifications dans la taille et le caractère de la population étudiante depuis les années 30. En tant qu'alliés potentiels du prolétariat, les étudiants universitaires occupent une place différente que celle qu'ils avaient plus tôt dans le siècle, alors qu'ils étaient surtout des carriéristes bourgeois et petits-bourgeois qui allaient à l'université pour mieux se préparer à assumer leurs responsabilités dans le monde bourgeois.

Aujourd'hui, plus de 75 pour cent des adolescents aux États-Unis obtiennent leur diplôme d'études secondaires. De ceux-là, bien plus de la moitié s'inscrivent à l'université. Une des plus grandes différences entre les jeunes d'aujourd'hui et la génération de leurs parents réside dans le nombre moyen d'années passées à l'école. En 1940, le jeune moyen quittait l'école avant d'avoir complété sa neuvième année. Il le fait aujourd'hui après 12,3 ans.

Une autre tendance vers une plus grande scolarisation se voit à New York. À la suite des victoires remportées pour la liberté d'inscription par les grandes luttes étudiantes de la fin des années 60, le nombre d'étudiants universitaires d'origine noire ou portoricaine a plus que triplé.

Évidemment, chaque étudiant est profondément marqué par ses origines de classe. L'unité familiale où l'enfant grandit lui donne sa première identité, ses premières perspectives et ses premières attentes de classe. Les étudiants sont influencés par les attitudes de la classe sociale dont ils sont membres ou vers laquelle ils croient que leur éducation les conduira. Mais en tant que groupement social, les étudiants n'ont pas *en soi* de rapport spécifique direct à la production. Du point de vue de leur rôle dans la structure de l'économie, les étudiants ne fonctionnent pas comme des travailleurs, des capitalistes ou des petits bourgeois. Ils se préparent à assumer un de ces rôles économiques. Aujourd'hui, la majorité des étudiants sont en voie de devenir une variété quelconque de travailleurs payés à l'heure ou à la semaine. Et ils anticipent un avenir où ils ne pourront vivre qu'en vendant leur force de travail.

À cause de l'énorme croissance du nombre d'étudiants, le pourcentage des travailleurs ayant une certaine formation universitaire augmente. Le pourcentage des étudiants universitaires qui deviendront des travailleurs payés à l'heure ou à la semaine augmente. Et le pourcentage de ceux qui travaillent tout en allant à l'université augmente aussi. Le temps que les jeunes passent ensemble dans les institutions secondaires et universitaires accroît l'homogénéisation relative de leurs valeurs sociales et idéologiques.

La proportion des étudiants au sein de la population peut baisser à cause de facteurs conjoncturels, en particulier les ralentissements économiques. Mais il n'y aura aucun renversement des tendances et des changements qui ont déjà eu lieu. Les exigences générales de la production et de l'accumulation capitalistes l'excluent.

LES ÉTUDIANTS ET L'ACTION POLITIQUE

À cause de leur grande concentration, de leur composition sociale, des stimulants intellectuels auxquels ils sont soumis, de l'attitude anti-autoritaire de nombreux jeunes et de la liberté relative de la vie étudiante, la majorité des étudiants peuvent être hautement sensibles aux questions sociales et politiques. Les étudiants peuvent se radicaliser en grand nombre sous l'impact et en réponse aux développements majeurs de la lutte des classes nationale et internationale. Les préoccupations de la majorité des étudiants s'inscrivent dans ce contexte plus large et lui sont presque invariablement liées. La majorité des étudiants tendent aujourd'hui à s'allier aux luttes sociales progressistes qui se déroulent aux États-Unis et dans le monde, dont ils peuvent comprendre et apprécier les objectifs et les valeurs.

Conséquences de l'expansion massive du système d'éducation après la deuxième guerre mondiale, l'importance et le potentiel politiques nouveaux des étudiants se sont manifestés admirablement dans le rôle clé joué par le mouvement étudiant pour développer et maintenir une opposition de masse à la guerre impérialiste au Viêt-nam. Cette expérience a souligné l'importance permanente d'un travail politique systématique parmi les étudiants, organisé par le biais d'une organisation de jeunesse socialiste révolutionnaire.

L'organisation de jeunesse trotskyste, l'Alliance des jeunes socialistes, s'est construite autour de la stratégie de « l'université rouge. » Ce n'est pas une orientation étroite de « pouvoir étudiant, » mais une stratégie globale qui cherche à aider à transformer les universités en centres d'organisation mis au service des luttes de la classe ouvrière et de ses alliés, y compris des étudiants. Ce sont des bases d'où l'on peut gagner un grand nombre de jeunes étudiants au trotskysme et au mouvement ouvrier révolutionnaire.

Les activités politiques des étudiants ont perdu de l'intensité depuis la signature des accords de paix de Paris et le retrait des forces de combat U.S. du Viêt-nam. Mais ce serait une erreur de confondre une période de tranquillité relative avec un virage à droite fondamental ou avec une longue phase d'apathie politique sur les campus.

Les campus sont devenus des centres permanents de mécontentement et de protestation. Beaucoup d'étudiants perdent confiance dans le système capitaliste et dans les institutions et l'avenir de la démocratie bourgeoise américaine. Mais comme dans l'ensemble de la société, les crises qui viennent auront un effet de *polarisation* sur les campus. Cette polarisation transformera les campus en un champ de bataille important où se feront concurrence pour les cadres politiques la droite réactionnaire et la gauche radicale, ainsi que les diverses tendances prolétariennes entre elles. Il n'y aura pas de retour à la longue période de tranquillité politique de la fin des années 40 et des années 50.

Les soldats

L'on doit aussi compter les rangs des forces armées comme un des alliés les plus importants de la classe ouvrière. Jeunes, de composition massivement ouvrière et dans un grand pourcentage originaires des nationalités opprimées, les soldats sont aujourd'hui profondément affectés par tous les changements qui influencent leur génération et leur classe. Leurs attitudes sont d'une grande importance à cause de leur rôle comme chair à canon pour défendre les intérêts de la propriété privée et pour maintenir et assurer l'extension de l'oppression impérialiste.

Contrairement à la deuxième guerre mondiale où il y a eu un appui général, même si fondamentalement réticent, à la « guerre contre le fascisme, » la guerre du Viêt-nam a provoqué dès le début des soupçons profonds chez les soldats quant aux mobiles et aux objectifs des dirigeants capitalistes et un refus croissant d'être utilisés dans les plans de Washington pour garder le monde au pas.

Reflets des attitudes répandues plus largement dans la société américaine, la radicalisation contre la guerre et la désaffection croissante dans l'armée même ont été un des facteurs importants qui ont empêché l'impérialisme U.S. de poursuivre sa guerre d'agression au Viêt-nam. L'émergence du soldat opposé à la guerre comme un personnage remarquable et largement populaire a marqué un changement d'opinion de portée historique.

À cause de sa composition et du climat politique actuel, l'armée américaine est de moins en moins apte à jouer son rôle de gendarme du monde. Les impérialistes américains savent très bien qu'ils ont besoin d'un tel instrument parce que les avions, les bombes et les soldats enrôlés de force d'un régime fantoche ne suffisent souvent pas à la tâche, ce que le Viêt-nam a encore une fois démontré. Mais Washington dispose de peu d'options : l'héritage de la guerre du Viêt-nam et la radicalisation qui a accompagné cette dernière à l'extérieur et à l'intérieur de l'armée sont des facteurs négatifs dont il doit maintenant tenir compte dans ses calculs.

Chaque mouvement de protestation sociale s'est reflété au sein des forces armées : la libération des femmes, la radicalisation des minorités nationales, le mouvement de libération des gays, etc.

La radicalisation au sein de l'armée même se concentre inévitablement autour de la lutte pour défendre et élargir les droits démocratiques des soldats. Le concept du citoyen-soldat qui n'abandonne aucune de ses libertés et aucun de ses droits fondamentaux lorsqu'il rejoint les forces armées est profondément enraciné dans l'histoire américaine, de l'époque des milices de la guerre révolutionnaire pour l'indépendance jusqu'à aujourd'hui. Né il y a 200 ans dans l'appui populaire pour les objectifs politiques des milices, ce concept est un anathème pour une caste militaire formée selon le modèle prussien. Mais il est tellement associé aux droits fondamentaux que le peuple américain considère les siens que la classe dominante n'a pas osé risquer une confrontation directe sur cette question durant une période de montée d'un sentiment de masse contre la guerre.

La classe dirigeante a décidé d'éliminer le service militaire obligatoire, dans l'espoir de créer un instrument plus sûr pour atteindre ses objectifs impérialistes. Mais cette décision lui pose deux nouveaux problèmes. Premièrement, le pourcentage croissant de soldats noirs dans les divisions de combat affecte la composition sociale de cette force répressive, ce qui en rend l'utilisation moins sûre contre la révolution coloniale ou pour réprimer les soulèvements dans les ghettos et les luttes ouvrières aux États-Unis. Deuxièmement, les guerres modernes ne peuvent se mener sans conscription. La classe dirigeante se verra obligée de réintroduire cette dernière dans ses prochaines agressions impérialistes. Mais tout effort en ce sens va inévitablement susciter un sentiment antiguerre plus rapide et plus grand que celui qu'on a vu durant la guerre du Viêt-nam.

VI. Le véritable cours de la démocratie bourgeoise américaine

La démocratie bourgeoise s'est maintenue sans interruption depuis 200 ans en Amérique. Pendant cette période, des extensions des droits démocratiques ont été graduellement gagnées — en commençant par ceux des propriétaires de sexe masculin et blancs — malgré des tentatives réactionnaires de renverser ce processus. Ces gains ont été remportés à un très grand prix. Pour simplement gagner les droits les plus élémentaires pour les non-propriétaires, les non-blancs, les travailleurs, les Noirs, les femmes et les jeunes, il a fallu une deuxième révolution et une guerre civile, et des efforts immenses dans la lutte des classes pendant une période prolongée.

Mais ces progrès en termes de droits ne sont qu'un aspect de la démocratie bourgeoise en Amérique. Comme forme de domination de classe que seules les classes capitalistes riches peuvent se permettre, la démocratie américaine s'est toujours appuyée sur la force brutale et l'exploitation accablante. D'abord et avant tout, il y a eu l'esclavage. Il y a eu aussi d'autres formes de servitude forcée, l'expropriation et la quasi-extermination de la population amérindienne, la conquête et l'incorporation de la moitié du Mexique, la surexploitation des travailleurs immigrés, le pillage de vastes ressources naturelles et la pénétration des Caraïbes, de l'Amérique latine et des Philippines.

Avec l'émergence de l'impérialisme américain à la fin du dix-neuvième siècle, le maintien de la démocratie bourgeoise en Amérique a de plus en plus exigé la surexploitation massive d'autres pays — les immenses « possessions esclavagistes » du capitalisme américain dans le monde.

La crise économique du système capitaliste mondial dans les années 30 a mis fin à la prospérité et entamé les réserves sur lesquelles reposait la démocratie du dollar. La démocratie s'est d'abord écroulée dans les pays impérialistes plus faibles (Italie, Allemagne, Espagne et Portugal). Si les capitalistes et non les travailleurs devaient avoir le dernier mot, la marche de la réaction et du fascisme en Europe présageait de l'avenir politique des États-Unis.

De la guerre froide à la guerre du Viêt-nam

La démocratie de l'après-deuxième guerre mondiale en Amérique s'est appuyée sur la domination incontestée de l'impérialisme U.S., qui avait vaincu ses rivaux (aussi bien l'« Axe » que les « Alliés ») et étendu son joug à de tout nouveaux secteurs du monde. On a vu tomber la majeure partie des anciens empires des classes dominantes britannique, néerlandaise, française, italienne, allemande, belge et japonaise. L'impérialisme U.S. s'est emparé des esclaves coloniaux de ses concurrents. Pour maintenir leur asservissement, il a accordé un appui financier, politique et militaire — l'« aide étrangère » américaine — aux régimes « indépendants » les plus brutalement répressifs et totalitaires de l'ancien monde colonial.

Washington a contré les progrès de la révolution socialiste après la deuxième guerre mondiale en institutionnalisant la guerre froide aux États-Unis. Ce climat politique réactionnaire intérieur visait à soutenir une stratégie anticommuniste mondiale de « refoulement. »

La première phase de la guerre froide a consisté pour Washington à utiliser son monopole de la bombe atomique pour exercer d'énormes pressions sur l'Union soviétique. En préparation de la guerre, il a porté une attention particulière au front national. Il a intensifié ses efforts pour obtenir l'appui des libéraux à la guerre froide et pour porter des coups à la combativité et à l'indépendance du CIO. À la fin des années 40, la chasse aux sorcières avait réussi en grande partie à domestiquer la bureaucratie du CIO et à intimider les rangs du mouvement ouvrier. Avec la « perte de la Chine, » on a assisté à un approfondissement de la guerre froide aux États-Unis. C'était le début d'une période prolongée de conservatisme et de sommeil du mouvement ouvrier.

Le maccarthysme a été une extension des politiques anti-ouvrières et des purges pour manque de loyauté initiées par Harry Truman pendant la guerre froide. Il avait une logique fasciste embryonnaire qui s'est finalement avérée contre-productive pour la classe dominante. Le démagogue réactionnaire du Wisconsin s'est fait couper les ailes. Mais ce n'est que l'expansion capitaliste mondiale des années 50 et 60 qui a créé les conditions économiques pour éliminer, pour le moment, toute menace sérieuse de progrès fasciste aux États-Unis. Dans la période qui a suivi la guerre de Corée, les méthodes « normales » de domination démocratique bourgeoise se sont avérées adéquates.

La disparité qualitative entre la puissance économique, financière et militaire des États-Unis et celle de ses concurrents a assuré la prépondérance de l'impérialisme américain. Il ne semblait y avoir aucune limite — militaire, économique ou politique — aux actions arrogantes de Washington comme gendarme du monde. Mais l'impasse militaire en Corée et l'enthousiasme moins que fervent du mouvement ouvrier à consentir des sacrifices patriotiques lors de cette intervention dans le continent asiatique ont été des signaux annonçant ce qui allait venir.

Les dirigeants étaient convaincus de pouvoir offrir en quantités suffisantes à la fois des armes et du beurre. Ils se croyaient capables d'écraser militairement toute résistance à l'impérialisme à l'étranger et d'accorder chez eux des concessions salariales assez grandes pour assurer la paix sociale. Vantée comme exempte de dépression, l'économie capitaliste a procuré un sentiment de sécurité relative à d'importantes couches de la classe ouvrière qui gardaient toujours un souvenir personnel très vif de la grande dépression. Elle a aussi façonné une « génération silencieuse » de jeunes dans les années 50. Pendant toute cette décennie, la seule lutte sociale significative a été celle des Noirs, qui se sont largement battus seuls, sans l'appui du mouvement syndical ou d'autres forces importantes.

Le point tournant décisif s'est produit dans la seconde moitié des années 60, suite à la décision de Lyndon Johnson en 1965 d'effectuer une escalade de l'intervention armée au Viêt-nam. Cette escalade de la guerre a engendré un mouvement antiguerre et une radicalisation sans précédent, amorcés plus tôt par le petit mouvement « non à la bombe » [atomique] et la révolution cubaine, et stimulés par la lutte des Noirs et la radicalisation étudiante. Pour la première fois dans l'histoire américaine, une guerre impérialiste a catalysé une opposition politique massive aux politiques du régime.

La radicalisation du Viêt-nam a découlé d'une compréhension croissante du caractère hypocrite de la Maison-Blanche, qui prétendait établir la démocratie à l'étranger. L'évacuation forcée des villages et les My Lais des années Kennedy-Johnson, les enfants brûlés au napalm, les tapis de bombes de Nixon et Kissinger, les cages à tigre, l'invasion du Cambodge — ces crimes ont provoqué une répugnance grandissante, de 1965 à la deuxième investiture de Nixon en 1973.

LE VRAI VISAGE DE LA DÉMOCRATIE

Ce sentiment s'est accompagné de la conviction croissante qu'il devait y avoir un lien quelconque entre les actions de l'impérialisme américain à l'étranger et les méthodes utilisées contres ses critiques à l'intérieur du pays. Les assauts de la police contre les combattants du mouvement pour les droits civils des Noirs dans le Sud, la brutalité policière habituelle contre les résidents des ghettos noirs dans le Nord et le Sud, la répression meurtrière des rébellions dans les ghettos, le déchaînement de la police contre les manifestants lors du congrès du Parti démocrate à Chicago en 1968 et, pour couronner le tout, les massacres des universités d'État de Kent et de Jackson durant l'invasion du Cambodge en mai 1970 ont fait comprendre que le vrai visage de la démocratie américaine était très différent de l'image que des millions d'Américains s'étaient fait apprendre à vénérer.

Derrière les libertés formelles et les garanties démocratiques, une toute petite minorité prenait en secret les vraies décisions, avec une indifférence brutale pour les besoins, les intérêts et les droits de la majorité.

De Truman à Nixon, chaque président a prétendu parler en toute franchise au peuple américain. Et chacun s'est avéré être un menteur et un hypocrite intéressé. Le caractère trompeur et démagogique de la politique capitaliste est devenu plus clair.

Tout ceci s'est développé avant que ne soit largement connue, ou même soupçonnée, l'ampleur de l'infiltration, de la surveillance, de la provocation et de la déstabilisation pratiquées en secret par le gouvernement contre les mouvements noir, antiguerre et radical. La majorité du peuple américain n'arrivait pas à croire que de telles méthodes soient utilisées non seulement contre les mouvements de protestation sociale « radicaux » ou « minoritaires », mais aussi contre le mouvement syndical et même contre l'« opposition loyale » au sein du système bipartite.

Lorsque l'affaire du Watergate a commencé à mettre ces choses en lumière, elle a déclenché une réaction en chaîne qui se poursuit aujourd'hui. L'expérience du Watergate a marqué l'ouverture d'une nouvelle situation caractérisée par le fait que les gens sont devenus plus perspicaces et critiques devant la nature des institutions de la démocratie bourgeoise, la nature des pouvoirs exécutifs, le système d'équilibre entre les pouvoirs, le rôle du Congrès, la diplomatie secrète, etc.

Les révélations du Watergate sur l'application des politiques impérialistes à l'étranger ont surpris et choqué des millions de personnes. Mais le plus significatif a été l'impact plus profond qu'elles ont eu en modifiant la conscience publique : le sentiment s'est généralisé que la politique étrangère et la politique intérieure ne sont peut-être que les deux côtés de la même médaille.

L'arrogance impériale, le mépris des valeurs humaines, une brutalité indicible, l'indifférence à l'endroit des droits démocratiques fondamentaux auxquelles tiennent les masses américaines, les méthodes d'espionnage, de provocation et d'assassinat politiques propres à un État policier : il s'agit là non seulement des politiques du capitalisme américain à l'étranger, mais des pratiques du capitalisme américain chez lui.

Le gain idéologique le plus important de la radicalisation initiale, ça a été une perte de confiance dans la véracité des dirigeants capitalistes des États-Unis. Il a été renforcé par la crise du Watergate et ses tentatives de dissimulation, de même que par les révélations qui en ont résulté sur le FBI, la CIA, l'IRS et la diplomatie secrète. Ces développements ont approfondi le doute populaire quant à l'intention des dirigeants capitalistes de gérer le gouvernement ou d'adopter une politique étrangère et nationale dans l'*intérêt* de la grande majorité.

On a vu s'accroître la confiance des travailleurs américains dans leur capacité de voir les choses telles qu'elles sont ainsi que leur sentiment que le seul remède consiste à agir dans *leurs propres intérêts,* en même temps que diminuait leur confiance dans les « autorités élues. »

On peut mesurer la radicalisation de la dernière décennie dans l'escalade de la lutte pour les libertés fondamentales.

Ces dernières comprennent les droits légaux et démocratiques, mais les dépassent. Ce qui motive la lutte, c'est une prise de position fondamentale en faveur de ce que Malcolm X appelait les *droits humains*.

Ce concept de droits humains inaliénables a motivé tous les mouvements sociaux des années 60 et du début des années 70 : les luttes des Noirs, des femmes, des prisonniers, des soldats, des vétérans, des travailleurs agricoles, des mineurs, des résidents « illégaux », des gays et des personnes âgées.

En même temps qu'ils sont plus déterminés à élargir et à redéfinir les libertés fondamentales et à prévenir l'érosion des droits déjà acquis, des millions d'Américains sentent que le capitalisme américain se dirige dans une direction moins démocratique.

Ces pressentiments sont justifiés. Il existe quatre conditions classiques pour le maintien de la démocratie impérialiste : une prospérité économique soutenue, une classe ouvrière satisfaite ou docile, la satisfaction de secteurs importants de la petite bourgeoisie et d'autres alliés potentiels de la classe ouvrière, et une politique étrangère couronnée de succès. Les quatre sont en voie d'érosion.

VII. La ligne de marche stratégique du mouvement ouvrier

Le modèle marxiste pour construire un programme révolutionnaire à l'époque impérialiste est le document fondateur de la Quatrième Internationale, le parti mondial de la révolution socialiste fondé en 1938 par Léon Trotsky. Ce programme s'intitule *L'agonie du capitalisme et les tâches de la Quatrième Internationale*[3].

Le « Programme de transition, » ainsi qu'on a fini par l'appeler, a été adopté par le Parti socialiste des travailleurs et soumis à la discussion et au vote au congrès de fondation de la Quatrième Internationale, à une époque où le système capitaliste mondial traversait une crise économique et sociale profonde depuis presque une décennie. Le nouveau ralentissement économique de 1937 avait approfondi davantage la polarisation politique en Amérique. Des courants fascistes et des sentiments en faveur d'un parti des travailleurs étaient tous les deux en hausse dans le pays. Le *New Deal* était en train de devenir le *War Deal* alors que les nuages de la deuxième guerre mondiale s'accumulaient rapidement, dans une menace de carnage et de destruction sans précédent.

Ni le Parti communiste stalinisé, ni les sociaux-démocrates, ni les divers groupements gauchistes, sectaires ou centristes n'étaient capables de présenter un programme adéquat pour répondre aux besoins des masses en quête d'une solution à la crise. D'après Trotsky, il fallait asseoir solidement la Quatrième Internationale sur une base programmatique correcte.

La situation d'aujourd'hui présente quelques parallèles importants, aussi bien au niveau de la situation objective que des tâches auxquelles font face les révolutionnaires. Après près d'un quart de siècle d'expansion, le capitalisme mondial est entré dans une période de stagnation économique — avec la menace d'une inflation débilitante, de pénuries, de famine, de chômage, de faillites bancaires, de krachs commerciaux, de dépression mondiale, de revirements politiques subits et de crises graves. Les crises économiques cycliques tendent à être plus profondes dans chaque pays et plus synchronisées au niveau international.

Ceci va inévitablement conduire à une intensification de la lutte de classe américaine sous toutes ses formes et à un approfondissement de la polarisation de classe. Même s'il n'est pas possible de prévoir le rythme de cette polarisation, ses traits généraux sont clairs. Des millions de travailleurs vont chercher la voie de l'action politique indépendante et se tourner de plus en plus vers des méthodes de lutte de classe. De l'autre côté, des démagogues de droite et des mouvements fascistes prétendant offrir des solutions « radicales » à la crise du capitalisme se poseront comme candidats au pouvoir.

L'intensification de la concurrence et des conflits interimpérialistes, les pressions pour rediviser les marchés à l'échelle mondiale et la tendance persistante vers des guerres visant à stopper la révolution coloniale, avec pour cibles ultimes la Chine et l'Union soviétique — tous ces développements sont aujourd'hui à l'ordre du jour. Et chaque aventure militaire de la Maison-Blanche s'accompagne de la menace de conduire à une confrontation nucléaire.

La confusion et la désorientation engendrées par les staliniens, les sociaux-démocrates et le nouvel assortiment de gauchistes, de centristes et d'opportunistes démontrent que le besoin de clarté sur le programme et les perspectives demeure décisif.

Tout comme en 1938, nous pouvons voir se développer à l'échelle mondiale une période prérévolutionnaire de formation, d'organisation et d'agitation. Après une longue période de tranquillité relative, les travailleurs commencent de nouveau à agir dans les pays capitalistes avancés, en commençant par les puissances impérialistes européennes les plus faibles. En essayant de trouver une façon de sortir de l'impasse, des secteurs des masses tendent de plus en plus à entrer en action, et à être réceptifs aux alternatives révolutionnaires.

La méthode du programme révolutionnaire

Aux États-Unis comme ailleurs, les révolutionnaires constituent un noyau relativement petit aux prises avec deux défis centraux.

- Comment aider les masses à travers leurs propres expériences de lutte à faire le pont entre d'un côté leur mécontentement général et les revendications issues de leurs problèmes immédiats, et de l'autre les solutions socialistes révolutionnaires.

- Comment rassembler dans ce processus de nouvelles forces et former les cadres qui, à travers leurs expériences dans la lutte des classes, peuvent construire un parti révolutionnaire de masse capable de mener des millions de travailleurs à la victoire.

La clé pour résoudre ces défis, c'est l'application juste et flexible de la méthode du programme de transition, qui consiste à donner des réponses claires et opportunes aux problèmes auxquels la classe ouvrière et ses alliés se heurtent au cours de leurs luttes.

Le passage de la radicalisation actuelle à une situation révolutionnaire sera déterminé par des forces de masse qui échappent à notre contrôle.

Dans ce contexte, nous devons chercher à utiliser tout le temps dont nous disposons pour recruter des membres et acquérir de l'expérience dans la lutte de classe. Nous devons chercher à réduire tout avantage relatif que peuvent avoir sur nous les staliniens ou les courants sociaux-démocrates en termes de taille et de présence dans des secteurs du mouvement syndical, dans les organisations des nationalités opprimées et dans d'autres secteurs du mouvement de masse.

Il faut tenir compte de plusieurs aspects de la méthode de notre programme, la méthode de transition.

- Nous partons des contradictions *objectives* du système capitaliste et du sens de leur évolution. De là, nous faisons dériver nos revendications et nous les formulons autant que possible dans des termes que les masses peuvent comprendre, à leur niveau actuel de conscience et d'empressement à agir.

- Nous ne commençons pas en exigeant que les masses comprennent ce qu'est « le système » ou qu'elles en rejettent des aspects particuliers. Nous projetons plutôt un cours, mettons de l'avant des revendications et proposons des actions qui visent à faire passer tout le fardeau des inégalités et des crises du capitalisme des épaules des travailleurs à celles des patrons et de leur gouvernement, qui en sont vraiment responsables.

- Nous nous faisons les champions des revendications progressistes et appuyons les luttes de tous les secteurs des opprimés, peu importe l'origine ou le niveau de ces actions.

- Nous reconnaissons à quel point sont répandues les divisions profondes engendrées par l'impérialisme et la société de classe au sein de la classe ouvrière américaine. Et nous insistons sur le besoin de l'unité révolutionnaire basée sur l'appui aux revendications des plus opprimés. Nous insistons pour que la classe ouvrière apporte des réponses claires et concrètes aux problèmes auxquels ses alliés font face. Et nous rejetons catégoriquement toute idée que les opprimés devraient « attendre » l'appui du mouvement ouvrier avant d'entrer eux-mêmes en lutte.

- Nous mettons de l'avant des revendications qui remettent en cause les « droits » de la propriété capitaliste et les prérogatives que s'arroge le gouvernement pour contrôler la vie des masses travailleuses et la richesse que celles-ci créent. Nous ne nous limitons pas à la lutte nécessaire pour défendre et élargir tous les droits démocratiques. Nous étendons la lutte pour la démocratie à l'organisation de l'économie et aux prises de décisions qui affectent le niveau de vie de la classe ouvrière. C'est la dynamique qui mène au contrôle par les travailleurs des institutions et des politiques qui déterminent le caractère de leur travail et de leur vie ; la dynamique de la démocratie directe par le biais de conseils ou de comités d'action ; et la dynamique qui mène à un gouvernement des travailleurs.

- Notre méthode en est une d'action de lutte de classe qui conduit à une conscience de classe plus élevée et plus claire. Nous faisons la promotion du recours aux méthodes de lutte prolétariennes, qui permettent aux travailleurs de faire sentir leur poids à leur avantage dans des actions de masse directes dans la rue et dans les lieux de travail. Les tactiques de front unique sont au coeur de cette perspective. Notre objectif est l'action politique indépendante et de masse de la classe ouvrière, ce qui exclut toute subordination aux besoins des partis, personnalités ou institutions de la bourgeoisie. Cette perspective requiert que les travailleurs construisent leur propre instrument politique, un parti de masse de la classe ouvrière capable de conduire leurs luttes à leur conclusion révolutionnaire : l'établissement d'un gouvernement ouvrier.

Penser socialement, agir politiquement

Pour mener à bien cette perspective révolutionnaire, les travailleurs américains devront apprendre à penser socialement et à agir politiquement. Ils doivent comprendre que les grandes questions sociales et politiques auxquelles sont confrontés *tous* les exploités et opprimés des États-Unis les concernent directement. Ils doivent cesser de compter sur des « solutions individuelles » en réponse aux coups du capitalisme et commencer à s'engager dans la voie qui mène à l'action politique collective, indépendante des patrons et de leurs laquais démocrates et républicains.

Les luttes défensives contre les patrons et leur gouvernement feront naître les noyaux d'une aile gauche de lutte de classe dans les syndicats. En cherchant à se défendre contre la détérioration de l'emploi, du revenu réel, de l'assistance sociale et des conditions de travail, les travailleurs vont entrer en conflit direct avec la bureaucratie syndicale fermement établie et sa perspective de collaboration de classe. C'est ainsi qu'une aile gauche de lutte de classe se formera — une aile qui prônera la transformation des syndicats en instruments de lutte révolutionnaire, dont la force indépendante servira à tous les niveaux à défendre les intérêts de l'ensemble de la classe ouvrière, syndiquée et non syndiquée, et de ses alliés.

Le prochain pas de géant du mouvement syndical consistera à se dégager de la domination du système bourgeois bipartite auquel il est lié et au sein duquel il essaie vainement de trouver des solutions aux crises du capitalisme. La création d'un parti ouvrier basé sur la force organisée des syndicats permettra de regrouper tous les intérêts sociaux, politiques et économiques étroitement liés du mouvement ouvrier et de ses alliés et de lutter pour eux. Elle renforcera les mobilisations indépendantes de tous les secteurs des opprimés et aidera à concentrer leur force contre l'ennemi commun. Et les travailleurs pourront avec succès contrer les efforts de la classe dirigeante pour détourner et récupérer les luttes indépendantes de masse en utilisant son monopole bipartite.

Le développement des crises auxquelles l'impérialisme américain sera confronté et l'intensité des pressions engendrées par les luttes spontanées des opprimés et des exploités vont déterminer le choix et l'ordre des mots d'ordre et des revendications spécifiques qui seront mis de l'avant. Mais c'est en suivant cette ligne de marche que se politisera le mouvement syndical américain. Le rôle de l'action politique indépendante commencera à devenir évident pour des millions de travailleurs et mettra à l'ordre du jour la question décisive — quelle classe gouvernera : les travailleurs ou les patrons ?

Contre la machine de guerre impérialiste

Les travailleurs américains ont la responsabilité particulière d'entraver et de désarmer le gendarme mondial qu'est l'impérialisme américain, avec son vaste arsenal d'armes nucléaires. Aucune autre force ne peut le faire. La survie de l'humanité dépend de leur capacité d'accomplir cette tâche à temps. Nous exigeons le désarmement nucléaire immédiat, unilatéral et sans condition de l'impérialisme U.S.

Il est difficile de saisir l'ampleur du budget militaire de Wall Street. Il faut réallouer à la satisfaction des besoins fondamentaux des travailleurs et de leurs alliés les milliards de dollars en ressources que le budget militaire dévore. Le premier pas dans cette direction devrait être une taxe de 100 pour cent sur tous les profits réalisés dans la production des armements. Extirpez les profits de la guerre.

Nous rejetons le mensonge trompeur voulant que les travailleurs n'ont pas d'autre choix que d'accepter les immenses contrats de l'industrie de la « défense » pour éviter de subir un chômage à grande échelle. Il faut nationaliser les usines de l'industrie de guerre et les placer sous le contrôle de comités ouvriers chargés de les rééquiper pour la production de biens utiles.

La machine militaire U.S. est l'élément clé de toutes les alliances impérialistes. Notre mot d'ordre, c'est : retrait immédiat — mettez fin à l'OTAN, mettez fin à tous les pactes impérialistes. Appuyons et joignons-nous aux luttes des travailleurs et des jeunes d'autres pays contre l'OTAN. Mettez fin à toutes les alliances militaires et diplomatiques dirigées contre les masses des pays coloniaux et contre les États ouvriers. N'intervenez pas contre les luttes ouvrières qui se déroulent dans les pays impérialistes.

Le mouvement ouvrier doit exiger la dissolution de tous les corps paramilitaires ou « consultatifs » spéciaux établis pour maintenir l'ordre là où l'envoi de troupes U.S. embarrasserait Washington. Ces corps servent souvent de premier pas vers une agression ouverte. Hors du Moyen-Orient. Mettez fin aux programmes de formation policière de l'armée et de la CIA autour du monde.

Aucun appui aux régimes meurtriers réactionnaires, ces marionnettes de l'impérialisme. Cessez tous les programmes frauduleux de « nourriture pour la paix » et toutes les formes d'appui soi-disant humanitaire à ces régimes autour du monde.

LA SOLIDARITÉ INTERNATIONALE

Les travailleurs américains ont une responsabilité particulière envers la révolution coloniale à cause du rôle de l'impérialisme U.S. comme le principal esclavagiste du monde. BAS LES PATTES ! Aucune intervention nulle part. Voilà le mot d'ordre qui exprime notre attitude fondamentale. Il faut immédiatement rapatrier le demi-million de soldats U.S. en poste à l'étranger.

Nous prêtons une attention particulière à la lutte contre le racisme, la xénophobie et toutes les formes de chauvinisme. Ceux-ci constituent un puissant support idéologique à la politique étrangère impérialiste et fournissent une justification implicite à l'agression coloniale. En ce sens, la lutte contre le racisme aux États-Unis est étroitement liée à la lutte contre l'agression impérialiste à l'étranger.

Dans l'esprit de la solidarité de classe internationale, nous nous faisons les champions des droits des étudiants et des travailleurs étrangers aux États-Unis. Nous soutenons leur droit de voyager, d'immigrer, d'étudier, de travailler, de vivre et de s'impliquer dans des activités politiques partout où ils le désirent.

C'est la jeunesse, surtout ses couches les plus opprimées et exploitées, qui est appelée à combattre dans les guerres impérialistes. À long terme, le Pentagone ne peut mobiliser une armée assez grande pour répondre aux besoins de Wall Street sans recourir à la conscription. Notre opposition aux guerres contre-révolutionnaires est au coeur de notre opposition à la conscription capitaliste.

Nous prenons l'offensive en ce qui a trait à la démocratie au sein des forces armées. Les soldats ont le droit de connaître et de discuter les véritables objectifs du gouvernement, de former des associations politiques et de publier leurs propres tracts et journaux.

Nous luttons pour le droit du citoyen-soldat d'exercer tous les droits démocratiques garantis aux autres Américains, y compris le droit de se porter candidat aux élections.

Assez vieux pour être poussé à joindre l'armée de « volontaires », assez vieux pour voter et se faire élire.

Cessez la diplomatie secrète et les tractations de coulisse. Publiez toute la correspondance internationale secrète. Les gens ont le droit de connaître tous les engagements du gouvernement.

Enlevez au Congrès le pouvoir de faire la guerre. Que le peuple se prononce directement par scrutin sur la question de la guerre.

En défense de la classe ouvrière

Le point de départ des luttes menées par les travailleurs, c'est la défense de leurs conditions de vie et de travail.

Dans une société basée sur l'exploitation, le droit le plus fondamental de tous les travailleurs, c'est le droit à un emploi décent.

Dans une dépression, la première exigence en plus des allocations de chômage, c'est un programme massif de travaux publics. Une autre mesure d'urgence à exiger, c'est la réduction de la semaine de travail sans perte de salaire afin de répartir le travail parmi ceux qui ont besoin d'un emploi.

Les syndicats et les autres organisations de masse des travailleurs et des opprimés doivent prendre la responsabilité d'organiser les travailleurs qui ont un emploi, ceux qui n'en ont pas et ceux qui n'ont que des emplois « à temps partiel. » Ils doivent empêcher les employeurs de transformer les chômeurs en une couche de parias que ceux qui travaillent ne voient pas comme d'autres travailleurs. Il faut voir ceux qui n'ont pas de travail comme faisant partie de « nous », pas d'« eux ».

Pour se protéger contre l'inflation, qui est un fléau permanent aujourd'hui, la classe ouvrière a besoin d'une échelle mobile des salaires — une clause d'indexation — qui fournit une compensation rapide et complète pour toute hausse du coût de la vie. Il faut un indice des prix à la consommation établi sous le contrôle des travailleurs et des consommateurs, et non pas des patrons. Les clauses d'indexation doivent couvrir toutes les allocations d'aide sociale, comme les prestations de chômage et de sécurité sociale.

Les travailleurs et leurs familles auront à lutter pour empêcher les programmes d'aide sociale d'être éliminés et pour leur faire atteindre des niveaux adéquats. En période de chômage, le gouvernement doit maintenir la couverture des programmes d'assurance médicale. Il doit également garantir les hypothèques et les versements sur les maisons, les autos, les appareils ménagers et les meubles. Il faut garder ouverts et élargir les services de garde pour les enfants.

Les allocations de chômage doivent être versées aux taux syndicaux et sans limite de temps.

À cause du contrôle patronal sur l'embauche et les congédiements, toute « discipline du travail » repose pernicieusement sur la menace d'être licencié et de se voir privé d'un revenu. Il faut empêcher les patrons d'utiliser le chômage croissant pour reprendre le terrain que les travailleurs ont gagné et pour diviser la classe ouvrière.

Le système d'ancienneté que le mouvement ouvrier a gagné au cours de batailles antérieures est un outil qui permet de limiter le droit des patrons de choisir à volonté qui ils vont licencier, en commençant par les travailleurs les plus combatifs. Tout comme le bureau d'embauche syndical et l'atelier fermé, il a établi un certain degré de contrôle ouvrier sur l'embauche et le licenciement. De la même façon, les travailleurs devront empêcher les patrons d'invoquer le critère du « dernier embauché, premier congédié » pour reprendre le terrain récemment gagné par le biais de l'embauche préférentielle et des quotas d'action affirmative. On ne doit pas laisser les patrons se servir des mises à pied pour réduire la proportion de travailleurs qui proviennent des minorités ou qui sont des femmes.

Le mouvement syndical doit également rejeter fermement tous les efforts des monopolistes pour résoudre leurs problèmes de profits aux dépens des travailleurs à l'étranger. Les mesures protectionnistes qui visent soi-disant à « garder les emplois aux États-Unis » ont pour objectif central de permettre aux corporations U.S. de fixer des prix plus élevés et d'empocher de plus grands profits face à la concurrence étrangère. Elles ne sont pas moins inflationnistes que la dévaluation du dollar, qui empêche les travailleurs d'acheter des produits à meilleur marché fabriqués à l'étranger. En dernière analyse, le protectionnisme, les tarifs douaniers, les dévaluations ont tous pour cible les travailleurs, aussi bien ici qu'à l'étranger.

LE CONTRÔLE OUVRIER SUR LE TRAVAIL

Au travail, les travailleurs doivent se défendre contre les efforts des patrons pour extraire un taux plus élevé de plus-value par l'accélération des cadences, l'automatisation, la réduction des normes de santé et de sécurité et tous les autres moyens qui font payer aux travailleurs les problèmes croissants des capitalistes.

Les luttes vont s'accroître pour obtenir une protection contre l'accélération des cadences et les mises à pied ; des conditions de santé et de sécurité ; une réglementation et un droit de veto sur l'organisation du travail ; et des normes d'hygiène du travail qui protègent les travailleurs contre les dangers de l'industrie comme les fibres d'amiante, la poussière de charbon et l'empoisonnement chimique ou par radiation.

Les travailleurs doivent avoir un droit de veto sur les questions de sécurité. Ils doivent insister pour que la production cesse dès que les travailleurs le demandent et sans perte de salaire chaque fois que la sécurité du personnel est en jeu. Les travailleurs doivent établir eux-mêmes tous les contrôles de sécurité et la cadence de production. Ils doivent aussi établir des niveaux acceptables de pollution chimique, un contrôle sur la purification des déchets et d'autres normes semblables après avoir obtenu plein accès aux renseignements techniques et consulté les experts de leur choix.

En consultation avec des comités de citoyens redevables à la communauté, des comités ouvriers doivent avoir les pleins pouvoirs pour directement accepter ou rejeter les projets de construction d'usines ou d'utilisation de procédés industriels qui peuvent affecter l'environnement de façon négative dans les villes et dans les régions. Ces décisions doivent être prises à partir de renseignements complets et exacts sur les conséquences possibles en matière d'écologie et de santé, et sans égard aux profits qui motivent les démarcheurs et les représentants gouvernementaux du grand capital. Seul le mouvement ouvrier peut lutter pour que la science serve à libérer et non détruire l'humanité.

De la même façon qu'ils doivent rejeter le faux dilemme d'avoir à choisir entre le chômage et la fabrication d'instruments de tuerie de masse, les travailleurs doivent rejeter les mensonges des patrons qui prétendent ne pas avoir les moyens de rester en affaires si les mesures de contrôle de la pollution ne sont pas levées et si les normes de sécurité ne sont pas abaissées. Les travailleurs et la communauté ne peuvent accepter la pollution, les fermetures d'usine ou les patrons qui font passer les profits avant toute autre considération. Il faut nationaliser chaque usine fermée par ces patrons et la rouvrir sous le contrôle de comités ouvriers ayant accès à tous les renseignements financiers et techniques nécessaires pour la rééquiper ou lui permettre de répondre aux normes de pollution et de sécurité requises.

OUVREZ LES LIVRES

« Ouvrez les livres de compte à l'inspection des travailleurs » : voilà une mesure nécessaire pour protéger le public contre les pénuries, les crises soudaines et l'inflation galopante endémiques au déclin du capitalisme. Elle permet aussi de répondre aux patrons qui prétendent ne pas pouvoir satisfaire les besoins des travailleurs, soit comme employés, soit comme consommateurs.

Les banquiers et les politiciens des employeurs utilisent le soi-disant « droit au secret commercial » dans une offensive pour réduire les salaires, les conditions de travail et les services publics à tous les niveaux de juridiction qu'ils contrôlent par le biais de leur système bipartite — municipalités, comtés, États et gouvernement fédéral. Lorsque des monopoles comme les services publics, le service postal, l'agro-alimentaire, les chemins de fer et l'industrie aérospatiale crient à la « faillite », imposent des frais ou des prix exorbitants, ou refusent des services à ceux qui n'ont pas les moyens de payer, ils devraient être nationalisés et placés sous le contrôle des travailleurs et de comités de travailleurs et de consommateurs.

Pour fonder leurs décisions sur une assise solide, les comités ouvriers devront agir de concert avec les autres comités du genre dans leur industrie à l'échelle nationale et dans les autres industries de leur région. Ils doivent partager les faits à l'échelle nationale et internationale et tenir le public entièrement au courant.

Afin d'obtenir les informations et les ressources de crédit et de planification nécessaires, il faudra exproprier l'ensemble du système bancaire (aujourd'hui le système de comptabilité et de crédit de la classe capitaliste), le rendre accessible aux comités ouvriers et le placer sous leur contrôle. Ce n'est qu'en remportant cette lutte que les travailleurs pourront commencer à planifier et organiser l'économie de façon à prévenir les crises, le chaos et la baisse du niveau de vie de toute la classe ouvrière et de ses alliés. Et le long de cette ligne de marche, en commençant par des industries et des secteurs particuliers de l'économie, il sera posé d'exproprier la bourgeoisie.

Des mesures même partielles dans cette direction vont se heurter à une vive résistance de la part des patrons si elles sont dictées par un mouvement de masse en ascension et dont la conscience sociale et politique se développe rapidement sous la direction d'une aile gauche de lutte de classe grandissante dans les syndicats. Les capitalistes considèrent comme une prérogative sacro-sainte le fait de gérer leurs affaires à leur guise, c'est-à-dire de cacher le détail de leurs opérations à ceux qu'ils exploitent, de jeter des milliers de travailleurs au chômage, d'exiger des prix exorbitants, de déménager « leurs » usines là où les travailleurs sont moins organisés et ont moins d'expérience de lutte pour défendre leurs droits, de réduire brutalement le système scolaire et les services sociaux pour lesquels les travailleurs ont lutté, de détruire l'écosystème terrestre si ça leur rapporte des profits élevés aujourd'hui et d'utiliser les corps législatifs et les agences « publiques » pour promouvoir leurs plans pour faire rapidement de l'argent.

Toute intensification de la polarisation de classe s'accompagnera d'un approfondissement de la lutte des classes. La « solution » ultime que la classe dominante a imposée lors de la dernière crise capitaliste mondiale a été le fascisme et la guerre.

Pour protéger leurs luttes et leurs gains contre les attaques meurtrières des gardes privées, des flics et des bandes fascistes, les travailleurs devront organiser et former leurs propres forces et les utiliser de la façon la plus efficace. De la défense des lignes de piquetage et du droit de grève, en passant par la protection de leurs manifestations et de celles de leurs alliés, pour finir avec les gardes ouvrières d'autodéfense, les milices ouvrières et l'armement nécessaire de la classe ouvrière, les masses ouvrières vont apprendre à partir de leurs propres expériences quelles mesures elles doivent prendre. Incorporées à la stratégie générale du mouvement ouvrier, les leçons de l'histoire sur cette question de vie ou de mort s'avéreront inestimables.

Les droits de la personne, pas les droits à la propriété

La conviction ferme du peuple américain d'avoir des droits démocratiques fondamentaux a une dynamique progressiste. Avec le déclin du système capitaliste, la démocratie bourgeoise ne devient pas plus vigoureuse, mais s'affaiblit progressivement. Ceci engendrera des luttes qui auront tendance à déborder les frontières de la démocratie bourgeoise et à renforcer la radicalisation et la politisation de la classe ouvrière américaine. C'est donc une responsabilité fondamentale des travailleurs socialistes et une caractéristique de leur programme que de défendre et d'élargir les droits démocratiques contre chaque effort de la réaction pour les usurper ou les renverser.

Les travailleurs doivent lutter pour se protéger contre les attaques des patrons visant leur droit de se syndiquer et de faire la grève, y compris contre le gouvernement ; leur droit de se prononcer par scrutin sur les conventions collectives ; et leur droit de régler toutes les questions en jeu dans un conflit sans ingérence ou intervention du gouvernement dans les affaires syndicales. Les travailleurs doivent avant tout lutter contre les contrôles de salaires proposés ou imposés par le gouvernement, peu importe sous quel nom ou quel prétexte il le fait.

Les travailleurs ont tout à gagner en prenant l'offensive chaque fois qu'il leur est possible de le faire au nom des droits sociaux et économiques qu'ils estiment de plus en plus leur appartenir : le droit à un logement adéquat, le droit à un emploi décent, le droit à l'éducation, le droit à des moyens de transport adéquats, le droit à la santé, le droit à la sécurité sociale, le droit d'être libre de tout harcèlement gouvernemental, etc. Au cours de la lutte, ils apprendront la nécessité de se battre pour élargir les droits humains à tous les alliés du prolétariat. Chacun de ces gains consolide la force et l'unité de l'ensemble de la classe ouvrière.

La lutte pour sauvegarder les droits déjà gagnés et les étendre à de nouveaux domaines — droits économiques, droits sociaux, droits sur les lieux de travail et droit de s'exprimer directement sur les questions de guerre et de paix — a marqué tous les aspects de la radicalisation. On en a une illustration dans les luttes pour le droit à l'avortement et pour l'amendement pour l'égalité des droits ; pour le droit de vote à 18 ans ; pour les droits civils des étudiants des écoles secondaires qui n'ont pas encore l'âge où ces droits leur sont reconnus par la loi ; pour les droits humains des soldats, des vétérans, des homosexuels, des personnes âgées et des enfants ; pour les pleins droits humains des détenus ; pour les droits linguistiques ; pour les droits des non-citoyens.

D'autres droits ont aussi été redéfinis au cours de la lutte. On a repoussé avec un certain succès des efforts visant à imposer des interdictions judiciaires sur les publications. On a limité la censure littéraire et artistique. Et on a atténué l'usage de la peine de mort.

Il y a une reconnaissance croissante du droit à un traitement préférentiel — par le biais de quotas et de mesures d'action affirmative dans l'industrie, l'éducation, la politique et la société — pour corriger l'inégalité des chances établie par des siècles de discrimination basée sur la race, la nationalité ou le sexe. Des millions de travailleurs comprennent que sans de telles mesures, il ne peut y avoir d'égalité ou d'égalité des chances véritables pour ceux que la société de classe a historiquement opprimés et discriminés.

Seule une lutte acharnée a permis de remporter chacun de ces gains et de les défendre contre des tentatives de les diluer ou de les renverser.

La vision qu'ont les gens des droits sociaux et économiques qu'ils devraient avoir est en train de s'élargir considérablement. Ces droits comprennent l'idée que chaque être humain a droit à une quantité suffisante de nourriture, à un logement adéquat, à des soins médicaux, à l'éducation et à des produits de qualité ; celle que les locataires et les résidents urbains ont des droits ; et même celle que les générations futures ont des droits : le droit à un environnement capable de maintenir la vie humaine de façon totalement saine.

La lutte pour étendre les droits démocratiques dans l'industrie implique diverses formes de démocratie directe. Elle exige de trouver des façons qui permettent aux travailleurs et à leurs alliés de prendre eux-mêmes les décisions essentielles qui affectent leurs vies, au lieu de laisser les patrons et leurs représentants politiques le faire à leur place. Elle implique d'établir des comités d'action larges et unitaires, que les travailleurs et leurs alliés peuvent utiliser pour lutter et imposer leurs solutions aux problèmes économiques et sociaux, au travail aussi bien que dans l'ensemble de la société.

LE DROIT DE SAVOIR

En même temps qu'ont augmenté les revendications du droit à la vie privée *personnelle,* on a vu s'accroître celles de *limiter le « droit » du gouvernement et de l'industrie* de mener leurs affaires dans le plus grand secret. Non seulement y a-t-il un sentiment que nos vies ne regardent que nous, mais aussi que « leurs » affaires nous concernent aussi.

La mise au grand jour des mensonges et de la duplicité du gouvernement en matière de politique intérieure et étrangère a conduit un plus grand nombre de personnes à conclure qu'elles ont le droit de *savoir* ce que le gouvernement mijote, quels marchés il a conclus en secret et quels engagements il a pris à l'encontre des intérêts des travailleurs américains ordinaires. Des mécanismes de démocratie directe comme les référendums sur des questions politiques importantes — la guerre, les garderies et l'environnement par exemple — sont devenus plus populaires, en même temps qu'on voit remettre en question les prérogatives prises pour acquis de la bourgeoisie de gouverner par le biais d'institutions établies selon ses propres règles.

Nous luttons avec persistance pour repousser les frontières de ce que les travailleurs considèrent comme des droits économiques, sociaux et politiques inaliénables, qu'aucun gouvernement n'a le droit de leur enlever.

Et dans tous ces efforts, nous mettons de l'avant des méthodes de lutte prolétariennes basées sur la mobilisation de la force collective des travailleurs et de leurs alliés, indépendamment des exigences ou des désirs des dirigeants et de leurs institutions.

VIII. Le parti révolutionnaire

Les crises et les fluctuations cycliques de l'économie américaine sont enracinées dans les contradictions de la production et du commerce capitalistes mondiaux. L'accession même du capitalisme américain à la suprématie mondiale a pavé la voie à une explosion cataclysmique sur son propre sol.

En Amérique, un pays qui n'a jamais été soumis à des bombardements intensifs, ni envahi, occupé ou obligé de payer des indemnités de guerre, le capitalisme n'a pas été capable malgré toutes ses réalisations de garantir la liberté, la justice et un niveau de vie convenable à tous les habitants. Au moment où le pouvoir capitaliste le plus puissant et le plus riche célèbre le bicentenaire de son origine révolutionnaire, un nombre croissant d'Américains commencent à se demander : « Si ce n'est pas ici, alors où ? » Si le capitalisme ne peut pas tenir ses promesses aux États-Unis, c'est peut-être parce que quelque chose ne marche décidément pas.

La fin de la longue période d'expansion économique d'après-guerre et la montée de l'agitation et des luttes sociales aux États-Unis attirent encore une fois l'attention sur le fait que la victoire de la révolution socialiste en Europe n'est pas un préalable nécessaire au développement d'une situation révolutionnaire en Amérique.

On a vu la première révolution ouvrière et paysanne victorieuse se produire en Russie, où la loi du développement inégal et combiné a projeté le plus arriéré des grands pays capitalistes d'Europe à l'avant-scène de la révolution mondiale. De la même façon, ces mêmes lois peuvent au cours de la prochaine période provoquer de graves secousses au coeur de la puissance impérialiste la plus avancée.

Mais même les crises les plus dévastatrices du capitalisme américain ne peuvent automatiquement engendrer une révolution socialiste victorieuse. Comme l'a souligné Lénine, il n'y a pas de situation absolument sans espoir pour le capitalisme. Peu importe la gravité de la crise, le capitalisme peut toujours se ressaisir momentanément en détruisant ou en dévaluant suffisamment de marchandises par la guerre, la dépression et la banqueroute, et en abaissant suffisamment le niveau de vie de la classe ouvrière.

Alors que de puissantes forces *mondiales* placent des barils de poudre sous l'impérialisme américain, seules des forces actives *à l'intérieur* des États-Unis peuvent arracher le pouvoir aux capitalistes américains et les désarmer. À l'âge nucléaire, c'est plus impérieux que jamais pour le salut de l'humanité. L'alternative se pose entre l'éclipse de la civilisation et la planification scientifique de l'économie mondiale.

Divers développements aux États-Unis peuvent rapidement dépasser ceux qui se produisent dans d'autre parties du monde. C'est ce qui est arrivé au cours des dernières décennies avec la montée des luttes des nationalités opprimées, le mouvement d'opposition à la guerre, la radicalisation des jeunes, le mouvement de libération des femmes et d'autres luttes semblables pour les droits de la personne. En même temps, le déclin avancé du capitalisme américain pose à ces mouvements des problèmes insolubles sans révolution socialiste. Et à un certain point, les tendances révolutionnaires au sein de la classe ouvrière américaine peuvent se développer à un rythme véritablement américain.

On ne peut pas reporter les questions de perspective, de programme et de construction du parti dans l'attente que les forces objectives colossales d'une vague révolutionnaire vont les résoudre. Au contraire, même un petit noyau de propagande qui a l'intention de devenir un parti de masse doit s'armer d'une perspective révolutionnaire claire mettant la construction du parti révolutionnaire au premier plan.

Les sociaux-démocrates et les staliniens

Depuis les années 30, il y a eu un changement frappant à gauche dans le rapport de force entre le parti révolutionnaire — le Parti socialiste des travailleurs — et ses adversaires socialistes réformistes.

La social-démocratie américaine conserve une base dans la bureaucratie syndicale, où son influence est plus grande que ne l'indiquent ses petites organisations fragmentées. Sa perspective d'essayer d'améliorer le capitalisme à coup de petites réformes et son orientation politique vers le Parti démocrate dans l'espoir pieux qu'il effectue un « réalignement » limitent le rôle de la social-démocratie. Mais nous pouvons nous attendre à voir les formations sociales-démocrates jouer un rôle plus actif et plus ouvert au cours de la prochaine période.

Dans le cadre social-démocrate, il y a des différences entre les ultra-conservateurs réactionnaires, racistes et anticommunistes de l'aile Meany-Shanker-Rustin et les réformateurs libéraux et anticommunistes de l'aile Harrington-Gotbaum-Reuther. Ces deux ailes divergent sur le cours tactique à suivre au sein de l'appareil du Parti démocrate. Leurs désaccords portent entre autres sur les questions suivantes : comment utiliser le poids du mouvement syndical pour obtenir des concessions et comment enseigner à la bureaucratie syndicale à s'adapter plus habilement à des attentes et à des attitudes qui changent radicalement.

L'approfondissement des crises sociales et la montée de la lutte de classe renforceront les divergences et les divisions dans les cercles sociaux-démocrates : certaines forces évolueront encore plus vers la droite tandis que d'importantes forces évolueront vers la gauche en tant que courants centristes.

LE DÉCLIN DU STALINISME AMÉRICAIN

L'évolution du rapport de force à gauche est particulièrement frappante dans le cas des staliniens. En 1945, le Parti communiste se disait fort de 100 000 membres. Il dominait plusieurs syndicats industriels importants et avait une périphérie de centaines de milliers de compagnons de route, d'intellectuels, de sympathisants noirs, etc.

C'est à partir de ce moment que le stalinisme américain a commencé à perdre sa position dominante dans la gauche aux

États-Unis. Pendant la guerre, il a accepté l'accélération des cadences et s'est engagé à ne pas faire grève. Après la guerre, il a soutenu la perspective américano-soviétique de maintien du statu quo et de paix sociale. Cette politique a porté ses premiers fruits quand la classe dirigeante s'est retournée contre ses serviteurs du temps de guerre et a lancé la chasse aux sorcières de la guerre froide. Les staliniens ont cherché des appuis populaires autour d'eux et n'en ont trouvé aucun. Le seul élément stable de leur ligne politique, la subordination de la lutte de classe aux États-Unis aux besoins diplomatiques de Moscou, ne leur a rapporté qu'une récompense amère de la part des travailleurs qu'ils avaient trompés.

L'écrasement de la révolution hongroise et les aveux de Khrouchtchev sur certains des crimes de Staline ont affaibli davantage le Parti communiste. L'incapacité des staliniens de lancer une organisation de jeunesse viable et de recruter largement pendant la radicalisation des années 60 tandis que le mouvement trotskyste faisait des gains constants a modifié encore plus le rapport de force en notre faveur.

Contrairement à la situation des années 30, la force relative du Parti socialiste des travailleurs nous permet aujourd'hui de disputer aux staliniens la direction des luttes menées par la classe ouvrière et ses alliés. Il est cependant important de souligner que le Parti communiste d'obédience soviétique reste notre adversaire le plus important et le plus puissant au sein de la gauche.

Les staliniens d'obédience chinoise ne disposent ni des cadres, ni de la périphérie, ni des bases matérielles du parti aligné sur Moscou. Ils sont divisés en de nombreux groupes ayant de profondes divergences, surtout en matière de politique nationale. Mais la révolution chinoise, qu'ils prétendent représenter, leur donne un drapeau international qui attire des partisans, souvent parmi les jeunes enclins au gauchisme. Dans le climat de radicalisation croissante, ils se développent. Pendant un certain temps encore, notre parti sera en concurrence avec les différents courants maoïstes pour recruter des cadres et étendre son influence au sein de la jeunesse radicale et des nationalités opprimées. Il est important de noter que l'état d'esprit gauchiste qui s'est développé à la fin des années 60 était un phénomène mondial. Il n'a pas encore épuisé son cours.

Le Parti socialiste des travailleurs

Le système bipartite qui caractérise le capitalisme américain reste le plus important amortisseur des mouvements de protestation sociale. La plus grande anomalie de la scène politique américaine, c'est l'absence d'un parti politique de la classe ouvrière et l'absence d'une tradition d'organisations politiques ouvrières indépendantes au sein du mouvement syndical américain. Surmonter ce retard politique reste le plus grand saut que la politisation de la classe ouvrière aux États-Unis devra effectuer.

Il y a évidemment un avantage à l'inexpérience politique de la classe ouvrière américaine. Les travailleurs socialistes ayant une conscience de lutte de classe ne font pas face à un parti réformiste traditionnel puissant auquel la classe ouvrière demeure obstinément loyale. Les travailleurs ne sont pas entravés par la force conservatrice du routinisme de collaboration de classe que les partis sociaux-démocrates et staliniens de masse ont enraciné dans le prolétariat européen. La bureaucratie syndicale américaine est beaucoup plus puissante que pendant les années 30 et elle agit comme un énorme substitut à un parti réformiste de masse. Elle n'en demeure pas moins un obstacle moindre à la révolution socialiste que les partis ouvriers réformistes dans les pays capitalistes avancés d'Europe.

L'éducation politique de la classe ouvrière américaine ne doit pas nécessairement se faire par l'entremise d'un parti ouvrier réformiste ou sous la domination d'un misleadership stalinien ou social-démocrate. Des développements explosifs et des événements déclencheurs d'une vitesse extraordinaire pourraient provoquer une transition rapide vers une conscience de classe révolutionnaire. Un parti socialiste révolutionnaire de masse pourrait voir le jour pendant une telle montée révolutionnaire, mais seulement si ses cadres sont préalablement dotés d'une perspective et d'un programme clairs et seulement s'ils sont conscients qu'*un parti révolutionnaire est la clé historique de la victoire.*

Comme l'a dit Trotsky dans le programme de transition, « L'édification de partis révolutionnaires nationaux, sections de la Quatrième Internationale, est la tâche centrale de l'époque de transition. »

LA TÂCHE PRIMORDIALE DE NOTRE ÉPOQUE

Le Parti socialiste des travailleurs est fondamentalement internationaliste. Non seulement l'évolution de la situation mondiale façonne-t-elle les luttes à venir aux États-Unis, mais les ennemis des travailleurs américains sont les exploiteurs à l'échelle mondiale. La perspective du *Manifeste du parti communiste,* « Travailleurs de tous les pays, unissez-vous ! », reste notre objectif fondamental. Une loi réactionnaire nous empêche d'être officiellement membres de la Quatrième Internationale. Mais depuis sa fondation, le Parti socialiste des travailleurs a été une composante politique intégrale du parti mondial de la révolution socialiste.

L'orientation prolétarienne du Parti socialiste des travailleurs se trouve au coeur de son programme révolutionnaire et de sa perspective internationaliste. Seul un parti qui a de profondes racines dans la classe ouvrière, qui est composé avant tout de travailleurs et qui jouit du respect et de la confiance des travailleurs peut mener la classe ouvrière américaine et ses alliés au pouvoir.

Notre orientation prolétarienne signifie un travail organisé et systématique pour enraciner le parti dans tous les secteurs du mouvement de masse et en recruter les combattants les plus capables. Notre orientation prolétarienne signifie travailler dans les organisations syndicales, dans l'industrie et parmi les chômeurs, dans les organisations des minorités opprimées, dans les luttes pour la libération des femmes et dans le mouvement étudiant. Au cours des 18 dernières années, l'Alliance des jeunes socialistes, l'organisation de jeunesse trotskyste, est devenue *la* principale organisation socialiste révolutionnaire dans le mouvement étudiant.

Notre orientation prolétarienne signifie de fonctionner comme un parti de campagne homogène, capable de choisir des objectifs réalistes et de concentrer avec le maximum d'efficacité notre force de frappe et nos ressources. Elle signifie de professionnaliser notre travail et de nous ajuster aux exigences et à la direction du mouvement de masse afin d'aider ce dernier à aller de l'avant.

La nécessité d'intégrer le parti dans tous les aspects du mouvement de masse façonne chaque activité que nous entreprenons. Les crises qui s'approfondissent du système capitaliste américain et ses interventions réactionnaires à l'étranger n'impliquent aucune nouvelle « tactique » ésotérique pour construire le parti. Elles ne font que renforcer la nécessité d'approfondir notre orientation prolétarienne et de profiter des nouvelles opportunités qui se présentent de tous les côtés.

La perspective d'une lutte de classe et d'une polarisation de classe accrues souligne plus que jamais la nécessité d'un parti de combat discipliné de la classe ouvrière.

Le parti révolutionnaire qui cherche à diriger la révolution socialiste est une organisation volontaire. Sans des liens communs de confiance, d'expérience et de loyauté mutuelles envers le programme et les buts sur lesquels repose le parti, celui-ci n'accomplira jamais les immenses tâches qui l'attendent. C'est ainsi que pour nous, le concept de loyauté au parti que nous sommes en train de construire, de fierté et de confiance dans nos efforts collectifs — ce que Trotsky appelait le patriotisme de parti — n'est rien d'autre que l'orientation prolétarienne et la perspective internationaliste appliquées à la construction de l'instrument révolutionnaire nécessaire à la réalisation de notre programme.

LES CONDITIONS DE LA VICTOIRE

Le « Manifeste de la Quatrième Internationale sur la guerre impérialiste et la révolution prolétarienne mondiale, » rédigé par Trotsky en mai 1940, résume de la façon suivante les conditions indispensables à la victoire de la révolution prolétarienne.

> 1. L'impasse bourgeoise et la confusion de la classe dominante qui en résulte ; 2. le vif mécontentement et l'aspiration à des changements décisifs dans les rangs de la petite bourgeoisie sans le soutien de laquelle la grande bourgeoisie ne peut pas se maintenir ; 3. la conscience du caractère intolérable de la situation et l'empressement à des actions révolutionnaires dans les rangs du prolétariat ; 4. un programme clair et une direction ferme de l'avant-garde prolétarienne [4].

Le manifeste souligne que la raison principale pour la défaite de si nombreuses révolutions réside dans le fait que ces quatre conditions atteignent rarement le degré de maturité nécessaire en même temps.

Dans la période qui s'ouvre maintenant, nous pouvons clairement voir s'accumuler au niveau mondial les forces qui feront parvenir à maturité ces conditions aux États-Unis. Mais la question centrale, celle dont l'issue dépendra directement de nous, c'est celle de rassembler les forces déterminées à forger à temps un parti révolutionnaire.

Diriger le parti vers l'industrie

Le Comité politique croit que cette réunion du Comité national doit avoir un objectif prioritaire. Nous devons nous organiser immédiatement pour faire entrer une grande majorité des membres du Parti socialiste des travailleurs dans l'industrie et dans les syndicats industriels et tout subordonner à ce but. Nous devons le faire de sorte que la majorité des comités exécutifs de branche, la majorité des comités exécutifs de section locale et la majorité de la direction du parti soient bientôt composées de camarades membres de syndicats industriels.

Cet effort du parti doit être universel. Ce doit être le but de *chaque* branche et section locale. Il n'y a pas de villes exceptionnelles dans ce pays, où nous avons des branches mais où il n'y a pas de plus-value produite par des travailleurs industriels. Cet effort est aussi universel en ce sens qu'il concerne *chacun* des membres individuels du parti. Tous les camarades sans exception — au travail ou au chômage, nouveaux ou expérimentés — devraient maintenant s'asseoir avec la direction, revoir avec elle leur situation personnelle — leur emploi, leur affectation, la ville où ils vivent, leurs

---

La ligne générale de ce rapport a été adoptée le 24 février 1978 par le Comité national du Parti socialiste des travailleurs.

VOIR LES NOTES EN PAGE 573

différentes contributions — et décider comment participer à la mise en application de cette décision.

Il ne s'agit pas seulement d'un nouveau « secteur de travail. » Il ne s'agit pas simplement d'une autre « campagne » du parti. Il ne s'agit pas de l'« une des tâches importantes » ou de l'« un des principaux axes de travail » du parti. Il ne s'agit pas de quelque chose à opposer à d'autres choses que nous faisons dans le parti. Il s'agit du cadre entier de l'activité du parti dans le futur immédiat — à partir de *maintenant*.

C'est aux travailleurs de l'industrie que nous voulons nous adresser avec toutes nos campagnes. C'est parmi eux que nous avons l'intention de mener nos campagnes électorales, de diffuser notre journal et d'effectuer toutes nos activités. Ce sont eux que nous voulons influencer et recruter au parti. C'est la force que nous cherchons à mobiliser dans l'intérêt de tous les exploités et de tous les opprimés. C'est de là, pensons-nous, qu'émergera la majorité des futurs dirigeants du mouvement des femmes et des luttes des nationalités opprimées. Et ceci deviendra l'arène centrale où nous développerons, formerons et mettrons nos cadres à l'épreuve.

Ce sont les travailleurs de l'industrie qui sont notre milieu social, notre auditoire central. Leurs syndicats potentiellement puissants sont notre base.

Ce que nous proposons est une initiative *politique,* pas une mesure hygiénique ou thérapeutique pour le parti. Nous ne le faisons pas pour purifier le parti d'éléments petits-bourgeois ou pour tout autre absurdité de ce genre.

Nous pensons que cette initiative politique est nécessaire et tombe à point. Ce jugement découle de la situation très changeante à laquelle fait face la classe capitaliste à l'échelle mondiale et du besoin pour la classe dirigeante américaine de poursuivre son offensive et de viser de plus en plus les travailleurs industriels et leurs syndicats. Notre jugement découle du changement d'attitude de la classe ouvrière en réponse à cette offensive.

Nous sommes toujours dans une période préparatoire, pas dans une période où nous dirigeons des actions de lutte de classe de masse. Nous ne devons pas nous tromper à ce sujet. Mais c'est une période préparatoire marquée par *le déplacement du centre de la politique américaine vers la classe ouvrière industrielle*. Voilà le jugement politique central que nous soumettons à ce plénum.

Mais l'on ne peut pas s'arrêter là. Bien que nous ne proposions pas ce cours pour des raisons thérapeutiques ou hygiéniques, la question de la composition du parti pose un défi. Nous ne deviendrons pas automatiquement un parti dont la grande majorité des membres sont des travailleurs industriels. C'est un processus qu'il faut *diriger* consciemment et qu'il faut organiser.

Si nous n'effectuons pas de changements significatifs et rapides dans la composition du parti, nous nous mettrons — *aujourd'hui sans nécessité* — à l'extérieur de l'arène où se produisent les changements et les développements décisifs dans la lutte de classe. Nous n'aurons pas le doigt sur le pouls de la classe ouvrière, nous ne sentirons pas le rythme véritable de ses développements et de ses changements. En ne prenant pas cette initiative rapidement, maintenant, nous nous couperons inutilement du centre de la politique américaine.

En adoptant cette mesure, nous surmonterons la désorientation dans les priorités et perspectives qui se produit quand le parti ne *vit* pas au centre des plus importants développements politiques à survenir. Et quand de nouveaux camarades adhéreront au parti ou que des membres de l'Alliance des jeunes socialistes termineront leurs études, ils auront automatiquement le réflexe de consulter la direction du parti pour les aider à décider dans quelle ville ils devraient vivre et dans quelle industrie ils devraient travailler.

La seule façon de l'accomplir, c'est en agissant consciemment — en agissant consciemment *maintenant.*

Mener jusqu'au bout cette décision de devenir un parti dont la grande majorité des membres sont des travailleurs-bolcheviks : voilà la tâche centrale de la direction du parti, à tous les niveaux — des comités exécutifs de branche au Comité politique.

Accélérer la prolétarisation du parti en changeant les emplois de la majorité des membres du SWP, c'est bien sûr une question *tactique*. Ce n'est pas la même chose que l'orientation prolétarienne historique du Parti socialiste des travailleurs, qui a toujours existé et existera toujours. Mais adopter cette tactique d'envoyer la majorité des camarades dans l'industrie, et le faire aujourd'hui, constitue une décision historique à plusieurs titres. Elle affecte tout ce que nous faisons. Si nous échouons, le parti régressera, il perdra du terrain conquis et ratera des occasions. Il deviendra désorienté et commencera à faire des erreurs politiques. Ceci signifiera aussi que nous faillirons à notre responsabilité de donner un exemple à l'ensemble de la Quatrième Internationale.

Tous les comités de direction ont maintenant comme principale responsabilité le travail syndical correctement compris. Le travail syndical correctement compris veut dire trouver des façons de faire progresser le concept d'une classe ouvrière qui pense socialement et agit politiquement, fournir une direction de lutte de classe aux luttes des opprimés, façonner une aile gauche de lutte de classe et faire avancer la lutte pour l'action politique ouvrière indépendante. C'est là où les travailleurs-bolcheviks vont diriger dans les luttes. C'est là où nous devons être.

Ceci signifie aussi que nous en sommes à une nouvelle étape dans le parti, à une nouvelle étape dans le développement de sa direction. C'est un test, mais c'est aussi une occasion historique. Le parti attend de la direction qu'elle le dirige sur cette question et nous avons toutes les raisons du monde de penser que l'ensemble du parti va répondre.

Nous ne cherchons pas avant tout à obtenir de grands gains conjoncturels immédiats. Nous ne le faisons pas parce que les mineurs de charbon font la grève ou parce que nous sommes emballés par des contacts que nous avons faits quelque part[1]. Nous le faisons parce que c'est la seule voie concrète aujourd'hui pour appliquer et faire progresser l'orientation prolétarienne fondamentale que le parti a eue depuis des décennies, ainsi que le tournant que nous avons amorcé en 1975 vers de nouvelles ouvertures dans la classe ouvrière. C'est la seule tactique dont nous disposons maintenant pour faire progresser notre stratégie générale au lieu de la miner.

Ce rapport a pour objectif de présenter notre orientation fondamentale et les conclusions à en tirer au niveau de la direction si nous adoptons cette proposition du Comité politique.

Six questions fondamentales

La meilleure façon de le faire consiste à poser une série de questions fondamentales.

Premièrement. Pourquoi prenons-nous cette décision maintenant ? Pourquoi pas plus tôt ?

Deuxièmement. Pourquoi l'industrie, avec une attention spéciale à l'industrie de base ? Pourquoi nous concentrer sur les syndicats industriels plutôt que sur la Fédération américaine des employés d'État, de comté et de municipalité (AFSCME), le Syndicat international des employées et employés professionnels(les) et de bureaux (SIEPB), la Fédération américaine des enseignants (AFT), l'Association nationale de l'éducation (NEA) ou d'autres syndicats ?

Troisièmement. Quelle est la nature concrète de l'offensive de la classe dirigeante contre les travailleurs de l'industrie ? Quelle ligne politique permet le mieux de lutter contre cette offensive ? Et comment cela affecte-t-il les mouvements et les besoins des alliés du mouvement ouvrier ?

Quatrièmement. Qu'est-ce que le travail syndical dans l'industrie ? Que perd le parti si une majorité écrasante de ses membres n'y est pas ?

Cinquièmement. Qu'est-ce qu'un travailleur-bolchevik ? Qu'est-ce qu'un parti dont la vaste majorité des membres sont des travailleurs-bolcheviks ? Quelles sont les implications structurelles et organisationnelles de devenir un parti de travailleurs-bolcheviks ?

Sixièmement. Quelle doit être la nature de la direction de ce type de parti ? Quel nouvel éclairage les progrès que nous avons réalisés au cours de la dernière année jettent-ils sur ce que James P. Cannon appelait la question des questions : le développement conscient de la direction du parti révolutionnaire[2] ?

Pourquoi maintenant ?

Pourquoi maintenant et non pas plus tôt ?

Il est relativement facile de répondre à une partie de cette question. Nous n'avons pas pris cette décision avant le point tournant que représente la dépression de 1974-1975 parce qu'avant la dépression de 1974-1975, les réalités économiques étaient telles que, même si nous savions en gros ce qui allait arriver, nous ne savions pas *quand* cela se produirait. Nous ne pouvions établir notre tactique à partir de suppositions économiques conjoncturelles. Effectuer le tournant que nous décidons de faire maintenant avant ce changement fondamental aurait été une erreur. Cette décision aurait été un gadget. Elle aurait désorienté le parti. Elle aurait été construite sur des suppositions et n'aurait pas été liée aux développements réels qui se produisaient dans la classe ouvrière et dans la vie politique du pays. Avant 1974, l'essentiel de l'activité politique se faisait en dehors des syndicats industriels et des travailleurs industriels et ne les touchait pas directement. Mais la situation a changé avec le gel par Nixon des salaires et des prix en 1971. Elle a changé de plus en plus à l'approche de la dépression de 1974-1975. Mais jusque-là, ces syndicats ne constituaient pas la meilleure arène pour recruter à notre programme prolétarien.

C'était notre cadre fondamental pendant toute une période, et celui-ci a définitivement changé en 1974-1975. Nous nous sommes entendus sur le caractère de ce changement dans notre résolution « Les perspectives du socialisme aux États-Unis [3]. » Nous n'avons pas d'analyse apocalyptique fondée sur des estimations économiques conjoncturelles. Mais nous savons qu'en 1974-1975, nous étions entrés dans une période de crise du capitalisme, une crise dont nous ne sortirons pas sans de gigantesques batailles pour le pouvoir. C'est ce dont nous sommes convaincus.

C'est la première partie de la réponse à la question : pourquoi pas plus tôt ? Mais il y a un autre aspect.

Pourquoi pas en 1974-1975 au lieu de 1978 ? Pourquoi pas en même temps que le tournant de 1975 ? Il y a plusieurs choses à dire à ce sujet. Il nous fallait tout d'abord assimiler non seulement le caractère de la récession mondiale de 1974-1975, mais le caractère de la reprise conjoncturelle qui la suivrait inévitablement. Dans ce pays, les premières années de soi-disant reprise se sont accompagnées d'un plus grand nombre d'emplois, mais aussi de hauts niveaux d'inflation et de chômage, et d'une escalade de l'offensive de la classe dirigeante contre les travailleurs sur tous les fronts. Nous avons dû en assimiler la signification, les effets sur la classe ouvrière et les syndicats, et les conséquences concrètes sur les secteurs les plus opprimés de la classe ouvrière : les nationalités opprimées, les jeunes et les femmes.

Deuxièmement, il nous a fallu traverser quelques expériences dans le mouvement syndical américain. Nous avons dû traverser la montée du mouvement « Les Métallos ripostent » et les réelles possibilités politiques et organisationnelles — ainsi que les limites — de cette étape des changements parmi les travailleurs industriels [4]. Nous avons dû traverser la grève de la région de l'Iron Range au Minnesota, où nous avons vu se confirmer chacun de nos jugements sur la signification des Métallos ripostent. Nous avons dû traverser le début de l'offensive des transporteurs ferroviaires et les expériences locales dans les chemins de fer à Chicago, Philadelphie et ailleurs. Nous avons dû traverser une série d'expériences locales dans la région de San Francisco, à Houston, à Pittsburgh et à d'autres endroits où nous avons pu sonder, mettre à l'épreuve et sentir les changements et les possibilités. Puis, nous avons dû voir se développer l'épreuve de force en cours opposant les mineurs aux employeurs et à leur gouvernement.

Toutes ces expériences ont été nécessaires pour connaître concrètement ce qui était en train de changer et l'ampleur des changements. Le Comité politique est devenu convaincu qu'il y a aujourd'hui plus de travailleurs développant une attitude anticapitaliste ou une plus grande ouverture à des conclusions et solutions anticapitalistes qu'à n'importe quelle autre époque de l'histoire américaine.

Nous avons dû traverser l'expérience de voir ce que signifie le fait d'avoir plus de travailleurs qui sont des Noirs, des Chicanos, des Portoricains, des femmes et des jeunes dans l'industrie et les syndicats. Nous avons dû voir dans la vraie vie comment les attitudes et les réactions, la combativité — dont nous avons parlé et que nous avons correctement anticipées — ont commencé à se manifester.

Nous avons été capables de confirmer que nous n'allions pas voir le développement d'une sorte d'avant-garde non blanche ou non masculine. Nous avons littéralement vu des centaines de milliers de jeunes travailleurs venir de l'avant et s'impliquer dans toutes sortes de luttes. Probablement la majorité de ces travailleurs étaient jeunes, blancs et de sexe masculin. Nous avons vu un grand nombre d'entre eux s'ouvrir de façon nouvelle aux idées anticapitalistes. Nous avons vu l'importance des divisions entre générations au sein de la classe ouvrière et nous avons vu de jeunes travailleurs, y compris des centaines de milliers de jeunes travailleurs blancs et de sexe masculin, commencer à exprimer le genre de changements et de dispositions nouvelles qui, nous le savions, allaient aussi venir. Nous avons mieux compris l'effet différencié qu'avait l'offensive de la classe dirigeante non seulement selon la nationalité, le sexe et les qualifications, mais aussi selon les générations.

Nous avons commencé à voir la dynamique qui existe entre les problèmes de « pain et de beurre » quotidiens et les grandes questions politiques et sociales auxquelles le mouvement ouvrier doit faire face. Les idées présentées dans notre résolution politique de 1971 sont devenues plus concrètes dans la résolution « Les perspectives [5]. » Nous avons commencé à voir une réponse, inégale mais générale, aux questions et campagnes politiques et sociales que nous avons soulevées et menées à l'intérieur du mouvement ouvrier, que nous avons présentées à la classe ouvrière. Et nous avons vu les liens qui existent entre cette nouvelle réponse et la montée de la combativité de classe.

La première chose a donc été la réalité de la reprise qui a suivi 1974-1975 et la deuxième, ça a été l'évolution des changements subjectifs dans la classe ouvrière industrielle.

Mais il y a une troisième chose dont nous avons dû faire l'expérience avant de prendre la décision que nous discutons aujourd'hui. C'est peut-être la plus importante. Le parti devait faire ses *propres* expériences et réalisations dans le mouvement syndical avant de pouvoir prendre cette décision. Les branches et les sections locales, les fractions devaient se mouiller les pieds dans l'industrie. Nous devions accumuler de l'expérience avec nos fractions industrielles. Pour la première fois en près de 30 ans, nous avions des fractions industrielles fonctionnelles et en développement et nous devions apprendre à diriger ce travail à tous les niveaux.

Nous avons dû apprendre à évaluer les possibilités, aussi bien que les frustrations et les difficultés, dans les événements auxquels nous avons participé comme « Les Métallos ripostent » et la période qui a suivi. Nous avons dû apprendre comment utiliser le *Militant,* nos autres institutions et nos campagnes politiques.

Autrement dit, nous avons dû entrer dans une toute nouvelle étape de direction en termes de compréhension, d'expérience et de souffle politique. Nous avons dû commencer en demandant aux dirigeants du parti à tous les niveaux d'aller eux-mêmes dans l'industrie pour diriger cet effort. Nous avons dû voir de nos propres yeux, dans une branche après l'autre, l'impact positif de ce processus sur les camarades qui avaient été les premiers à aller dans l'industrie. Celui-ci leur a remonté le moral et leur a donné une nouvelle perspective politique, un nouveau point de mire.

Nous avons alors été prêts à généraliser cette expérience de façon responsable. Voilà donc pourquoi maintenant et pas plus tôt.

Pourquoi nous concentrer sur l'industrie ?

Pourquoi nous concentrer sur l'industrie ? Il peut s'agir là d'une question embarrassante ou même inutile à poser pour des marxistes, étant donné que c'est le point de vue marxiste traditionnel. Mais celui-ci mérite d'être revu.

Examinons deux côtés de la question, l'économie et la politique. Les aspects économiques sont simples. Les matières premières comme le charbon, le minerai de fer et le pétrole, et les produits comme les machines-outils, l'acier et les principaux composants électriques ont une énorme importance pour toute l'économie. Voilà les choses qui doivent entrer dans la production dès ses premières étapes pour faire tourner tous les secteurs de l'économie. Les industries qui produisent les matières premières et les produits semi-finis, le transport, la construction et l'agriculture sont importants parce que sans eux toute l'économie s'arrête. Elle ne peut fonctionner. Les biens d'équipement — l'appareillage électrique, l'équipement automobile, l'industrie lourde de toute sorte — ne sont que différentes étapes de l'utilisation de la force de travail pour produire l'énorme richesse créée par les travailleurs américains. D'un simple point de vue économique, plus vous vous éloignez du produit « fini », plus il y a de force et de puissance à chaque étape de fabrication.

Il y a aussi un autre aspect économique. La main-d'oeuvre dans ces industries est la principale source de plus-value. C'est la source principale de tous les revenus qui servent à faire fonctionner les secteurs gouvernementaux, des services et « professionnels de l'économie. En examinant les choses de ce point de vue, on commence à voir quelque chose dont il n'est pas souvent question : la vulnérabilité de l'économie capitaliste moderne augmente, elle ne diminue pas. Plus l'économie devient compliquée et hautement organisée, plus elle est vulnérable aux arrêts ou à la désorganisation de l'industrie de base. On le verrait encore plus clairement dans l'actuelle grève des mineurs si les Mineurs unis d'Amérique syndiquaient toute l'industrie du charbon.

Le côté politique est encore plus important. Commençons par examiner le côté politique du point de vue de la classe dirigeante elle-même, l'ennemi. Il n'est pas difficile de comprendre que le charbon est plus important pour les dirigeants que le travail social. Leur système peut fonctionner plus facilement et durant de plus longues périodes sans travailleurs sociaux que sans charbon. À titre personnel, les capitalistes n'ont même pas besoin de travailleurs sociaux parce qu'ils reçoivent leurs chèques d'aide sociale directement des services fiduciaires des banques.

Cet élément devient plus clair si vous l'examinez du point de vue des besoins concurrentiels de l'impérialisme U.S. à l'échelle mondiale. Cette main-d'oeuvre est la source de la puissance internationale de l'économie capitaliste américaine, la source de ses exportations de marchandises et de capitaux.

Voilà les raisons fondamentales pour lesquelles les travailleurs industriels, qui sont une minorité de la classe ouvrière américaine, ont une telle force fondamentale, une telle puissance potentielle. Elles démontrent aussi l'imposture des théories universitaires sur la « nouvelle classe ouvrière » et la « société post-industrielle. »

Mais nous devons aussi examiner le côté politique de cette question du point de vue de notre classe, la classe ouvrière.

Premièrement, la plupart de l'industrie est syndiquée. Ça semble évident, mais ce n'est vrai que depuis quelques décennies dans l'histoire américaine. Jusqu'au milieu des années 30 (à plusieurs égards, jusqu'à la seconde guerre mondiale), ce n'était pas vrai. L'industrie de base n'était pas syndiquée. Seule une aristocratie ouvrière relativement mince était syndiquée. Mais aujourd'hui, l'industrie est largement syndiquée.

Deuxièmement, il faut considérer la nature du lieu de travail industriel et ce que l'usine fait aux travailleurs d'un point de vue social et psychologique. La nature sociale du travail, la grande concentration de travailleurs, la division extrêmement poussée du travail — ces facteurs donnent aux travailleurs une conscience de leur force collective. Le fait que les négociations collectives plutôt que les rapports individuels avec les patrons régissent tellement ce qui s'y passe engendre une plus grande confiance et une conscience de « sans contrat, pas de travail » même en période d'offensive de la classe dirigeante. C'est un reflet de la confiance des travailleurs dans leur force collective. Comme l'a récemment expliqué un mineur à la télévision, quand vous êtes un tout petit bébé, avant d'apprendre à dire « maman » ou « papa », vous apprenez à dire « sans contrat, pas de travail. »

Il est important, en troisième lieu, de se rappeler que l'âge de la main-d'oeuvre change dans l'industrie. Il y a beaucoup plus de travailleurs plus jeunes — la génération dite de l'après-Viêt-nam dont les patrons n'arrêtent pas de se plaindre à propos de la grève des mineurs. Et nous avons plusieurs fois décrit en détail la composition raciale d'une série d'industries ces dernières années.

Quatrièmement, nous devons prendre note de la tradition de radicalisation parmi la classe ouvrière industrielle. Il ne faut pas l'exagérer, mais elle est réelle. Les syndicats industriels ont été construits dans les luttes massives du CIO. Il a fallu des batailles sanglantes pour construire les Travailleurs de l'automobile, pour construire des sections entières des Teamsters, pour construire les Métallos, etc. Même si beaucoup de la continuité est perdue, cette tradition fait toujours partie de la réalité.

Le cinquième élément, c'est de voir à quel point plusieurs de ces syndicats industriels ont une influence plus grande que la seule population active. Ils affectent des régions entières du pays. Prenons une fois de plus l'exemple de la grève des mineurs. Quand vous parlez des vrais enjeux de la grève des UMWA, vous parlez de la santé, du bien-être et de l'avenir de toutes les Appalaches, une région entière du pays. Quand vous parlez des TUA, vous discutez de l'avenir de villes entières, Détroit par exemple. Ces industries et ces syndicats affectent beaucoup plus que la seule industrie, que l'usine elle-même. Nous n'avons aucune raison de remettre en question l'opinion de Léon Trotsky qui disait que, dans certaines circonstances, des syndicats industriels pourraient jouer le rôle de soviets dans certaines parties de ce pays. Nous n'avons aucun moyen de le savoir d'avance, mais nous ne l'écartons pas non plus [6].

Finalement, et c'est le point le plus important, c'est là que la classe dirigeante concentre de plus en plus le feu de sa véritable attaque. Elle peut s'acharner sur l'AFSCME à différents endroits. Elle peut imposer des coupures aux enseignants. Elle peut faire toutes sortes de choses de ce genre. Mais ce n'est que le début du processus. Elle doit « mater » la classe ouvrière industrielle. Elle doit « mater » les producteurs qui occupent la position la plus stratégique. C'est la cible de l'offensive de la classe dirigeante. C'est la raison pour laquelle nous y mettons nos priorités.

Nous devons maintenir notre priorité centrale dans l'acier et ajouter le rail et l'automobile à nos priorités *nationales*. De plus, nous devons examiner certaines situations locales. À certains endroits, nous mettrons la priorité sur le syndicat des Machinistes, qui a organisé des secteurs industriels complets dans quelques régions ; ou sur le Syndicat international des travailleurs des industries pétrolière, chimique et atomique (OCAW) ; ou sur le syndicat de l'électricité ; ou sur les chantiers navals, l'industrie minière ou les transports — bref, sur tout ce qui correspond à nos besoins d'ensemble et qui se justifie localement.

Comme l'a dit Jim Cannon il y a 37 ans : « Nous sommes un petit parti et nous ne pouvons nous mettre à tout coloniser. Nous devons coloniser les endroits qui offrent en ce moment les meilleures perspectives. Et quand l'opportunité que nous avons saisie à un moment donné se montre par la suite moins fructueuse que prévue, nous devons déplacer nos membres⁷. » Il est de loin préférable d'avoir deux *fractions* viables et fonctionnelles dans une ville ou une branche que d'avoir plusieurs « fractions » d'un ou deux camarades chacune. C'est une norme qui devrait nous guider.

Il est nécessaire que nous fixions maintenant ces priorités et que nous disions consciemment que nous sommes en train de « déAFSCMEiser » le parti. Nous sommes en train de déAFSCMEiser le parti non pas parce que nous déprécions le travail que nous faisons dans des syndicats comme l'AFSCME ou parce que nous déprécions le recrutement au parti d'excellents contacts que nous pourrions y avoir. Nous le faisons d'un seul point de vue : celui de savoir où nous allons mettre nos gens. Nous ne sommes pas neutres ou indifférents quand il s'agit pour un camarade de devenir un enseignant, un travailleur social, d'aller dans le SIEPB — ou dans l'industrie. Nous voulons aider nos camarades à aller dans l'industrie.

Ceci ne signifie pas que nous ne travaillons pas à l'intérieur de l'AFSCME ou du syndicat des enseignants, ou que nous n'y portons pas attention. Cette décision va renforcer notre travail dans des syndicats comme l'AFSCME et parmi les enseignants. En fait, en nous développant, nous recruterons des fractions plus grandes dans l'AFT, le NEA, l'AFSCME, etc. Ceci n'amoindrit pas non plus le travail qu'y font nos camarades, les luttes politiques à venir parmi les enseignants ou les possibilités de recruter plusieurs membres de l'AFSCME. Mais nous devons prendre une décision sur les syndicats où nous allons envoyer des camarades. Ceci doit être une orientation consciente et explicite du parti, sans ambiguïté ni exception.

L'offensive contre les travailleurs industriels

La prochaine question que nous voulons discuter, c'est : quel est le caractère concret de cette offensive contre la classe ouvrière industrielle et quelle réponse politique est nécessaire ? Je ne répéterai pas les éléments généraux que nous avons expliqués auparavant : la nature des attaques contre les travailleurs de la fonction publique et des services sociaux ; l'impact de l'offensive contre les nationalités opprimées, les femmes et les jeunes ; le glissement à droite de la politique bourgeoise, qui encourage la droite au milieu d'une polarisation de classe croissante. Je veux me concentrer sur le caractère particulier des attaques contre les travailleurs industriels et contre les syndicats industriels.

Quand nous parlons des responsabilités sociales et politiques du mouvement syndical, nous expliquons le besoin de combattre la politique de la classe dirigeante visant à imposer aux familles individuelles la responsabilité de services sociaux qui devraient être pris en charge par la société : les soins dont ont besoin les enfants, les personnes âgées, les malades et les handicapés. Mais le capitalisme ne fonctionne pas seulement de cette manière. Les employeurs cherchent aussi à imposer aux travailleurs individuels des responsabilités qui devraient être prises en charge par la société. Et de plus en plus, ils essaient d'établir que ces responsabilités ne seront assurées qu'en fonction de la rentabilité du patron de chaque travailleur. Je laisse de côté les exemples les plus grotesques, comme ces officiers des syndicats des travailleurs des services publics qui ont englouti dans des actions de la ville de New York d'énormes sommes tirées des fonds de pension. De plus en plus de ce qu'on appelle des avantages sociaux — pensions, couverture médicale, allocations supplémentaires de chômage — dépendent des profits que continue à faire ou ne pas faire le patron pour lequel vous travaillez. Nous voyons cette tendance se développer dans des industries comme le charbon, l'acier et l'automobile.

Ces avantages ne sont pas gagnés pour la classe dans son ensemble, ni même pour une partie de la classe. C'est presque un retour au féodalisme, pas une marche en avant vers le socialisme. Pour les travailleurs qui y ont droit, ces avantages sont bons quand tout va bien, parce qu'ils constituent un ajout substantiel par rapport à toutes les autres choses sur lesquelles peuvent compter les travailleurs industriels. Mais quand l'étau se resserre, tout ça commence à se désintégrer. Vos fonds de pension sont menacés. Votre couverture médicale est lacérée. Les allocations de chômage complémentaires s'épuisent. Et les choses empirent.

C'est le prix à payer quand la dette du syndicalisme d'affaires arrive à échéance. C'est le prix à payer pour la politique de collaboration de classe consistant à refuser de se battre pour les besoins réels de la classe : la sécurité sociale de la classe, des services médicaux nationaux, un système d'assurance-chômage national véritable et suffisant, une semaine de travail plus courte sans perte de salaire, une protection contre l'inflation et l'action politique ouvrière indépendante. C'est le prix payé pour une bureaucratie qui dit que les luttes sociales et politiques indépendantes sont secondaires et qui dit que les promesses des employeurs dans la convention collective sont décisives.

C'est le prix à payer pour le refus de la bureaucratie syndicale de diriger le mouvement ouvrier dans une lutte pour les grands besoins sociaux de la classe ouvrière et de construire un instrument politique pour y arriver. Et c'est ce qui relance la question du parti ouvrier d'une nouvelle façon. Ça la concrétise d'une façon nouvelle et plus compréhensible, parce que maintenant ces problèmes se posent à la section de la classe ouvrière qui pensait être la moins vulnérable et s'en tirer le mieux.

Il y a une autre chose qui se produit dans cette offensive : c'est une attaque consciente contre la démocratie syndicale.

Le *droit de grève* devient une cible privilégiée des employeurs. Ils institutionnalisent d'autres restrictions, comme la prolongation de la période d'essai, ce qui donne la possibilité aux patrons d'éliminer les militants syndicaux et les « fauteurs de troubles » de tout genre. Ils augmentent les cadences et minent de plus en plus les conditions de santé et de sécurité au travail. Ils introduisent de plusieurs façons des primes au rendement et le travail à la pièce. Ils généralisent autant qu'ils le peuvent des arrangements comme l'accord expérimental de négociation dans l'acier, avec son engagement à ne pas faire grève [8]. Et ils introduisent des procédures d'arbitrage dans tous les coins et recoins des conventions collectives, ce qui leur permet de lier les mains des travailleurs et de les priver du droit d'utiliser leur force pour riposter. Ils institutionnalisent de cette façon la collaboration de classe.

La collaboration de classe n'est pas seulement un programme ou une attitude de la part des bureaucrates. La collaboration de classe prend la forme d'institutions qui ligotent le travailleur pieds et mains liés et l'amènent à dépendre d'autre chose que de la force de ses camarades de travail ou de sa classe. Les employeurs s'opposent de plus en plus à la démocratie syndicale sous toutes ses formes, au contrôle syndical sur les cadences et les conditions de travail, et aux droits des travailleurs individuels dans les lieux de travail. Les employeurs peuvent de moins en moins se permettre de tolérer le droit de savoir, le droit de voter les conventions collectives et le droit d'élire vos délégués et vos officiers. Et la bureaucratie syndicale peut de moins en moins se permettre de les tolérer aussi.

Finalement, la collaboration de classe est évidemment la dépendance totale envers les partis politiques et les programmes sociaux des employeurs.

L'offensive patronale engendre une troisième chose : le besoin croissant de *solidarité*. C'est devenu plus clair dans les luttes des deux dernières années. La solidarité devient cruciale pour assurer le succès des luttes qui éclatent. Chacune de ces luttes, comme celle de l'Iron Range ou celle des mineurs de charbon aujourd'hui, se transforme en combat politique pour gagner l'âme de la classe ouvrière. Pas seulement celle des travailleurs qui sont en grève, mais celle de la classe toute entière. Les grévistes doivent faire appel au soutien. Et les employeurs et le gouvernement doivent essayer de contrer ce soutien et de stimuler de l'opposition. Ceci n'est pas seulement à la source du besoin de solidarité, c'est aussi à la source du besoin d'internationalisme. Parce qu'en fin de compte, la solidarité de classe doit être internationale. Elle doit répondre et s'opposer aux politiques de la classe dirigeante comme le protectionnisme, l'expulsion hors du pays des travailleurs sans papiers, les campagnes chauvines « Achetez américain, » etc.

Il y a une autre facette à la solidarité. Pour avoir une réelle solidarité, il vous faut de la solidarité à l'intérieur du syndicat lui-même, à l'intérieur de la classe ouvrière elle-même. Le besoin élémentaire et immédiat de solidarité de classe — avec la grève des mineurs, avec n'importe quelle grève — met en lumière l'importance d'avoir une bonne position sur de grandes questions sociales comme les droits des Noirs, les droits des femmes et l'action affirmative. Si elle ne s'accompagne pas d'une position correcte sur ces questions et d'une lutte pour ces droits, la solidarité est d'emblée affaiblie à l'intérieur du syndicat, parmi les travailleurs mêmes. Il en va de même pour la démocratie. Sans des programmes comme la garde des enfants, sans lutter pour satisfaire les besoins des femmes, le syndicat devient moins démocratique. Des couches de travailleurs sont empêchées de participer sur un pied d'égalité. Les travailleurs ne peuvent pas être mobilisés dans leur ensemble pour adopter et mener à bien les décisions nécessaires pour se battre.

L'offensive des employeurs a des conséquences différentes sur différentes couches de la classe ouvrière. Elle frappe plus dur celles qui sont les moins préparées à se défendre. Ce fait pose directement et immédiatement la nécessité pour le mouvement ouvrier de diriger la bataille pour la satisfaction de grands besoins sociaux — non seulement des travailleurs, mais aussi des chômeurs, des femmes, des nationalités opprimées, des jeunes et des petits agriculteurs. Si les syndicats ne dirigent pas, ils récolteront une tornade de méfiance et de haine croissantes de la part de ceux qui devraient être leurs alliés et même leurs membres. Et à la fin, ce fait sera décisif.

Ceci signifie qu'il vaut la peine de lire les articles du *Militant* d'un point de vue plus large. Il ne faut pas voir les articles du *Militant* comme destinés seulement à ceux qui seront le plus immédiatement intéressés par eux. Ils s'adressent à la classe ouvrière toute entière. Parce que chacun d'entre eux correspond aux besoins de la classe. Il devient plus possible, et plus nécessaire, d'expliquer le caractère de *classe* de chaque question.

Pour lutter pour ces besoins sociaux, pour livrer les batailles politiques, les travailleurs ont besoin d'un *parti ouvrier,* un instrument politique qui va lutter pour les besoins de la classe ouvrière toute entière. Ceci va de pair avec le besoin de solidarité et de démocratie syndicale.

Nous devons discuter de la question du parti ouvrier à tous les niveaux. Pourquoi les politiciens capitalistes doivent-ils agir comme ils le font ? Nous devons expliquer ce que font les politiciens, ce que sont les partis capitalistes et quels sont leurs liens avec les employeurs, les flics, le gouvernement et l'État. Nous devons expliquer dans chaque cas le prix concret que la classe ouvrière dans son ensemble doit payer pour ne pas avoir de parti ouvrier, le prix qu'elle doit payer pour être désarmée dans l'arène politique. Tout ceci devient plus facile à expliquer de manière efficace, pas plus difficile.

Parallèlement à tout ceci, il y a le fait que la bureaucratie syndicale a de moins en moins de répit, moins d'espace pour manoeuvrer. Elle doit négocier le type de contrat qui va satisfaire le patron. Mais si elle ne négocie pas un contrat qui soit suffisamment bon pour les rangs, à un certain point les travailleurs n'auront plus rien à faire avec elle. Les bureaucrates ne veulent pas devenir comme Arnold Miller, le président du syndicat des mineurs, et se retrouver coincés entre l'arbre et l'écorce. Mais c'est justement ce qui est en train d'arriver.

Finalement, quelque chose d'autre devient clair. C'est le fait que l'état de la bureaucratie n'est pas identique à l'état des syndicats. C'est une grande leçon de la grève de l'Iron Range et de la grève des mineurs du charbon. Le syndicat et la bureaucratie sont des choses différentes. Le syndicat est affaibli et handicapé par la bureaucratie. Et alors que la bureaucratie se retrouve de plus en plus dans une impasse, sous pression, les rangs des syndicats sont plus prêts à se battre et plus prêts à penser à de nouvelles méthodes de lutte, à de nouvelles perspectives et à de nouveaux programmes.

Qu'est ce que le travail syndical ?
Qu'est-ce que le travail syndical dans l'industrie ? Correctement compris, c'est le travail qui devrait être au centre de tout ce que nous faisons. La façon la plus simple de le décrire, c'est : parler socialisme aux travailleurs. Voilà en quoi consiste le travail syndical : parler socialisme aux travailleurs. Et nous le faisons collectivement, pas simplement de façon individuelle. Nous le faisons par le biais de fractions organisées, pas de manière anarchique en laissant chaque camarade à lui-même. Ce travail est dirigé par le parti. Et nous en effectuons l'essentiel en utilisant les institutions du parti.

Il n'y a pas de manuel pour transformer du jour au lendemain les camarades en experts. Seule l'expérience de la lutte des classes peut le faire. Mais il y a une chose que chaque camarade devrait lire ou relire quand il va dans l'industrie. Ce devrait être une sorte de règlement dans le parti. Ce sont les quatre livres de Farrell Dobbs sur le syndicat des Teamsters : *Teamster Rebellion, Teamster Power, Teamster Politics, Teamster Bureaucracy*. Il est peu probable qu'on écrive jamais de meilleur « manuel » expliquant toutes les facettes du travail syndical bolchevique [9].

Il n'y a pas de recettes que nous pouvons distribuer sur comment faire du travail syndical. Mais il y a un certain nombre de choses à garder à l'esprit. L'une est l'écart qui existe parfois entre le type de travail que vous pouvez faire dans l'usine et le type de travail que vous pouvez faire dans le syndicat. Quelques fois, vous pouvez faire l'un et pas l'autre. Et puis la situation peut changer rapidement et vous pouvez faire les deux.

Deuxièmement, nous devons saisir chaque opportunité pour parler de manière concrète de la démocratie syndicale, de l'action politique indépendante et de la solidarité. Soulevons ces questions, parlons-en chaque fois que nous en avons l'occasion. Il y a beaucoup de fluctuations ici aussi. À Baltimore par exemple, les camarades rapportent qu'il y a toutes sortes de discussions sur les mineurs de charbon parmi les métallos : comment soutenir la grève des mineurs, son importance, etc. Mais les camarades des chantiers navals de Brooklyn, où la conscience syndicale est faible, constatent qu'ils doivent commencer par expliquer aux travailleurs qu'il leur faut s'intéresser aux mineurs et que la lutte des mineurs est importante pour eux. Plusieurs travailleurs noirs, portoricains et latinos en particulier disent : « S'ils gagnent sept à huit dollars de l'heure et ont tous ces avantages, quel intérêt avons-nous à les appuyer ? » À d'autres endroits, ce sont les travailleurs noirs et latinos qui sont les premiers à comprendre et à expliquer la solidarité. Ça varie énormément.

Une troisième chose, c'est d'apprendre à connaître l'industrie, d'en acquérir les compétences et les qualifications, d'en connaître les syndicats et d'aider les autres à faire de même.

La quatrième chose, c'est de tout voir comme un travail *d'équipe*. Tout est un travail d'équipe. Nous ne devrions jamais placer un camarade dans l'industrie dans une situation où ce camarade se sentirait *individuellement* responsable du travail syndical ou lui demander de donner une liste de réalisations individuelles. Nous ne faisons rien d'autre comme ça. Nous n'attribuons pas le résultat d'une campagne électorale à une personne seule. Nous ne faisons pas l'éloge individuel de Fred Halstead parce qu'un demi-million de personnes ont manifesté à Washington contre la guerre du Viêt-nam [10].

Nous ne considérons pas les camarades comme personnellement responsables de ce que nous accomplissons ou n'accomplissons pas dans le travail syndical. Ce que nous recherchons, c'est ce que nous accomplissons dans les fractions, sous la direction du parti dans son ensemble. C'est ainsi qu'il faut comprendre le travail syndical. Nous ne pouvons faire le bilan quotidien des hauts et des bas de chaque camarade dans ce travail. Nous ne jugeons pas à partir des périodes creuses, où peu de choses peuvent être faites. Nous devons évaluer l'effort à long terme et d'équipe effectué par le parti et les fractions dans leur ensemble, à l'échelle nationale. C'est la seule façon possible de mesurer les réalisations du travail syndical. Ce que les camarades peuvent faire individuellement variera énormément, d'un moment à l'autre dans le même travail et d'un emploi à l'autre dans la même industrie.

On ne doit pas séparer le travail syndical des campagnes du parti. Il ne s'agit pas d'une « autre campagne » quelque part sur la liste des priorités. Non, le travail syndical détermine notre axe fondamental. Il vise notre milieu et notre arène de travail. Et il renforce toutes nos campagnes, tout comme il renforce le travail de la YSA.

Nous pouvons aussi parler de quelques leçons que nous avons tirées jusqu'à maintenant de notre travail dans l'acier et d'autres industries. Une première leçon, c'est que nous n'avons pas à nous asseoir et attendre que les grandes batailles éclatent avant de pouvoir faire quelque chose. Les batailles ont déjà commencé. Elles ne se produisent tout simplement pas partout, en même temps et pour chaque camarade. Nous n'avons pas à attendre. D'un autre côté, nous ne pouvons commencer avec l'idée que nous allons provoquer les grandes luttes si elles ne surviennent pas. Notre taille exclut cette possibilité. Aussi longtemps que nous évitons ces deux erreurs, nous pouvons abattre une énorme quantité de travail.

Nous devons nous poser une autre question au sujet du travail syndical. Que raterait le parti si sa grande majorité n'allait pas dans l'industrie *aujourd'hui* ? Non pas après notre prochaine rencontre nationale, non pas après la prochaine réunion du Comité national, mais *aujourd'hui*. L'une des principales choses que le parti raterait, ce serait d'apprendre à connaître d'une manière significative la vie de la classe ouvrière. En n'étant pas dans l'industrie, le parti ne pourrait prendre le pouls des vrais changements qui commencent à se produire dans la politique aux États-Unis. Nous ne pourrions connaître la vraie vie des usines, des manufactures et des mines. Nous ne pourrions connaître la vie des syndicats ni la vie dans des syndicats bureaucratiques, dégénérés et en déclin. Nous ne pourrions connaître la vie des travailleurs — leur rythme, leurs expériences et leurs difficultés. Il n'y a qu'un seul moyen de vraiment connaître tout cela : en en faisant partie. Une fois là, nous n'avons pas besoin de ces sondages Gallup artificiels pour essayer de savoir ce que pensent les travailleurs.

Farrell Dobbs m'a rappelé une anecdote à propos de Lénine pendant les journées de juillet en Russie en 1917, quand

celui-ci était entré dans la clandestinité. Un travailleur dit :
« Ils ont peur de nous, camarade Lénine. » Lénine demande :
« Qu'as-tu entendu, camarade ? » Le travailleur lui répond :
« Le pain est meilleur. »

Lénine n'avait pas besoin de sondage. Il n'avait pas à attendre le sondage Gallup de Petrograd, qui peut être truqué et erroné. Un parti de travailleurs-bolcheviks constitue le meilleur sondage.

Ce qui est clé pour nous, c'est le fructueux travail de construction du parti qu'il est possible d'effectuer maintenant au centre de la vie politique aux États-Unis : la classe ouvrière industrielle. Par contre évidemment, nous ne disons pas que c'est le seul endroit. Il ne s'y produit pas de grandes actions politiques de rue. Mais de plus en plus, ce qui arrive dans les syndicats et aux syndicats influence profondément l'ensemble du rapport de force entre les classes. Et c'est ici que la direction, la future direction de lutte de classe de tous les mouvements des opprimés et des exploités, se forge et doit être forgée pour que ces mouvements aillent jusqu'à la victoire. Même s'il ne s'agit pas d'un besoin hygiénique ou thérapeutique, changer la composition du parti devient ainsi la source d'un grand renforcement de l'ensemble du parti. Nous ne prendrons pas seulement le pouls des secteurs clés de la classe ouvrière américaine. Nous allons apprendre à connaître des travailleurs — ce qui nous comprend — en train d'être mis à l'épreuve et formés à devenir des dirigeants des batailles à venir. Il s'agit là de la plus importante arène de formation pour les dirigeants prolétariens des luttes à venir, ce qui comprend les femmes et les nationalités opprimées.

Un parti de travailleurs-bolcheviks

Qu'est-ce qu'un travailleur-bolchevik ? Qu'est-ce qu'un parti dont la grande majorité est formée de travailleurs-bolcheviks ? Commençons par examiner cette question du point de vue du travailleur-bolchevik individuel. Le travailleur-bolchevik individuel est quelqu'un qui fait partie d'un parti révolutionnaire de travailleurs, d'un parti connu des travailleurs, d'un parti qui connaît les travailleurs. Un parti qui a la confiance des travailleurs et qui a confiance dans les travailleurs. Un parti dont les rangs et la direction sont des travailleurs. Très simple. Mais il y a bien plus.

Un travailleur-bolchevik est un travailleur pour qui le parti vient en premier, pas le syndicat. Le parti vient en premier. Un travailleur pour qui le parti est tout. Nous sommes dans l'industrie, dans les syndicats, pour une seule raison : construire le parti. Ce sera l'arène de lutte où le parti ou bien emportera la direction et dirigera les opprimés et les exploités dans la bataille pour le pouvoir, ou bien perdra la direction au profit d'un des courants petits-bourgeois et verra triompher la contre-révolution. C'est pour cette raison que nous sommes dans les syndicats et c'est pour cette raison que nous allons y être de plus en plus profondément.

Les travailleurs-bolcheviks sont des révolutionnaires professionnels dans le meilleur sens du terme. Ainsi que nous le savons, les révolutionnaires professionnels ne sont pas la même chose que des permanents. Un révolutionnaire professionnel est le révolutionnaire dont la vraie profession, indépendamment de la façon dont il ou elle gagne sa vie, consiste à être un travailleur-bolchevik politique. Un travailleur-bolchevik est quelqu'un qui, en tout temps, assume des responsabilités importantes au sein d'une équipe du parti, peu importe comment il est nécessaire de le faire. Un travailleur-bolchevik est un camarade qui est prêt à tout moment à devenir un permanent à la demande du parti et qui soutient financièrement et politiquement l'équipe de permanents professionnels de l'appareil, de la presse et des institutions dont le parti a besoin pour fonctionner.

Un travailleur-bolchevik est prêt à se déplacer — dans une nouvelle industrie ou une nouvelle ville — quand le besoin s'en fait sentir. Il est prêt à aider le parti à s'étendre, en lui permettant de se renforcer au niveau national et en lui permettant de répondre à des ouvertures particulières, comme à Morgantown en Virginie-Occidentale ou dans la région de l'Iron Range. Il est prêt à se mettre au boulot pour construire les branches que nous avons commencé à ériger dans d'importants centres politiques, des centres qui influent sur des régions et des États entiers comme Albany, Raleigh, Salt Lake City, Miami, San Antonio et Toledo. Les travailleurs-bolcheviks sont ceux qui répondront aux besoins du parti, qui feront leurs bagages et se déplaceront là et quand le parti aura besoin d'eux. Ce sont ceux qui se joindront aux camarades qui font des progrès en construisant des branches dans de nouvelles villes, mais qui ont besoin de renfort pour être capables de profiter des ouvertures.

Pour souligner ce point, la direction se voit obligée de faire l'éloge de la pyromanie.

L'une de mes citations favorites de Jim Cannon vient du discours de conclusion qu'il avait prononcé à la conférence-plénum du parti en 1941. Il parlait de la colonisation de l'industrie comme nous le faisons aujourd'hui et il a dit : « Je suis seulement désolé de ce que nous ayons rencontré une petite difficulté en faisant cette [colonisation] parce que quelques-uns des camarades se sont apparemment rangés [...]. Je ne connais rien de plus honteux pour un jeune révolutionnaire que de se ranger et de devenir tellement empêtré quelque part qu'il ne peut plus déménager. [...] Ce serait une sacrée bonne chose pour lui que d'être victime d'un incendie [...] qui détruirait quelques-uns des biens qui l'empêtrent et le rendrait libre et révolutionnaire à nouveau [11]. »

Cette citation devrait être affichée sur le mur de tout travailleur-bolchevik. C'est la vérité.

Quand un travailleur adhère au parti, il ou elle voit ses camarades de travail faire partie des comités exécutifs de la branche ou de la section locale, ou du comité des forums, être directeurs des finances ou de la formation, être responsables de campagnes ou être candidats, etc. Si ce n'était pas normal dans un parti de travailleurs-bolcheviks, toute l'idée ne serait qu'une utopie.

Un travailleur-bolchevik est un camarade qui ne croit pas que vous commencez à faire du travail politique seulement une fois sortis du travail. Il n'attend pas de partir du travail pour faire de la politique. Il ne cherche pas un travail qui le rende « disponible » pour d'autres choses tout en limitant ses possibilités de faire de la politique au travail.

Les travailleurs-bolcheviks se voient comme des propagandistes socialistes au travail et après le travail. Ils vendent le *Militant*. Ils soulèvent des idées sur comment diriger la lutte de classe opposées aux politiques de collaboration de classe de la direction actuelle. Ils parlent continuellement de politique aux travailleurs, de nos campagnes, de notre journal, de rencontre avec d'autres révolutionnaires, de luttes sociales qui doivent avoir le soutien du mouvement ouvrier. Enfin et non le moindre, ils parlent d'adhérer au parti.

Une structure du parti
Que dire des normes et des structures d'un parti de travailleurs-bolcheviks ? Il y a quelques points généraux qui valent d'être soulignés.

La chose la plus importante, encore une fois, c'est que le parti doit diriger. Le parti ne peut jamais laisser une fraction à elle-même. Une fraction industrielle n'est pas une fraction des Métallos ripostent ou un regroupement quelconque au sein du syndicats des Mineurs ou des Travailleurs des industries pétrolière, chimique et nucléaire. C'est une fraction du Parti socialiste des travailleurs. Et avant toute chose, cette fraction du Parti socialiste des travailleurs doit être dirigée selon le rythme de la lutte des classes et selon le caractère et le rythme des campagnes du parti que nous devons mener dans les syndicats. Ceci pointe vers une série d'ajustements qui deviendront des normes dans le parti.

Il faut développer le rapport des fractions industrielles avec les branches et les sections locales. Les formes spécifiques varieront. Dans quelques endroits, comme Houston par exemple, nous avons des directeurs du travail syndical qui travaillent en collaboration avec toutes les fractions en tant que membres de la direction de section locale. Ailleurs, comme dans la région de San Francisco, nous utilisons des formes ad hoc. Nous avons une fraction métallo pour toute la région qu'un membre du Comité national aide à diriger. Nous trouverons les meilleures formes et nous les utiliserons.

Ceci affecte tout ce que nous faisons, tous les aspects de nos structures et de notre fonctionnement. L'heure des réunions de branche doit changer pour permettre aux camarades qui travaillent dans l'industrie d'y participer. Il faut réévaluer la taille des branches. Nous aurons de plus en plus besoin d'organisateurs de branche à plein temps. Nous devons examiner les ventes du *Militant* et de *Perspectiva Mundial* dans ce cadre. Les ventes aux portes des usines sur une base régulière et conséquente vont devenir essentielles pour aider à apporter un appui extérieur aux fractions dans l'industrie.

Le parti doit diriger en plaçant des camarades dans l'industrie. Ceci doit être une campagne consciente et organisée. Nous devons réexaminer la situation de chaque camarade dans le parti. Et la direction doit aller dans l'industrie. Ça doit être une norme que la majorité des membres des comités exécutifs soient dans l'industrie. Nous devons dégager des camarades qui sont des organisateurs de branche et de ville pour le faire et nous devons permettre à une nouvelle couche de camarades d'acquérir l'expérience d'être des organisateurs. Nous dégageons de leurs autres affectations des membres du Comité national, des membres du comité d'organisation syndical et quelques membres du Comité politique pour qu'ils aillent dans l'industrie maintenant.

Nous devons aussi maintenant insister davantage sur la formation. Comme la classe elle-même, les travailleurs-bolcheviks ont un grand besoin et une grande soif de formation. Nous devons lire, parler et penser. Nous devons penser comment expliquer les choses et apprendre de nouvelles choses pour être capables de poursuivre nos échanges avec les gens à qui nous parlons. Ceci signifie que nous devons porter attention aux programmes de formation des sections locales et des branches. Ceci signifie que nous devons réfléchir au meilleur moyen d'utiliser notre conférence nationale de formation cette année. Ceci signifie que nous devons sérieusement envisager de relancer quelque chose comme la vieille école Trotsky [12], de manière à permettre d'une façon systématique de dégager de leurs responsabilités quotidiennes des dirigeants élus du parti, en commençant par les membres du CN et du CP, et de les aider à se former et à se rééduquer dans un programme d'étude concentrée de quatre ou cinq mois.

Le plus important, c'est d'agir *maintenant* pour avoir la majorité du parti et la majorité de la direction dans l'industrie. C'est la grande opportunité, c'est la responsabilité de la direction. Toutes ces questions structurelles et organisationnelles sont des problèmes seulement si les travailleurs industriels ne sont qu'une minorité de la branche. Ils semblent alors être déphasés par rapport à la vie et au fonctionnement normaux de la branche. Mais lorsque les travailleurs industriels constituent la grande majorité de la branche, le rythme et les besoins de la majorité des camarades deviennent naturellement la norme. Et la vie enseigne que le camarade moyen ne devient pas un syndicaliste moins actif mais un bolchevik plus actif.

Ces changements que nous devons apporter à nos structures sont des changements qui se feront naturellement. Ils ne seront pas vus comme des problèmes, mais comme une composante normale de la vie du parti, une façon normale de profiter des ouvertures tandis que nous réussissons à transformer le parti. Et pendant que ceci se produit, une nouvelle norme s'établit. Vous oubliez ce qui était normal hier. Ce qui devient normal, c'est ce qui est normal aujourd'hui.

Des leçons de direction

À quoi ressemble la direction d'un parti de ce type ? Nous avons un Comité national nouveau, grand (le plus grand de l'histoire du parti) et relativement jeune. Mais il a l'une des plus grandes responsabilités et peut-être la plus grande opportunité de toutes les directions nationales de l'histoire du parti. Pour cette raison, nous voulions prendre un peu de temps dans cette partie du rapport pour discuter de la question des questions : la question de la direction.

Nous devons commencer par regarder d'où viennent nos concepts de direction. Les formes, les structures et les normes de direction viennent fondamentalement de trois choses.

- Premièrement, de la nature de la révolution que nous cherchons à diriger. Différents types de révolution exigent différents types de direction.

- Deuxièmement, du parti dont nous avons besoin une fois établi le caractère de la révolution que nous sommes déterminés à diriger.

- Troisièmement, de l'étape concrète où nous en sommes dans la construction de ce parti.

Nos besoins et nos normes de direction seront différents à différentes étapes de développement du parti. Prenons du recul et examinons chacun de ces points.

La nature de la révolution n'a pas de mystère pour nous. La richesse de ses formes concrètes, oui, mais pas sa nature fondamentale. Nous nous sommes mis d'accord là-dessus et l'avons codifié dans nos résolutions. Nous croyons que la révolution socialiste américaine à venir aura un caractère combiné. Ce sera une révolution pour libérer la classe ouvrière de l'exploitation, pour libérer les masses travailleuses de l'oppression. La révolution sera aussi une lutte pour le droit à l'autodétermination des nationalités opprimées. La lutte des Noirs et les luttes des autres nationalités opprimées ont un grand poids et une grande importance. Comme Trotsky nous l'a rappelé, les travailleurs de ces nationalités qui ont une conscience de classe joueront un rôle en tant qu'avant-garde du prolétariat.

La révolution américaine à venir sera une révolution combinée dans un autre sens aussi. La pulsion pour réaliser l'égalité des femmes, pour résoudre les problèmes soulevés par le mouvement de libération des femmes, sera l'une des forces motrices centrales de la révolution. La mobilisation révolutionnaire des femmes sera décisive pour vaincre le capitalisme. La révolution aura à combiner les solutions à cette question à toutes ses autres tâches.

Pour quoi se bat le parti révolutionnaire afin d'amener à maturité cette révolution socialiste combinée ? Pour établir un gouvernement des travailleurs. Un gouvernement des travailleurs doit remplacer le gouvernement capitaliste actuel. Ce gouvernement des travailleurs doit se débarrasser de l'État capitaliste et établir un État ouvrier. *Pas* un État combiné, mais un État ouvrier. C'est la seule façon de pouvoir réaliser avec succès ces tâches combinées. La bourgeoisie ne peut pas le faire. Seul le prolétariat peut le faire. La révolution combinée doit donc être une révolution ouvrière si son but est d'établir un gouvernement ouvrier. Il est important de ne pas confondre ces deux choses : les *tâches combinées* de la révolution socialiste et le *caractère prolétarien* de la révolution qui rend possible d'accomplir ces tâches.

Caractère du parti

Que pouvons-nous en conclure sur le caractère du parti ? Si le parti doit diriger une révolution prolétarienne pour établir un État ouvrier, il se doit d'être un parti prolétarien. Il se doit d'être un parti prolétarien au niveau de son programme, de sa composition et de son expérience. Et il doit comprendre l'époque dans laquelle il fonctionne et consciemment y correspondre : sa tâche n'est pas de réformer le capitalisme ; sa perspective réaliste, c'est d'éliminer la domination du capitalisme.

Il n'a qu'un seul programme, pas une série de programmes différents. Il a ce que nous appelons le programme de transition. Nous rejetons toute notion de sectorialisme ou d'avant-garde multiple. Nous sommes opposés à toute notion d'État combiné ou de parti combiné. La voie en avant, c'est celle d'une révolution prolétarienne et l'avant-garde doit être l'avant-garde organisée et consciente du prolétariat.

Il faut évincer la classe la plus puissante et la plus centralisée de l'histoire. Mais ceci n'épuise pas le sujet. Il y a un autre problème important : le prolétariat n'est pas homogène. Si le prolétariat — qui constitue la grande majorité — était totalement homogène, si chaque travailleur passait par les mêmes expériences et aboutissait aux mêmes conclusions en même temps, un parti de combat conscient et politiquement homogène ne serait pas aussi nécessaire. Vous pourriez essayer de vous en tirer en utilisant les plus grandes institutions de classe : les syndicats industriels, les conseils, les soviets, peu importe. Ce sont les institutions qui par définition regroupent la grande majorité active de toute la classe. Mais en réalité, au moment précis où cette étape est atteinte — l'étape de la transformation des gigantesques syndicats industriels en instruments révolutionnaires de combat, celle de l'établissement de conseils ouvriers, celle de l'établissement de soviets — c'est à ce moment précis que la nature hétérogène de la classe — qui repose sur des différences historiques de métier, de race, de sexe, d'âge et d'expérience politique — rend le besoin du parti si aigu.

À ce moment, un parti est nécessaire, qui parlera au nom des éléments les plus conscients du prolétariat. Il dirigera la bataille pour contrer et gagner les éléments les moins conscients et les plus arriérés, les éléments les plus influencés par l'idéologie bourgeoise et petite-bourgeoise. Et il dirigera les éléments les plus conscients vers la prise du pouvoir pour la classe. Nous ne sommes donc pas indifférents à la question de savoir si le parti est enraciné dans les secteurs de la classe ouvrière qui sont doublement opprimés dans la société capitaliste et si une partie significative de sa direction et de ses membres en est issue. Voilà les travailleurs qui seront parmi les meilleurs combattants et parmi les dirigeants les plus courageux et les plus conscients du parti et de la classe.

La montée de la lutte des Noirs et l'explosion de la conscience nationaliste, ainsi que la montée de la lutte des femmes ont eu un grand impact, un impact historique dont nous avons souvent discuté. Mais elles ont une signification qui l'emporte sur toutes les autres pour le parti révolutionnaire : nous avons vu se multiplier le matériel humain, les dirigeants potentiels du parti prolétarien. Il s'agit peut-être de la signification la plus importante pour nous.

S'il est vrai, ce fait dit quelque chose d'autre sur les dirigeants du parti. *Tous* dirigent le parti — pas un secteur du parti ou un groupement dans le parti. Naturellement, les dirigeants sont vus de façon différente par des sections du parti. Les dirigeants qui sont des femmes sont vus comme des exemples par les femmes plus jeunes du parti, comme des gens de qui elles peuvent apprendre. Il en est de même avec les camarades noirs. Nous passons tous par cette expérience. Quand vous trouvez quelqu'un comme vous, à qui vous pouvez vous identifier, ça vous aide à avoir la confiance d'avancer.

Mais ce que nous recherchons, ce ne sont pas des dirigeants noirs du parti, ou des dirigeants chicanos du parti, ou des dirigeantes femmes du parti, ou des dirigeants ouvriers du parti. Ce que nous recherchons, ce sont des dirigeants du parti : des dirigeants pleinement développés du parti, vus comme tels par tout le parti, qui sont noirs, chicanos, portoricains, des femmes et des travailleurs dans l'industrie. Pas des dirigeants noirs du parti, mais des dirigeants du parti qui sont noirs. Pas des dirigeants qui ne prennent la responsabilité que d'une section du parti ou que d'un domaine de travail, mais des dirigeants qui assument une responsabilité générale, qui dirigent le travail de tout le parti et qui sont vus ainsi par l'ensemble du parti.

L'étape actuelle de construction du parti et la décision que nous sommes en train d'adopter à ce plénum ont aussi un rapport important avec la question de la direction. C'est dans l'industrie que la direction prolétarienne va se développer. L'industrie ne sera pas le seul endroit, parce qu'il y a des luttes des opprimés qui surviennent dans d'autres arènes aussi. Mais l'industrie sera l'endroit décisif et des travailleurs dirigeront ces luttes des opprimés. Ce sera principalement dans l'industrie que nos dirigeants développeront expérience et confiance et qu'ils viendront de l'avant. Ceci est universel et s'applique au parti dans son ensemble.

Pas d'autres voies

Nous n'avons pas de voies différentes vers la direction. Nous ne pouvons pas avoir de voies différentes pour les blancs et les Noirs, pour les hommes et les femmes, pour les cadres plus ou moins expérimentés. Nous ne pouvons avoir de voies différentes parce que ça ne marchera tout simplement pas. Notre travail dans l'industrie, et aller dans l'industrie, est la responsabilité centrale du parti. C'est la principale responsabilité de direction de tous les cadres. Historiquement, c'est là qu'on trouvera la prochaine direction du parti prolétarien et les dirigeants de la prochaine étape du mouvement de masse. C'est vrai non seulement pour la future aile gauche de lutte de classe dans les syndicats, mais aussi pour le mouvement noir, le mouvement chicano, le mouvement portoricain et le mouvement des femmes. C'est d'ici que viendront les dirigeants du mouvement noir et du mouvement des femmes, pas des rangs des avocats, des prédicateurs, des professeurs, des imposteurs syndicaux, des politiciens petits-bourgeois ou des anciens hauts fonctionnaires du gouvernement. On va les trouver dans la classe ouvrière américaine et c'est là que nous devons aller les chercher.

Il y a un autre aspect à cette question aussi. En réfléchissant à ce rapport, je suis retourné lire *The Struggle for a Proletarian Party* [La lutte pour un parti prolétarien[13]]. J'ai été frappé par quelque chose dont je ne me souvenais pas aussi clairement de mes lectures précédentes : l'importance accordée par Jim Cannon aux *attitudes* envers la direction et l'organisation. Il a énuméré plusieurs caractéristiques des dirigeants prolétariens. Le sérieux vis-à-vis de l'organisation de la direction. L'objectivité. La subordination de toute considération personnelle aux besoins du parti. L'adoption d'une attitude professionnelle à son égard. Une opposition implacable au commérage, au cynisme, aux comportements bureaucratiques et à l'hypersensibilité à la critique. Jim a souligné que chacun de ces traits, et d'autres encore, étaient des attitudes prolétariennes envers le parti.

Ce n'était pas seulement l'opinion de Cannon. L'éloge de Trotsky pour *The Struggle for a Proletarian Party* et ce qu'il a lui-même écrit sur l'organisation et la direction dans *In*

Defense of Marxism [Défense du marxisme] ont fait ressortir le même point, fondé sur les décennies d'expérience des bolcheviks [14]. Nous avons intégré cette conception dans le programme fondamental du parti [15].

Avant toute chose, *c'est l'objectivité qui en est la clef.* Pour diriger et donner l'exemple sur la question de l'organisation, sur la question de la direction, nous devons par dessus tout être objectifs et non subjectifs. Le point de départ ne doit pas être « moi et les miens » mais « nous et les nôtres. » Il faut partir des besoins du parti, des besoins de la classe.

Le Comité national

Ces considérations concernent directement l'évolution du Comité national du parti — la question de la direction, où nous en sommes maintenant dans le tournant et le type de direction dont nous devrons nous doter.

Nous savons tous comment la classe ouvrière est divisée selon des lignes raciales et sexuelles, comment la société est divisée. L'unité révolutionnaire de la classe, au sein de la classe et avec les alliés de la classe, doit reposer sur la défense intransigeante des besoins des opprimés, pas sur la défense des privilèges qu'une mince couche de travailleurs obtient des oppresseurs. C'est la seule base sur laquelle la classe ouvrière peut être conduite à la victoire.

Un parti révolutionnaire doit refléter cette réalité non seulement dans son programme, mais aussi dans la composition de sa direction. Ce n'est pas quelque chose qui peut être laissé à la nature ou laissé au hasard. Ceci ne se produira pas « naturellement », c'est-à-dire sans direction consciente. Pourquoi ? Parce que la division de cette société repose en partie sur ce qu'on apprend aux opprimés à penser d'eux-mêmes depuis le jour de leur naissance. On apprend de cent façons différentes aux Noirs, aux Chicanos et aux femmes qu'ils ne sont pas des dirigeants, qu'ils n'ont pas confiance en eux, qu'ils ne sont pas des gens qui pensent clairement, qu'ils ne sont pas des léninistes froids et décidés. Voilà l'idée. Les écoles, les Églises et les médias de masse essaient de structurer ainsi la conscience de la société. Un parti qui ne prête pas une attention particulière à cette question et qui n'agit pas de façon affirmative pour faire avancer des dirigeants et des dirigeants potentiels des rangs des opprimés ne prend tout simplement pas ses responsabilités.

Une nécessité objective
Voilà pourquoi le terme *action affirmative* s'applique bien à ce que nous devons faire.

Je ne connais pas de meilleur terme à utiliser. Je pense que nous devons utiliser l'action affirmative pour faire avancer dans la direction du parti, de toutes les façons possibles, des camarades des nationalités opprimées, des camarades femmes et de jeunes travailleurs qui entrent dans le parti. Nous devons le dire explicitement et nous devons le faire, si ce que nous disons est vrai sur le caractère de la classe ouvrière américaine, le caractère de la révolution à venir et le caractère du parti qui en découle.

Bien sûr, nous ne pouvons diriger la révolution prolétarienne sans avoir des centaines de milliers d'hommes blancs dans le parti et ceci se reflétera aussi dans sa direction. Nous pouvons prendre pour acquis que nous nous entendons là-dessus.

En même temps, nous devons agir de façon affirmative pour favoriser par tous les moyens possibles le développement des camarades femmes, noirs, chicanos et portoricains et des camarades recrutés des luttes ouvrières. Nous devons établir un cadre où nous pouvons faire avancer cette responsabilité et cette opportunité. Ceci n'a rien à voir avec la culpabilité, le moralisme ou le verbiage hypocrite qui caractérisent de si nombreuses sectes « socialistes ». C'est une question objective : oui ou non, serons-nous capables de faire ce que nous devons faire ? La révolution américaine à venir ne peut pas être dirigée par un parti dont la composition sexuelle et raciale — de ses rangs et de sa direction — est semblable à celle des autres partis révolutionnaires du passé, y compris des bolcheviks. Ce besoin est dicté par la nature de la classe ouvrière américaine et par l'histoire de la lutte des classes. Tout ce qui reste en dessous de l'objectif que nous nous sommes fixés ne sera pas suffisant pour nous dans ce pays et dans cette période.

Nous ne devons pas confondre l'action affirmative avec des quotas. Nous sommes pour l'action affirmative, mais nous nous opposons strictement aux quotas dans la construction du parti léniniste. Nous sommes les experts mondiaux des quotas. Je n'ai pas besoin d'expliquer à ce plénum pourquoi nous disons que l'action affirmative sans quotas est une imposture dans l'industrie et l'éducation. Les quotas sont le seul moyen à notre disposition pour garder la classe dirigeante à l'oeil et la forcer à reculer. C'est le seul moyen dont nous disposons pour élever la conscience des gens sur ce sujet.

Les quotas sont nécessaires dans un autre domaine aussi. Nous avons besoin de quotas dans le mouvement ouvrier, par exemple dans diverses situations qui existent dans les syndicats aujourd'hui. Pourquoi devons-nous avoir des quotas d'action affirmative dans les syndicats ? Pourquoi nous battons-nous pour la constitution de comités de femmes, pour le droit de caucus exclusivement noirs et de caucus exclusivement féminins de fonctionner dans les syndicats ? Nous le faisons à cause du programme de la bureaucratie syndicale. Ce n'est pas un programme dans l'intérêt de la classe. Et la direction des syndicats n'est pas démocratiquement élue pour appliquer un programme dans l'intérêt de la classe. L'un des moyens de changer cette situation et de la renverser, c'est en nous battant pour des quotas.

Ce n'est pas seulement une question pour les syndicats aujourd'hui. Nous serons pour des quotas sous un gouvernement ouvrier aux États-Unis. Nous serons pour des quotas parce que le gouvernement ouvrier représentera tous les travailleurs, pas seulement les travailleurs les plus conscients. Ce sera un gouvernement qui comprendra plus d'un parti. Ces différents partis représenteront différentes couches de la classe ouvrière. Ces partis auront des programmes différents. Ils se feront concurrence et s'opposeront les uns aux autres. L'arrivée au pouvoir d'un gouvernement ouvrier et l'établissement d'un État ouvrier n'effaceront pas totalement les différenciations au sein de la classe ouvrière. Pas du tout. La section la plus consciente de la classe ouvrière aura toujours besoin de lutter pour l'unité de la classe en appuyant les intérêts des plus opprimés. Elle devra encore se battre pour renverser les effets de décennies de misleadership dans la classe ouvrière et l'héritage de siècles d'oppression.

Programme et normes léninistes

Mais nous n'utilisons pas les mêmes critères à l'intérieur du parti léniniste. Nous devons nous rappeler les différences. Le programme du parti est un programme révolutionnaire. La direction du parti est démocratiquement élue. Le parti ne peut fonctionner qu'en fondant chaque décision sur des critères *politiques*. Et ce n'est qu'en fonctionnant de cette façon qu'on peut s'assurer que la véritable direction (aux yeux du parti) corresponde à la direction élue. Le parti est l'avant-garde *consciente* de la classe. Voilà les éléments décisifs qui distinguent aujourd'hui le parti des syndicats, des autres organisations de masse de la classe et des futurs soviets. Rappelez-vous, nous ne faisons pas la promotion de toutes nos normes léninistes d'organisation pour aucune autre organisation.

Nous nous opposons donc aux quotas et aux caucus dans le parti léniniste. Mais nous appuyons l'action affirmative dans le développement et la promotion de la direction. Nous cherchons à trouver des façons et des moyens à tous les niveaux pour permettre à des camarades des nationalités opprimées, à des camarades femmes et à de jeunes travailleurs d'acquérir une expérience de direction dans le parti. Nous voulons accélérer le rythme de cette expérience et multiplier au maximum les décisions formelles qui reflètent et encouragent cette expérience.

Mais dire cela *ne signifie pas* que nous *n'allons pas* permettre à des hommes blancs (juifs, plus âgés ou à toute autre « catégorie » de membres) d'acquérir cette expérience de direction. Ce n'est pas du tout la même chose. Même notre façon d'élire les directions le prouve. Et c'est important.

Quand nous élisons le Comité national, les délégués votent *pour* les candidats mis en nomination qu'ils voudraient y voir élus. On ne leur demande pas de choisir ceux qu'ils *ne veulent pas* y voir. La mathématique de l'élection a une signification politique importante. Ce qui arrive, c'est qu'un groupe de délégués dont le vote a le même poids et qui ont été démocratiquement élus inscrivent sur une feuille de papier les noms de 83 personnes qu'ils voudraient voir élues au Comité national. Ils n'inscrivent pas le nom des 10, 50 ou 1 600 personnes qu'ils ne pensent pas devoir y être. Ça reste vrai peu importe le nombre de candidatures mises en nomination. Il peut y avoir 2 000 candidatures ou il peut y en avoir 83. Les délégués inscrivent ces noms, puis leurs votes sont totalisés et les 83 qui ont reçu le plus grand nombre de voix constituent le Comité national du parti pendant un an ou deux.

Ce n'est pas la tâche du parti de choisir les gens qui *ne seront pas* dirigeants ou qui *n'auront pas* de responsabilités. Ce n'est pas notre tâche de placer des obstacles pour empêcher qui que ce soit d'assumer plus de responsabilités. Au contraire. C'est vrai qu'en élisant quelqu'un à une certaine responsabilité, nous excluons en même temps d'autres gens de cette responsabilité formelle. Mais cette exclusion n'est jamais notre point de départ.

Qu'est-ce que le Comité national ?
Il y a un deuxième aspect à cette question. Qu'est-ce que le Comité national ? La première chose à dire, c'est que c'est un *comité*. Être un membre individuel du Comité national ne signifie vraiment pas grand-chose, du moins en ce qui a trait aux privilèges. Le seul privilège que je connaisse est inscrit dans le paragraphe 4 de la section 3 de l'article V des statuts du parti, qui dit qu'un membre du comité trouvé déloyal envers le parti ne peut être suspendu que par une majorité des deux tiers du Comité national. Il perd ses droits et flotte au vent jusqu'à ce que le prochain congrès le flanque à la porte. Quel privilège !

Le document intitulé « Le caractère organisationnel du Parti socialiste des travailleurs » dresse cependant une liste claire de certaines *responsabilités*.

> Pour être membre du personnel dirigeant du parti, le Comité national, le candidat doit complètement subordonner sa vie au parti. Tous les membres du Comité national doivent être prêts à consacrer à temps plein leurs activités au travail du parti à la demande du Comité national. […]
> La direction du parti doit être sous le contrôle de ses membres. Ses politiques doivent toujours être ouvertes à la critique, à la discussion et à la rectification par les membres du rang à l'intérieur de formes et de limites établies. Les instances de direction elles-mêmes doivent être sujettes à la révocation formelle ou au changement. Les membres du parti ont le droit

> d'exiger et de s'attendre à ce que les dirigeants agissent avec la plus grande responsabilité à cause précisément de la position qu'ils occupent dans le mouvement. La sélection de camarades à des positions de direction revient à leur conférer une responsabilité extraordinaire. La direction elle-même doit faire la preuve, non pas une fois, mais continuellement de la justesse de cette affectation. Elle a l'obligation de donner le plus grand exemple de responsabilité, de dévouement, de sacrifice et d'identification totale au parti même et à sa vie et à ses activités quotidiennes. Elle doit faire preuve de sa capacité de défendre ses politiques devant les membres du parti et de défendre la ligne du parti et le parti dans son ensemble devant la classe ouvrière en général [16].

Mais *en tant que comité,* le Comité national signifie beaucoup. Quand le comité se réunit comme comité et prend des décisions en tant que comité, il agit comme la direction nationale du parti, comme si le parti était dans la pièce. C'est ce qui est important.

Deuxièmement, il est important de nous rappeler que le Comité national ne représente pas toute la direction du parti. La direction du parti est plus grande et plus large que le Comité national, le Comité politique, les comités exécutifs de section locale ou tout autre comité. La direction du parti, ce sont ceux qui dirigent. C'est bon de le garder en tête.

Le développement de la direction

Qu'est-il possible d'accomplir dans l'élection même du Comité national ? L'élection du Comité national reflète simplement quelque chose qui a *déjà eu lieu*. L'*élection* du Comité national n'est pas aussi importante qu'elle semble parfois. Ce n'est pas un événement historique dans la lutte des classes.

L'élection du Comité national est une façon de formaliser de manière démocratique un comité de 83 camarades, ou de n'importe quel autre nombre, qui ont une expérience variée et qui dirigent déjà le parti. Être *élu* au Comité national ne *fait* pas de vous un dirigeant national. Être élu au Comité national n'a rien à voir en soi avec le fait d'être un dirigeant. Ou vous êtes un dirigeant ou vous ne l'êtes pas. Si le congrès national le reconnaît, c'est bien. S'il ne le fait pas, attendez jusqu'à l'année prochaine.

Mais si à la longue le congrès n'élit pas une proportion suffisante de la direction du parti, alors là, nous avons un réel problème. Un écart se développe entre la direction réelle et la direction formelle. L'élection du Comité national a pour but de reconnaître de manière formelle la direction réelle du parti.

Si elle ne le fait pas, nous aurons des problèmes. Tout le monde sait quelle est la direction du parti. La direction réelle du parti, ce sont ceux vers qui vous vous tournez quand vous avez des problèmes politiques, ceux dont vous écoutez les avis quand d'importantes décisions sont prises. Ceux vers qui vous vous tournez pour obtenir de la direction. Le Comité national a diablement intérêt à être fondamentalement composé de ces mêmes personnes, sinon il n'aura ni l'autorité ni le respect du parti. C'est là que nous devons commencer. Il y a ainsi des limites étroites à ce que l'élection même du Comité national peut accomplir en matière d'action affirmative. Bien sûr, certaines choses peuvent être faites. Si la commission de nomination et les délégués sont conscients de ce que nous essayons de faire — ce qui est le cas — ce processus peut légèrement progresser. Mais c'est à peu près tout.

Mais l'essentiel du processus de développement de la direction, y compris l'action affirmative, ne se produit pas durant l'élection du Comité national. Élargir et former la direction du parti doit se faire dans les branches, les sections locales et les fractions. C'est là que notre action affirmative se réalise, que le développement conscient de la direction se réalise. C'est là qu'il se produit. Là, nous pouvons utiliser quelques lignes directrices. Nous devons être conscients de ce que nous faisons. Par exemple, nous devons lutter contre les *stéréotypes* dans les affectations.

Une autre chose que nous voulons garder à l'esprit, c'est que chaque responsabilité est une responsabilité collective. Vous n'affectez jamais un camarade à un travail pour ensuite dire qu'il n'est pas à la hauteur et le critiquer pour ça. Les camarades qui ont donné l'affectation ou qui ont donné la responsabilité, le comité exécutif ou la branche, sont responsables du camarade qui l'accepte. Toute affectation est collective. On doit y travailler de façon collective.

Ensuite, plus que toute autre chose, diriger veut dire prendre des responsabilités *générales*. Les dirigeants ne sont pas ceux qui ne s'appliquent qu'à leur affectation particulière. Les dirigeants sont ceux qui, en plus de leur responsabilité à l'intérieur de la division particulière de travail que nous avons à un moment donné, assument toujours d'autres responsabilités. Ils pensent à l'ensemble du parti, à l'ensemble de la branche, et ils aident.

Il y a des choses évidentes que la direction peut faire, des mesures d'action affirmative que nous pouvons prendre, pour faire avancer le processus de développement de la direction. Premièrement, nous pouvons explicitement l'encourager et nous pouvons aider le parti à le faire dans chaque structure, depuis les organisateurs régionaux jusqu'aux comités exécutifs de branche.

« L'université Sandstone »

La deuxième chose que nous pouvons faire, c'est d'initier ce que Jim Cannon a décrit comme l'école nationale de formation à plein temps, populairement appelée l'école Trotsky.

(Nous pourrions l'appeler l'école Cannon, l'université Sandstone ou lui donner un autre nom approprié. J'aime le nom d'université Sandstone parce que l'idée en a été développée collectivement lors de discussions entre les camarades qui purgeaient à Sandstone au Minnesota les sentences imposées dans le cadre de la loi Smith). La proposition initiale est reproduite dans *Letters from Prison* [Lettres de prison [17]]. Elle vaut d'être relue. Elle sert aussi à nous rappeler que nous aurons probablement tous la chance un jour ou l'autre de faire des études universitaires dans des conditions semblables.

Nous ne sommes pas prêts à prendre cette décision maintenant. En premier lieu, nous devons trouver des moyens de la financer sans désorganiser d'autres choses. Peut-être pouvons-nous lancer une campagne de fonds pour le faire. Des camarades se porteront peut-être volontaires pour nous aider à financer ce projet. Mais ce serait irresponsable de ne pas le commencer bientôt.

Il existe une loi très simple dans le développement de la direction, une loi que nous devons observer. Les camarades qui assument toutes sortes de responsabilités, qui font des progrès et prennent de plus en plus de responsabilités ne prendront pas automatiquement le temps — si ce sont des travailleurs actifs et des camarades actifs — de prendre un recul, de réfléchir, de lire et de se réarmer de manière périodique au niveau politique. C'est particulièrement vrai pour les camarades qui se développent dans le parti en suivant certaines voies. Je pense que ceci peut être vrai par exemple parmi de nombreuses camarades femmes. Certaines camarades deviennent des organisatrices extrêmement compétentes et expérimentées. Elles organisent des branches, des fractions et toutes sortes de choses. Mais tout en le faisant, elles n'ont ni le temps, ni la disposition, ni l'encouragement ni la formation pour s'armer de manière approfondie et conséquente au niveau politique.

Nous devons nous débarrasser de toute idée implicite que c'est correct. Qu'il en sera simplement ainsi. Ce sont des balivernes. Nous ne sommes pas un parti où certains *agissent* extrêmement bien et d'autres *pensent* extrêmement bien et où tout marche bien. Ce serait une faiblesse fatale pour un parti. L'université Sandstone a un lien avec l'action affirmative dans le parti. Mais elle n'est pas que cela. Elle vise à faire progresser tous les cadres du parti.

Développer chaque camarade

Aussi importante soit notre responsabilité spéciale de faire progresser les femmes et les camarades des nationalités opprimées, celle-ci est subordonnée à notre travail principal et doit être placée dans ce cadre. Ce travail consiste à maximiser, de toutes les façons possibles, les conditions qui assureront le développement de *chacun des membres individuels* de ce parti comme cadre du SWP et dirigeant du prolétariat, dans tous les domaines qui leur sont ouverts. C'est notre responsabilité principale.

Il y a différentes façons pour nous de le faire. L'une des plus fondamentales est très simple. La direction doit donner une chance égale à chaque camarade. Nous devons travailler de la même façon avec chaque camarade, sans favoritisme, peu importe sa nationalité, son sexe, son âge, ses origines ou ses expériences. Chaque dirigeant est un dirigeant du parti. Il doit se voir comme un dirigeant de tout le parti. Chaque membre du parti doit avoir confiance dans chacun des dirigeants — confiance qu'il sera écouté avec objectivité, qu'il aura une chance égale et qu'il aura les mêmes relations de travail avec lui que tous les autres camarades. C'est notre force.

Nous ne voulons pas de camarades qui pensent qu'ils dirigent certains camarades mais pas d'autres. Nous ne voulons pas d'une direction qui ne jouit pas de la confiance de tous les membres. L'instance de direction élue du parti est responsable du travail du parti dans son ensemble et du développement de tous les camarades. C'est ce que nous cherchons à faire et nous avons fait des progrès importants dans cette direction ces deux dernières années.

Dans ce cadre, il y a toutes sortes de normes organisationnelles utiles. L'une d'elles, c'est que les comités sont plus importants que les individus. Nous devons nous voir moins comme des directeurs de domaine de travail et plus comme des responsables de fraction ou des présidents de comité, parce que cette approche est plus efficace et vous permet d'obtenir de meilleures idées. Quiconque s'assoit seul dans une salle peut avoir des idées — souvent des idées bizarres. Si vous ne discutez qu'avec des gens qui pensent exactement comme vous, vous pouvez partir sur une fausse piste. Quand vous vous tenez avec des gens qui ne sont pas tous comme vous, vous développez des idées plus complètes. Si vous pensez que vos amis les plus proches sont les gens avec qui vous travaillez le mieux comme équipe politique, vous faites fausse route.

Il est utile de revoir le rôle des comités exécutifs et de l'organisateur. L'organisateur n'est pas l'organisateur de la branche ou de la section locale. Le comité exécutif est l'organisateur de la branche ou de la section locale. L'organisateur est simplement l'officier exécutif du comité exécutif. Il est plus important que le comité lui-même fonctionne bien et prenne de plus en plus de responsabilités que d'avoir un organisateur superefficace et très puissant. Ce n'est pas important qu'une tâche ne soit pas accomplie à la perfection parce que le camarade le plus expérimenté n'y est pas affecté. Ce qui nous préoccupe, ce sont les expériences et la formation des cadres dans leur ensemble.

Ce qu'un bon organisateur peut accomplir se mesure à la capacité du comité exécutif de former des cadres pour la prochaine étape de direction et à leur nombre. Bien sûr, ceci est vrai non seulement pour les organisateurs, mais aussi pour les directeurs de champ de travail et les responsables de fraction. Quiconque dirige le moindrement quelque chose prépare toujours son propre remplacement. Ce que vous faites et ce que vous accomplissez à court terme est moins important que la façon dont l'appareil du parti fonctionne après que vous êtes parti pour une autre affectation. Mesurez ce que vous avez accompli au nombre de camarades que vous avez rendus plus confiants et qui s'y connaissent mieux. Et au nombre de ceux à qui vous avez montré par l'exemple que les dirigeants sont ceux qui dirigent et que chaque camarade qui le fait est un dirigeant du parti.

La deuxième norme que nous devrions garder à l'esprit, c'est que diriger réside dans le comment, pas dans le quoi. *Comment* ils font les choses et non pas *quelle* chose particulière ils font : voilà comment les gens dirigent. Pensez à toutes nos tâches comme accomplies par de la force de travail bolchevique. Ce n'est pas la *forme* concrète qu'elles prennent qui détermine leur valeur aux yeux du parti. C'est la *qualité* du travail que nous accomplissons tous qui compte. Et c'est ce que nous valorisons.

Un dirigeant n'accepte ou ne rejette jamais une responsabilité pour une histoire de poste. Il ne refuse jamais une responsabilité parce qu'il ne fait pas partie d'un comité. Il accepte une responsabilité générale, pour le succès de son affectation et de celle de tous les autres, autant qu'il est humainement possible de le faire.

Des révolutionnaires professionnels

Il y a un autre aspect à ceci : diriger n'a rien à voir avec être un permanent. Les dirigeants doivent être prêts à assumer des affectations à plein temps. Mais tous les dirigeants doivent se considérer comme des révolutionnaires professionnels, qu'ils travaillent à plein temps pour le parti ou non. On n'a jamais payé quelqu'un dans le parti révolutionnaire pour diriger. Ça n'est jamais arrivé. Vous dirigez et que vous soyez ou pas un permanent n'a rien à voir avec *ce* fait.

Finalement, nous devrions mettre au rancart toute conception mécanique du développement de la direction analogue à gravir une échelle. Notre parti n'est pas le genre de parti où vous devenez un dirigeant en commençant par être membre d'un comité de branche. Puis vous devenez responsable d'un autre comité. Puis vous devenez responsable du comité de vente. Puis vous devenez un candidat. Puis vous devenez un organisateur adjoint. Puis vous devenez un organisateur de branche. Puis vous devenez un organisateur de section locale. Puis vous devenez l'évêque de l'archidiocèse. Bien sûr, il y a un problème. C'est ainsi que fonctionne le monde entier. Mais ce n'est pas ainsi que fonctionne ce parti-ci.

C'est ici que la conjoncture intervient, que la colonisation de l'industrie intervient. Il n'y a pas d'échelle comme ça pour développer la direction du parti. La question de la direction est directement liée à la réalisation de ce tournant. Diriger maintenant signifie par-dessus tout diriger ce parti dans l'industrie et assumer les responsabilités que ceci implique à tous les niveaux. Nous voulons avoir la majorité des comités exécutifs de section locale et de branche dans l'industrie. Nous voulons avoir tout un groupe de nos organisateurs dans l'industrie aussitôt que nous pourrons les remplacer. Nous voulons poursuivre le processus entrepris avec les camarades du Comité national, du comité directeur syndical et du Comité politique : celui de dégager des dirigeants de leurs affectations pour qu'ils se trouvent un emploi dans l'industrie, pour qu'ils y reconnaissent les ouvertures politiques et en profitent, pour qu'ils aillent là où se trouvent les dirigeants des futurs mouvements de masse et pour qu'ils aillent là où nos cadres vont commencer à se développer à travers le pays, à se former et à être mis à l'épreuve. C'est là que la conjoncture et nos tâches immédiates convergent avec le caractère plus général du parti, la nature de la révolution et le développement de la direction.

■ ■ ■

Nous avons souligné qu'il s'agit d'une période préparatoire. Nous disons que nous n'allons pas dans l'industrie parce que nous anticipons des gains conjoncturels immédiats. Nous devrions aussi souligner quelque chose d'autre. Si nous menons cette perspective à terme et finissons par avoir la vaste majorité du parti dans des syndicats industriels, si la direction dirige, si la majorité des directions de branche et de section locale dirige ce travail, nous allons recruter. Nous allons commencer à recruter dans l'industrie, pas rapidement, mais le rythme va s'accélérer.

Le parti va être transformé. Nous aurons un milieu différent pour mener nos campagnes et nous recruterons. Ceci renforcera chaque aspect du travail du parti. Ceci nous renforcera dans les luttes communautaires, dans NOW, dans le mouvement chicano, dans le NAACP, dans le travail contre Bakke et dans chaque campagne particulière où nous sommes impliqués [18].

Nous devrions être heureux d'avoir une période préparatoire que nous pouvons utiliser. Mais nous ne voulons pas lambiner. Trotsky n'a pas dit que les travailleurs américains se déplacent à une vitesse américaine uniquement pour nous encourager. C'est la vérité. Nous n'avons pas de parti stalinien de masse, pas de parti socialiste de masse, pas de parti ouvrier réformiste. Nous n'avons pas une classe ouvrière défaite ou une classe ouvrière découragée, pas de petite bourgeoisie enragée. Ces obstacles n'existent pas. Nous savons historiquement, nous le savons aussi sûrement que nous sommes assis ici, qu'une crise comme celle que nous traversons — la crise économique et l'offensive de la classe dirigeante — a toujours produit dans ce pays un mouvement de radicalisation explosif dans la classe ouvrière américaine. Ceci se produira encore.

Il s'agit d'une occasion unique pour le parti dans un autre sens. Nous n'avons jamais décidé d'effectuer un tournant comme celui-ci, répondu à une ouverture comme celle-ci, sans avoir à livrer une lutte factionnelle à l'intérieur du parti. Nous n'avons pas d'opposition dans le parti aujourd'hui. Nous avons un parti qui attend d'être dirigé. Les camarades attendent qu'on leur présente ce que nous allons faire. Le Comité politique pense qu'il s'agit là du défi auquel doit répondre ce plénum. C'est la chance de cette direction — et son vrai test.

Forger la direction d'un parti prolétarien

MARY-ALICE WATERS

L'élection du Comité national sera l'un des points à l'ordre du jour les plus importants devant les délégués lors du prochain congrès du parti.

Notre point de départ est le caractère de la révolution américaine à venir et les objectifs stratégiques qui en découlent pour notre classe. Le type de direction qu'il nous faut développer est déterminé par le type de parti nécessaire pour diriger cette révolution. Ce sera une révolution prolétarienne pour établir un gouvernement ouvrier. Le parti qui dirigera cette révolution doit donc être un parti prolétarien. Il ne peut pas être un « parti combiné. » Il ne peut pas être une coalition de secteurs. Il n'y a pas d'avant-gardes multiples. Notre parti doit être l'avant-garde de la classe ouvrière en termes de programme, de composition et d'expérience collective. Il doit inclure dans ses rangs les combattants d'avant-garde les plus conscients du prolétariat. Sa composition doit refléter le rôle d'avant-garde des travailleurs noirs et le nombre grandissant de femmes qui travaillent, en particulier de femmes qui se battent aujourd'hui pour entrer dans les secteurs de l'industrie qui leur étaient auparavant fermés.

Ce rapport a été adopté par le Comité national du SWP en mai 1979.
VOIR LES NOTES EN PAGE 575

Une fois défini le caractère de la révolution américaine qui vient et clarifiés le caractère de classe et la composition du parti nécessaire pour diriger cette révolution, nous devons nous demander : Où en sommes-nous aujourd'hui dans la construction de ce parti ? À quels défis et à quelles tâches faisons-nous face aujourd'hui ? Comment faisons-nous pour transformer un parti de cadre de quelque 1 500 membres — dont très peu sont d'origine ouvrière et la plupart ont été recrutés comme étudiants autour des diverses actions de protestation sociale des années 60 et du début des années 70 — en un parti de travailleurs industriels ? Où en sommes-nous par rapport à notre objectif de transformer les membres et la direction ? De transformer le milieu où nous vivons et travaillons ? De transformer l'axe de notre travail pour le faire tourner autour de nos fractions industrielles ? De commencer à recruter de jeunes travailleurs qui se développeront en dirigeants de notre parti ?

Qu'est-ce que diriger ?
Qu'est-ce que diriger dans un parti bolchevique ?

Notre réponse doit commencer non pas avec la direction du parti, mais avec le parti lui-même. En d'autres termes, nous commençons avec la direction de la classe ouvrière.

Qu'est-ce qu'un membre d'un parti bolchevique ? Il est difficile de trouver une première définition meilleure que celle donnée par Karl Marx et Friedrich Engels dans le *Manifeste du parti communiste*. Les communistes « n'ont pas d'intérêts séparés de ceux du prolétariat tout entier. »

C'est ce que sont les membres de notre parti. Des individus qui subordonnent tout à une collaboration centralisée avec d'autres qui partagent nos objectifs et perspectives révolutionnaires et sont entièrement voués à les défendre. Des individus qui s'efforcent de façon disciplinée d'aider le parti à diriger la classe ouvrière vers la réalisation de ses tâches historiques, qui sont dans l'intérêt de toute l'humanité.

Dans le parti que nous construisons, chaque membre est un dirigeant, un dirigeant de la classe ouvrière, une composante de l'avant-garde consciente de notre classe. Nous nous efforçons de développer au maximum les capacités politiques et de direction de chaque membre individuel. C'est ce que nous voulons dire par un parti de cadres : un parti dont tous les membres sont formés comme des dirigeants et sont prêts à développer d'autres dirigeants de leur classe. En d'autres termes, la direction n'est pas pour nous une question individuelle, c'est la question du parti lui-même.

Il s'agit là d'un point fondamental. Il vaut la peine de s'arrêter pour y réfléchir. C'est le contraire de tout ce que nous enseigne la société de classe. Bien sûr, le parti se compose d'individus. Mais notre force réside dans notre collectivité, pas dans notre individualité. Notre force réside dans notre capacité de fonctionner ensemble comme une équipe, comme une machine. John G. Wright a appelé le parti une machine qui pense[1]. C'est une machine qui pense, c'est une machine qui agit, mais c'est une machine.

Dans ce sens aussi, nous sommes comme notre classe, parce que la force de notre classe réside aussi dans sa puissance collective. Chaque travailleur sait qu'individuellement il ou elle a très peu de pouvoir. Mais ensemble, nous pouvons changer le monde. Solidarité, coopération et collaboration sont l'essence de notre force.

C'est le contraire de la conscience créée par les conditions de vie bourgeoises ou petites-bourgeoises. Pour la bourgeoisie et la petite bourgeoisie, la réussite dépend *réellement* de l'action individuelle. Vous n'arrivez au sommet qu'en vous mesurant à tous les autres et en les vainquant. La concurrence, pas l'effort collectif, est la condition de la survie. Et pour la bourgeoisie, les récompenses proviennent toutes de l'exploitation d'une autre classe.

Dans le parti prolétarien, notre souci de former les individus comme des dirigeants ne vise pas à promouvoir une « satisfaction de soi » égocentrique, mais à augmenter notre force collective et à faire progresser le parti et notre classe. C'est ce qui nous apporte à chacun une grande satisfaction individuelle.

C'est pour cette raison qu'en dernière analyse, un parti bolchevique ne peut se forger en dehors des conditions de vie et des luttes vivantes quotidiennes de notre classe. C'est pour cette raison qu'il doit être prolétarien aussi bien dans sa composition que dans son programme.

Nous en arrivons donc au premier critère de direction dans un parti bolchevique : la capacité de nous voir par rapport au parti et non pas de voir le parti par rapport à nous. Nous tirons notre satisfaction personnelle du fait d'aider à faire tourner la machine, pas de voir nos noms écrits au néon en haut de l'affiche.

Notre fierté réside dans ce que le parti fait bien, en maximisant les résultats de cet effort collectif. Notre récompense réside dans l'avancement du parti, pas dans notre avancement comme individus ni dans la concurrence pour obtenir une plus grande reconnaissance des autres.

Nous en avons discuté il y a un an à la réunion du Comité national où nous avons parlé du développement de fractions industrielles fortes. Notre objectif, avons-nous dit, n'est pas d'essayer d'une manière ou d'une autre de garantir que chaque membre du parti devienne le dirigeant exceptionnel de grandes luttes ouvrières. C'est un objectif impossible, qui n'est pas nécessaire. Ces dirigeants naturels de la classe sont bien sûr importants et le SWP en forme quelques-uns aujourd'hui et en recrutera d'autres.

Mais ce n'est pas ça qui est décisif pour le parti ou pour la classe. Ce n'est pas pour cette raison que nous sommes si déterminés à faire entrer la vaste majorité des membres et dirigeants du parti dans l'industrie.

Ce qui est décisif, avons-nous expliqué, n'est jamais ce qu'un camarade individuel peut accomplir au travail, peu importe ses points forts et ses points faibles, mais ce qu'accomplit sa fraction. Encore plus, c'est ce qu'accomplit sa fraction nationale. Et chaque camarade individuel dans ces fractions contribue à cet effort commun.

L'efficacité du parti dépend de ce que nous pouvons faire en tant qu'équipe dans les branches, les sections locales, les fractions, les comités et les instances de direction. Voilà le type de parti dont notre classe a besoin pour avancer.

Le Comité national

Le parti est une machine composée de cadres qui fonctionnent comme une unité collective. C'est une des raisons pour lesquelles nous insistons sur le fait que la direction du parti est beaucoup plus large que le seul Comité national.

Le Comité national est le *comité* de direction du parti. Les membres du parti le sélectionnent sur la base des capacités politiques générales de ses membres et de leur capacité éprouvée de diriger les luttes où le parti se construit à une étape donnée. Mais il est constitué comme un comité, comme une équipe. Les dirigeants du parti les plus éprouvés et les plus expérimentés sur une période prolongée forment le noyau du comité. Mais l'équipe est et doit être constamment renouvelée et modifiée. C'est un organisme vivant qui grandit et se développe au fur et à mesure que le parti et notre classe changent et traversent de nouvelles expériences.

Le Comité national est une équipe qui incorpore des camarades politiquement expérimentés et qui dirigent divers aspects de l'activité du parti : des camarades qui assument des responsabilités administratives, des écrivains, des porte-parole, des organisateurs, des dirigeants du travail de masse, etc. Il comprend diverses générations, ainsi que diverses couches et expériences de la classe ouvrière. En constituant le comité, nous essayons de regarder où nous allons, tout en tenant compte d'où nous venons.

Au premier chef, le Comité national n'est pas une liste d'individus. C'est un comité en qui les membres ont confiance comme direction du parti.

Au cours de la discussion à ce plénum, plusieurs camarades ont fait référence au nouveau bulletin de la série « Education for Socialists » [Formation des socialistes] intitulé *Background to "The Struggle for a Proletarian Party"* [Documents complémentaires à « La lutte pour un parti prolétarien »]. Cette publication de grande valeur contient entre autres documents plusieurs lettres écrites par Trotsky aux camarades américains en 1937. La plupart de ces lettres traitent de la question de la direction[2]. Nous commencions alors à faire un tournant vers la classe ouvrière industrielle et Trotsky nous pressait de l'accélérer. Je suis convaincue que ceux d'entre vous qui ont eu la possibilité de lire ce bulletin ont été frappés par son actualité et sa pertinence.

Dans ses lettres, comme il le fera plus tard dans *In Defense of Marxism*, Trotsky fait référence encore et encore à la tendance à « l'individualisme » parmi les membres petits-bourgeois du parti américain et du vieux parti bolchevique russe. Il remarque qu'il s'agit souvent de très bons camarades, mais que leurs attitudes sont conditionnées par leurs expériences de classe. Il note leur tendance à critiquer pour critiquer, à s'opposer pour s'opposer et à émettre des doutes pour cacher leur propre scepticisme profond quant aux capacités révolutionnaires de la classe ouvrière. Il contraste les attitudes de ces membres envers le parti et envers eux-mêmes avec celles des membres qui sont des travailleurs.

Trotsky a expliqué que se définir par rapport au parti — et non le contraire — est une attitude prolétarienne.

Développer de nouveaux dirigeants

Trotsky souligne aussi dans ces lettres un deuxième aspect de ce qu'est diriger.

Les dirigeants sont ceux qui aident les autres à devenir des dirigeants.

La direction du parti a la responsabilité de préparer soigneusement et d'expliquer en détail chaque décision, chaque politique et chaque tournant afin que les membres soient non seulement à l'aise avec ce que nous faisons, mais comprennent pourquoi nous le faisons. Nous essayons de travailler avec chaque membre et de développer sa confiance comme cadre expérimenté, qui réfléchit et comprend non seulement la tactique du moment, mais aussi les concepts stratégiques fondamentaux qui déterminent nos tactiques toujours changeantes.

Trotsky a très bien résumé ce souci de développer les capacités de chaque membre du parti et les responsabilités politiques de la direction envers les membres lorsqu'il a dit que le permanent d'un « parti révolutionnaire doit avoir en premier lieu une bonne oreille et seulement en second lieu une bonne langue. »

Le besoin d'aider chaque camarade à développer sa compréhension et ses capacités est une des raisons pour lesquelles nous organisons notre travail par le biais de comités et de fractions. Bien sûr, un comité ou une fraction fonctionne mieux qu'un individu puisque nous avons tous nos faiblesses. En travaillant collectivement, nous essayons d'établir un équilibre entre nous et de compenser nos faiblesses. C'est évident.

Mais le travail en fraction et en comité est aussi la façon de développer les camarades. Nous ne plaçons jamais un camarade seul dans une affectation pour dire ensuite : « Bon, c'était au-dessus de ses capacités. Il n'est simplement pas arrivé à le faire. » Chaque affectation est une responsabilité collective.

En fin de compte, nous mesurons véritablement le succès de notre travail de direction à notre capacité de préparer notre propre relève, à notre capacité de transmettre ce que nous savons et de former quelqu'un d'autre pour nous remplacer.

L'action affirmative

Troisièmement, Trotsky explique que la prolétarisation du parti et ce que nous appellerions aujourd'hui l'action affirmative sont toutes les deux indispensables pour développer une direction prolétarienne. Il affirme que des mesures conscientes doivent être prises pour augmenter la composition prolétarienne des instances de direction du parti et augmenter la confiance de direction des jeunes cadres ouvriers. Les principaux points faits par Trotsky correspondent à la perspective que nous avons discutée au cours des dernières années par rapport au développement de dirigeants du parti qui sont des Noirs, des Latinos et des femmes.

Trotsky explique que si vous laissez la nature suivre son cours, étant donné la composition et les champs d'activité de beaucoup de membres, les travailleurs qui ne brillent pas par leurs « formules générales et [leurs] plumes fécondes » mais possèdent simplement une riche « connaissance de la vie des travailleurs » et de riches « capacités pratiques » seront probablement ignorés lorsque viendra le temps de sélectionner la direction. Il a proposé d'ajouter consciemment toute une couche de ces cadres ouvriers ayant fait la preuve de leurs talents et capacités au Comité national et aux autres instances de direction, afin de renforcer politiquement la direction et de permettre en même temps à ces camarades de se développer. Il souligne que la participation aux comités de direction du parti est en soi importante à une certaine étape de la formation d'un dirigeant. Trotsky a encouragé le parti à ignorer toutes les « considérations secondaires, factionnelles, personnelles [qui] jouent un trop grand rôle dans la composition de la liste des candidats » aux instances de direction du parti et à renouveler consciemment la direction par le biais de ce type de mesure d'action affirmative.

La direction et la démocratie du parti
Quatrièmement, Trotsky explique que ces concepts de direction sont inextricablement liées à la question de la démocratie du parti.

Il demande : qu'est-ce que la démocratie du parti ? et en énumère trois éléments.

1. « Le respect le plus strict des statuts du parti par les organismes dirigeants » : congrès réguliers, périodes de discussion suffisantes, droit des minorités d'exprimer leurs opinions, droit de former des tendances, etc. Toutes les choses qui sont codifiées dans nos statuts et principes d'organisation. Mais, écrit Trotsky, ceci n'est que le tout début.

2. « Une attitude patiente, amicale, jusqu'à un certain point pédagogique, de la part du comité central et de ses membres vis-à-vis des rangs, y compris des opposants et des mécontents, car il n'y a pas grand mérite à être « content de tous ceux qui sont contents de vous. »

Il continue : « Les méthodes du « terrorisme » psychologique, y compris une façon hautaine ou ironique de répondre ou de traiter toute objection, toute critique ou tout doute — c'est précisément cette façon journalistique ou « intellectualiste » qui est intolérable pour les travailleurs et les condamne au silence. » Éliminer ce genre de conduite parmi les « dirigeants » est aussi au coeur de la démocratie du parti.

Mais, insiste Trotsky, ces deux éléments ne suffisent toujours pas. Ce n'est pas assez de simplement respecter des règles formelles de démocratie interne et de bannir les méthodes terroristes ou la dérision des camarades qui posent des questions ou avancent de nouvelles idées.

3. La direction doit aussi « être en contact permanent, actif et non formel avec les rangs, surtout lorsqu'elle prépare un nouveau mot d'ordre ou une nouvelle campagne, ou qu'il faut vérifier les résultats d'une campagne terminée. » Les organismes dirigeants, dit Trotsky, doivent être « étroitement liés aux rangs et [en être] organiquement représentatifs. »

Trotsky a insisté sur le fait que seul ce type de parti, consciemment doté de ce genre d'attitudes de direction, pouvait faire le tournant vers les travailleurs industriels qu'il était nécessaire de faire en 1937. Ceci vaut pour nous en 1979.

Finalement, nous devrions ajouter ce que nous avons déjà souligné auparavant. Les dirigeants sont ceux qui assument volontiers de grandes responsabilités politiques générales, plus largement que leurs affectations spécifiques du moment et indépendamment des « postes » qu'ils occupent (ou pas). Pour dire les choses le plus simplement possible : diriger, ce n'est pas l'affectation que vous acceptez, mais comment vous accomplissez ce qui doit être fait. Les dirigeants sont ceux qui dirigent.

Voilà quelques-unes des conceptions fondamentales sur le parti et sur la direction du parti que le SWP avait apprises de Trotsky et de nos propres expériences à la fin des années 30. Les cadres centraux de notre parti ont assimilé ces attitudes et ont été capables de les transmettre sans rupture de continuité. Ce facteur a été décisif pour nous permettre d'aller aussi loin — et d'une manière qualitativement différente de la plupart des autres partis de la Quatrième Internationale — dans la construction d'une équipe de direction homogène, composée de camarades de générations différentes, d'hommes et de femmes, et de camarades de nationalités opprimées. Le succès que nous avons connu à ce niveau repose sur ces attitudes prolétariennes les plus fondamentales envers le parti et la direction. Il nous a permis entre autres choses de mener à bien une transition de direction sans précédent.

Quelques attitudes prolétariennes

Beaucoup de ces leçons et quelques autres aussi ont été mentionnées par Farrell Dobbs dans son hommage à Joe Hansen. Nous avons publié les remarques faites par Farrell lors de la réunion commémorative de San Francisco dans l'édition du 16 avril 1979 de la revue *Intercontinental Press*.

Joe, a souligné Farrell, comprenait que diriger, ce n'est pas ce que vous faites mais comment vous le faites. Pour l'illustrer, il a raconté comment Joe a accepté de devenir le gérant commercial du *Militant* quand les partisans de Bert Cochran ont rouspété parce qu'on avait proposé à un dirigeant de leur faction une telle affectation « technique » politiquement sans importance[3]. Joe a accompli cette affectation d'une façon sérieuse et professionnelle. Il a aimé le faire. Et il a aimé montrer à tout le parti que chaque affectation est importante.

Farrell a rendu un de ses plus grands hommages à Joe en l'appelant un « soldat discipliné. » Quelqu'un qui savait que tout ce que nous faisons — organiser une branche, être l'observateur du SWP au secrétariat unifié de la Quatrième Internationale, promouvoir la circulation de notre presse ou obtenir un emploi dans la sidérurgie — revient tout simplement à travailler comme une composante de l'équipe. Nous sommes tous les pièces pensantes, agissantes et disciplinées d'une bien plus grande machine qui pense et agit. Comme Joe avait l'habitude de le dire : « Tout ça, c'est de la force de travail. » Tout ce que nous faisons fait partie de la construction du parti. C'est ce qui compte.

Deuxièmement, Farrell a souligné le contrôle de soi et la discipline de Joe. En particulier lorsqu'il était sous pression, parfois sous d'énormes pressions, aussi bien à la résidence de Trotsky au Mexique que lorsqu'il travaillait à garder le parti intact durant la période du maccarthysme dans ce pays. Joe n'a jamais « perdu son sang-froid. »

Troisièmement, Joe était extrêmement conscient du fait que les dirigeants ont la responsabilité générale de maintenir l'équilibre du parti. Ils prennent le parti au sérieux. Si vous avez une idée ou une proposition ou si vous pensez qu'il y a quelque chose qui ne va pas, vous ne surgissez pas simplement avec elle à n'importe quelle heure du jour ou de la nuit. Comme l'a dit Farrell, « vous ne provoquez pas tout un boucan » quand vous avez une divergence.

Vous soulevez vos idées, vos critiques et vos propositions de manière mesurée, au moment et à l'endroit appropriés, et avec un sens des proportions par rapport aux besoins de l'ensemble du parti. Plus vous assumez de responsabilités de direction, plus vos actions et vos opinions peuvent avoir un effet sur la stabilité et l'équilibre du parti et sur sa capacité de fonctionner.

Dans une des lettres que j'ai mentionnées plus tôt, Trotsky a rappelé la position de Lénine sur cette question. Lorsque Lénine a demandé l'expulsion de Grigori Ordjonikidzé du parti en 1923, « il a très justement dit que les membres du parti qui ne sont pas contents ont le droit d'être « turbulents », mais qu'un membre du Comité central n'en a pas le droit. » Farrell a noté que Joe a toujours agi comme un dirigeant à ce niveau et qu'il a compris que les dirigeants ont moins le droit, pas une plus grande liberté, d'exprimer leur « individualisme », leurs caprices et leurs faiblesses personnelles.

Quatrièmement, Farrell a souligné le fait que Joe n'était pas de ceux qui cherchent à montrer combien ils sont intelligents en essayant de faire passer les autres pour des imbéciles. Joe n'a pas essayé de prouver qu'il était un « penseur indépendant » en refusant d'apprendre de Trotsky. Par conséquent, il a pu apprendre. Il a appris à considérer dans tous leurs détails tous les problèmes auxquels il était confronté, à aborder les questions de façon systématique, à en examiner tous les angles et à les résoudre.

Les qualités de dirigeant que Farrell a fait ressortir chez Joe ne sont pas des qualités innées chez qui que ce soit. Ce sont des choses que tous peuvent apprendre. Ce sont des attributs prolétariens de direction acquis, que nous pouvons tous développer.

Des dirigeants qui sont des Noirs, des Latinos et des femmes
Je veux maintenant aborder un aspect spécifique des questions de direction que nous avons discutées depuis le dernier congrès : le défi auquel nous faisons face pour former des camarades noirs, latinos et femmes comme des dirigeants pleinement aguerris du parti.

Nous devrions ajouter que dans les années 80, nous ferons face à un défi semblable pour former les jeunes travailleurs que nous recruterons dans les usines. Plusieurs d'entre eux seront aussi des Noirs, des Latinos et des femmes.

Les défis particuliers auxquels nous faisons face pour développer ce type de direction sont réels. Mais on va trouver 99 pour cent des réponses dans notre approche générale sur toutes les questions de direction.

Nous devrions commencer par séparer la question de former des dirigeants issus des nationalités opprimées de celle de former des dirigeants qui sont des femmes. Certains aspects sont semblables, mais il y a aussi des différences.

Commençons par le défi auquel nous faisons face pour développer les camarades noirs, chicanos, portoricains ou issus d'autres minorités nationales opprimées. À la suite du rapport et de la discussion que nous avons eus à la réunion du Comité national de février 1978, nous comprenons beaucoup mieux pourquoi on ne peut construire un parti véritablement multinational dans ses rangs et dans sa direction s'il n'est pas en même temps prolétarien dans sa composition et son milieu social. Un programme prolétarien seul ne suffit pas.

Nous pouvons bien sûr assembler une avant-garde autour de notre programme, comme nous l'avons fait au cours des 15 dernières années. L'étendue du recrutement et du développement de camarades noirs et latinos est un accomplissement nouveau dans l'histoire du trotskysme américain. Au moment où nous nous tournons vers les nouvelles ouvertures politiques dans la classe ouvrière industrielle, cet acquis nous permettra de recruter et d'intégrer plus facilement de jeunes travailleurs noirs et latinos.

Mais le prochain pas dans la construction d'une direction multinationale ne pourra être franchi que par un parti dont les membres font partie de la classe ouvrière industrielle. Pourquoi disons-nous cela ?

Tant que le parti était composé principalement d'étudiants et de travailleurs de bureau et de travailleurs semi-professionnels et que la radicalisation prenait la forme d'actions de protestation sociale où les organisations de masse de la classe ouvrière ne jouaient qu'un rôle limité, il était plus difficile de surmonter la profonde méfiance des Noirs et des Latinos attirés vers nous. Il était plus difficile de recruter des camarades issus des nationalités opprimées que de recruter des blancs. Il en était ainsi parce qu'en plus de tous les autres obstacles qui rendent toujours exceptionnel le recrutement de chaque individu, le milieu social où on fonctionnait, les conditions de vie petites-bourgeoises, accentuait les conflits d'intérêts.

On ne peut pas ignorer le fait que les étudiants blancs — en particulier ceux qui proviennent de milieux petits-bourgeois, mais aussi de familles ouvrières — ont invariablement accès à des choix et à des options qui sont fermées aux Noirs et aux Latinos. Ceci est vrai pour nos camarades aussi.

La plupart des camarades blancs qui ont eu l'expérience de travailler au recrutement d'un contact noir ou latino se sont faits demander, parfois ouvertement parfois implicitement :

« Tu *dis* que tu défends ce programme, mais comment puis-je savoir si tu es sincère ? Seras-tu encore là quand les choses deviendront plus difficiles ? Quel intérêt as-tu à le faire ? »

Les questions autour desquelles la radicalisation s'est approfondie et les conditions de lutte ne nous ont pas toujours fourni beaucoup d'occasions de prouver que nous n'étions pas simplement des partisans idéalistes de justes causes. Nous n'avons donc recruté que les Noirs et les Latinos qui ont été capables de surmonter d'énormes barrières objectives. Il leur a fallu être exceptionnellement clairvoyants et solides.

Mais les obstacles de ce genre diminuent à mesure que le parti devient plus prolétarien non seulement dans son programme, mais aussi dans sa composition et son milieu social. Les relations entre les travailleurs blancs et noirs sur les piquets de grève à Newport News diffèrent de celles qui existent entre radicaux noirs et blancs sur les campus [4]. Les camarades blancs et noirs n'entretiennent pas les mêmes relations sur la chaîne de montage d'une usine automobile que dans une coalition contre la guerre.

La solidarité est une condition de survie dans la classe ouvrière. Vos intérêts de classe communs s'imposent avec évidence en dépit de l'oppression nationale dont souffre un travailleur et l'autre pas. Vous avez les mêmes intérêts matériels en tant que membres de la même classe. Et c'est ce qui vient au premier plan, en particulier dans les périodes de lutte.

De plus, à mesure que la polarisation de classes s'approfondit, il devient plus clair que la voie en avant est étroitement liée pour la lutte de libération des Noirs et pour le mouvement ouvrier. C'est dans les aciéries, les usines et les chantiers navals qu'on trouvera aussi bien les forces nécessaires pour gagner les droits des Noirs que la direction noire dont la compréhension de classe et le courage politique rendront possible la prochaine étape de la lutte. Vous n'avez pas à choisir entre lutter pour les besoins des Noirs ou transformer le mouvement ouvrier. La formation d'une aile gauche de lutte de classe dans les syndicats et la revitalisation d'un mouvement intransigeant pour les droits des Noirs sont étroitement liées.

Les attitudes commencent à changer dans la lutte. Une confiance mutuelle se forge parmi les meilleurs combattants, parmi ceux qui dirigent. Vous n'appuyez pas un bon programme. Vous luttez pour vos propres besoins communs. La réponse à la question « Quel intérêt toi et moi avons-nous à le faire ? » est évidente. Ce n'est plus un choix, mais une nécessité.

C'est seulement dans ces conditions que l'on peut construire une direction et un parti dont la composition est large et multinationale — pas seulement une petite couche, mais un groupe important de cadres. Les dirigeants et les membres du SWP doivent avoir une confiance inébranlable les uns envers les autres. Nous devons être prêts à mettre nos vies entre les mains des autres camarades. Et ce genre de parti ne peut être forgé que dans le vrai combat de classe prolétarien. Il devient évident pourquoi le parti doit être politiquement homogène et trempé à travers une expérience de direction commune dans la lutte des classes.

Il nous faut aussi garder à l'esprit un changement objectif important qui rend réaliste notre perspective de construire ce genre de parti. Le type de parti *multinational* et de direction *multinationale* qu'il nous faut construire aujourd'hui n'aurait pas pu l'être il y a plusieurs décennies parce que la composition du prolétariat lui-même était différente. Pendant la deuxième guerre mondiale et les années d'après-guerre, on a assisté à une urbanisation et à une prolétarisation massives des nationalités opprimées.

Dans les années 30, les populations noire et chicana étaient beaucoup plus rurales et engagées dans l'agriculture.

Elles étaient plus un allié de la classe ouvrière qu'une couche de la classe ouvrière. Cette situation a changé de manière dramatique au cours des 40 dernières années.

Bien sûr, vous deviez aussi avoir un parti multinational dans les années 30. Vous deviez avoir une ligne correcte sur l'autodétermination des Noirs. Vous deviez avoir une compréhension correcte du rôle d'avant-garde que le prolétariat noir jouerait. Et nous les avions.

Mais à quel point et à quel degré il est non seulement possible, mais essentiel pour la révolution américaine de construire une organisation de cadres multinationale large — ce défi se pose d'une manière différente qu'il y a 50 ans. Et il devient encore plus crucial chaque nouvelle année, alors que la prolétarisation des nationalités opprimées se poursuit.

Voilà pourquoi il est aujourd'hui à la fois davantage possible et nécessaire de construire un parti prolétarien multinational dans sa composition et dans sa direction. Il est important de garder ce fait à l'esprit quand on regarde en arrière et évalue l'histoire de notre propre parti.

Mais le fait qu'il est davantage possible et encore plus vital pour le futur de l'humanité de construire un parti multinational aujourd'hui ne signifie pas que ce processus se fera automatiquement.

Ces conditions plus favorables n'éliminent pas les obstacles supplémentaires créés par cette société, obstacles qu'il faut surmonter pour développer des dirigeants du parti qui sont noirs, chicanos, portoricains ou de n'importe quelle minorité nationale opprimée. Elles ne signifient pas que nous n'avons plus à prendre de mesures spéciales pour encourager le développement des camarades noirs et latinos comme dirigeants du parti.

C'est pourquoi nous avons et continuerons d'avoir une politique d'action affirmative, c'est-à-dire d'encouragement conscient et d'attention spéciale au développement comme dirigeants des camarades des nationalités opprimées.

Mais ces mesures spéciales s'inscrivent maintenant dans le cadre de notre tournant vers l'industrie et de nos progrès vers la construction d'un parti plus prolétarien. En prenant de l'assurance comme dirigeants de la classe ouvrière, les Noirs et les Latinos deviendront aussi plus confiants comme dirigeants du parti d'avant-garde de notre classe.

Les Noirs et les Latinos seront au premier rang des travailleurs qui pousseront à la formation d'une aile gauche de luttes de classe dans les syndicats. Ils lutteront pour unifier la classe autour d'un programme défendant les revendications de tous les opprimés et exploités. Ils fourniront la direction prolétarienne nécessaire pour revitaliser les grands mouvements de protestation sociale en faveur des droits des Noirs et des Latinos.

À travers ces expériences et en tant que membres d'un parti révolutionnaire de combat, ils aideront à diriger les actions prolétariennes de masse qui culmineront dans la conquête du pouvoir et l'établissement d'un gouvernement des travailleurs.

Telle est la perspective que le SWP peut offrir et offre aux travailleurs noirs et latinos avec qui nous discutons et travaillons en allant dans l'industrie. C'est la voie conduisant au développement d'un parti prolétarien multinational.

Les dirigeants du parti qui sont des femmes

Qu'en est-il du développement des dirigeants du parti qui sont des femmes ?

La plupart de ce que nous avons dit jusqu'ici s'applique aux femmes. Mais nous devons aussi dire plus.

Nous faisons face au défi de construire un parti et une direction comme il n'en a encore jamais existé. C'est un fait historique. Et l'explication en est simple. La composition sexuelle de la classe ouvrière américaine diffère aujourd'hui de tout ce qui a existé auparavant. Les changements à ce niveau sont semblables à ce que nous venons de dire au sujet de la question raciale.

Un parti ayant la composition sexuelle du Parti bolchevique de 1917 ne pourrait pas diriger la révolution américaine aujourd'hui. Il n'y avait pas une seule femme dans la direction politique centrale du parti bolchevique. Nadiejda Kroupskaïa en a peut-être été l'une des femmes les plus capables, mais elle n'a jamais été membre du Comité central. Alexandra Kollontaï a joué un rôle important, mais elle n'était pas une dirigeante politique pleinement aguerrie et n'a jamais exercé de responsabilité de direction centrale générale dans le parti.

Je pense que si l'on revient avec objectivité sur l'histoire du mouvement marxiste, il nous faudrait dire qu'en réalité il n'y a qu'une seule femme qui se distingue comme dirigeante politique centrale de ce type : Rosa Luxemburg. Il serait peut-être correct d'inclure aussi Eleanor Marx.

Mais nous n'avons pas à être sur la défensive parce que Rosa Luxemburg a été unique dans l'histoire du mouvement marxiste. Ce n'est pas la faute du marxisme ni du léninisme, ni de la direction des partis véritablement marxistes et léninistes.

C'est plutôt le résultat de deux facteurs historiques. D'abord, de l'étape de développement du capitalisme lui-même et de la composition sexuelle de la population active. Et deuxièmement, de la profondeur de l'oppression des femmes — institutionnalisée dans la famille — et de son impact profond sur la structure de caractère de toutes les femmes élevées dans une société de classe.

Si nous qui vivons dans les pays capitalistes les plus forts économiquement, dans la dernière partie du vingtième siècle, pouvons être relativement optimistes quant à notre capacité de construire un parti et une direction dont la composition soit différente de tout ce qui a existé jusqu'à présent, c'est à cause des changements produits par le développement du capitalisme même.

L'expansion économique qui a suivi la deuxième guerre mondiale, et qui s'est grandement accélérée dans les années 60, s'est traduite par une augmentation qualitative du pourcentage de femmes sur le marché du travail. Aux États-Unis, ce chiffre s'élève maintenant à plus de 60 pour cent des femmes âgées de 18 à 55 ans. L'expansion économique a augmenté qualitativement le pourcentage de femmes dans la population active, qui atteint maintenant plus de 40 pour cent. Plus que tout *autre* facteur, ces changements sont à la base de la « deuxième vague » de lutte féministe.

De plus, et c'est le plus important pour nous, les femmes ont commencé pendant la dernière décennie à renverser les obstacles obstruant leur entrée dans les secteurs de l'industrie dont elles avaient été précédemment exclues. C'est nouveau. Ceci s'est produit depuis la fin des années 60. Et lorsque la prochaine récession importante frappera, la classe ouvrière aura une vraie bataille à livrer pour empêcher ces femmes d'être chassées de l'industrie.

Ces changements sont décisifs pour le développement de femmes qui sont des dirigeantes de la classe ouvrière et pour la création du genre de parti prolétarien requis par nos tâches. Et le tournant nous donne un nouveau cadre pour accroître la confiance politique des camarades femmes. Plusieurs camarades qui ont obtenu des emplois industriels au cours des derniers mois en ont déjà fait l'expérience.

Quand vous quittez un emploi de secrétaire et de servante personnelle pour un homme dans un bureau et que vous allez travailler sur une chaîne de montage automobile, le changement affecte votre conscience. Il affecte votre attitude envers vous-même et envers ce que vous êtes capable de faire.

Sortir de l'isolement et de la dépendance domestiques pour entrer dans la population active représente un pas gigantesque pour les femmes, qui change leur conscience. Mais pour développer le genre de direction qu'il nous faut, il est encore plus crucial maintenant de franchir le prochain pas en allant dans les secteurs de l'industrie auparavant fermés aux femmes.

À mesure que les femmes renversent les barrières et entrent dans l'industrie, vous voyez aussi changer — souvent rapidement — l'attitude des hommes sur les chaînes de montage ou dans les aciéries. Les hommes voient les femmes avec qui ils travaillent sous un jour différent. Les préjugés sexistes commencent à tomber.

Un parti ayant une proportion significative de femmes dans sa direction centrale ne peut être construit autrement que comme un parti ouvrier — dans sa composition aussi bien que dans son programme. Nous pouvons le dire de manière catégorique. Ce n'est pas une question d'individus. Nous ne disons pas que seules les femmes qui sont des travailleuses peuvent surmonter les barrières et se développer comme des dirigeantes. Mais un parti révolutionnaire ayant un grand nombre de cadres dirigeants qui sont des femmes ne peut se forger que dans les véritables batailles de notre classe. Et ce processus sera totalement lié à la composition changeante de la main-d'oeuvre industrielle.

Les femmes ont une peur profonde de diriger. Nous sommes conditionnées depuis le jour de notre naissance à craindre les conséquences d'essayer de diriger — et surtout de diriger des hommes. On nous enseigne qu'un tel cours signifiera inévitablement la solitude et le rejet par les hommes. Qu'aucun homme ne peut tolérer la remise en cause de sa « masculinité » par une femme indépendante et confiante qui agit comme une dirigeante. Et peu d'hommes le peuvent.

C'est le plus grand obstacle au développement de femmes dirigeantes. Il est enraciné dans la structure de caractère, la psychologie, du sexe opprimé. C'est une chose à laquelle chaque femme fait face et qu'elle doit surmonter.

C'est pour cette raison que développer des femmes comme dirigeantes constitue un défi encore plus grand que développer des dirigeants noirs et latinos du parti. Bien sûr, pour les Latinas et les Noires, ces facteurs sont combinés. Le défi est encore plus grand pour elles.

Les changements dans la conscience et la confiance des femmes iront de pair avec des changements d'attitude chez les hommes. Les hommes cesseront d'avoir peur d'être remis en cause par les femmes à mesure que celles-ci acquerront l'indépendance économique et la confiance psychologique nécessaires pour devenir des dirigeantes d'hommes. Et c'est une des raisons pour lesquelles les changements dans notre classe, les batailles pour l'action affirmative que nous sommes en train de gagner, sont si importants. Ce qui est en jeu, c'est l'avenir de l'humanité — autant pour les hommes que pour les femmes.

La direction du SWP aujourd'hui

Comment tout ceci se reflète-t-il dans la direction du parti aujourd'hui ? La composition du Comité national élu au dernier congrès nous indique les progrès que nous avons faits de même que les obstacles qu'il nous reste encore à surmonter.

Environ 42 pour cent des membres du SWP sont des femmes, comparativement à 33 pour cent au Comité national. D'autre part, le parti compte 6 ou 7 pour cent de Noirs contre 26 pour cent au Comité national. Les membres qui sont latinos représentent 5 pour cent du parti, contre 7 pour cent au Comité national.

Au moment où se tient ce plénum, environ 39 pour cent des membres du parti sont des travailleurs industriels. Le Comité national en compte 30 pour cent.

Selon moi, la composition du Comité national ne diverge pas de la véritable direction du parti. À quelques pourcentages près, et ce n'est pas vraiment important, ces résultats reflètent de façon assez précise ce que nous avons accompli. En ce sens, le Comité national élu au dernier congrès est bon. Parce que, ainsi que nous l'avions souligné à ce moment-là, il vaut mieux que la direction élue du parti coïncide avec sa direction véritable, sinon nos comités de direction perdront leur autorité. Nous serons aussi faux qu'un billet de trois dollars si notre direction véritable et notre direction élue ne coïncident pas.

Mais je veux parler de quelque chose d'autre. Qu'y-a-t-il derrière ces statistiques ? Que nous disent-elles sur le parti ? Nous devrions examiner la question du point de vue du besoin pour le parti de prendre des mesures spéciales pour aider les camarades femmes à développer leurs capacités de direction et du besoin de les mettre au défi de le faire.

C'est une des questions qui ont surgi lors de la discussion sur l'élection du Comité national au congrès d'août 1977.

Mais elle a été posée dans le mauvais cadre. L'élection du Comité national a été vue comme une solution à des problèmes de direction plutôt qu'un reflet de là où nous en sommes. Nous avons tous senti qu'il y avait quelque chose qui clochait dans cette discussion. Elle nous a mis mal à l'aise. Mais pourquoi s'est-elle produite ?

D'une part, nous l'avons encouragée dans la direction. Au congrès, nous avons attiré l'attention sur le fait qu'il y avait un écart significatif entre le pourcentage de femmes dans le parti et leur pourcentage dans le Comité national. Et nous avons indiqué que nous pensions que le nouveau CN devrait refléter les progrès continus que nous avions faits dans le développement de dirigeants qui sont des femmes. Mais nous n'avons rien dit de plus. Nous n'avons pas discuté des questions suivantes : Pourquoi y a-t-il un écart de ce genre ? D'où vient-il ? Signifie-t-il que les femmes ne sont pas considérées adéquatement lors de la mise en candidature au Comité national ? Quelles mesures devons-nous prendre ?

En conséquence, il y a eu une tendance à donner des réponses faciles, à chercher des solutions faciles. C'est naturel. Mais quand les problèmes sont ardus, les réponses faciles ne vous mènent pas très loin. Et elles pointent souvent dans la mauvaise direction.

Une réponse facile, c'est d'abord la direction comme une somme de catégories et de pourcentages au lieu de réfléchir à la direction réelle du parti. Autrement dit, de commencer en essayant de donner aux statistiques l'allure que nous aimerions qu'elles aient au lieu de commencer avec l'élection d'un comité qui dirige politiquement le parti. Plusieurs camarades ont espéré que la commission de nomination allait rectifier ces *pourcentages*. Quand un écart (plus petit toutefois) est resté, les camarades ont été déçus. Ils ont eu l'impression qu'une erreur avait été commise. C'est ainsi que nous en sommes arrivés à la situation où, par un vote très serré, les délégués ont décidé sur place d'ajouter cinq membres au CN. Bien sûr, c'était conforme aux procédures et pas nécessairement une erreur. Il y a toujours plusieurs camarades de plus ayant les qualifications requises pour être membres du Comité national que ceux proposés par la commission de nomination pour initier le processus de mise en candidature.

Mais la discussion a pris place dans un cadre erroné, qui a pris pour acquis que l'élection du CN est elle-même une façon de développer la direction. Celle-ci ne l'est pas. Et elle ne peut l'être. Tout ce qu'elle peut faire, c'est d'*enregistrer* les progrès que nous avons faits dans la période qui *précède* le congrès aussi précisément et objectivement que les êtres humains qui sont délégués au congrès sont capables de le faire. Bien sûr, le congrès peut faire un peu avancer les choses dans la bonne direction, mais seulement un tout petit peu. S'il essaie d'aller trop loin, il peut se retrouver avec une liste de candidats qui ne reflète pas de façon précise la véritable direction du parti.

Ni la commission de nomination ni les délégués au congrès n'ont pour tâche de développer la direction. C'est un travail qui commence au niveau des branches, dans chacun des comités et dans chacune des fractions du parti.

Ces conceptions erronées sur ce que peut accomplir l'élection du Comité national sont étroitement associées à une autre réponse facile. Les femmes constituent un pourcentage des membres du Comité national inférieur à celui du parti dans son ensemble. Ce fait indique-t-il que les femmes ne reçoivent pas l'attention qui leur est due lors de l'élection du CN ? Posée de façon plus large, la question devient : le *parti* place-t-il des obstacles ou des barrières au développement des femmes comme dirigeantes ? Restreint-il les camarades femmes à certains genres d'affectation, à certains rôles ? Si c'était vrai, la solution serait simple. Il faudrait simplement lever les barrières dans le parti.

Mais c'est faux. Le bilan du travail accompli par les commissions de nomination lors des derniers congrès indique sans équivoque qu'on accorde une considération préférentielle aux femmes dans l'élection du CN. Et je pense que c'est généralement vrai à tous les niveaux et pour la plupart des affectations dans le parti. J'ajouterais en outre que comparativement aux autres organisations de notre classe, notre direction est excellente à ce chapitre. Et tout le monde sait que c'est *vrai*.

Pourtant, même en accordant une considération préférentielle aux dirigeants qui sont des femmes, le pourcentage de femmes dans le CN reste inférieur à celui des femmes dans le parti. Ceci nous indique que nous avons un défi plus grand à surmonter, un problème plus grand à confronter pour développer les femmes en tant que dirigeantes politiques aguerries. Nous n'avons aucune raison d'être sur la défensive à ce sujet. Nous nous heurtons à la façon dont la *société* perpétue l'oppression des femmes. À ce qu'on inculque aux femmes et à ce qu'on les conditionne à croire à leur propre sujet depuis le jour de leur naissance. Les femmes ne le surmontent pas simplement en adhérant au Parti socialiste des travailleurs ou en comprenant notre programme.

Plusieurs femmes sont des dirigeantes de notre parti. Nous le savons tous. En outre, on a assisté à un réel élargissement des responsabilités de direction assumées par des femmes au cours des dernières années. Le mouvement de libération des femmes a eu un grand impact sur nous tous, femmes et hommes. Par exemple, le nombre de femmes qui sont organisatrices ou candidates, qui écrivent pour le journal ou qui assument d'autres affectations importantes est qualitativement plus grand aujourd'hui qu'il y a 20 ans.

Mais nous savons aussi autre chose. Les femmes ont tendance à se développer en tant que dirigeantes d'un certain type, comme organisatrices qui font un bon travail en organisant les campagnes du parti, en travaillant avec les camarades et en faisant tourner les choses. Mais souvent les femmes tendent à atteindre un plateau à un certain point, qu'elles n'arrivent pas à dépasser parce qu'elles ne sont pas équipées politiquement pour le faire. Il ne suffit pas de comprendre nos tactiques, de pouvoir expliquer notre position sur telle ou telle question ou d'être bonnes pour travailler avec les gens.

Tous les dirigeants du parti, hommes et femmes, doivent devenir des marxistes solides. Ils doivent avoir une assise politique fondée sur une compréhension de nos perspectives stratégiques fondamentales et des grands défis auxquels nous faisons face aujourd'hui. Ils doivent développer ce genre de confiance politique et apprendre à penser politiquement en termes de classe clairs.

Si les camarades femmes ont tendance à se développer comme dirigeantes d'un certain type, ce n'est pas parce que le parti les y encourage. Le problème est beaucoup plus profond. Toute la pression sociale et tout le conditionnement psychologique des femmes nous poussent dans cette direction. Les institutions de la société de classe travaillent pour implanter un profond manque de confiance en chacune d'entre nous. Après tout, la société ne nous prend pas au sérieux. Pourquoi devrions-nous nous considérer comme importantes ?

C'est ainsi que nous évitons souvent les responsabilités de direction générales plus larges. Consciemment ou non, nous avons souvent tendance à nous dissimuler dans une niche plus étroite et plus confortable, où nous sentons moins de pression. Nous devenons très bonnes, nous devenons de véritables dirigeantes, dans certains aspects du fonctionnement du parti. Et nous nous sentons satisfaites de savoir que nous faisons quelque chose bien, que c'est important, que nous dirigeons.

Mais en même temps, nous ne pouvons nous berner. Nous savons ce que nous faisons.

Les lamentations féministes

Toutes, nous connaissons les signes de ce phénomène qui nous dérange. Chaque fois que le débat à un congrès porte sur des questions politiques générales, nous nous sentons mal à l'aise si peu de délégués qui sont des femmes prennent la parole. Souvent, nous allons nous voir les unes les autres : « Hé, pourquoi n'interviens-tu pas ? »

Nous sommes insatisfaites du nombre de femmes qui écrivent pour notre presse. Mais il s'agit du même défi que pour les délibérations de congrès. Plus souvent que les hommes, les camarades femmes n'ont pas la confiance politique générale acquise à la fois de l'expérience et de l'effort systématique pour lire et absorber à la lumière de nouveaux événements des choses de Marx, Engels, Lénine et Trotsky que nous pouvons avoir déjà lues ou pas. Pour écrire clairement, vous devez comprendre clairement afin d'être capables d'expliquer ce que vous comprenez aux autres.

Et nous sommes mécontentes qu'il n'y ait pas beaucoup plus de femmes au Comité national en dépit d'une prise en considération préférentielle.

Mais parfois nous dissimulons le problème central, notre propre tendance à éviter les responsabilités de direction politique générale, derrière ce que j'appelle les lamentations féministes. Pourquoi une femme ne fait-elle pas ceci ou cela ? Pourquoi ne sommes-nous pas reconnues ?

Dans la Quatrième Internationale, on l'entend parfois sous des formes extrêmes. Des camarades expriment l'idée que le léninisme lui-même est une conception « masculine » de la direction qui en soi opprime les femmes. Que les femmes sont par nature des dirigeantes d'un type différent que les hommes.

Nous ne pouvons pas laisser notre conscience féministe devenir une excuse derrière laquelle nous cacher plutôt qu'une aide pour trouver comment surmonter le défi auquel nous faisons face. Pour survivre dans la société capitaliste, les femmes ont appris à agir de certaines façons. Vous savez que vous n'aurez jamais les mêmes chances. Que peu importent vos compétences, celles-ci ne seront jamais la raison pour laquelle vous « avancerez » ou non. Que vous devez exploiter chaque angle, feindre et vous vendre. Et que si vous le faites bien, vous pouvez faire beaucoup de chemin. Si nous agissons de cette façon vis-à-vis du parti, nous ne pouvons qu'aboutir à un désastre opposé au but recherché et qu'à un « problème femme » qui se perpétue.

Chacune d'entre nous est née et a été élevée dans la société capitaliste. Nous avons hérité de tous les problèmes et de tous les complexes qui en découlent. Mais le parti *est* différent de la société capitaliste en général. Ainsi que nous l'avons déjà discuté, notre but conscient est de travailler ensemble pour maximiser le développement politique de chaque camarade. La véritable pression qui s'exerce sur les femmes dans le SWP, ce n'est pas d'être tenues à l'écart mais d'être constamment poussées à prendre des responsabilités de plus en plus grandes.

En même temps, personne dans le parti ne peut faire semblant politiquement, pas à long terme. Ou nous devenons des marxistes confiants et pleinement développés ou nous atteignons rapidement une limite. Le parti est trop sérieux, les femmes et les hommes dans le SWP sont trop sérieux, pour tolérer quoi que ce soit de bidon.

Un défi personnel

La question la plus importante est : qu'allons-nous faire pour avancer sur ce front ?

La première chose, c'est de discuter franchement le véritable défi auquel nous faisons face et de ne pas essayer de nous réfugier derrière de fausses explications ni de fausses solutions. Ceci devrait nous donner largement confiance que nous *pouvons* carrément nous attaquer à cette question et lui appliquer la même analyse matérialiste et la même perspective de classe qu'à tout autre question qui se pose au parti et à notre classe. Il n'y a pas de solutions miracles. Il n'y a pas de panacées organisationnelles.

Nous n'allons pas changer la structure de caractère du sexe opprimé, ni celle des hommes non plus, entre maintenant et la révolution. Mais ceci n'est pas une raison de ne pas agir de manière décisive pour changer les conditions que nous pouvons changer. Au contraire. Le premier pas, c'est d'être clair sur la nature des obstacles auxquels nous faisons face.

Deuxièmement, chaque femme dans le parti fait face à un défi personnel. Peu importe ce que le parti fait collectivement pour aider à éduquer et pour maximiser le développement politique de chaque individu, à un certain point, il n'y a qu'une seule chose qui fasse la différence : notre propre détermination individuelle à nous former. Nous devons toutes commencer par reconnaître que nous devons combiner nos activités et expériences quotidiennes dans la lutte de classe à la lecture, à l'étude et à l'apprentissage de la réflexion personnelle sur chaque question politique. Personne d'autre ne peut le faire pour nous.

La formation dans notre mouvement ne se fait pas en étudiant dans une tour d'ivoire. Nous ne décidons pas : « Bien, je vais apprendre à penser comme un marxiste. Je vais me retirer quelque part et lire les classiques pendant un an ou deux. » Nous ne pouvons nous éduquer qu'en traversant des expériences dans la lutte des classes et qu'en y répondant.

Quand arrivent la révolution en Iran, les événements en Asie du Sud-Est ou la grève de Newport News, nous nous enthousiasmons. Nous essayons de les examiner sous tous leurs angles. Qu'est-ce que ces événements signifient pour la lutte des classes, ici et ailleurs dans le monde ? Que changent-ils ? Quelles sont les forces de classe impliquées ? Comment les révolutionnaires doivent-ils y répondre ? Les réponses ne sont pas toujours évidentes. Nous retournons donc à notre bibliothèque et y prenons quelques livres, que nous lisons ou relisons, pour réfléchir à ce qui se passe. Si nous ne le faisons pas, si nous ne sommes pas inspirées politiquement par ce qui arrive et par ce que nous faisons, si nous ne voulons pas lire et étudier, alors personne d'autre ne peut le faire pour nous. Personne d'autre ne peut prendre ce livre. Personne d'autre ne peut trouver le temps de le faire pour nous. Personne d'autre ne peut le lire à notre place, y penser à notre place et l'étudier à notre place.

Est-ce un défi *personnel* ? Oui.

Est-ce plus difficile à faire pour les femmes ? Oui, c'est plus difficile. C'est un fait historique, une réalité de la vie dans la société de classe.

Est-ce que plusieurs problèmes que nous avions l'habitude de voir comme des défauts personnels ne sont pas vraiment de notre faute ? Oui.

Mais ensuite, nous devons ajouter : *et puis après ?*

Parce que c'est plus difficile pour nous, pensons-nous que c'est moins nécessaire ? Pensons-nous que les normes de direction devraient être inférieures pour nous que pour les hommes ? Pensons-nous que la définition de la direction devrait être différente pour les femmes que pour les hommes ? Bien sûr que non. Nous savons que rien ne serait plus condescendant, dégradant ou insultant pour les femmes dans le parti.

À un certain point, chacune d'entre nous doit relever le défi et décider de travailler pour le surmonter. C'est aussi simple que ça. Nous pouvons toutes nous soutenir les unes les autres et comprendre nos problèmes et difficultés respectives. Nous pouvons reconnaître que c'est la société dans laquelle nous vivons qui les crée en grande partie. Mais ceci ne va pas nous aider à diriger la révolution américaine — à moins de nous mettre au défi les unes les autres de surmonter les obstacles, de faire face aux vrais besoins de notre sexe et de notre classe et de voir nos responsabilités sous cet angle.

Un défi collectif

Bien entendu, ceci ne veut pas dire que les femmes doivent répondre à ce défi seulement en tant qu'individus. Le parti dans son ensemble a aussi des responsabilités. Nous pensons que l'une des choses les plus importantes que nous pouvons et devons faire dans un avenir rapproché, c'est d'établir l'école de cadre à temps plein, l'école de direction dont nous avons déjà parlé, l'université Sandstone ou peu importe comment nous déciderons de l'appeler. Systématiquement, nous devons prendre des dirigeants du parti par petits groupes, les libérer de leurs autres responsabilités et leur accorder plusieurs mois d'étude organisée et intensive.

Il y a toujours de nombreuses raisons pour ne pas « pouvoir » le faire tout de suite : nous n'avons pas l'argent, nous sommes à court de personnel, il y a beaucoup trop d'autres responsabilités et ainsi de suite. Mais le Comité politique propose de nous frayer maintenant un chemin à travers tous ces problèmes, qui sont bien entendu réels, et de décider que nous ne pouvons pas nous permettre de *ne pas* le faire. Maintenant.

Nous avons pensé que le Fonds d'études Evelyn Reed était une bonne façon de commencer à recueillir l'argent nécessaire au financement de ce projet[5]. Nous devrons recueillir une somme importante pour le mener à bien. Et nous devrons trouver les ressources à l'extérieur de notre budget de fonctionnement normal. Si les camarades sont d'accord, nous en ferons le centre de la présentation du fonds d'expansion au congrès et nous planifierons de tenir la session inaugurale de l'école avant notre conférence de 1980 à Oberlin. Si nous prenons ce projet au sérieux, nous pensons que nous allons trouver l'argent supplémentaire nécessaire pour le faire.

Deuxièmement, le parti dans son ensemble a la responsabilité de poursuivre une politique d'action affirmative pour encourager les femmes et les camarades de nationalités opprimées à surmonter les obstacles additionnels auxquels ils font face. Comme dans le cas de chaque membre, notre but est d'élargir au maximum les capacités de ces camarades, de les encourager à accepter des affectations qui les poussent à se développer, puis de travailler collectivement pour maximiser ce que nous accomplissons et apprenons en le faisant.

Troisièmement, nous devons continuer à tout faire pour multiplier le nombre de camarades femmes qui sont dans l'industrie. Les femmes dans le parti doivent aider à diriger le tournant vers l'industrie, où nous pouvons acquérir de l'expérience comme dirigeantes de notre classe. Après un départ lent, nous avons bien fait sur ce front durant les derniers mois. L'été dernier par exemple, il n'y avait qu'une seule femme au Comité national dans l'industrie. Il y en a maintenant neuf, plus une autre qui cherche un emploi. Et je devrais aussi ajouter que quatre de ces neuf camarades sont noires.

Nous devrions être absolument clairs sur le fait que cette approche générale est l'exact opposé du cours visant à établir des caucus féminins dans le parti, à « développer » des dirigeantes en établissant des quotas pour les femmes dans les instances de direction, et ainsi de suite. Le défi auquel nous faisons face, en particulier les femmes, n'est pas d'organiser et de diriger les femmes dans le parti, mais de diriger le parti dans son ensemble, les branches, les fractions, les comités, les hommes et les femmes. Tout autre type de direction est une contrefaçon. Les caucus fermés — sur la base du sexe, de la race ou de n'importe quel autre critère non politique de ce genre — sont à la fois non démocratiques et contre-productifs. Loin d'encourager les femmes à devenir des dirigeantes du parti, ils renforcent l'idée qu'il existe un genre différent de rôle de direction pour les camarades femmes.

Préparation du congrès

Maintenant, qu'est ce que tout cela veut dire à propos de la préparation de l'élection du Comité national au prochain congrès ?

Premièrement, nous pensons que nous devons recommander à la commission de nomination et aux délégués de ne pas augmenter une autre fois la taille du Comité national.

Nous avons maintenant un Comité national de 83 membres. C'est le plus grand Comité national que le parti a jamais eu et l'un des plus jeunes.

Au congrès de 1975, nous avons effectué une importante transition dans la direction du parti. Nous avons supprimé la catégorie de membres consultatifs du Comité national. Parce qu'aucun de ceux qui avaient été membres consultatifs ne s'est représenté dans la nouvelle élection et parce que nous avons augmenté le nombre de membres titulaires et suppléants, nous avons en fait ajouté dix membres au Comité national en 1975.

Puis nous avons élargi le Comité national de 16 membres lors du dernier congrès : 11 membres titulaires et 5 suppléants. Il y avait une raison particulière pour recommander d'augmenter ainsi la taille du Comité national au congrès de 1977 qui ne s'applique pas cette année.

Nous avons tenu trois congrès annuels successifs du parti en 1975, 1976 et 1977. Nous avons souligné qu'une période d'un an est souvent insuffisante pour que le parti puisse juger de la performance des nouveaux membres du Comité national. C'est une erreur de remplacer prématurément les gens au Comité national, sans leur donner la chance de traverser un certain nombre d'expériences et sans que le parti puisse réellement évaluer leur fonctionnement de direction. Mais le dernier congrès a eu lieu il y a deux ans, ce facteur n'a donc pas le même poids cette année.

Élargir davantage la taille du Comité national ne nous aidera pas à résoudre la question de direction que nous essayons de traiter.

Deuxièmement, les délégués et la commission de nomination auront devant eux les éléments de réflexion sur la question de la direction contenus dans ce rapport, de même que le rapport sur le tournant adopté par la réunion du Comité national de février 1978.

Ces deux rapports établissent le cadre politique dans lequel va s'effectuer le travail de la commission de nomination et des délégations de branche lorsque celles-ci vont se pencher sur les candidatures à soumettre au congrès pour l'élection du Comité national.

Mais le plus important, c'est de nous rappeler que le Comité national est un comité. Comme le parti, c'est un organisme vivant, qui change, croît et se développe. Il s'ajuste et se renouvelle constamment. Il y a une chose dont vous pouvez être certains : aucun Comité national ne sera parfait. Chaque délégué aura son opinion sur comment il aurait pu être un meilleur comité. Mais nous devons tous avoir un sens des proportions et des perspectives. Avec le temps, les erreurs qui sont faites sont corrigées. L'objectif, c'est de nous assurer que nous élisons un comité en qui le parti a politiquement confiance.

Je pense que nous pouvons être confiants, plus confiants que jamais, dans notre capacité de relever les défis devant nous. Nous avons fait des progrès sur lesquels nous pouvons nous appuyer. Nous avons une approche claire et pondérée de la question de la direction, du fonctionnement de la direction, du centralisme révolutionnaire et de la prolétarisation, et des mesures pour aider et accélérer le développement de chaque camarade en tant que dirigeant. Nous commençons avec les choses que nous avons apprises de Trotsky et de Lénine, les choses qui font maintenant partie de la conscience et de la pratique de notre parti.

Ceci nous donne un énorme avantage pour faire progresser le processus de formation d'une direction multinationale. Une direction comprenant une proportion significative de femmes. Une direction qui reflète un parti dont la grande majorité des membres sont en train de devenir des travailleurs industriels. Une direction ayant une continuité, une stabilité et une autorité politique. Une direction qui grandit et s'ajuste constamment. Nous pouvons être fiers de ce que nous avons fait et avoir confiance que nous pouvons faire plus. Je ne parle pas de nous envoyer des fleurs, mais de nous appuyer sur ce que nous avons accompli pour diriger l'ensemble du parti de l'avant et relever le défi de la direction.

Conclusion

Un certain nombre de camarades ont abordé la question : que signifie développer des dirigeants politiques du parti qui soient complets ? Cette question ne se pose pas seulement pour les femmes ou pour les camarades des nationalités opprimées. C'est *le* défi suprême pour chaque membre du parti, chaque instance de direction, dans tout ce que nous faisons. C'est notre raison d'être que de développer chaque individu que nous recrutons en politicien marxiste accompli et comme composante de la direction de notre classe.

La situation objective nous pousse tous aujourd'hui, collectivement et individuellement, elle nous pousse tous à approfondir notre compréhension politique et à considérer jusqu'au bout les questions posées d'une façon nouvelle par le développement de la lutte de classe.

La direction est mise au défi de faire de chaque réunion de branche une réunion politique, de faire de chaque réunion de fraction une réunion politique.

Nous savons qu'il y a des obstacles et des difficultés supplémentaires pour les camarades femmes et les camarades des nationalités opprimées. Ce sera vrai pour de nombreux camarades que nous recrutons au travail dans l'industrie. Nous devons accorder une attention de direction particulière aux mesures à prendre pour aider ces camarades à surmonter ces barrières, à renforcer leur confiance et à approfondir leur compréhension politique.

Une camarade a commencé à discuter la question : « Que voulons-nous dire par *politique* ? » Que les réunions de branche doivent être « politiques » ? Ou qu'un camarade doit être plus « politique » ? C'est important. Évidemment, personne n'adhère au SWP à moins d'être une personne politique. Il n'y a pas d'autre raison pour adhérer à un parti révolutionnaire marxiste aux États-Unis aujourd'hui.

Être politique ne signifie pas devenir un « théoricien ». Ça ne signifie pas essayer de devenir un « intellectuel » ou un « éducateur ». Ce sont toutes de fausses définitions.

Ce que nous essayons d'exprimer, c'est le fait que chaque chose que nous faisons, chacune de nos tâches (la vente de notre presse, les finances des branches, le travail contre le nucléaire, la participation à une réunion syndicale, l'organisation de l'imprimerie du parti), chaque chose particulière que nous faisons doit être liée aux objectifs stratégiques les plus fondamentaux de notre classe. C'est la seule raison pour laquelle nous faisons quelque chose. Ce n'est qu'en comprenant comment nos tâches d'aujourd'hui, ce que nous faisons maintenant, à cette heure, sont liées à nos objectifs ultimes que nous aurons confiance dans la voie que nous suivons et pourquoi tout est si important. Nous devons toujours nous obliger à penser en termes de classe larges, parce qu'il est parfois facile de tomber dans la routine et de donner des motivations organisationnelles et non pas politiques à ce que nous faisons aujourd'hui. C'est ce qui est au centre de ce que nous essayons d'exprimer quand nous disons que nos réunions de branche et nos réunions de fraction doivent être « politiques ».

Nous essayons de trouver des façons d'expliquer non pas *que* nous devons vendre le journal de cette semaine, mais *pourquoi*. Des façons d'inspirer politiquement les camarades. Non pas inspirer dans le mauvais sens du mot — hourra ! hourra ! allons-y ! Ça ne marche jamais de toute façon parce qu'il n'y a réellement qu'une seule chose qui nous motive. Ce qui nous inspire, c'est de comprendre où va notre classe et comment nous allons l'aider à s'y rendre.

Les théoriciens marxistes ne proviennent pas des universités. La théorie ne se développe pas dans le vide. Elle découle de la lutte des classes même, quand le prolétariat est confronté à de nouveaux problèmes et qu'un parti prolétarien répond à la lutte de classe vivante.

C'est pour cette raison que nous n'encourageons pas les camarades à s'enfermer seuls dans une pièce pour lire les classiques. Vous ne deviendrez *jamais* un marxiste de cette façon. Vous deviendrez peut-être quelqu'un de « bien instruit » dans le sens bourgeois du mot, mais vous ne comprendrez rien au marxisme. Vous ne pouvez l'apprendre qu'en combinant vos lectures et réflexions au fait de faire partie de notre classe et de ses luttes et d'être membre d'un parti marxiste. Certains camarades ne sont pas des « organisateurs » tandis que d'autres sont des « éducateurs ». On n'oppose pas les « militants » aux « théoriciens ». Vous ne pouvez être un organisateur sans le comprendre et sans diriger politiquement une branche ou une fraction.

Ce qui se produit maintenant, c'est que nous sommes mis au défi de nous organiser d'une façon nouvelle, d'examiner tout ce que nous faisons en relation avec une nouvelle situation. C'est ce que nous voulons dire lorsque nous disons que nous devons être plus politiques aujourd'hui. C'est passionnant de lier d'une façon nouvelle tout ce que nous faisons aux questions stratégiques les plus larges. Nous sommes tous en train d'apprendre.

Un autre terme que nous employons parfois incorrectement, c'est le mot « intellectuel ». Ce dernier vient d'une époque de l'histoire du mouvement marxiste où la majorité de la classe ouvrière ne savait ni lire ni écrire. Ceux qui étaient instruits, qui pouvaient lire et écrire, ont souvent joué un rôle très précieux. Il a été important de gagner une section de la classe moyenne instruite, l'« intelligentsia », à la classe ouvrière et au mouvement ouvrier.

Mais cette distinction entre intellectuels et non-intellectuels disparaît de plus en plus à mesure que s'élève le niveau d'instruction de la classe ouvrière. Quelqu'un qui a été à l'université, qui peut écrire un article sur la philosophie ou qui connaît plusieurs langues n'est plus un intellectuel. Des individus font des contributions particulières à nos efforts collectifs pour développer notre compréhension théorique ou notre position politique sur telle ou telle question. Mais le parti dans son ensemble est une machine qui pense. La théorie et nos positions politiques se développent à partir de ce processus collectif.

Les femmes dans l'industrie
Plusieurs camarades ont parlé de l'impact que le fait de travailler dans l'industrie a sur la conscience et la confiance en soi des femmes, y compris de nos propres camarades.

Bien sûr, tous les camarades qui vont dans l'industrie trouvent que nous devons retourner aux éléments de base pour repenser les choses. Nous devons expliquer nos idées aux gens d'une façon nouvelle. Nous devons approfondir notre compréhension pour être capables d'expliquer nos positions d'une manière populaire et être compris des gens que nous rencontrons au travail et à qui nous parlons aujourd'hui.

Mais entrer dans l'industrie a un impact encore plus grand sur les camarades femmes — pas seulement sur celles qui y sont déjà, mais dans l'ensemble du parti. Notre confiance comme dirigeantes, la prise de conscience que nous avons une force comme composante de notre classe, le sens de la solidarité, la clarté sur comment nous pouvons construire un mouvement pour la libération des femmes qui soit combatif, puissant et capable de se gagner l'appui des syndicats — notre conscience est transformée à plusieurs niveaux.

Les femmes de notre parti sont habituées à être des dirigeantes. Elles pensent et agissent déjà comme des dirigeantes. Quand nos camarades femmes vont dans l'industrie, elles sont moins susceptibles d'être intimidées par des choses qui peuvent avoir un plus grand impact sur d'autres femmes. En retour, cette confiance croissante se fait aussi sentir dans le parti.

Il y a un point général sur nos besoins de direction que nous devons commencer à évaluer. Nous avons insisté fortement pour avoir le plus grand nombre de camarades dans l'industrie. Cet effort a exercé une énorme pression de direction sur nous. Nous avons forcé la note pour avoir autant de dirigeants que possible dans l'industrie. Mais nous commençons à atteindre le point où nous allons devoir retirer des camarades — pour assumer certaines responsabilités de direction et donner à une autre couche de camarades la chance d'aller dans l'industrie.

Nous ne pouvons continuer à envoyer d'autres camarades dans l'industrie sans en retirer aucun. Ça ne marchera pas de cette manière. L'expérience d'être dans l'industrie est extrêmement précieuse. Si vous en sortez par la suite quelque temps pour devenir organisateur de branche ou assumer une affectation nationale, vous comprendrez beaucoup mieux ce que nous faisons, ce que nous essayons d'accomplir.

Une opportunité historique

Les défis de direction dont nous parlons ne sont pas au fond des questions conjoncturelles. Ce sont de véritables défis historiques. Ce ne sont pas des choses que vous réglez du jour au lendemain ou que vous laissez derrière vous dans un geste de pure volonté ahistorique. Ce n'est pas être pessimiste que de dire cela. Ça ne signifie pas qu'il n'y a rien que nous puissions faire pour effectuer des changements. Nous *pouvons* aller de l'avant d'une manière fondamentale, si nous reconnaissons honnêtement le véritable défi auquel nous faisons face.

Mais nous ne devrions pas penser qu'en envoyant tout le monde dans l'industrie, nous allons résoudre toutes les questions de direction du jour au lendemain.

Ce qui est nouveau, ce qui est différent, c'est que le genre de transformation que l'ensemble du parti connaît aujourd'hui nous donne un cadre nouveau et positif pour aborder ces questions. Ceci maximisera notre capacité de répondre objectivement aux défis auxquels nous faisons face et d'avancer dans le développement politique de toute la direction du parti.

Il s'agit là d'une perspective très optimiste.

III. CONSTRUIRE UN PARTI DE TRAVAILLEURS SOCIALISTES

INTRODUCTION À LA SECTION

À la fin des années 70, la classe ouvrière industrielle s'était déplacée sur le devant de la scène dans la politique U.S. Cette classe est la force la plus puissante que les capitalistes doivent vaincre dans leur bataille internationale à long terme pour renverser les effets de la chute de leurs taux de profit. Pour simplement défendre leurs salaires et leurs conditions de travail, les travailleurs industriels et leurs syndicats ont été poussés vers le centre de la résistance à l'offensive des patrons contre les conditions de vie et de travail des travailleurs et contre leurs droits politiques et sociaux.

Cette section du *Visage changeant de la politique aux États-Unis* se penche sur les deux premières années du tournant du SWP vers l'industrie. Au cours de cette période, la majorité des membres du parti ont commencé à occuper des emplois industriels et à devenir des membres actifs de leurs syndicats. À partir de leurs premières expériences, ces travailleurs communistes se sont efforcés de résoudre d'importantes questions pratiques sur ce que veut dire être un travailleur-bolchevik et comment fonctionner politiquement au travail et dans le mouvement syndical. Les rapports contenus dans cette section s'adressent à ces questions.

Pourquoi le marxisme n'est-il pas une doctrine mais plutôt la généralisation de la ligne de marche stratégique de la classe ouvrière ? Quels sont les buts du travail communiste dans les syndicats ? Est-ce de l'aventurisme que de parler socialisme au travail et dans les syndicats ? Comment les socialistes devraient-ils s'organiser dans les syndicats pour effectuer leur travail de manière efficace ? Quelles conséquences le tournant vers l'industrie a-t-il sur le caractère des réunions politiques publiques hebdomadaires que les membres du parti appuient et auxquelles ils participent, sur les ventes de la presse socialiste, sur les librairies qui diffusent la littérature marxiste, sur les campagnes électorales socialistes et sur les autres activités de propagande socialiste ? Les travailleurs socialistes devraient-ils commencer à accepter d'être mis en nomination à des postes de direction dans leurs syndicats locaux ? Comment fonctionnent les socialistes pour mobiliser la force des syndicats et de leurs camarades de travail dans les luttes pour les droits civils, dans la lutte pour les droits des femmes, dans les batailles des agriculteurs criblés de dettes, dans les campagnes contre l'énergie nucléaire, dans les actions de protestation contre les interventions militaires des États-Unis à l'étranger et dans les luttes autour d'autres questions sociales et politiques qui paraissent très éloignées de ce qui se passe dans l'usine ?

Par-dessus tout, comment les travailleurs communistes cherchent-ils à influencer les autres travailleurs, à recruter les plus conscients d'entre eux et à construire un parti communiste plus fort ?

Les changements politiques objectifs qui ont rendu nécessaire le tournant vers l'industrie pour pouvoir construire un parti ouvrier révolutionnaire aux États-Unis ont aussi mis en relief le besoin pour les organisations communistes d'autres régions du monde d'adopter la même orientation. C'est le sujet du rapport « Le tournant et la construction d'un mouvement communiste international » que Jack Barnes a présenté à un congrès mondial de la Quatrième Internationale en novembre 1979.

À l'époque, le Parti socialiste des travailleurs avait des relations fraternelles avec la Quatrième Internationale, une organisation communiste internationale que le SWP avait aidé à fonder et à diriger depuis 1938. La Quatrième Internationale a été forgée par les communistes autour du monde qui ont refusé à partir de la fin des années 20 de capituler aux politiques contre-révolutionnaires et au terrorisme d'État policier imposés par la caste privilégiée montante au pouvoir en URSS et qui ont lutté pour poursuivre les politiques communistes de Vladimir Ilitch Lénine. Le congrès mondial de la Quatrième Internationale de novembre 1979 a adopté la perspective politique présentée par Jack Barnes sur le tournant vers l'industrie. Il est cependant rapidement devenu évident dans un pays après l'autre qu'à l'opposé du cours poursuivi par le SWP, la direction de la Quatrième Internationale n'était pas prête à mettre en application le rapport qu'elle avait adopté. Les divergences politiques se sont aussi approfondies quand la direction du SWP a continué à insister avec d'autres sur l'importance et le poids historiques de la direction communiste à Cuba, sur la nécessité pour les communistes de se tourner vers les victoires révolutionnaires qui avaient eu lieu au Nicaragua et à la Grenade en 1979 et sur le besoin d'apprendre de l'expérience des gouvernements des travailleurs et des agriculteurs qui avaient pris le pouvoir dans ces pays. À la fin des années 80, le SWP et d'autres ligues communistes en Australie, au Canada, en France, en Islande, en Nouvelle-Zélande, au Royaume-Uni et en Suède ont chacun décidé de mettre fin à leur affiliation à ce que la Quatrième Internationale était devenue, tout en maintenant la continuité politique révolutionnaire à partir de laquelle cette organisation internationale avait été formée.

Cette section se termine avec le rapport « Former la direction d'un parti prolétarien, » qui explique pourquoi le tournant vers l'industrie et les changements dans la politique mondiale et la lutte de classe qui le sous-tendent ont élargi les possibilités d'apprendre le marxisme et de faire progresser la formation systématique au sein du mouvement communiste.

Construire un parti révolutionnaire de travailleurs socialistes

RÉSOLUTION DU PARTI SOCIALISTE
DES TRAVAILLEURS

I. Les perspectives du Parti socialiste des travailleurs dans les années 80

1. Pendant les années de guerre froide et de réaction politique qui ont suivi la deuxième guerre mondiale, le mouvement ouvrier américain a effectué un repli politique alors qu'une bureaucratie petite-bourgeoise consolidait son emprise sur les syndicats. Cette dernière a négocié des augmentations de salaires et des « avantages sociaux » modestes, mais réels, durant l'expansion économique d'après-guerre. En échange, elle a collaboré avec les patrons et le gouvernement pour éviscérer les syndicats en tant qu'instruments de combat. Elle a ligoté les travailleurs avec des règlements bureaucratiques. Elle a étranglé la démocratie syndicale. Elle a réduit le contrôle des travailleurs sur les conditions de travail. Elle a ignoré les besoins des travailleurs non syndiqués et des alliés du mouvement ouvrier parmi les autres secteurs exploités et opprimés de la population. Elle a subordonné aux besoins du système bipartite des patrons les revendications de ces travailleurs et la lutte pour gagner de grands programmes

---

Ce chapitre est extrait de la principale résolution politique adoptée par le trentième congrès national du Parti socialiste des travailleurs, tenu du 5 au 11 août 1979.

sociaux à l'avantage de la classe ouvrière. La haute bureaucratie syndicale a soutenu la politique étrangère anti-ouvrière de l'impérialisme U.S., notamment la conscription des jeunes travailleurs américains envoyés mourir dans les guerres menées contre les peuples coréen et vietnamien.

Pendant près d'un tiers de siècle, cette bureaucratie conservatrice a empêché les syndicats de participer à des batailles politiques et sociales importantes, encore moins de les diriger. De plus en plus de travailleurs syndiqués ont accepté les arguments de la bureaucratie syndicale voulant que la collaboration de classe soit la voie vers la prospérité et la sécurité et que les syndicats aient pour seule fonction de marchander des augmentations de salaire et des « avantages » périodiques pour leurs membres. Ces travailleurs voyaient peu de liens entre leur désir d'un meilleur niveau de vie et de meilleures conditions de travail et la plupart des mouvements de contestation politique et sociale progressistes.

La lutte des classes s'est aiguisée dans les années 60 et au début des années 70. Ce changement a commencé et s'est exprimé dans les luttes pour les droits civils des Noirs, la montée de la conscience nationaliste et les vagues de rébellion qui ont suivi dans les ghettos. Il s'est poursuivi avec le mouvement contre la guerre du Viêt-nam, les luttes des Chicanos et le mouvement de libération des femmes. Mais les combattants qui participaient à ces luttes ont été contraints de contourner le mouvement syndical à cause de l'obstacle érigé par la bureaucratie syndicale. Ils ont dû s'organiser contre l'opposition de la bureaucratie syndicale, qui non seulement défendait la politique intérieure et extérieure des impérialistes mais aussi dénonçait et calomniait les dirigeants intransigeants des luttes s'opposant à leurs politiques.

Des millions de jeunes militants radicalisés, dont des travailleurs industriels, considéraient utopique la stratégie de lutte de classe visant à transformer le mouvement ouvrier en un instrument de combat mobilisant la classe ouvrière dans la lutte contre l'exploitation et l'oppression. L'antagonisme de classe fondamental qui sous-tend toute politique était masqué avec succès.

La classe ouvrière n'a pas participé aux mouvements de protestation sociale des années 60 et du début des années 70 par le biais de ses institutions de classe fondamentales, les syndicats. Mais ces luttes ont eu un impact profond sur les attitudes de millions de travailleurs et ont changé l'ensemble du cadre politique et du rapport de force entre les classes dans ce pays.

Aujourd'hui, cette conscience sociale changeante des travailleurs américains et leur désir grandissant de riposter à l'offensive d'austérité de la classe dirigeante rendent possible de commencer à briser l'obstacle édifié par la bureaucratie et à pousser les rangs du mouvement syndical à agir politiquement. La lutte de classe dans les années 80 sera marquée par le besoin grandissant des travailleurs de prendre le contrôle de leurs syndicats et de les utiliser pour résister aux attaques menées contre leur niveau de vie et leurs conditions de travail, et par l'influence radicalisante des mouvements de protestation sociale nés hors du mouvement syndical. Cette combinaison de luttes économiques et sociales sera au centre de la bataille pour transformer les syndicats en organisations de combat politique de masse.

2. Avec leur campagne antisyndicale et d'austérité des cinq dernières années, les dirigeants gardent toujours l'offensive dans la lutte des classes. Les employeurs, leur gouvernement et leurs deux partis politiques ont déplacé l'axe de la politique capitaliste vers la droite.

Mais la réalité sous-jacente, c'est que la polarisation de classe s'aiguise. Un sursaut de combativité des travailleurs américains a suivi le choc initial de la dépression de 1974-1975. La classe ouvrière industrielle et ses syndicats sont aujourd'hui poussés au centre de la résistance et du processus de radicalisation.

Tandis que les employeurs mènent leur campagne antisyndicale, la bureaucratie syndicale est moins capable d'empêcher les travailleurs de résister. Elle parvient moins bien à isoler les travailleurs les uns des autres, à les isoler de leurs alliés parmi les opprimés et à les isoler de l'influence des mouvements de protestation sociale. En dépit du rôle tampon de la bureaucratie, la classe qui emploie commence à se heurter à la force et à la détermination des rangs.

3. Dans les escarmouches de plus en plus fréquentes avec les patrons, les matchs nuls et les revers l'emportent encore sur les victoires. Les travailleurs découvrent à quel point leurs syndicats ont été affaiblis par des décennies de « coopération entre patrons et syndicats » et d'isolement des luttes menées par leurs alliés et par une grande partie de leur classe.

En conséquence, de plus en plus de travailleurs commencent à apprendre la nécessité de la solidarité au sein du mouvement ouvrier et avec ses alliés. Ils commencent à apprendre que la démocratie syndicale est nécessaire pour organiser et libérer la force des syndicats. Ils commencent à apprendre que des obstacles politiques, dont l'intervention directe du gouvernement capitaliste, minent même les tactiques les plus astucieuses sur un piquet de grève ou à une table de négociation. Ils commencent à découvrir que le mouvement ouvrier a besoin d'une stratégie complètement nouvelle.

Les travailleurs commencent à chercher un programme et une direction capables de montrer comment se libérer de la camisole de force de la collaboration de classe dans laquelle la bureaucratie a maintenu les syndicats.

4. Les coups portés aux droits et aux conditions de vie des opprimés, particulièrement depuis la dépression de 1974-1975, ont mis en lumière les insuffisances croissantes

des directions petites-bourgeoises qui dominent les principales organisations des minorités nationales opprimées et des femmes. Incapables de tracer un cours d'action efficace pour lutter pour les besoins des Noirs, des Latinos et des femmes, les misleaders actuels ont conduit ces luttes à l'impasse. Au moment d'entrer dans les années 80, il faut une force sociale plus grande pour défendre les gains du passé ou en remporter de nouveaux à cause de la concurrence croissante que subit le capitalisme américain et de l'offensive d'austérité qui en résulte.

En quête d'une issue à cette impasse, de nombreux combattants sont forcés de se tourner vers le mouvement ouvrier et d'exiger qu'il utilise la force des syndicats dans la lutte contre la discrimination et ses effets. En même temps, un plus grand nombre de syndicalistes commencent à comprendre qu'ils ont *besoin* d'alliés à l'extérieur des syndicats et que l'action des minorités nationales opprimées et des femmes pour défendre leurs besoins affaiblit les employeurs et fait progresser l'unité et les intérêts de la classe ouvrière.

Cette interaction grandissante sera une des caractéristiques distinctives de la lutte de classe américaine. Elle crée de nouvelles opportunités pour faire jouer la puissance des syndicats dans les luttes des Noirs, des Latinos et des femmes. Elle crée de nouvelles possibilités pour impliquer les travailleurs dans ces luttes et pour développer la direction prolétarienne nécessaire pour les faire avancer. Elle crée une atmosphère politique plus favorable pour la lutte visant à défendre et élargir les droits démocratiques, à fermer les centrales nucléaires, à empêcher les guerres impérialistes et à réaliser d'autres objectifs sociaux progressistes.

De nouveaux dirigeants de ces luttes et de nouvelles organisations des opprimés doivent et vont surgir de la classe ouvrière et des syndicats industriels. Ces dirigeants noirs, latinos et femmes joueront aussi un rôle crucial dans la lutte pour remplacer les misleaders actuels du mouvement syndical et transformer les syndicats en instruments de lutte de classe — en un puissant mouvement de travailleurs qui pensent socialement et agissent politiquement.

La lutte pour transformer le mouvement syndical inspirera les mobilisations et les mouvements de contestation sociale de masse qui marqueront les années 80 et s'en inspirera aussi.

5. Bien qu'aucune aile significative du mouvement syndical ne se soit encore cristallisée autour d'un programme de lutte de classe, les forces et la compréhension requises pour une telle aile de gauche se forgent aujourd'hui dans les rangs des syndicats, particulièrement des syndicats industriels. L'ampleur des tâches politiques et sociales auxquelles la classe ouvrière fait face s'est accrue avec le retard historique de la révolution prolétarienne. C'est pourquoi une aile gauche de lutte de classe dans les syndicats aujourd'hui doit se construire autour d'un programme portant sur un éventail plus large de questions que ce qui pouvait être envisagé au cours des montées précédentes du mouvement ouvrier américain.

Les travailleurs qui adoptent cette perspective de lutte de classe devront projeter un cours qui rompe avec la subordination au système bipartite capitaliste et construire un parti ouvrier basé sur les syndicats.

Les travailleurs noirs et latinos joueront un rôle d'avant-garde dans la formation de cette aile gauche de lutte de classe. Il en est ainsi à cause du poids accru des Noirs et des Latinos dans la classe ouvrière industrielle aux États-Unis, du renforcement de leur conscience de classe par leur confiance nationaliste et de leur intérêt direct à éliminer toute forme de discrimination.

Les femmes constituent toujours un pourcentage de la classe ouvrière industrielle beaucoup plus faible que les Noirs et les Latinos. Mais leur nombre augmente. On voit s'accroître la combativité et la confiance des travailleuses sous l'impact des batailles qu'elles ont menées pour accéder à des emplois qui leur étaient interdits jusqu'à présent, des énormes changements dans la conscience sociale des femmes et des hommes, et de l'intérêt direct qu'ont aussi les femmes à éliminer la discrimination. Les travailleuses joueront donc aussi un rôle d'avant-garde dans la formation d'une direction de lutte de classe dans les syndicats.

Pour ces raisons, le parti révolutionnaire dans ce pays doit être multinational, non seulement au niveau de ses membres mais à tous les niveaux de sa direction. Il doit aussi avoir une forte composante de dirigeants qui sont des femmes. Sans une composition qui reflète les jeunes combattants d'avant-garde de la classe ouvrière, aucun parti ne peut unifier les travailleurs américains autour d'un programme révolutionnaire et les diriger vers la conquête du pouvoir politique. Sans une orientation prolétarienne, on ne peut construire un parti ayant une telle composition.

6. En février 1978, le Comité national du Parti socialiste des travailleurs a voté à l'unanimité de « nous organiser immédiatement pour faire entrer une grande majorité des membres du Parti socialiste des travailleurs dans l'industrie et dans les syndicats industriels et [de] tout subordonner à ce but. [...] Il s'agit du cadre entier de l'activité du parti dans le futur immédiat — à partir de *maintenant*. »

Pendant la courte période depuis que cette décision a été adoptée, le parti a fait des progrès significatifs dans la mise en oeuvre de ce tournant. Nos branches sont en train de construire des fractions industrielles et d'organiser de plus en plus leur travail politique par leur biais. Le SWP est en train de devenir un parti ouvrier dans sa composition et son activité quotidienne.

Les expériences de nos fractions industrielles et les événements dans la lutte des classes ici et à l'étranger confirment le caractère opportun du tournant effectué par le parti ainsi que le jugement politique sur lequel il repose.

Le SWP subordonne tout le reste à approfondir et compléter le tournant. En plaçant un nombre croissant de nos membres et dirigeants dans des fractions industrielles, le parti commence à constituer une tendance marxiste dans le mouvement syndical américain : des travailleurs qui lisent la presse socialiste et qui de plus en plus comprennent et acceptent les prémisses marxistes de base du SWP. Ces travailleurs veulent se joindre à leurs camarades de travail du SWP pour démocratiser et renforcer leurs syndicats, dans le but de mieux défendre les intérêts des travailleurs, d'impliquer le mouvement syndical dans les luttes sociales progressistes et de faire avancer le processus de transformation des syndicats en instruments de lutte de classe qui se battent au nom de tous les opprimés et exploités. Notre tendance dans le mouvement ouvrier fournira des cadres résolus au développement d'une aile gauche de lutte de classe et nous gagnerons des milliers de camarades de travail au SWP, en qui ils verront l'instrument politique vital pour combattre la catastrophe que leur réserve le capitalisme américain.

Toutes les perspectives, tous les jugements tactiques et toutes les priorités du parti découlent de cette orientation *stratégique* d'ensemble et lui sont subordonnés. Nous jugeons le poids social et le rôle politique central de chaque lutte et de chaque question politique du point de vue de faire avancer la classe ouvrière le long de sa ligne de marche stratégique. Nous agissons comme la section la plus consciente politiquement et la plus organisée de notre classe.

De cette manière, le SWP participera aux batailles où se forgera la nouvelle direction de lutte de classe des syndicats et leur fournira de plus en plus une orientation politique. Nous ferons progresser le développement de dirigeants prolétariens qui luttent sans compromis pour les besoins de leur classe et pour les revendications des Noirs, des Latinos et des femmes. Nous aiderons à diriger des mouvements de protestation sociale de masse de plus en plus revitalisés.

Avec cette stratégie léniniste de construction du parti, le SWP est en train de bâtir la direction prolétarienne révolutionnaire dont les travailleurs américains ont besoin dans leur lutte pour un gouvernement ouvrier et pour la transformation socialiste de la société.

Le tournant et la construction d'un mouvement communiste international

Une conséquence centrale et pratique de la résolution politique soumise au congrès par la majorité du Secrétariat unifié prend le pas sur toutes les autres : les sections de la Quatrième Internationale doivent effectuer un *tournant* radical pour s'organiser immédiatement dans le but d'avoir une large majorité de nos membres et de nos dirigeants dans l'industrie et dans les syndicats industriels [1].

Cette tâche lie les quatre résolutions que nous allons voter. Elle découle de l'analyse de la situation mondiale présentée dans la résolution politique que nous avons discutée. Je ne vais donc pas revenir en détail sur les changements structuraux, démographiques et économiques qui sous-tendent cette décision.

La résolution souligne le poids grandissant du prolétariat dans chacun des trois secteurs de la révolution mondiale. Elle souligne les explosions urbaines et les formes prolétariennes d'organisation qui ont été et qui continueront d'être au centre des soulèvements révolutionnaires dans les années à venir.

Le congrès mondial de la Quatrième Internationale de novembre 1979 a adopté la ligne générale de ce rapport, présenté au nom de son Secrétariat unifié.

VOIR LES NOTES À LA PAGE 576

Ces facteurs structurels derrière le tournant se combinent à d'autres éléments : d'une part, la stagnation à long terme à laquelle fait face le système capitaliste et l'offensive anti-syndicale qu'elle engendre ; d'autre part, la classe ouvrière invaincue à laquelle fait face la bourgeoisie en entrant dans la crise. À cette crise *capitaliste,* nous devons ajouter la *crise* croissante de l'*impérialisme* mondial.

Tout ceci rend la situation mondiale plus explosive, pas moins. Il signifie que des forces incontrôlées — stimulées soit par l'action des oppresseurs, soit par celle des opprimés — peuvent être mises en mouvement. Nous l'avons vu en Iran et au Nicaragua. Et ce potentiel explosif ne se limite pas au monde semi-colonial.

Un autre facteur conjoncturel très important se superpose à ces facteurs : la récession mondiale de 1974-1975. Première récession généralisée à l'échelle mondiale depuis les années 30, ce ralentissement a couronné les événements qui ont eu lieu depuis 1968[2]. Ce développement a définitivement poussé la classe dominante à travers le monde à lancer une campagne d'austérité qui s'intensifie contre la classe ouvrière, contre tous les opprimés et contre les droits politiques dont les masses ont besoin pour s'organiser et riposter. Il ne s'agit pas d'une politique tactique ou à court terme des dirigeants. C'est une politique fondamentale que les réalités économiques les *obligent* à appliquer.

La cible ultime de cette dynamique d'austérité, ce sont les travailleurs industriels — pour l'exacte même raison qui a fait que les travailleurs industriels ont été au centre de notre stratégie depuis la fondation du marxisme : leur force économique ; leur poids social ; l'exemple qu'ils donnent à l'ensemble de la classe ; la capacité de leurs syndicats d'affecter les salaires, les conditions et de ce fait l'ensemble du cadre social de la lutte des classes ; la force politique potentielle qui en résulte pour eux par rapport à la classe ennemie ; et l'obstacle qu'ils constituent pour les solutions de droite de la bourgeoisie. Les travailleurs de l'industrie sont à la fois la source de la plus grande partie de la plus-value des dirigeants et l'ennemi ultime que ces derniers doivent vaincre pour résoudre l'ensemble de la crise économique et sociale de leur système.

La classe dominante ne peut pas permettre et ne permettra pas que ces travailleurs industriels organisent la *solidarité* avec d'autres travailleurs, avec les opprimés et avec leurs alliés à travers le monde. Elle ne peut pas permettre et ne permettra pas que les travailleurs industriels développent la *démocratie syndicale* de façon à organiser et utiliser la puissance de la classe ouvrière.

Autrement dit, les dirigeants ne laisseront pas *une aile gauche de lutte de classe se développer dans le mouvement ouvrier* sans livrer une énorme bataille.

L'offensive de la classe dominante exerce une pression accrue sur la classe ouvrière tout entière, sur les minorités nationales, sur les femmes, sur chaque personne exploitée et opprimée qui lutte pour ses droits. Elle intensifie les pressions subies par les petites avant-gardes qui cherchent à projeter un cours conduisant à la victoire de la classe ouvrière. Tous ceux qui cherchent la voie révolutionnaire, une perspective de lutte de classe, tous ceux qui cherchent à établir des alliances progressistes ressentent ces pressions. C'est un aspect fondamental de la campagne d'austérité et de l'offensive des dirigeants. Et un aspect qui s'amplifiera à mesure que l'offensive s'approfondit.

Comme nous l'avons discuté hier, la résolution politique estime que la seule façon possible pour les patrons de renverser la crise capitaliste, c'est en infligeant une défaite suffisamment grande et décisive à la classe ouvrière industrielle pour leur permettre de rationaliser et restructurer le capital, d'attaquer avec force tout soulèvement des peuples coloniaux et d'ouvrir ainsi une nouvelle période d'expansion.

Quelles conclusions devons-nous tirer de tout cela ?

Qu'une radicalisation politique de la classe ouvrière, inégale et à des rythmes différents suivant les pays, est à l'ordre du jour.

Que l'offensive des dirigeants provoquera de grands changements dans les syndicats industriels.

Et que la clé pour les révolutionnaires, c'est d'être là avant que ces confrontations ne se produisent — au sein du secteur décisif de la classe ouvrière et en tant qu'une de ses composantes.

C'est *là* que nous rencontrerons les forces qui permettront de construire la Quatrième Internationale, de construire des partis ouvriers. C'est *là* que nous rencontrerons les jeunes travailleurs, les travailleuses dont le nombre s'accroît, les travailleurs des nationalités opprimées et les travailleurs immigrés. C'est à l'intérieur de la classe ouvrière industrielle que nos partis révolutionnaires trouveront une écoute pour notre programme et des recrues pour notre mouvement.

À la lumière de tous ces facteurs, il est aussi important de prendre un recul et de considérer le tournant d'un point de vue historique plus large. La composition sociale actuelle de notre mouvement est totalement anormale. C'est un fait historique et non pas une critique. En fait, loin d'être une critique, c'est la capacité de notre mouvement de recruter depuis le début des années 60 parmi la nouvelle génération de jeunes qui se radicalisent qui crée aujourd'hui la possibilité de faire ce tournant. Et cette *possibilité* coïncide maintenant avec une *nécessité* politique pressante.

Seuls des partis prolétariens, non seulement par le programme mais aussi par la composition et l'expérience, peuvent diriger les travailleurs et leurs alliés dans les luttes qui sont à l'ordre du jour.

Seuls des partis de travailleurs industriels pourront résister aux pressions de la classe dominante, y compris à ses pressions idéologiques. Et ces pressions vont augmenter.

Seuls de tels partis pourront prendre le pouls de la classe ouvrière, ce qui les empêchera de confondre leurs propres attitude, ignorance et humeur avec celles des travailleurs. En d'autres termes, seuls des partis de travailleurs industriels peuvent aller de l'avant et se tourner vers l'extérieur.

Seuls des partis de travailleurs, que les travailleurs eux-mêmes auront pu mettre à l'épreuve *dans l'action* bien avant que les confrontations décisives ne se produisent, peuvent se développer de manière décisive et montrer la voie en avant. Seul ce type de parti peut attirer à lui et se lier aux courants militants de lutte de classe qui se dégageront à mesure que s'approfondira la crise des directions réformistes et des organisations centristes.

L'héritage prolétarien du marxisme

Nous ne sommes pas des pionniers dans ce domaine. Dans l'histoire du mouvement marxiste, ce sont les partis les plus prolétariens qui ont été les meilleurs partis — les plus révolutionnaires, les moins économistes, les plus politiques. Retournez aux bolcheviks. Retournez à Rosa Luxemburg. Retournez aux buts que s'était fixée la Quatrième Internationale à la fin des années 30, sous les conseils et la direction de Trotsky.

En fait, c'est la tradition et l'orientation prolétariennes de la Quatrième Internationale qui nous ont permis d'arriver là où nous en sommes aujourd'hui comme organisation révolutionnaire unifiée à l'échelle mondiale, une organisation qui a des cadres pour effectuer ce tournant. Et c'est le tournant — organisé et exécuté universellement — qui est le seul moyen de préserver et d'enrichir notre orientation prolétarienne.

En même temps, il est crucial de reconnaître et d'affirmer clairement que le tournant *n'est pas* une continuation de ce que nous avons fait. C'est le moyen de poursuivre notre orientation prolétarienne. Mais pour exécuter ce tournant à l'échelle mondiale, nous devons effectuer une rupture avec ce que nous avons fait précédemment. C'est pourquoi nous l'appelons un *tournant*.

Ce tournant ne nous dictera aucune tactique. Dans chaque pays, c'est la lutte des classes, le conflit des forces de classe qui dictent nos tactiques et nos campagnes. Mais le tournant affecte chacune de nos tactiques, l'ensemble de notre travail politique, toutes nos institutions et chaque mode de fonctionnement du parti. Le tournant n'est pas une condition *suffisante* pour tirer parti des opportunités qui s'offrent à nous et pour faire face aux crises que vit notre classe. Mais c'est une *condition indispensable* pour franchir les prochains pas. Sans lui, nous ne ferons aucun progrès.

C'est ce que la résolution politique mondiale pose comme tâche centrale pour la Quatrième Internationale tout entière : organiser et *diriger* la vaste majorité de nos cadres dans l'industrie et dans les syndicats industriels « sans plus attendre. »

« Le but, affirme la résolution, ce sont des partis de travailleurs-bolcheviks expérimentés qui agissent en dirigeants politiques de leur classe et de ses alliés. »

Il va sans dire que nous n'effectuerons pas le tournant exactement de la même manière dans chaque pays ou dans chaque partie du monde, que nous ayons dix membres ou un millier. Mais pour les raisons politiques et organisationnelles que nous avons discutées, le tournant est *universel* pour notre mouvement international, dans chacun des trois secteurs de la révolution mondiale. Ceci doit être compris, pour que nous puissions exécuter cette tâche comme un parti mondial discipliné.

Il arrive qu'un problème politique, un fait sociologique et une décision de direction coïncident. Nous vivons un de ces moments. Pour permettre à notre mouvement d'avancer politiquement, nous devons simultanément placer nos cadres et notre programme dans les secteurs décisifs de notre classe. Sinon, nous ferons *partie* de la crise de direction grandissante du mouvement ouvrier mondial, plutôt que de sa solution.

Expériences et leçons

Le projet de résolution a été écrit il y a un peu plus d'un an et demi. Depuis, notre mouvement a acquis beaucoup plus d'expérience avec le tournant. Nous avons déjà eu la possibilité de mettre nos conclusions à l'épreuve et d'acquérir une meilleure connaissance des faits que nous n'avions pu le faire quand nous avons initialement adopté la résolution. Ce rapport et cette discussion nous aideront à prendre connaissance de ces expériences et de ces changements et, s'ils sont adoptés, à les transmettre par écrit à notre mouvement tout entier.

Bien entendu, la situation est inégale d'un pays à l'autre à l'étape actuelle de l'application du tournant. Les étapes de développement de la situation politique diffèrent dans plusieurs pays. Certaines expériences importantes n'ont eu lieu que dans une seule section ou un seul secteur industriel. Nous n'en tiendrons pas compte dans la discussion d'aujourd'hui.

Mais il y a aussi toute une série d'expériences communes partout où nous avons sérieusement commencé le tournant — de l'Iran au Canada, de la Suède à la Nouvelle-Zélande. Ces leçons communes sont décisives partout où la Quatrième Internationale a des forces significatives. Ce sont des leçons pour *la direction pratique* du prochain pas à franchir dans l'exécution de cette tâche commune.

Quelles sont les leçons à tirer de ces dernières années ?

Premièrement, il n'est pas possible de faire le tournant sans que les dirigeants du parti le dirigent. Ceci signifie que la direction doit analyser et intervenir de manière efficace dans le développement de la lutte des classes, de façon à toujours présenter clairement à nos cadres la base politique et l'application pratique du tournant.

On ne peut ni ordonner aux camarades de faire le tournant ni les obliger à le faire en leur faisant honte. La direction doit politiquement les convaincre, les motiver et les organiser. Les membres *s'attendent* à être dirigés dans ce tournant. C'est notre expérience universelle.

Mais ceci ne peut être accompli que si la direction elle-même va dans l'industrie. Notre but n'est pas seulement de faire entrer la majorité de nos membres dans l'industrie, mais aussi une majorité de nos instances de direction élues, aux niveaux local et national. Seule une telle direction peut mener à bien le tournant.

Deuxièmement, nous devons avoir une approche collective et non pas individuelle du tournant. Le parti doit diriger les camarades qui vont dans l'industrie. Ils ne le font pas tout seuls. Ils ne sont pas envoyés quelque part et puis laissés à eux-mêmes. Chaque fois que nous avons agi ainsi, nous en avons payé le prix. Des camarades se sont démoralisés et nous en avons perdu à nos opposants et aux staliniens. Le tournant est une tâche consciente du *parti,* pas une tâche routinière effectuée individuellement par un petit groupe de camarades.

Dans le même ordre d'idées, nous avons partout constaté que ce qui est décisif pour faire le tournant et faire de la politique dans l'industrie, ce n'est pas ce que les camarades accomplissent individuellement, mais ce qu'ils accomplissent comme fractions et comme composante du parti. Des camarades qui ont des points forts et diverses faiblesses travaillent ensemble en tant qu'unité disciplinée du parti et apprennent de leurs erreurs et de leurs succès communs.

Troisièmement, l'expérience nous a appris qu'il n'y a pas de manière graduelle d'effectuer le tournant. Bien sûr, le tournant s'effectue durant un certain laps de temps. Les camarades vont dans l'industrie par vagues successives, pas tous en même temps.

Mais le tournant ne peut être présenté ni mis en pratique comme une campagne graduelle, routinière ou partielle. Il doit être organisé et effectué comme un geste décisif par toute l'organisation. Chaque fois qu'on a essayé de faire autrement, le tournant s'est arrêté et a reculé, au lieu d'aller de l'avant par vagues. Si nous ne reconnaissons pas ce fait et n'agissons pas en conséquent, nous ne réussirons pas. Nous n'effectuerons pas le tournant.

Lorsque nous rassemblerons les statistiques de chaque direction nationale pour la prochaine réunion du Comité exécutif international, nous aurons une bonne idée des progrès que nous aurons faits — pays par pays — pour diriger une grande majorité de camarades dans l'industrie.

Quatrièmement, dans chacun des pays où nous avons progressé dans le tournant, nous avons appris — quelquefois à partir de faux départs — qu'on ne peut faire d'exception pour certains emplois, pour certaines catégories d'emploi ou pour certaines couches du parti. De telles exceptions reviennent toujours à des excuses pour ne pas faire le tournant, pour ne pas y participer. Les syndicalistes qui travaillent aujourd'hui *hors* de l'industrie ont un rôle particulièrement important à jouer en dirigeant personnellement les cadres du parti qui vont dans l'industrie et en mettant leur expérience à contribution dans la construction de nos fractions. Ils peuvent y apporter une direction politique et pratique essentielle.

Je crois que nous avons maintenant dépassé un faux débat — le débat opposant secteur public et secteur privé. Ce qui est important, ce n'est pas que les camarades soient payés par le gouvernement ou par un employeur privé. Ce qui est important, c'est d'être ou pas dans les usines, dans les mines, dans les manufactures, dans les centres de transport et dans les centres de communication — que ce soit dans le secteur public ou privé. *Notre but, c'est d'aller dans l'industrie, de faire partie de la classe ouvrière industrielle.*

Nous ne commençons pas par regarder où travaillent la plupart des femmes aujourd'hui ou bien où la bureaucratie est faible, même si ces facteurs peuvent jouer un rôle pour cibler des secteurs particuliers de l'industrie. Nous regardons où notre classe est concentrée et où des batailles de classe éclateront nécessairement dans la période à venir. C'est là qu'une direction de lutte de classe résolue sera nécessaire et c'est là que nous devons aller. C'est la ligne de la résolution.

Nous sommes à la recherche des dirigeants naturels de la classe ouvrière — ceux vers qui les autres travailleurs se tournent lorsqu'ils ont besoin de direction. Certains ont déjà été élus à des postes syndicaux, mais nos yeux ne sont pas tournés vers les dirigeants officiels à aucun niveau. Nous gagnerons les meilleurs d'entre eux en visant les *jeunes rebelles* dans la classe ouvrière. Ces derniers seront décisifs pour nous et pour notre classe dans la période à venir. C'est eux que nous visons.

Cinquièmement, cette reconnaissance de la place centrale des jeunes travailleurs souligne l'importance de lancer, de reconstruire ou d'aider à renforcer des organisations révolutionnaires de jeunesse. Avoir une organisation de jeunesse — et une organisation totalement axée vers le tournant industriel — devient *plus* important, pas moins important, alors que nous concentrons nos cadres dans l'industrie et dans les syndicats industriels.

Le mouvement marxiste international a traditionnellement reconnu la nécessité d'organisations de jeunesse prolétariennes comme un instrument central de la construction du parti. Ce besoin se fait plus pressant, au moment où un nombre grandissant de jeunes travailleurs sont repoussés par le capitalisme et attirés par des idées et des alternatives radicales. Il y aura un rapport distinct sur le travail de l'Internationale parmi les jeunes plus tard dans le congrès. Je n'essayerai donc pas de développer ce point. Mais nous sommes en train d'apprendre que nous devons consciemment reconnaître qu'il s'agit d'une partie indispensable du tournant. C'est essentiel si nous voulons prendre avantage des occasions qui s'offrent à nous et permettre à nos partis de faire le maximum de gains parmi les travailleurs qui se radicalisent.

Ce à quoi nous ne devons pas nous attendre
Nos premières expériences avec le tournant nous ont aussi appris ce que nous ne devions *pas* promettre aux camarades.

Nous ne pouvons promettre un recrutement rapide. Ceci dépend de toute une série d'autres facteurs — le déroulement de la lutte des classes, le stade de politisation de classe et les capacités du parti.

Tout en ne promettant pas que le tournant résoudra d'autres problèmes auxquels le parti est confronté, nous pouvons garantir que le tournant nous met dans la meilleure position pour résoudre ces problèmes et profiter des opportunités. Et sans le tournant, nous pouvons garantir le désastre.

Finalement, nous ne pouvons promettre que le tournant se fera sans douleur ni facilement. Il ne le pourra pas parce que le tournant diffère de tout ce que nous faisons normalement et ce à quoi nous sommes habitués. Ce n'est pas un changement de ligne politique ou la correction d'une erreur politique. Ce n'est pas un changement tactique. Ce n'est pas le lancement d'une nouvelle campagne.

Le tournant signifie un changement dans la vie de milliers et de milliers de camarades. C'est différent. Et il faut le diriger.

Partout où nous avons commencé à effectuer le tournant de manière systématique et approfondie, il y a eu des pertes individuelles de camarades. Il y a des camarades pour qui le tournant pose de manière aiguë la question de ce qu'ils font de leur vie, de ce que sont leurs engagements et priorités personnels. Puis le parti aussi fait inévitablement des erreurs et de faux départs. Et d'autres camarades démissionnent.

Mais la leçon la plus importante que nous avons apprise, c'est que le tournant *sauve* des camarades. Il prévient la démoralisation et renverse le malaise qui s'installe lorsque nos partis n'ont pas les amarres politiques et organisationnelles nécessaires au coeur de notre classe. Il offre une perspective et une base réaliste d'où faire progresser notre travail. Des camarades ont fait montre de capacités insoupçonnées lorsqu'ils sont entrés dans l'industrie comme composante d'une fraction forte.

Il s'agit d'un des aspects les plus cruciaux du tournant et une autre raison pour l'exécuter rapidement et le diriger de manière décisive.

Quelques conclusions organisationnelles

De nos premières expériences, nous avons aussi tiré certaines conclusions sur des questions organisationnelles importantes liées au tournant. Et toutes les formes organisationnelles de nos partis doivent être subordonnées à la réalisation du tournant.

Premièrement, les camarades qui vont dans l'industrie doivent fonctionner comme une fraction, comme une unité, comme une équipe collective — peu importe le terme particulier utilisé dans les différentes sections. Ils doivent disposer de moyens formels et structurés pour prendre démocratiquement des décisions, pour être politiquement liés, pour résoudre les problèmes, et pour intégrer et former les nouveaux camarades qui vont dans l'industrie ou y sont recrutés.

Si ceci ne se fait pas, nous pouvons isoler, démoraliser et finalement perdre des camarades. Ceux-ci commencent à se sentir personnellement responsables des progrès effectués par le parti et personnellement responsables des échecs ou des reculs. Nous effectuons collectivement notre travail dans tous les autres domaines et c'est ainsi que nous devons effectuer le tournant. Il est crucial d'organiser et de diriger les camarades par le biais de fractions. Et la direction du parti doit suivre de près leur travail.

Deuxièmement, alors que de plus en plus de camarades vont dans l'industrie, il est crucial de faire très attention de maintenir les unités de base du parti — appelées branches ou autrement selon les sections — comme des *instances politiques pleinement développées.* Elles doivent avoir une taille suffisante et être politiquement organisées de façon à ce que les camarades qui en font partie y obtiennent quelque chose qu'ils ne trouvent pas dans les fractions industrielles ou ailleurs. Autrement dit, ces unités de base du parti doivent offrir l'expérience politique, la direction, la formation marxiste et la discussion politique que les camarades ne peuvent obtenir que de l'ensemble du parti.

Un échec à ce niveau peut même exacerber le problème de lier ce qu'on appelle souvent le travail syndical ou d'entreprise à une activité politique socialiste plus générale.

Bien sûr, ceci ne résout aucun de nos problèmes tactiques sur comment lier le travail dans les entreprises, le travail syndical, aux autres tâches et campagnes du parti. Ceux-ci se résoudront concrètement dans chaque section et dans chaque situation spécifique.

Mais la leçon voulant que les camarades dans l'industrie doivent aussi être les membres actifs d'unités politiques pleinement développées du parti — où ils ont sur une base régulière et systématique un pouvoir de décision et des responsabilités politiques — est vitale pour éviter des pièges inutiles.

Troisièmement, le tournant requiert une plus grande professionnalisation du parti et aide à l'assurer. Le tournant rend plus immédiate et plus réelle notre conception voulant que chaque camarade, chaque travailleur-bolchevik est un révolutionnaire professionnel. La nécessité d'avoir un appareil professionnel, la disposition des camarades à devenir permanents, le besoin du professionnalisme à tous les niveaux de l'organisation — tout ceci devient d'autant plus nécessaire que nous devenons des partis de travailleurs industriels.

En même temps, il est important d'éviter toute idée qu'il y a deux catégories de membres du parti : ceux qui sont dans l'industrie et ceux qui n'y sont pas. Tous les membres du parti ont des droits égaux et des responsabilités égales. Le tournant n'établit en rien une catégorie de deuxième classe pour les camarades qui, pour une raison ou pour une autre, ne travaillent pas actuellement dans l'industrie.

Quatrièmement, le tournant fait ressortir de manière encore plus aiguë la question des normes de direction et des normes générales du parti, qu'il faut revoir pour s'assurer qu'elles correspondent au progrès que nous accomplissons en suivant la ligne de marche historique de notre classe.

Trotsky a écrit une série de lettres sur ces questions aux trotskystes américains au cours des années qui ont conduit à la lutte avec l'opposition petite-bourgeoise à la fin des années 30, alors que le parti effectuait un tournant vers l'industrie. La plupart de ces lettres ont porté sur la question de la direction. Trotsky y a énuméré certaines des caractéristiques fondamentales d'un dirigeant prolétarien et d'une attitude prolétarienne. Le sérieux envers votre organisation et sa direction. La subordination des considérations personnelles aux besoins du parti, qu'on fait passer en premier lieu. Une attitude professionnelle envers lui. Une opposition absolue au cynisme, au commérage, au fonctionnement bureaucratique, à l'hypersensibilité aux critiques et à bien d'autres choses du genre, communes dans les cercles petits-bourgeois. Et surtout, une vision des choses en termes de *nous* et *le nôtre*, et non pas de *moi* et *le mien*.

Il ne s'agissait pas de leçons de morale. Trotsky considérait que des changements de ce type — et la reconnaissance ouverte que de tels changements sont nécessaires — étaient essentiels pour construire des partis prolétariens et une internationale révolutionnaire.

Dans une lettre de 1937, Trotsky a écrit : « J'ai cent fois remarqué que le travailleur qui passe inaperçu dans les conditions « normales » de vie du parti révèle des qualités remarquables quand la situation change, quand les formules générales et les plumes fécondes ne suffisent plus, quand il faut une connaissance de la vie des travailleurs et des capacités pratiques. »

Dans une lettre écrite quelques jours plus tard, Trotsky a parlé de la nécessité d'éduquer le parti dans un esprit qui « rejette la critique malsaine, l'opposition pour l'opposition. » La clé pour y arriver, a-t-il dit, « c'est de modifier la composition sociale de l'organisation, d'en faire une organisation ouvrière. [… Le travailleur] est plus patient, plus réaliste. Quand on a une réunion de 100 personnes et que parmi elles 60, 70, 80 sont des travailleurs, alors les 20 intellectuels, petits-bourgeois, deviennent dix fois plus prudents sur la question de la critique. L'auditoire est plus sérieux, plus ferme. »

La tendance des intellectuels petits-bourgeois de critiquer pour critiquer, dit Trotsky, est une manière « de dissimuler leur scepticisme profond. »

« Les jeunes travailleurs rappelleront à l'ordre messieurs les sceptiques, les marchands de griefs et les pessimistes. »

Les permanents d'une organisation révolutionnaire, a insisté Trotsky, doivent « avoir en premier lieu une bonne oreille et seulement en second lieu une bonne langue. » Et lorsque le parti commence à recruter des travailleurs industriels, a-t-il prévenu, il doit éviter « un grand danger, à savoir que les intellectuels et les travailleurs de bureau puissent étouffer la minorité ouvrière, la réduire au silence, transformer le parti en un club de discussion très intelligent, mais absolument inhabitable pour des travailleurs [3]. »

Avoir conscience de ces questions d'attitude n'est pas seulement une nécessité si nous voulons mener le tournant jusqu'au bout. En effectuant le tournant, nous aurons les meilleures possibilités de modifier l'orientation, de combattre les attitudes étrangères et d'améliorer l'atmosphère et le fonctionnement de nos partis. Nous commencerons à agir comme des partis de travailleurs industriels.

Formation, agitation, organisation

Cinquièmement, sur la formation dans le parti. Lorsque les camarades commencent à faire le tournant, ils apprennent et réapprennent notre programme, ils apprennent et réapprennent le marxisme. Ils font constamment face au défi d'avoir à expliquer et populariser nos idées auprès de leurs camarades de travail. Nous sommes donc obligés d'étendre la formation politique et de lui porter une plus grande attention.

Il s'agit là d'un garde-fou contre la menace de voir les camarades devenir moins politiques en effectuant le tournant. Toute l'histoire nous montre que ce danger existe.

Sixièmement, améliorer nos journaux et en faire de plus en plus des journaux ouvriers. C'est par le biais de la presse de nos partis que nous pouvons nous adresser au plus grand nombre et aux couches les plus larges de travailleurs. C'est ainsi que nous expliquons pourquoi le besoin pour le mouvement ouvrier de commencer à penser socialement et à agir politiquement est une question de vie ou de mort pour lui.

Nos propres membres constituent de loin le public le plus important de la presse de nos partis, avec ceux dans notre classe et parmi les opprimés qui se tournent vers nous pour obtenir une analyse et une direction politiques. Ce que nous mettons dans nos journaux et comment nous expliquons les choses nous aident à former nos cadres comme des travailleurs-bolcheviks et non pas comme des syndicalistes radicaux. Ça nous aide à renforcer le parti contre les tendances économistes qui réduisent les luttes des alliés de notre classe — les femmes, les nationalités opprimées, etc. — à des luttes syndicales ou à des luttes entre employés et employeurs. Ça nous aide à combattre toute idée fausse voulant qu'on ne peut en aucun temps présenter aux travailleurs des questions internationales ou d'autres questions politiques générales.

Septièmement, le tournant donne plus et non pas moins d'importance à la nécessité de construire des *partis de campagne* — des partis qui mènent des campagnes centralisées et politiques, dictées par la lutte de classe nationale et internationale. Nous avons besoin de partis qui parlent politiquement aux travailleurs par le biais de nos initiatives et de nos campagnes politiques, et non pas avant tout par notre façon de répondre aux questions et aux luttes qui surgissent au travail. Alors que s'effectue le tournant, ces campagnes du parti sont des garde-fous essentiels contre les pressions droitières et économistes qui ont historiquement affecté les révolutionnaires dans la classe ouvrière. S'il y a une chose que le tournant ne change pas, c'est notre opposition absolue à toute conception spontanéiste de la manière de construire le parti et d'attirer à lui des travailleurs.

Huitièmement, nous avons commencé à apprendre des leçons précieuses sur le rapport qui existe entre le tournant et notre participation à la construction des luttes des femmes et des nationalités opprimées et entre le tournant et des questions comme l'énergie nucléaire et la solidarité internationale. Nous avons appris à ne pas confondre nos fractions syndicales ou fractions d'entreprise avec les fractions établies pour diriger notre travail dans diverses autres luttes particulières.

Bien sûr, il y a un lien. Il y a un recoupement des membres. Mais nous ne pouvons réduire une forme organisationnelle à l'autre pour effectuer notre travail. Le faire reflète simplement au niveau interne la tendance erronée à réduire les luttes des femmes, des nationalités opprimées et d'autres mouvements de masse à des batailles dans les usines ou dans les syndicats. Notre tournant est un tournant vers l'extérieur, pas un repli sur nous-mêmes.

Les luttes qui se développent à l'intérieur et à l'extérieur du mouvement syndical doivent se combiner et de ce fait se renforcer mutuellement. Notre tournant et les facteurs politiques qui le sous-tendent augmentent considérablement les possibilités et les occasions d'impliquer les travailleurs industriels et leurs syndicats dans d'autres luttes. Nous participons à ces dernières non seulement en tant que militants et dirigeants, mais de plus en plus en tant que dirigeants révolutionnaires conscients du mouvement syndical.

Notre but est d'accélérer la convergence de la classe ouvrière, de ses luttes et de ses organisations avec les batailles de tous les opprimés. Nous pouvons dire en toute sincérité aux opprimés : « Vous ne devez pas subordonner vos luttes à aucune autre lutte. » Seule une direction révolutionnaire de la classe ouvrière peut le dire et *agir* sur cette base. Ceci est crucial pour la capacité de la classe ouvrière de forger des alliances nécessaires et durables avec tous les secteurs des opprimés dans un combat commun contre les exploiteurs.

Neuvièmement, nous avons découvert que là où le tournant a été mené de manière systématique, les camarades femmes et les camarades des nationalités opprimées ont développé une plus grande confiance dans le parti et une plus grande confiance en eux-mêmes comme dirigeants de leur classe, de leurs luttes spécifiques et surtout comme dirigeants du parti.

Le tournant met en valeur ce que les camarades ont de meilleur.

Notre tournant vers la classe ouvrière industrielle et ses syndicats montre aussi comment aider à résoudre la crise de direction des mouvements des femmes et des nationalités opprimées. Aujourd'hui, ces luttes sont confrontées à une crise de perspective de classe. Pour progresser, elles doivent développer une composition, une orientation et une direction prolétariennes. En tant que partisans et participants de ces luttes, nous aiderons à accélérer la résolution de leur crise de direction à partir de notre base dans l'industrie, en impliquant nos camarades de travail dans ces mouvements et en luttant pour mobiliser la force du mouvement syndical derrière eux.

Je veux terminer en répondant à certaines questions qui ont été soulevées à propos du tournant.

Est-il mécanique ? S'agit-il d'un gadget ? S'agit-il d'une obsession des usines ?

Bien, je crois que vous pouvez dire que nous sommes quelque peu obsédés par l'idée de construire de grandes fractions de camarades parmi de grandes concentrations de travailleurs industriels. On peut jouer sur les mots. Mais nous plaidons coupables.

Le tournant est-il mécanique ? Dans un certain sens, oui. La mécanique de compléter le tournant est une condition essentielle pour le mener politiquement jusqu'au bout.

S'agit-il d'un gadget ? Non. Ce n'est pas un gadget. Ou alors toute notre analyse politique est fausse.

La direction de la Quatrième Internationale, le Comité exécutif international [CEI], doit diriger le tournant.

Il doit le diriger par l'analyse politique, afin de situer le tournant dans le déroulement de la lutte des classes mondiale.

Il doit le diriger en ayant un plus grand nombre de ses membres dans l'industrie.

Il doit le diriger en coordonnant le tournant à l'échelle internationale, en facilitant l'échange d'expériences et de renseignements entre les directions nationales et entre les camarades qui sont dans l'industrie dans différents pays.

Ceci signifie que le CEI, comme toutes les autres instances de direction de notre mouvement, devra commencer à organiser son travail différemment. Les ordres du jour de ses réunions devront changer. Les questions qu'il devra considérer et débattre vont s'élargir.

Par exemple, la prochaine réunion du CEI devra aborder concrètement les statistiques sur les progrès du tournant et évaluer leurs implications politiques et organisationnelles.

Il n'y a qu'une manière de mesurer le succès du tournant : c'est de regarder honnêtement et froidement les chiffres — le nombre et le pourcentage de camarades dans l'industrie dans chaque section, le nombre de fractions industrielles qui fonctionnent, le nombre de cadres dirigeants qui effectuent le tournant. Ce n'est qu'en examinant ces chiffres que nous pourrons évaluer les progrès réalisés dans l'application de la décision centrale de ce congrès. Voilà ce que nous devons faire à la prochaine réunion du CEI.

Plus nous serons capables d'en tirer les leçons et d'appliquer la résolution, plus vite le tournant *en tant que tel* sera derrière nous. Le tournant est une mesure *tactique* radicale rendue nécessaire par le développement historique de notre mouvement et par l'étape actuelle de la politique mondiale. C'est une réponse anormale à une situation anormale : une situation où la grande majorité de nos membres dans toutes les sections *n'étaient pas* des travailleurs industriels. Une fois effectuée cette mesure tactique historiquement nécessaire, une fois modifiée la situation anormale qui caractérise la composition sociale et les secteurs de travail actuels de notre courant, le tournant sera derrière nous. Lorsqu'une tactique est menée jusqu'au bout, elle cesse.

Plusieurs camarades m'ont dit : « N'oublie pas de signaler que notre mouvement est confronté à une crise, que nous avons de nombreux problèmes. » Sur cette question, nous devons nous rappeler un facteur important. Les problèmes auxquels nous sommes confrontés ne sont pas le reflet de revers décisifs subis par la classe ouvrière comme pendant les années 30 — la montée du fascisme et la guerre mondiale — ou d'un recul politique comme pendant les années 50.

En dernière instance, les crises et les problèmes auxquels nous sommes confrontés découlent de la nécessité de nous préparer à répondre aux défis et aux possibilités posés par une lutte des classes en ascension et à un rapport de force mondial qui évolue à l'avantage de notre classe. L'issue de ces luttes n'est pas encore décidée. Les plus importantes n'ont pas encore eu lieu. Et elles vont mettre en mouvement de nouvelles forces dans notre classe et parmi ses alliés.

Construire un parti mondial de masse

Au vu de ces perspectives révolutionnaires, le tournant est aussi décisif pour permettre à la Quatrième Internationale de répondre à ce qui sera le plus important défi dans la construction d'un parti mondial de masse de la révolution socialiste.

Partout où nous existons dans le monde aujourd'hui, nous n'avons que de petits groupes de propagande. Pour accomplir les tâches que nous nous sommes fixées, nous devons être capables de nous tourner vers des couches de révolutionnaires qui viennent d'autres directions et d'autres traditions — des *révolutionnaires d'action* comme la couche issue de la révolution cubaine ou de la révolution nicaraguayenne aujourd'hui, des courants de gauche qui émergent de la crise du mouvement syndical et des partis réformistes. Notre capacité de nous lier à eux, de les attirer à notre programme et de les convaincre de sa nécessité et de rassembler nos forces et les leurs dans un cadre politique et organisationnel commun — c'est seulement ainsi que nous pourrons construire un parti mondial de masse. Ceci ne peut se faire simplement par le recrutement à nos sections.

Mais cette tâche historique ne peut être accomplie que par des organisations enracinées dans l'industrie et composées de travailleurs industriels.

Nous signalons souvent que même des partis révolutionnaires relativement petits peuvent grossir de manière tumultueuse au cours de soulèvements de masse, quand ils sont forgés à partir des combattants qui émergent de ces batailles de classe. C'est vrai. C'est ce qui est arrivé aux bolcheviks en 1917.

Mais ceci *ne peut* être vrai *que* pour des partis de travailleurs industriels qui ont déjà été mis à l'épreuve dans l'action, qui ont de l'expérience et qui sont respectés dans le mouvement ouvrier. Ça ne peut se faire de l'extérieur du coeur de la classe ouvrière. Ceux qui seront à l'extérieur lorsque de tels événements se produiront seront tout simplement dépassés. L'occasion sera perdue.

Voilà le but du tournant : placer nos cadres là où ils doivent être pour construire des partis ouvriers capables de se développer dans les grandes batailles de classe qui, nous le savons, sont à l'ordre du jour à l'échelle mondiale. Sinon notre programme, dont le prolétariat mondial a besoin pour tracer un cours vers la victoire, restera un document sans vie au lieu d'être un guide pour l'action révolutionnaire de masse.

Nous ne garantissons pas que le tournant nous donnera les tactiques, le sens de l'à-propos et le savoir-faire politique requis pour répondre correctement à des opportunités de ce type. Nous ne faisons aucune promesse d'aucune sorte. Ces questions seront du ressort des camarades sur le terrain, dans chaque section et dans chaque nouvelle situation. Nous garantissons simplement que ces décisions *ne peuvent pas* être prises correctement sans le tournant et sans des partis composés dans leur très grande majorité de travailleurs industriels.

Finalement, nous devons mettre fin à un mythe. Ceci m'a frappé lorsque j'ai lu un document rapportant un échange entre des dirigeants du Parti socialiste des travailleurs (SWP) britannique et des camarades du Groupe marxiste international (IMG [4]). Il y a quelques années, prévient le SWP britannique, son organisation aux États-Unis a essayé de placer la grande majorité de ses camarades dans l'industrie et l'expérience s'est terminée de manière désastreuse. Voici ce qu'il en dit :

> Tout en étant en accord total avec l'*objectif,* soit l'implantation solide de révolutionnaires dans la classe ouvrière industrielle, nous pensons que la *méthode* proposée pour l'atteindre ne peut que mener au désastre. La « prolétarisation » ou « industrialisation » — c'est-à-dire la transplantation d'anciens étudiants dans l'industrie — n'est qu'un substitut, et un substitut dangereux, à la véritable tâche de construire des partis ouvriers.
>
> L'« industrialisation » a certains attraits superficiels. Elle donne des résultats rapides : elle conduit à l'augmentation significative du nombre de travailleurs manuels parmi les membres. Mais il faut payer un prix très élevé pour atteindre ces résultats.

Les camarades petits-bourgeois envoyés dans l'industrie sont obligés de s'adapter à leur nouvel environnement. Leur première priorité est de se rendre acceptables aux yeux de leurs camarades de travail. La conséquence naturelle, c'est qu'ils diluent ou cachent complètement leur politique et concentrent leurs efforts à devenir des syndicalistes efficaces. Un fossé se creuse entre leur vie de révolutionnaires et leur vie de militants ouvriers. Au travail, ils n'ont pas pour priorité de gagner d'autres travailleurs à la politique révolutionnaire, de vendre le journal du parti ou de présenter un programme de lutte contre les patrons, mais de s'établir comme de bons militants, purement et simplement. À l'intérieur de l'organisation, ils deviennent souvent une force conservatrice, avec une tendance par exemple à adopter ce qu'ils pensent être une ligne « superprolétarienne » (c'est-à-dire réactionnaire) sur des questions comme l'oppression sexuelle et à adopter des positions généralement économistes.

En même temps, l'« industrialisation » tend à créer deux catégories de membres dans l'organisation. Il y a les « cadres travailleurs-bolcheviks » qui ont fait la transition de petit-bourgeois à « prolétaires » et qui ont tendance de ce fait à se considérer comme une élite. Et il y a les autres, qui existent non pas pour construire le parti ou des organisations du rang dans leur propre lieu de travail, mais pour « servir » les « prolétaires ». Le travail dans les syndicats de bureau et parmi les étudiants, qui sont loin d'être des sphères d'activité négligeables, tend à souffrir énormément dans ce genre de régime.

Nous n'inventons pas ce scénario. Il s'est déroulé dans quelques cas au sein de notre propre organisation. C'est arrivé à l'organisation Socialisme international (SI) aux États-Unis, où l'« industrialisation » a produit un journal qui parlait à peine de politique, un appareil de permanents gonflé, une couche conservatrice d'étudiants « prolétarisés » et, à la base, des travailleurs de bureau et des étudiants démoralisés. Le résultat final, c'est que l'organisation s'est dissoute dans divers caucus syndicaux du rang et une revue mensuelle de propagande.

La conclusion que tire le SWP britannique de l'expérience, c'est : *N'allez pas dans l'industrie. Le tournant est une erreur.*

Nous disons exactement l'inverse. Nous disons que la raison pour laquelle l'expérience de SI a conduit à un échec — et il a été colossal — tient au programme et à la direction de l'organisation qui l'a effectuée. La raison de son échec, c'est que cette organisation a opposé d'un côté l'entrée dans l'industrie et le « travail syndical » au développement d'un journal ouvrier politiquement complet et équilibré, à la formation marxiste et à des campagnes politiques systématiques de l'autre. Quand cette organisation a fait le tournant, la direction a consciemment *dépolitisé* toutes les institutions du parti.

Si on effectue de telles oppositions erronées, le tournant sera alors un échec. Vous perdrez des camarades. Et vous ne pourrez recruter et garder de jeunes travailleurs qui se politisent. Quand le parti se fait dire à tort qu'il doit *choisir* entre effectuer un effort pour faire entrer des camarades dans l'industrie et mener des campagnes politiques organisées, c'est évident que la colonisation sera un échec.

Mais notre approche est totalement différente. Nous ne pensons pas que des camarades recrutés et formés dans d'importants mouvements de protestation et d'importantes luttes des opprimés deviennent moins politiques, moins féministes ou moins opposés à l'énergie nucléaire en devenant des travailleurs industriels et des militants syndicaux. Nous croyons — et notre expérience le confirme déjà — que ces camarades deviennent plus confiants et plus efficaces dans toutes ces luttes.

En fin de compte, il y a derrière l'opposition au tournant — que ce soit consciemment ou non — l'idée que d'une manière ou d'une autre les travailleurs sont essentiellement moins révolutionnaires et moins politiques et qu'ils ont plus de préjugés que d'autres secteurs de la population. C'est absolument faux.

Nous sommes convaincus que les travailleurs *ne sont pas* moins politiques que d'autres secteurs de la population. Au contraire, nous sommes convaincus que lorsque les luttes de tous les opprimés vont s'approfondir, les travailleurs industriels en prendront de plus en plus la tête.

Mais pour effectuer le tournant, nous devons regarder la réalité en face. Nous devons regarder froidement, honnêtement et en profondeur notre taille, notre composition et nos problèmes actuels. Il n'existe pas de trucs ou de définitions formellement correctes qui peuvent nous aider à devenir des partis prolétariens à la fois par la composition et le programme. Nous devons partir de notre *véritable* composition afin de pouvoir déterminer les tâches et les opportunités véritables qui se posent à nous.

Savoir répondre aux opportunités

Il n'y a aucune raison d'être pessimistes. Nous devrions voir la crise et les problèmes auxquels nous sommes confrontés comme les reflets d'une période qui s'ouvre et qui nous permettra de les *résoudre*. Le tournant nous donnera les perspectives politiques dont nous avons besoin pour croître et aller de l'avant.

À l'échelle mondiale, nous sommes la seule alternative révolutionnaire organisée pour le mouvement ouvrier. Tous les autres courants internationaux ont échoué.

Nous sommes convaincus qu'en effectuant le tournant vers la classe ouvrière industrielle, nous devons simultanément construire un parti mondial et nos sections nationales. Nous ne pouvons construire de partis ouvriers révolutionnaires nulle part au monde sans lutter en même temps pour construire le parti mondial.

Et ce parti mondial ne pourra être construit — et ne le sera — que s'il est composé de *partis ouvriers,* enracinés dans l'industrie dans les pays du monde entier.

En effectuant le tournant, nous ouvrons la voie à la toute prochaine étape de construction du parti international de la révolution socialiste dont la classe ouvrière a besoin pour renverser le capitalisme mondial.

composition sociale de notre parti et notre programme prolétarien. Devenir un parti de travailleurs-bolcheviks.

Si nous continuons à effectuer le tournant, le parti atteindra d'ici la conférence d'été de 1980 son objectif d'avoir la grande majorité de ses membres et dirigeants dans l'industrie et de centrer notre travail politique autour de nos fractions industrielles. Quand ce sera fait, le *tournant* sera simplement l'orientation politique *permanente* de notre parti vers les principales organisations de notre classe, les syndicats industriels.

Ce fait devrait renforcer notre détermination à effectuer le tournant jusqu'au bout pour pouvoir commencer à fonctionner comme un parti de travailleurs industriels socialistes.

La campagne de syndicalisation et la grève au chantier naval de Newport News, l'accident de la centrale nucléaire de Three Mile Island, l'aide apportée par le Viêt-nam pour renverser le régime de Pol Pot au Kampuchea et l'invasion du Viêt-nam par Beijing, le renversement du schah en Iran, l'inflation qui regrimpe à plus de 10 pour cent, la nouvelle crise du pétrole, la détérioration des conditions de travail, les reculs imposés au droit à l'avortement, l'effondrement et la dégradation des programmes de santé et de retraite, le chômage chez les jeunes Noirs — tous ces aspects et plusieurs autres de l'offensive capitaliste mondiale et de la résistance qu'elle provoque nous convainquent de la justesse de notre évaluation de la situation politique.

Ce que nous apprenons de nos camarades de travail dans l'industrie nous en donne une confirmation supplémentaire. Les choses changent. Il commence à y avoir un désir et une volonté de riposte. Plusieurs cherchent des réponses et sont prêts à considérer des solutions radicales. C'est tout ce que nous demandons.

Évidemment, il est important de comprendre ce que nous voulons dire quand nous disons que la classe ouvrière se déplace vers l'avant-scène de la politique américaine. Comme nous l'avons expliqué, dans un sens, c'est la classe dominante américaine qui occupe l'avant-scène. À cause du misleadership du mouvement syndical américain, les patrons conservent aujourd'hui l'initiative. Ils maintiennent la pression en poussant de l'avant des mesures d'austérité, en s'attaquant aux droits démocratiques et en essayant d'affaiblir les syndicats et d'approfondir les divisions dans la classe ouvrière.

Quand nous disons que les travailleurs américains se déplacent vers l'avant-scène de la politique, nous voulons dire deux choses étroitement liées. Premièrement, les travailleurs industriels sont la principale cible de l'offensive des dirigeants. Ainsi que nous l'expliquons dans la résolution politique, ce sont eux que visent les employeurs. Pour augmenter leurs profits, ils doivent attaquer les grands syndicats industriels qui sont les plus puissantes institutions des opprimés et des exploités.

Deuxièmement, nous voulons dire que dans la riposte, la classe ouvrière se déplace vers l'avant-scène de la *résistance* à l'offensive. Nous soulignons l'impact de la dépression de 1974-1975 sur la conscience de millions de jeunes travailleurs. Nous parlons des escarmouches qui ne cessent de se produire avec les patrons. Nous parlons d'humeurs nouvelles et d'attitudes nouvelles. De la tendance croissante à se tourner vers les syndicats pour faire appel à leur force et pour solliciter leur appui dans la lutte pour les droits des Noirs et des femmes ou contre l'énergie nucléaire. Et du *besoin* croissant de se tourner dans cette direction pour y trouver le leadership capable de faire avancer la lutte des opprimés.

L'initiative, la combativité et l'ouverture aux nouvelles idées que nous avons rencontrées parmi les travailleurs en grève de Newport News l'ont illustré. Nous ne voyons pas de luttes de cette envergure éclater partout à travers le pays en ce

2 (À GAUCHE) SEPTEMBRE 1991. MONUMENT POUR LES 25 TRAVAILLEURS TUÉS DANS L'INCENDIE D'UN ABATTOIR DE POULET À HAMLET, EN CAROLINE DU NORD. LES PATRONS GARDAIENT LES PORTES CADENASSÉES. **3** (EN HAUT) LA ROUTE DE BASSORA APRÈS LE BOMBARDEMENT U.S. DURANT LA GUERRE DE FÉVRIER 1991 CONTRE L'IRAK. UN OFFICIER SUPÉRIEUR DES FORCES AÉRIENNES A DÉCRIT LE MASSACRE ORGANISÉ PAR LES ÉTATS-UNIS COMME UNE « CHASSE AUX DINDONS. » **4** (EN BAS) SALT LAKE CITY EN UTAH, DÉCEMBRE 1990. MANIFESTATION CONTRE LA GUERRE U.S. DANS LE GOLFE PERSIQUE.

Pour accroître leurs profits, les employeurs doivent attaquer les grands syndicats industriels — les institutions les plus puissantes des opprimés et des exploités.

5 (EN HAUT) AVRIL 1979. LIGNE DE PIQUETAGE DE LA SECTION LOCALE 8888 DU SYNDICAT DES MÉTALLOS DEVANT LE CHANTIER NAVAL DE LA COMPAGNIE NEWPORT NEWS. LA VICTOIRE DE CETTE CAMPAGNE DE SYNDICALISATION DE 18 000 TRAVAILLEURS, OÙ LES TRAVAILLEURS NOIRS ONT JOUÉ UN RÔLE D'AVANT-GARDE, A MONTRÉ QUE LES BATAILLES CONTRE LA DISCRIMINATION DU SYSTÈME DE JIM CROW A AMÉLIORÉ LES CONDITIONS DE LUTTE DE TOUS LES TRAVAILLEURS.
6 (PAGE OPPOSÉE) CARBO, EN VIRGINIE, SEPTEMBRE 1989. DES MILLIERS DE MINEURS ET DE PARTISANS APPUIENT 98 GRÉVISTES OCCUPANT UNE INSTALLATION DE LA COMPAGNIE DE CHARBON PITTSTON. QUELQUE 44 000 MEMBRES DES UMWA ONT QUITTÉ LE TRAVAIL DANS 11 ÉTATS PENDANT SIX SEMAINES EN SOLIDARITÉ AVEC LA GRÈVE DES MINEURS DE LA PITTSTON.
7 (À GAUCHE) PEORIA EN ILLINOIS, MARS 1992. MANIFESTATION EN SOUTIEN À LA GRÈVE DES TUA CONTRE LA COMPAGNIE CATERPILLAR.

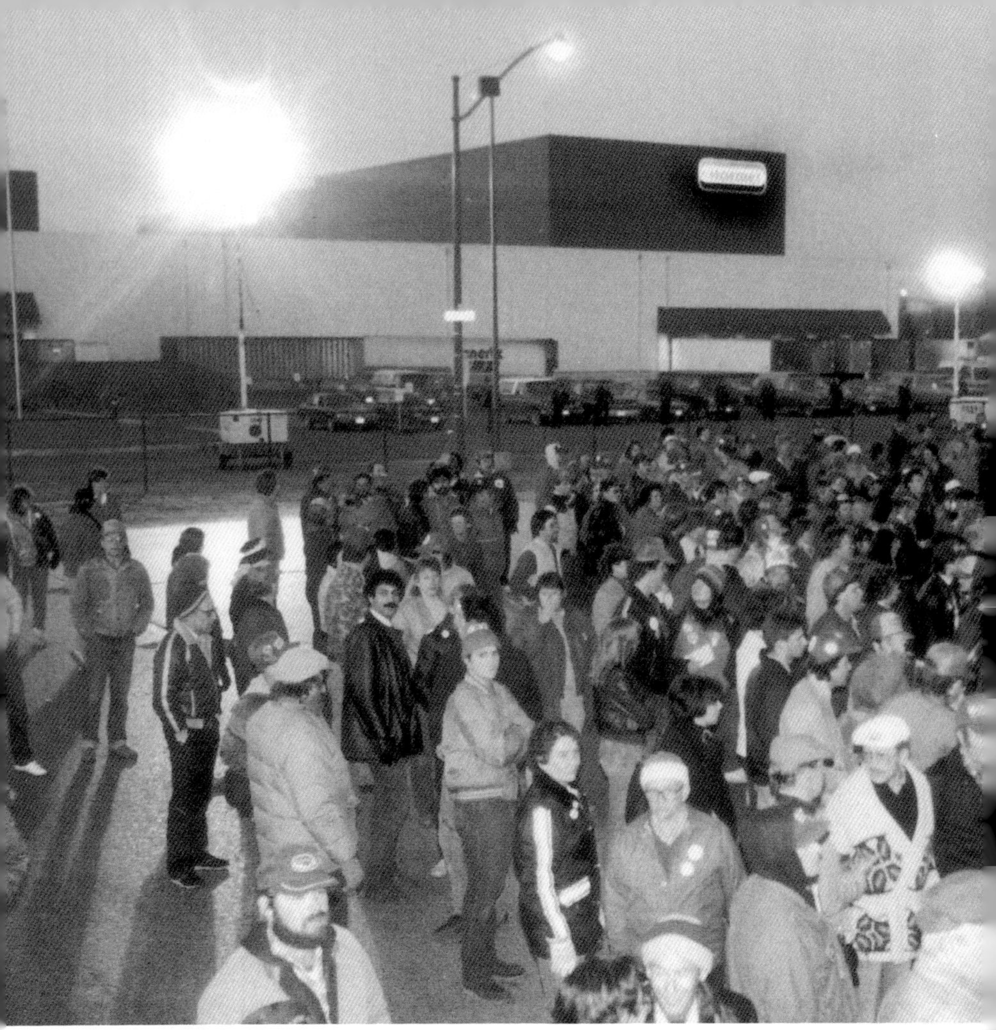

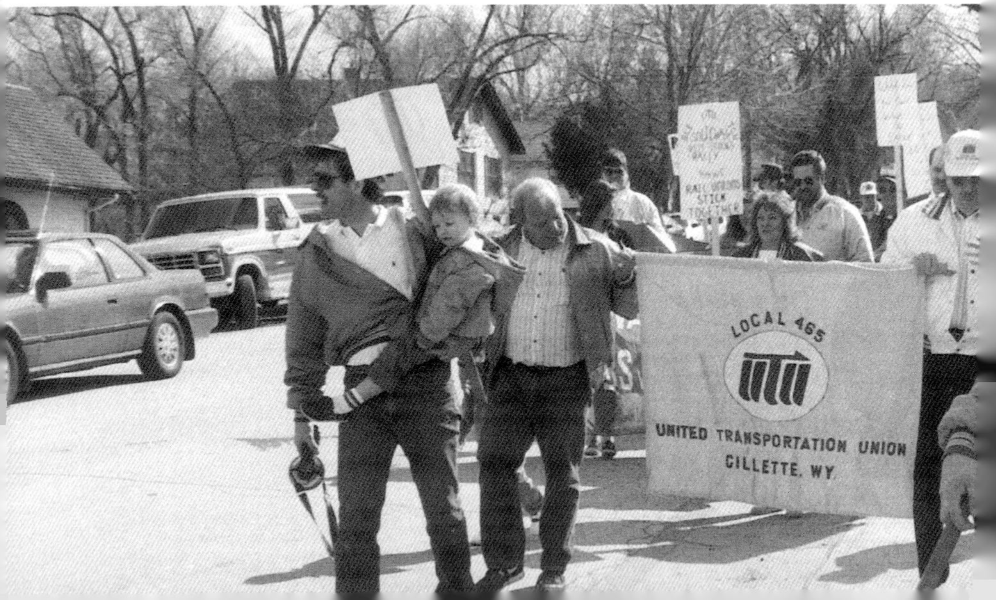
LOCAL 465
UNITED TRANSPORTATION UNION
GILLETTE, WY.

Les travailleurs industriels sont la cible fondamentale de la campagne d'austérité des dirigeants, pour les mêmes raisons qu'ils ont été au centre de notre stratégie depuis la fondation du marxisme : à cause de leur force économique, de leur poids social et de l'exemple qu'ils donnent à l'ensemble de la classe.

8 (EN HAUT) AVRIL 1986. DES GRÉVISTES DE LA SECTION LOCALE P-9 DES TUAC ET LEURS PARTISANS SONT RASSEMBLÉS DEVANT L'ABATTOIR DE LA COMPAGNIE HORMEL, À AUSTIN AU MINNESOTA.
9 (EN BAS) AVRIL 1991. DES CHEMINOTS MANIFESTENT À GILLETTE, DANS L'ÉTAT DU WYOMING, QUELQUES JOURS AVANT LA GRÈVE DE 235 000 MEMBRES DE HUIT SYNDICATS DES CHEMINS DE FER, LE 17 AVRIL. DIX-NEUF HEURES APRÈS LE DÉBUT DE LA GRÈVE, LE CONGRÈS A DÉCLARÉ LE DÉBRAYAGE ILLÉGAL ET LES HAUTS OFFICIERS SYNDICAUX Y ONT MIS FIN.

11 (À DROITE) EN 1975–1976, « LES MÉTALLOS RIPOSTENT » ONT CONTESTÉ LA BUREAUCRATIE INCRUSTÉE DU SYNDICAT DES MÉTALLOS. ASSIS À GAUCHE, ED SADLOWSKI, LE CANDIDAT DES « MÉTALLOS RIPOSTENT » À LA PRÉSIDENCE DES MÉTALLOS, FAIT CAMPAGNE EN AOÛT 1976 À L'USINE SOUTH WORKS DE LA COMPAGNIE U.S. STEEL À CHICAGO.

10 (EN HAUT) WAPATO DANS L'ÉTAT DE WASHINGTON, EN AVRIL 1987. GRÈVE DU SYNDICAT UNI DES TRAVAILLEURS AGRICOLES DE L'ÉTAT DE WASHINGTON CONTRE LA COMPAGNIE PYRAMID ORCHARDS.

En se combinant à la longue à une crise sociale grandissante, à des soulèvements dans les pays coloniaux et semi-coloniaux et à des guerres impérialistes, un nombre croissant de conflits de classe vont transformer la politique et le mouvement ouvrier dans ce pays.

12 (EN BAS) SEPTEMBRE 1989. LES GRÉVISTES DE LA COMPAGNIE AÉRIENNE EASTERN ET LEURS PARTISANS PARTICIPENT À LA PARADE DE LA FÊTE DU TRAVAIL À NEW YORK. LES MEMBRES DU RANG DU SYNDICAT DES MACHINISTES ONT DONNÉ UN EXEMPLE AU MOUVEMENT SYNDICAL EN SE BATTANT CONTRE LE BRISEUR DE SYNDICATS NUMÉRO UN DU PATRONAT, FRANK LORENZO.

DES VENDEURS DU *MILITANT* ET DE *PERSPECTIVA MUNDIAL* DISCUTENT DE LA POLITIQUE MONDIALE ET DES LUTTES OUVRIÈRES :

13 (EN HAUT À GAUCHE) EN MAI 1993, AVEC DES MEMBRES DES TRAVAILLEURS UNIS DE L'ALIMENTATION ET DU COMMERCE SUR UN PIQUET DE GRÈVE À HARRISON, AU NEW JERSEY.

14 (EN BAS À GAUCHE) EN AVRIL 1989, AVEC DES TRAVAILLEURS DE LA CONSTRUCTION SUR LES LIEUX D'UN DÉVERSEMENT DE PÉTROLE CAUSÉ PAR LA COMPAGNIE EXXON, À VALDEZ EN ALASKA

15 (EN BAS AU CENTRE) EN OCTOBRE 1992, AVEC DES TRAVAILLEURS AGRICOLES EN GRÈVE DANS L'EST DE L'ÉTAT DE WASHINGTON.

16 (EN BAS À DROITE) EN AVRIL 1977, AVEC DES MÉTALLOS. EN UNE SEMAINE, 4 000 EXEMPLAIRES DES DEUX PÉRIODIQUES ONT ÉTÉ VENDUS AUX PORTES DES ACIÉRIES, FAISANT AINSI CONNAÎTRE AUX MEMBRES DU SYNDICAT L'ENTENTE CONCLUE DANS CETTE INDUSTRIE.

17 (EN HAUT DE LA PAGE) AVRIL 1992. VENTE DE LA PRESSE SOCIALISTE À UN ABATTOIR DE SAINT-PAUL AU MINNESOTA. CHAQUE SEMAINE, LES TRAVAILLEURS SOCIALISTES ORGANISENT DES VENTES AUX PORTES D'USINE À TRAVERS LES ÉTATS-UNIS ET DANS D'AUTRES PAYS.

Les travailleurs ne peuvent développer de conclusions politiques révolutionnaires en partant de leurs seules luttes et expériences.

Le mouvement syndical aux États-Unis doit se faire agressivement le champion de la solidarité internationale des travailleurs. La classe dirigeante cherche à attribuer aux travailleurs des autres pays la responsabilité des maux croissants du capitalisme.

18 (À GAUCHE) MADADENI EN AFRIQUE DU SUD, MAI 1993. RASSEMBLEMENT D'ÉDUCATION ÉLECTORALE DU CONGRÈS NATIONAL AFRICAIN.
19 (À DROITE) SEATTLE, OCTOBRE 1996. MILITANTS DU MOUVEMENT ÉTUDIANT CHICANO DANS UNE MANIFESTATION POUR LES DROITS DES IMMIGRÉS.

Pour présenter une perspective socialiste, nous donnons en exemple les réalisations de la révolution cubaine, où les travailleurs et les agriculteurs se sont emparés du pouvoir et l'ont utilisé pour renverser le capitalisme et commencer à construire une société socialiste.

20 (EN HAUT) CUBA, JANVIER 1994. UNE TRAVAILLEUSE PREND LA PAROLE DURANT UNE DISCUSSION À LA MANUFACTURE JOSÉ DÍAZ COLINA DE LA HAVANE SUR LES DÉFIS POLITIQUES AUXQUELS FAIT FACE LA RÉVOLUTION CUBAINE.
21 (EN BAS) PROVINCE DE LA HAVANE, JUILLET 1993. DES TRAVAILLEURS VOLONTAIRES CUBAINS RÉCOLTENT DES CHOUX POUR COMBLER LA PÉNURIE DE NOURRITURE.

Pour les travailleurs, la solidarité veut dire faire avancer à l'échelle internationale notre position de classe commune contre notre ennemi de classe commun, en refusant de permettre aux employeurs et à leurs gouvernements de nous diviser et de nous opposer les uns aux autres.

22 (À GAUCHE) SEATTLE, JUILLET 1993. UN MINEUR DE CHARBON EN GRÈVE CONTRE LA COMPAGNIE PEABODY S'ADRESSE À UN RASSEMBLEMENT MARQUANT LE DÉPART D'UN CONVOI D'AIDE HUMANITAIRE À CUBA.
23 (EN HAUT) DECATUR EN ILLINOIS, AVRIL 1994. LE JEUNE DIRIGEANT CUBAIN PÁVEL DÍAZ HERNÁNDEZ (AU CENTRE) RENCONTRE DES TRAVAILLEURS EN LUTTE CONTRE UN LOCK-OUT DÉCRÉTÉ PAR LES PROPRIÉTAIRES DE L'USINE DE TRANSFORMATION DE MAÏS A. E. STALEY.
24 (EN BAS) JANVIER 1988. UN BRIGADISTE NORD-AMERICAIN ET UN TRAVAILLEUR AGRICOLE NICARAGUAYEN TRAVAILLENT ENSEMBLE DANS UN PROJET DE CONSTRUCTION DOMICILIAIRE À MORILLO, UNE COMMUNAUTÉ AU SUD DU NICARAGUA.

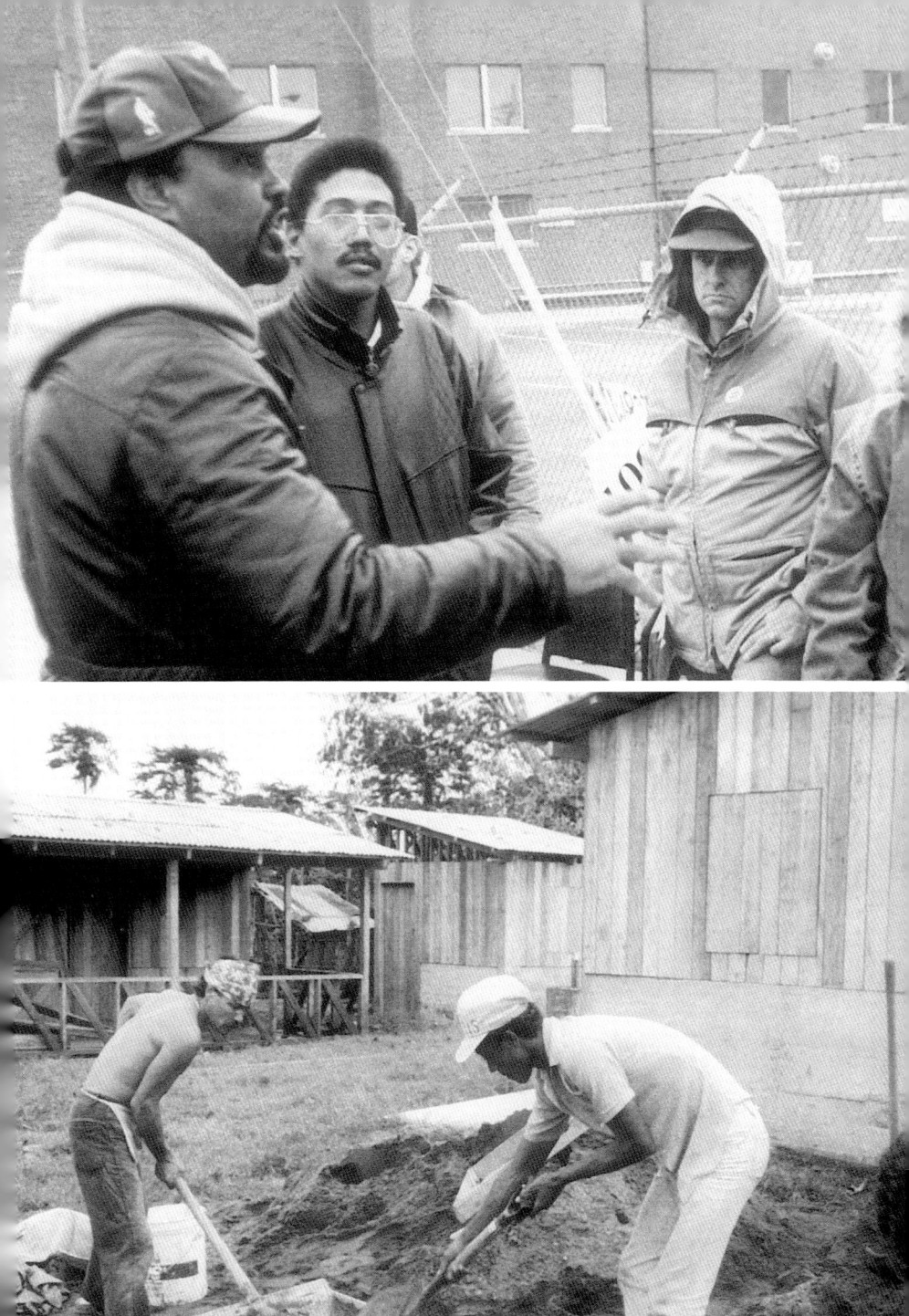

Les syndicats doivent prendre l'initiative d'exiger que le gouvernement finance à travers le pays des programmes adéquats de santé, de logement et de retraite. Chaque gain fait dans ce domaine accroît la force et l'unité de l'ensemble de la classe.

25 (EN HAUT) MAI 1989. DES AUGMENTATIONS DE FRAIS DE SCOLARITÉ ET DES COUPURES BUDGÉTAIRES DANS LE RÉSEAU DE L'UNIVERSITÉ DE NEW YORK SE HEURTENT À L'OPPOSITION ORGANISÉE DES ÉTUDIANTS.
26 (EN BAS) NEWARK AU NEW JERSEY, MAI 1993. DES TRAVAILLEURS DE MAGASINS D'ALIMENTATION FONT GRÈVE À NEW YORK ET AU NEW JERSEY DANS UN CONFLIT PORTANT SUR LES AVANTAGES MÉDICAUX ET LES SALAIRES.
27 (À DROITE) OCTOBRE 1990, À L'EXTÉRIEUR DE L'HÔTEL DE VILLE DE NEW YORK. DES TRAVAILLEURS DU SECTEUR PUBLIC REVENDIQUENT DES SOINS DE SANTÉS FINANCÉS PAR LE GOUVERNEMENT.

Une nouvelle avant-garde politique dotée d'une conscience de classe, et dont les membres reflètent la composition changée de la population active, transformera les syndicats en instruments de lutte de classe – en un puissant mouvement de travailleurs qui pensent socialement et agissent politiquement.

28 (EN HAUT) BOSTON, DÉCEMBRE 1974. UN CONTINGENT ÉTUDIANT OUVRE UNE MANIFESTATION DE 12 000 PERSONNES QUI RÉCLAME LA DÉSÉGRÉGATION DES ÉCOLES ET LA FIN DES ATTAQUES RACISTES CONTRE LES ÉTUDIANTS NOIRS.
29 (EN BAS À GAUCHE) HARRISBURG EN PENNSYLVANIE, MARS 1981. DES MÉTALLOS, DES MINEURS, DES MACHINISTES ET DES CHEMINOTS PARTICIPENT À UNE MANIFESTATION MARQUANT LE DEUXIÈME ANNIVERSAIRE DE L'ACCIDENT DE LA CENTRALE NUCLÉAIRE DE THREE MILE ISLAND.
30 (EN BAS À DROITE) WASHINGTON, AVRIL 1989. DES GRÉVISTES DE LA COMPAGNIE AÉRIENNE EASTERN ET D'AUTRES SYNDIQUÉS PRENNENT PART À UNE ÉNORME MARCHE POUR LE DROIT À L'AVORTEMENT.

À mesure que les jeunes travailleurs vont faire l'expérience dans la lutte de reculs et d'avancées, de victoires et de défaites, un nombre croissant d'entre eux vont acquérir une expérience de combat révolutionnaire et leur conscience va changer.

31 (EN HAUT) ANAHEIM EN CALIFORNIE, AOÛT 1992. DES MONTEURS DE CARTON-PLÂTRE EN GRÈVE BLOQUENT L'ENTRÉE D'UN CHANTIER DE CONSTRUCTION. DES PIQUETS DE GRÈVES MASSIFS IMPLIQUANT DES MILLIERS DE TRAVAILLEURS DANS LE SUD DE LA CALIFORNIE ONT PERMIS À CES DERNIERS DE REMPORTER UNE CONVENTION COLLECTIVE APRÈS UN ARRÊT DE TRAVAIL DE CINQ MOIS.
32 (EN BAS) WASHINGTON, JANVIER 1993. DÉFENSE D'UNE CLINIQUE D'AVORTEMENT CONTRE UNE ATTAQUE DE DROITE.

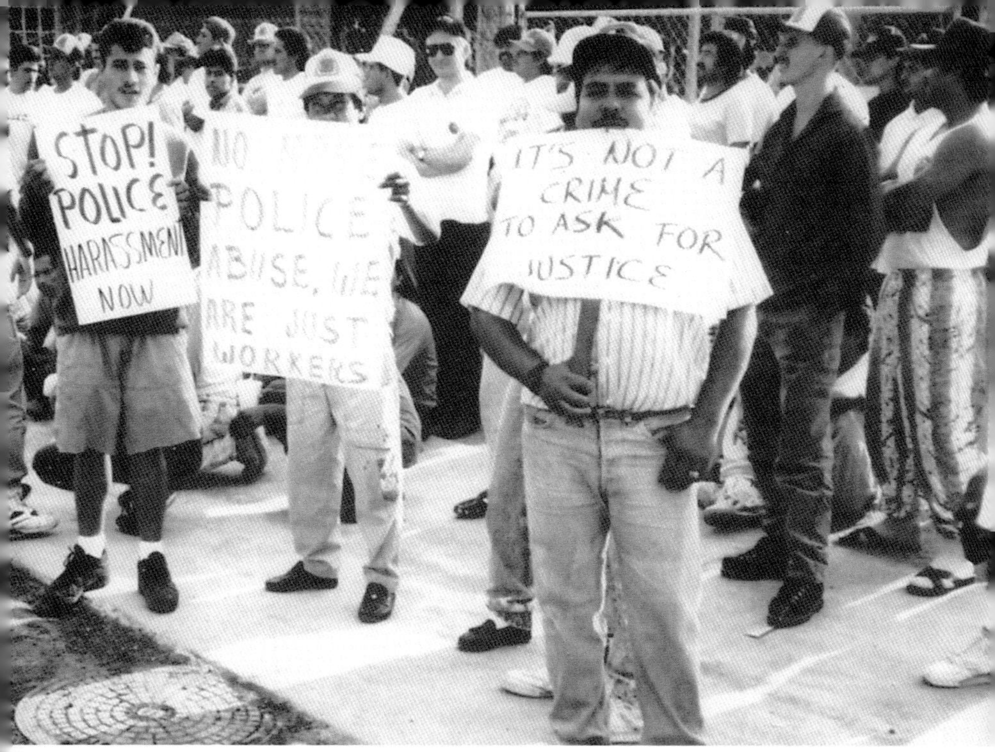
STOP! POLICE HARASSMENT NOW
POLICE
ARE JUST WORKERS
IT'S NOT A CRIME TO ASK FOR JUSTICE

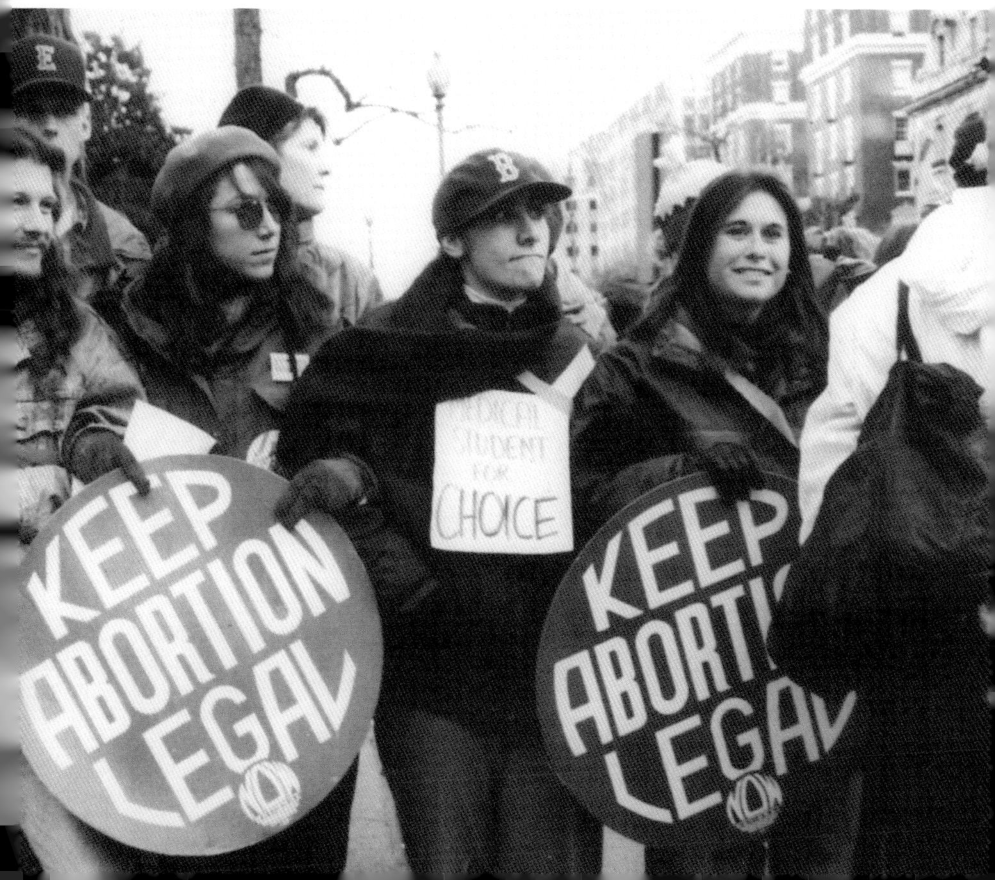
KEEP ABORTION LEGAL
NOW
STUDENT FOR CHOICE

33 (EN HAUT) PLATTSBURG AU MISSOURI, MARS 1985. DES AGRICULTEURS EXIGENT LA FIN DES SAISIES DE FERME PAR LES BANQUES.
34 (EN BAS) DÉCEMBRE 1976. DES AGRICULTEURS DÉCLENCHENT UNE GRÈVE NATIONALE CONTRE LA MONTÉE DES COÛTS DE PRODUCTION. PLUS DE 8 000 D'ENTRE EUX MANIFESTENT EN TRACTEUR À ATLANTA EN GÉORGIE.

Une alliance avec les agriculteurs est essentielle pour défendre les syndicats et mener une lutte réussie pour établir un gouvernement des travailleurs et des agriculteurs aux États-Unis.

PHOTOS. **1** HARVEY MCARTHUR **2** JANE ROLAND **3** DENIS BRACK / REUTER **4** DAVE WULP **5** JON HILLSON **6** MARY IMO **7** JIM GARRISON **8** TOM JAAX **9** MIKE GALATI **10** MATT HERRESHOFF **11** EARL DOTTER/PHOTOJOURNALIST **12** ERNIE MAILHOT **13** PHIL DUZINSKI **14** JANET POST **15** HARVEY MCARTHUR **17** JON HILLSON **18** NIGEL DENNIS/SERVICE DE L'INFORMATION ET DE LA PUBLICITÉ DE L'ANC **19** LISA AHLBERG **20** AARON RUBY **21** ARGIRIS MALAPANIS **22** HARVEY MCARTHUR **23** LUIS MADRID **24** DAVE WELTERS **25** SELVA NEBBIA **26** PHIL DUZINSKI **27** ROBERT FOX/IMPACT VISUALS **28** FLAX HERMES **29** FRED MURPHY **30** ANCY BROWN **31** ELIZABETH STONE **32** MARGRETHE SIEM **33** JEFF POWERS **34** RICHARD RATHERS ■ SAUF AVIS CONTRAIRE, TOUTES LES PHOTOS SONT REPRODUITES AVEC L'AUTORISATION DU JOURNAL *THE MILITANT*.

valoir les intérêts communs à l'ensemble du prolétariat et indépendants de la nationalité ; d'autre part, aux divers stades de développement que traverse la lutte entre prolétariat et bourgeoisie, ils représentent toujours et partout les intérêts du mouvement dans son ensemble. »

Marx et Engels en concluent : « Les communistes sont donc en pratique la partie la plus résolue, la plus mobilisatrice des partis ouvriers de tous les pays ; sur le plan de la théorie, ils ont sur le reste de la masse du prolétariat l'avantage de comprendre clairement la ligne de marche, les conditions et les résultats généraux du mouvement prolétarien [4]. »

Les marxistes *font partie* de la classe ouvrière, ils ne sont pas quelque chose qui lui est extérieur. Le parti marxiste révolutionnaire n'est pas simplement le porteur d'un programme qui constitue l'« aile marxiste » de toutes les luttes progressistes.

Le parti marxiste analyse *toutes* les classes et leurs conflits, toute la politique, du point de vue des objectifs historiques de *notre* classe — la classe dont nous sommes simplement la partie la plus consciente et la plus organisée et les combattants les plus conséquents. La classe dont la tâche est de gouverner, d'exproprier les exploiteurs et les oppresseurs et de diriger un grand mouvement social pour réorganiser la société dans le but d'éliminer l'oppression et de construire le socialisme.

La classe ouvrière est créée par son ennemi : la classe capitaliste, le système de profits. Les travailleurs ne *choisissent* pas de participer à la lutte de classe, leur condition les y *force*. C'est ce qui rend le marxisme scientifique et non pas utopique. Et de plus en plus de travailleurs dans ce pays deviennent conscients de cette lutte de classe à mesure que s'intensifie l'offensive des dirigeants — tous les jours dans les usines et autour des grandes questions sociales et politiques comme le chômage, la discrimination et la guerre.

Cette perspective et cette stratégie ouvrières, voilà tout ce qu'est le marxisme. Évidemment, ce « tout » comprend l'avenir de l'humanité.

C'est aussi ce que représente notre parti. Nous faisons partie de la classe ouvrière. Notre programme exprime les intérêts de la classe ouvrière. Nous expliquons le but historique de notre classe : le pouvoir politique, un gouvernement des travailleurs pour organiser la transformation de toutes les relations sociales. Nous expliquons et analysons les conditions actuelles afin de bâtir des ponts vers la réalisation de ce but. Et nous expliquons la « ligne de marche » du mouvement ouvrier — la stratégie qui peut organiser et mobiliser notre classe pour atteindre cet objectif.

La stratégie léniniste de construction du parti

Avant 1917, il n'était pas clair quel genre de parti *exactement* il fallait construire pour mener la classe ouvrière au pouvoir. Mais un nombre relativement petit de révolutionnaires, qui sont devenus sous la direction de Lénine les cadres du Parti bolchevique, étaient en train de construire celui qui allait le faire et trancher la question. Durant la décennie qui a précédé la révolution russe de 1905, Lénine a écrit une série d'articles importants où il a expliqué le caractère de ce parti. Son texte le mieux connu sur la question est évidemment *Que faire ?*

Dans ces articles, Lénine est parti de l'idée toute simple de Marx et Engels : les marxistes, qui s'appelaient à cette époque sociaux-démocrates, représentent les intérêts d'une classe ; et cette classe, la classe ouvrière, est la seule classe capable d'être progressiste de manière conséquente. Il a expliqué ce que cela signifiait quant au genre de parti nécessaire à l'époque de l'impérialisme pour faire progresser les intérêts des travailleurs et avancer la société.

Lénine a souligné que seule la classe ouvrière peut se battre de façon conséquente pour les droits démocratiques et la liberté politique. (Il parlait de la lutte contre la tyrannie tsariste, mais la plupart des points qu'il a faits s'appliquent à la lutte contre l'oppression politique sous n'importe quelle forme de domination capitaliste.)

Lénine a expliqué dans ces articles que le parti prolétarien révolutionnaire doit se faire le champion de toutes les luttes des opprimés. S'il ne le fait pas, il n'est pas un parti révolutionnaire et il ne sera pas digne ou capable de diriger les travailleurs jusqu'au pouvoir. Nous avons souligné cette idée à maintes reprises et l'avons incorporée à nos résolutions, y compris celle que nous discutons ici aujourd'hui.

Lénine a expliqué que les travailleurs en tant que classe ont le plus grand intérêt à « réaliser *jusqu'au bout* la démocratisation du régime politique et social, car une telle démocratisation mettrait ce régime entre les mains des travailleurs[5]. » Les travailleurs, a-t-il souligné, ont grandement besoin de droits démocratiques afin de mener les luttes pour leurs revendications économiques et politiques les plus fondamentales.

En se distinguant comme regroupant les combattants d'avant-garde pour les droits démocratiques, la classe ouvrière renforcera les mouvements de tous les opprimés, renforcera la lutte pour la liberté politique et stimulera toutes les autres forces participant à ces luttes.

Lénine a dit aussi des choses importantes sur la stratégie requise pour construire le parti prolétarien révolutionnaire.

Dans un article écrit en 1899, il a d'abord dressé la liste d'une série de choses qui *s'opposent* à une stratégie ouvrière révolutionnaire. La tâche du parti, a-t-il dit, « n'est pas d'inventer des plans de réorganisation de la société, ni de prêcher aux capitalistes et à leurs valets l'amélioration du sort des ouvriers, ni de tramer des complots […]. » En d'autres mots, sa tâche n'est pas d'inventer des systèmes comme le fait le Parti socialiste du travail. Ni de faire campagne pour un mode de vie alternatif. Ni d'effectuer du « travail social socialiste » ni de se livrer à des aventures gauchistes qui « inciteront » les travailleurs à agir.

La tâche du parti, a dit Lénine, est plutôt « d'organiser la lutte de classe du prolétariat et de diriger cette lutte, dont le but final est la conquête du pouvoir politique par le prolétariat et l'organisation de la société socialiste [6]. »

Voilà ce qui est au coeur de la stratégie léniniste de construction du parti : faire de l'organisation et de la mobilisation de notre classe et de sa marche vers le pouvoir l'axe de tout ce que nous faisons. Dans tout ce que le parti projette, nous devons toujours répondre aux questions suivantes. Est-ce que ce cours fait avancer la conscience de classe, la confiance et l'expérience de lutte de classe des travailleurs ? Est-il meilleur qu'un autre cours possible pour modifier le rapport de forces entre les classes à l'avantage des opprimés et des exploités ? Aide-t-il à préparer la classe ouvrière à lutter pour prendre le pouvoir et gouverner ? Favorise-t-il le développement de l'avant-garde ouvrière, le parti révolutionnaire ?

C'est de là que vient le besoin du centralisme révolutionnaire dans le parti prolétarien. Centraliser le parti autour d'un programme qui défend les intérêts de la classe ouvrière et autour de la lutte pour appliquer ce programme. C'est à partir de cette perspective de classe que Lénine a développé sa conception du parti révolutionnaire centralisé : la nécessité d'une composition prolétarienne, son caractère de direction de combat de l'avant-garde ouvrière de masse, le besoin d'adopter les décisions de manière démocratique et de sélectionner consciemment la direction.

Ces concepts fondamentaux de la stratégie léniniste de construction du parti peuvent quelquefois paraître abstraits. Mais à mesure que la crise du capitalisme s'approfondit, que nous devenons une partie de la classe ouvrière industrielle et de ses syndicats qui changent, que le parti devient de plus en plus une organisation ouvrière de par sa composition et son programme — à mesure que ces changements se produisent, l'importance de ces idées fondamentales devient de plus en plus un aspect de notre expérience quotidienne.

Avant la révolution d'octobre 1917 en Russie, seuls quelques autres révolutionnaires dans le mouvement socialiste comprenaient la stratégie de construction du parti de Lénine et plusieurs la rejetaient consciemment. Mais à partir d'avril 1917, quand Lénine est revenu d'exil et a mis de l'avant ses perspectives pour la révolution prolétarienne en Russie, sa stratégie a commencé à être comprise par un nombre croissant de travailleurs animés d'un esprit révolutionnaire à l'intérieur du pays et, à la suite de son succès, à l'étranger.

Après la révolution d'octobre, ces idées ont été discutées et incorporées dans le programme des quatre premiers congrès de l'Internationale communiste et dans le programme du Parti communiste de l'Union soviétique. Ces résolutions font partie de notre héritage et de notre programme révolutionnaire aujourd'hui. Après avril, les bolcheviks ont mis en application sous la direction de Lénine plusieurs aspects de ce que nous appelons maintenant la méthode de transition.

Mais c'est Trotsky qui a procédé à l'élaboration la plus complète, au développement et à l'explication les plus systématiques de la méthode de transition.

Le programme de transition est l'application de la stratégie léniniste de construction du parti à la résolution de ce que Trotsky a appelé « la crise historique de la direction du prolétariat. » Il s'appuie sur les conquêtes des bolcheviks et de l'Internationale communiste avant sa stalinisation. Les contributions de Trotsky à la stratégie léniniste de construction du parti ont été incorporées dans le programme de transition adopté par la conférence de fondation de la Quatrième Internationale en 1938 [7].

Il vaut la peine de prendre un recul pour examiner la méthode de transition, ses origines et ses liens avec nos tâches comme révolutionnaires prolétariens aujourd'hui.

Avant la première guerre mondiale, le mouvement marxiste ne parlait que de principes et de tactiques. Il n'avait pas vraiment de stratégie.

Les principes sont ce que nous avons quelques fois appelé des questions de « feu rouge. » Si vous commencez à les transgresser, un gros feu rouge devrait clignoter dans votre tête. On n'appuie pas les guerres impérialistes. On n'enfreint pas l'indépendance de classe.

Ce sont des principes. La plupart du temps, ce sont des choses dont « tu t'abstiendras » plutôt que « tu feras. »

Les principes sont très importants. Ils ne sont pas simplement inventés. Ils se paient très cher dans le sang. Ce sont des leçons tirées des expériences et des luttes de la classe ouvrière. Si vous commencez à les enfreindre, vous ne pouvez construire un parti prolétarien révolutionnaire.

La nécessité d'une stratégie

En 1928, une décennie entière avant qu'il n'ébauche le programme de transition, Trotsky a écrit sur l'absence de conception stratégique qui caractérisait le mouvement socialiste avant la première guerre mondiale.

« Avant la guerre, nous ne parlions que de la tactique du parti prolétarien. Et cette conception correspondait exactement aux méthodes parlementaires et syndicales qui prédominaient alors et qui ne dépassaient pas le cadre des revendications et des tâches courantes.

« La tactique, a expliqué Trotsky, se limite à un système de mesures se rapportant à un problème d'actualité unique ou à un secteur unique de la lutte des classes. »

Mais ce n'est pas assez, a-t-il dit. « La stratégie révolutionnaire couvre au contraire tout un système combiné d'actions qui, dans leur liaison, leur cohérence et leur développement, doivent amener le prolétariat à la conquête du pouvoir [8]. »

« Les tactiques sont subordonnées à la stratégie, » a conclu Trotsky. Et la stratégie sert de lien indispensable entre les tactiques d'un côté et les principes et l'objectif socialiste de l'autre.

La première guerre mondiale a prouvé que la majorité des dirigeants de la Deuxième Internationale avaient une stratégie. Mais ce n'était pas une stratégie avouée et elle a mené au désastre. Leur stratégie consistait à faire confiance à leur propre bourgeoisie et à compter sur une accumulation graduelle de réformes à l'intérieur du capitalisme.

À la fin de la guerre cependant, les bolcheviks ont démontré en pratique quelle stratégie était nécessaire pour mener la classe ouvrière au pouvoir.

Au milieu des années 20, la vague révolutionnaire en Europe avait pris fin sans aucune autre victoire pour les travailleurs. L'expansion capitaliste mondiale de cette décennie a commencé.

Il y a quelques parallèles instructifs entre ce qui est arrivé pendant la période de prospérité relative des années 20 et les deux décennies et demie d'expansion économique qui ont suivi la deuxième guerre mondiale.

Des périodes comme celles-là créent toujours l'illusion que les réformes sont réalistes. Le capitalisme n'apparaît pas comme un système rongé par des crises. Beaucoup de travailleurs semblent s'en sortir assez bien. De moins en moins de travailleurs perçoivent l'existence d'une crise sociale. Ceux qui le font ou qui comprennent que les crises sont inhérentes au système capitaliste constituent une petite minorité.

Toutes ces choses ont un grand impact sur la classe ouvrière et le mouvement ouvrier révolutionnaire. On voit se développer une tendance, consciente ou non, à retourner vers la vieille division entre tactiques et principes. Le besoin d'une stratégie pour conduire la classe ouvrière au pouvoir s'obscurcit.

Dans ces périodes, le caractère fondamental de classe contre classe de toute politique se voile. Autrement dit, les luttes qui éclatent semblent souvent ne pas être liées aux divisions de classe dans la société. Plusieurs questions sociales ne semblent pas à première vue avoir beaucoup à faire avec l'oppression et l'exploitation de classe.

Les questions que la population en général, y compris de grandes couches de la classe ouvrière, voit comme des questions de classe contre classe en viennent à être perçues de façon très étroite — ce qu'on appelle souvent des questions « de pain et de beurre. » Elles sont perçues comme des luttes très limitées qui ne remettent pas en question le statu quo général. De l'autre côté, on ne voit absolument pas comme des questions de classe les questions politiques et sociales, y compris les solutions politiques aux besoins économiques.

La crise de 1929 a bouleversé les choses. C'était le commencement de la fin pour les illusions qu'il était possible de réformer le capitalisme, que ce système avait un avenir prometteur et que son existence était dénuée de crises. De plus en plus de travailleurs ont commencé à dire : « Non ! Il doit y avoir une autre voie. »

Le programme de transition

Au cours de la grande dépression des années 30, les questions « de pain et de beurre » sont devenues des questions de vie ou de mort qui ont assumé une forme sociale et politique directe. Mais il est aussi devenu de plus en plus clair que les luttes sociales faisaient partie de la lutte de classe, qu'elles faisaient toutes partie de la lutte entre les exploiteurs et les exploités.

Dans ces conditions et à la suite d'une série de discussions approfondies avec des camarades américains et des camarades européens qui avaient pu se rendre au Mexique, Trotsky a rédigé le programme de transition en 1938. Celui-ci illustre la stratégie et la méthode que nous devons comprendre mieux que jamais aujourd'hui afin de pouvoir les appliquer dans des conditions nouvelles et différentes pour construire le parti révolutionnaire.

Si on ne comprend pas que le programme de transition est un document stratégique ayant pour objectif la construction de partis prolétariens de combat, on passe à côté de l'essentiel.

C'est exactement ce que fait Isaac Deutscher dans sa biographie de Trotsky. Il passe à côté de l'essentiel.

Le programme de transition, dit Deutscher, « n'était pas tant une déclaration de principe qu'un mode d'emploi sur les tactiques, conçu pour un parti impliqué jusqu'au cou dans les luttes syndicales et la politique de tous les jours [9]. »

Tout à fait faux ! Ce n'est pas une « déclaration de principe » et encore moins un « mode d'emploi sur les tactiques. » Le programme de transition *a été* conçu pour aider les partis « impliqués jusqu'au cou dans les luttes syndicales et la politique de tous les jours, » pour les aider à prendre un recul et à évaluer où ils allaient. Quelle était leur stratégie ? Est-ce que les tactiques qu'ils employaient dans leurs activités syndicales et dans les autres luttes politiques de tous les jours faisaient avancer cette stratégie ?

Trotsky l'a exprimé ainsi dans des discussions sur le programme de transition : « Naturellement, c'est un acquis considérable que nous soyons enracinés dans les syndicats, mais il est très important de ne pas perdre de vue notre ligne stratégique mondiale. Toute revendication économique locale, partielle, doit être une approche conduisant à une revendication générale de notre programme de transition [10] […]. »

Il y a cinq ans, George Breitman a fait des présentations à l'une de nos conférences de formation d'été où il a souligné que cette compréhension stratégique était précisément la plus importante contribution faite au SWP par le programme de transition. Il a expliqué que le programme de transition a fourni au parti « une stratégie cohérente et viable, ou un ensemble de concepts stratégiques, peut-être pour la première fois dans ce pays et certainement à une échelle que nous n'avions jamais connue auparavant. »

C'était le but du programme de transition. Et c'était le but de la section appelée « La ligne de marche stratégique du mouvement ouvrier » dans la résolution « Les perspectives du socialisme aux États-Unis » adoptée par le congrès de 1975.

Trotsky a encore expliqué ce concept fondamental dans la section introductoire du programme de transition : « La tâche stratégique de la Quatrième Internationale ne consiste pas à réformer le capitalisme, mais à le renverser. Son but politique est la conquête du pouvoir par le prolétariat pour réaliser l'expropriation de la bourgeoisie. »

Il a poursuivi quelques phrases plus loin : « Ce qui distingue l'époque actuelle, ce n'est pas qu'elle affranchit le parti révolutionnaire du travail de tous les jours, mais qu'elle permet de mener ce travail en liaison indissoluble avec les tâches réelles de la révolution. » Le parti « mène ce travail de tous les jours dans le cadre d'une perspective correcte, réelle, c'est-à-dire révolutionnaire. » Il devient capable de transmettre cette perspective à un nombre croissant de travailleurs.

« Dans la mesure où les vieilles revendications partielles « minimum » des masses se heurtent aux tendances destructives et dégradantes du capitalisme décadent — et cela se produit à chaque pas — la Quatrième Internationale met de l'avant un système de *revendications transitoires* […]. »

L'essence de ces revendications transitoires, explique Trotsky, « est de se diriger de plus en plus ouvertement et résolument contre les bases mêmes du régime bourgeois.

« Le vieux « programme minimum » est dépassé par le *programme de transition,* dont la tâche consiste en une mobilisation systématique des masses pour la révolution prolétarienne[11]. »

La ligne de marche stratégique du mouvement ouvrier

Après ces remarques d'introduction vient la section du programme de transition où Trotsky présente la « ligne de marche du mouvement prolétarien » (pour utiliser l'expression du *Manifeste du parti communiste*). Je me souviens que lorsque j'ai lu pour la première fois cette partie du programme de transition il y a près de 20 ans, je l'ai trouvée intéressante mais pas « utile ». Je suis certain que plusieurs d'entre nous avons eu cette expérience. Mais relisez cette section aujourd'hui.

En quelques mots, voici quelques-unes des principales idées présentées par Trotsky pour le mouvement ouvrier et sa direction révolutionnaire.

Premièrement, la protection des travailleurs contre ces deux fléaux inhérents au capitalisme que sont le chômage et l'inflation. L'échelle mobile des salaires et des heures de travail est au coeur de la solution mise de l'avant par Trotsky, ce que nous appellerions une pleine indexation au coût de la vie et une réduction de la semaine de travail sans perte de salaire. Ce sont les capitalistes, pas les travailleurs, qui sont responsables du chômage et de l'inflation, a souligné Trotsky. Ce sont donc eux et non les travailleurs qui doivent payer. Les travailleurs doivent avoir la garantie d'une protection totale de leur niveau de vie et de leur sécurité d'emploi.

Deuxièmement, Trotsky a traité des syndicats — les institutions de classe qui sont au centre de la lutte pour des choses comme l'échelle mobile des salaires et des heures de travail. Les travailleurs doivent renforcer leurs syndicats. L'idée que les syndicats sont puissants est une illusion : ceux-ci n'ont aucune puissance tant que leur force n'est pas utilisée.

Les socialistes, a-t-il dit, doivent présenter une perspective visant à les transformer en syndicats révolutionnaires. C'est ce que nous cherchons à faire en projetant notre programme pour une aile gauche de lutte de classe dans le mouvement ouvrier. Les syndicats, a ajouté Trotsky, ne doivent pas être liés à la classe capitaliste, à son gouvernement ou à ses partis. Il faut lutter pour gagner et préserver l'indépendance de classe des syndicats. Les syndicats doivent être démocratiques, pour que les travailleurs eux-mêmes puissent s'en servir pour lutter dans leurs intérêts. Trotsky a parlé du besoin de solidarité, autant au sein de la classe qu'avec toutes les luttes menées par les masses.

À partir des discussions que Trotsky a eues avec les camarades américains sur le programme de transition, il est clair que le slogan d'un parti ouvrier indépendant aurait dû s'insérer ici. Mais il a été omis à la demande des camarades des États-Unis qui voulaient en discuter plus à fond. À ce moment, il y avait des désaccords sur cette question parmi les trotskystes américains. Nous avons finalement adopté le slogan d'un parti ouvrier peu de temps après la publication du programme de transition par le congrès de fondation de la Quatrième Internationale.

Plus que toute chose, a écrit Trotsky, tournez-vous vers la jeunesse et faites entrer toute une nouvelle couche de travailleurs militants dans la direction syndicale. Préparez-vous de cette façon à écarter les vieux dirigeants conservateurs et collaborateurs de classe. Le programme de transition est une arme d'une valeur inestimable pour la classe ouvrière à cause à la fois du « désarroi et découragement de la vieille génération [et du] manque d'expérience de la jeune. »

Éduquez et formez la plus jeune génération de travailleurs aux méthodes de lutte de classe, a expliqué Trotsky. C'est seulement ainsi que la puissance des syndicats peut être libérée. C'est seulement ainsi que de plus en plus de travailleurs commenceront à dire non aux limites que la bureaucratie syndicale impose à leurs luttes.

De là, Trotsky a expliqué l'importance des comités de grève. Nous les avons vus prendre vie à la grande réunion de Newport News, quand les travailleurs ont voté de ne pas retourner au travail avant que la compagnie Tenneco ne retire certaines des conditions de retour au travail humiliantes qu'elle avait initialement exigées.

Trotsky a ensuite traité du contrôle ouvrier. Il l'a fait de deux angles. Le premier, c'est l'ouverture des livres de compte des capitalistes — pour que la classe ouvrière et le public en général prennent connaissance de tout ce que le grand capital et le gouvernement capitaliste nous dissimulent. Les travailleurs doivent étaler au grand jour tous les soi-disant secrets commerciaux, les préparatifs de guerre, les relations entre les industries de guerre, les liens entre le grand capital et les agences de réglementation gouvernementales et ainsi de suite. Il faut mobiliser le mouvement ouvrier pour faire connaître les pénuries artificielles, trouver les réserves dissimulées et faire la lumière sur les pannes et les effondrements désastreux que le capitalisme inflige à la population.

Liée à ces questions, il y a la lutte pour un réel contrôle du travail : contrôle de la cadence des chaînes de production, contrôle de la sécurité et contrôle de l'organisation du travail. Cette lutte devient une école où la classe ouvrière se prépare à gérer et planifier l'ensemble de l'économie sous un gouvernement ouvrier. Après la révolution d'octobre, Lénine n'a cessé de revenir à cette leçon : vous ne pouvez simplement sauter à la gestion ouvrière même quand les travailleurs détiennent le pouvoir politique. Ceci requiert du temps et de l'expérience. Le contrôle ouvrier est une école pour réorganiser entièrement la production et planifier réellement l'économie.

Trotsky s'est ensuite tourné vers l'expropriation de certaines industries. Dans sa discussion avec des camarades des

États-Unis, il a reconnu que le terme « nationalisation » peut avoir le même contenu s'il est expliqué de manière adéquate. Le but du gouvernement ouvrier, c'est d'exproprier la classe capitaliste tout entière et d'établir une économie planifiée.

Mais parfois les choses peuvent prendre une tournure dramatique sous le capitalisme et poser le besoin d'arracher une industrie vitale des mains des profiteurs capitalistes. Une industrie particulière deviendra cruciale pour combler les besoins des gens mais sera criminellement incapable de le faire. Elle peut complètement s'effondrer. Quelque chose ne marchera pas. Elle posera un très grand danger pour les travailleurs et leur environnement.

La crise de l'énergie en a été le meilleur exemple récent, mais on voit la même chose se produire dans d'autres industries. Trotsky a dit que dans de tels cas, nous exigerons que le gouvernement capitaliste s'empare de ces industries, qu'il les nationalise et qu'elles deviennent des services publics plutôt que de continuer à appartenir à des intérêts privés et être opérées par eux.

Le public doit connaître parfaitement tous les aspects du fonctionnement de ces industries publiques. Il ne doit y avoir ni dossiers secrets, ni réunions secrètes, ni comités triés sur le volet. Tout doit se faire au vu et au su de tous. À ces revendications s'ajoute la lutte des travailleurs de ces industries pour contrôler toutes leurs conditions de travail et pour garantir que tout soit connu en utilisant leurs connaissances et leur situation particulières. Ces revendications pointent vers l'expropriation de toute l'industrie de base et des banques.

Trotsky s'est ensuite penché sur le besoin des travailleurs de se défendre et de défendre leurs syndicats contre les hommes de main et les bandes fascistes à la solde des patrons. Cette question commence au niveau le plus élémentaire avec les lignes de piquetage, ou piquets de grève, et comprend tout le système de mesures que les travailleurs devront prendre à mesure que la polarisation de classe va s'approfondir et que la lutte pour le pouvoir politique va se poser de plus en plus directement. Comprendre correctement la stratégie et les tactiques devient ici une question de vie ou de mort pour le mouvement ouvrier.

À partir d'ici, le programme de transition aborde un large éventail de questions qui se posent au mouvement ouvrier : le besoin d'une alliance avec les agriculteurs ; la guerre, qui est une question particulièrement importante pour les jeunes qui ont à combattre et à mourir dans les guerres impérialistes ; le racisme et le chauvinisme national, en particulier dans les pays où il existe de larges populations appartenant à des nationalités opprimées ; et la lutte pour les droits démocratiques.

Tout ceci mène à la lutte pour un gouvernement des travailleurs et pour l'organisation de conseils ou soviets, c'est-à-dire à la lutte des travailleurs pour le pouvoir politique dans le but de réorganiser la société sur une base nouvelle.

Vers la fin du document, Trotsky résume ainsi l'approche transitoire : « Sont bonnes toutes les méthodes qui élèvent la conscience de classe des travailleurs, leur confiance dans leurs propres forces, leur disposition à l'abnégation dans la lutte. Inadmissibles sont les méthodes qui inspirent aux opprimés la crainte et la docilité devant les oppresseurs[12] [...]. » Et Trotsky termine avec les slogans : Place à la jeunesse ! Place aux travailleuses ! Voilà d'assez bon slogans pour notre parti aujourd'hui.

Voilà la ligne de marche que Trotsky a proposée comme stratégie prolétarienne révolutionnaire pour le mouvement ouvrier. Son entière raison d'être était la construction de partis léninistes capables de diriger les travailleurs jusqu'au pouvoir. « La crise actuelle de la culture humaine est la crise de la direction du prolétariat, » a-t-il écrit à la fin du programme de transition. « Les travailleurs avancés réunis au sein de la Quatrième Internationale montrent à leur classe la voie pour sortir de la crise[13]. »

De Marx et Engels à Lénine et Trotsky, voilà les racines de notre stratégie révolutionnaire prolétarienne.

Offensives stratégiques et retraites stratégiques

Comme je l'ai dit plus tôt, Trotsky a discuté les principaux points du programme de transition avec les camarades des États-Unis dans les mois qui ont précédé sa rédaction finale et son adoption. Au cours de l'une de ces discussions, Trotsky a dit que le document pourrait être appelé un programme d'action, mais qu'il ne pensait pas que ce terme était tout à fait juste. C'est une « conception stratégique, » a-t-il expliqué, un « programme de transition. »

Celui-ci a pour but d'aider les masses à « surmonter les idées [...], les méthodes et les formes » héritées des misleaders ouvriers qui ont mené à la faillite. Nous devons « avancer des mots d'ordre qui ne font pas partie du vocabulaire de la classe ouvrière américaine, » du moins pas encore. Nous ne pouvons pas avoir peur de le faire.

« Les tâches stratégiques, a-t-il ajouté, consistent à aider les masses, à adapter leur mentalité politique et psychologique [...] à la situation objective de crise sociale de l'ensemble du système. »

Trotsky a expliqué que nous commencerons à présenter plusieurs de nos idées dans le contexte de luttes ouvrières à caractère défensif. Les travailleurs ne seront pas prêts à prendre le pouvoir ou à adhérer au parti révolutionnaire en grand nombre. « Mais dans la situation actuelle, nous devons être orientés vers une offensive stratégique, pas vers une retraite. » À l'aide de l'approche transitoire, le parti présente à notre classe la perspective de cette offensive stratégique contre ses exploiteurs, cette ligne de marche stratégique vers un gouvernement des travailleurs.

Toutes nos tactiques doivent correspondre à cette tâche, parce que lorsque s'abattent les attaques des dirigeants, lorsque pourrit le système, de plus en plus de travailleurs commencent à chercher des réponses. Ils commencent à riposter. Ils connaissent des défaites, des trêves et des impasses et ils remportent quelques victoires partielles. À mesure qu'ils traversent ces expériences, la ligne de marche stratégique présentée dans le programme de transition devient pour eux de plus en plus sensée. Elle est le seul moyen d'éviter la catastrophe que le capitalisme leur réserve.

Mais Trotsky a ensuite posé une question. « Nous ne pouvons prédire le rythme de développement » des choses. La bourgeoisie trouvera peut-être un répit politique. Dans ce cas, le parti et notre classe ne peuvent entreprendre d'offensive stratégique. « Nous serons alors obligés d'effectuer une retraite stratégique [14]. » Pas une retraite tactique, pas une pause, mais une retraite stratégique.

Évidemment, c'est le contraire de la situation à laquelle le parti et les travailleurs font face aujourd'hui. Le capitalisme n'est pas sur le point d'entrer dans une période d'expansion économique prolongée ni de commencer à accorder d'importantes concessions aux travailleurs. Mais c'est ce genre de situation que les années de chasse aux sorcières et d'expansion capitaliste de la guerre froide *ont imposé* au parti après la guerre.

La retraite d'après 1947

Les années qui ont suivi 1947 ont marqué une grande retraite politique de notre classe. Le capitalisme américain est sorti renforcé de la deuxième guerre mondiale. À l'échelle internationale, le stalinisme a étouffé les poussées révolutionnaires en Europe de l'Ouest. Ici dans ce pays, la bureaucratie syndicale a resserré son emprise sur les syndicats du CIO et s'est jointe à la chasse aux sorcières capitaliste en effectuant un « grand ménage » anticommuniste dans le mouvement ouvrier.

Les syndicats ont été terriblement affaiblis durant la retraite. Notre classe a été affaiblie. Les travailleurs ont commencé à s'en rendre compte au cours des dernières années en essayant d'utiliser de nouveau leurs syndicats pour défendre leurs conditions de vie.

La bureaucratie a cherché à convaincre une couche de travailleurs relativement plus à l'aise qu'ils avaient intérêt à accepter les procédés de collaboration de classe qui mettaient en pièces les syndicats et sapaient leur pouvoir. Mais elle n'a pas expliqué que la chose la plus importante à se produire pour le mouvement ouvrier durant l'expansion capitaliste, ce n'était pas l'augmentation réelle des salaires. La chose la plus importante, c'est que les syndicats — les seules institutions que les travailleurs américains ont pour se défendre — étaient en train de s'éviscérer et de se bureaucratiser.

Durant ces années, notre classe a effectué une retraite de proportion historique, une retraite de grande échelle. Nous avons donc fait ce que Trotsky a dit qu'un parti devait faire dans une telle situation : nous avons organisé une retraite stratégique.

Bien sûr, nous n'avons pas mis de côté la stratégie léniniste de construction du parti ou notre méthode transitoire. Nous ne les avons pas non plus simplement conservées comme des cornichons dans un bocal. Certains d'entre nous avons découvert le léninisme et la méthode de transition au cours de ces années. Nous les avons appliqués et utilisés autant qu'il était possible de le faire à cette époque.

Néanmoins, il y avait de réelles limites à notre capacité d'appliquer plusieurs aspects de notre programme. Nous avons expliqué, fait de la propagande et éduqué — mais il y avait de moins en moins de travailleurs à nous écouter.

Il semblait y avoir un fossé entre notre stratégie et nos tactiques. Notre ligne de marche stratégique pour la classe ouvrière est devenue de plus en plus une promesse pour l'avenir, pas quelque chose qui paraissait réaliste ou utile dans l'immédiat. Nous n'avons jamais rien fait qui contredise ou remette en question cette orientation stratégique. Mais celle-ci était de moins en moins immédiate. Elle servait de moins en moins souvent de base à ce que nos candidats pouvaient dire avec le moindre espoir d'être écoutés et compris. De moins en moins de base à ce que nous pouvions proposer de manière réaliste à une quelconque couche large de militants qui réfléchissent au sein de la classe ouvrière.

Les ouvertures politiques quotidiennes auxquelles le parti avait la responsabilité de répondre semblaient s'éloigner de plus en plus de la ligne de marche du mouvement ouvrier américain.

Le parti lui-même est devenu plus isolé de notre classe, non par choix mais à cause de conditions objectives hors de notre contrôle. Notre composition de classe a changé. Les endroits où nous pouvions faire un travail politique fructueux ont changé. En pratique, nous avons intentionnellement assoupli plusieurs de nos normes d'organisation prolétariennes pour répondre aux conditions nouvelles et organiser une retraite ordonnée. À l'intérieur de certaines limites évidentes, ce n'était plus le parti mais les membres qui décidaient individuellement où ils allaient travailler.

Le barrage et le détour

Durant cette période, la bureaucratie syndicale a érigé un énorme barrage sur la route conduisant à la revitalisation de la lutte de classe. Les bureaucrates se sont consciemment mis au service du capitalisme américain pour contenir les travailleurs. Ils les ont empêchés d'utiliser la force des syndicats pour promouvoir leurs intérêts et diriger la lutte contre des maux comme le système de discrimination dit de Jim Crow.

Mais après une dizaine d'années de cette retraite, la revitalisation de la lutte des classes que nous avons appelée le « détour » a commencé à se produire. Le détour était un pas en avant historique. La classe ouvrière commençait à sortir de sa retraite et la lutte de classe à renaître sous plusieurs formes.

Le premier signe de progrès, le premier effort pour contourner le barrage est venu avec le mouvement pour les droits civils à la fin des années 50. C'était un mouvement prolétarien, un mouvement de la nationalité noire opprimée. Mais il était dominé par une direction petite-bourgeoise.

La bureaucratie syndicale s'est distinguée au mieux en appuyant du bout des lèvres la bataille pour éliminer le système de Jim Crow. Parce que cette couche petite-bourgeoise contrôlait la puissance du mouvement ouvrier américain, les syndicats se sont très peu impliqués dans les batailles pour les droits civils. Il était plus facile d'obtenir des appuis en se tournant vers les campus que vers le mouvement ouvrier organisé. De nombreux syndiqués noirs ont participé à la lutte, non *par le biais* de leurs syndicats, mais en les *contournant*.

Malgré cette absence d'appui syndical, le mouvement pour les droits civils a obtenu quelques concessions significatives. Les victoires remportées contre le système de Jim Crow l'ont été sans direction prolétarienne et sans la mobilisation du mouvement ouvrier organisé. On a vu se répéter largement la même dynamique dans le succès du mouvement contre la guerre du Viêt-nam et dans les premières victoires du mouvement des femmes.

À la lumière de ces victoires, il a semblé à première vue à de nombreux radicaux qu'il n'était pas nécessaire d'obtenir l'appui de la majorité des travailleurs américains ou des syndicats pour faire avancer les luttes sociales. Ceci a semé la confusion dans le mouvement radical en créant des illusions sur la durée et le type de conditions historiques permettant de remporter des victoires sans faire appel à la puissance du mouvement syndical américain.

De plus, la bureaucratie syndicale a adopté des positions complètement réactionnaires sur plusieurs questions. Elle a défendu les trusts d'emploi pour les blancs dans les métiers spécialisés. Elle a appuyé la guerre du Viêt-nam. Elle a résisté à l'entrée massive des femmes dans l'industrie.

Pour beaucoup de jeunes radicaux, l'idée de se tourner vers le mouvement ouvrier apparaissait au mieux comme un geste futile, sinon contraire aux objectifs pour lesquels ils luttaient. Ils ont confondu la bureaucratie syndicale réactionnaire avec les rangs des syndicats, qui étaient affectés par ces luttes. Il y avait même une tendance à voir la classe ouvrière comme la plus réactionnaire et non pas la plus progressiste des classes dans la société.

« Pouah, les syndicats ! » pouviez-vous entendre dire certains radicaux. « Pouah, les travailleurs ! Ils ne veulent pas que les Noirs obtiennent de bons emplois, de bonnes écoles ni des droits égaux. Ils ne veulent pas que les Chicanos obtiennent l'égalité. Ils ne veulent rien savoir de Cuba. Ils sont sexistes. Ils se fichent des essais atomiques et de la guerre. Ils veulent les salaires et les emplois de l'industrie de guerre, etc., etc. »

C'est peut-être un peu caricatural. Mais de telles attitudes étaient communes, sinon majoritaires dans le mouvement radical il n'y a pas si longtemps. Dans les tout premiers jours du mouvement contre la guerre, elles sous-tendaient la pensée de ceux qui voyaient les GI comme un ennemi — des « mercenaires » — et non pas comme une composante potentiellement puissante de la lutte.

Bien sûr, nous avons toujours combattu ces idées petites-bourgeoises réactionnaires. Le *Militant*, nos candidats et l'Alliance des jeunes socialistes ont fait de leur mieux pour présenter une compréhension et une stratégie de classe. Mais notre point de vue n'était pas celui de la majorité des militants.

On ne voyait pas comment les objectifs du mouvement pour les droits civils et des autres luttes progressistes favorisaient les intérêts de classe de la majorité des travailleurs. Dans l'esprit de nombreux militants, la seule façon d'aller chercher un appui du mouvement ouvrier, c'était uniquement sur la base d'un appel moral, pas de la nécessité de classe, de l'intérêt de classe et de l'unité de classe.

Quand ils ont demandé l'appui du mouvement ouvrier, ils se sont presque toujours tournés vers les dirigeants « progressistes », pas vers les rangs.

Les tactiques de ces mouvements de protestation ne semblaient pas liées à une stratégie visant à transformer radicalement le mouvement ouvrier américain et, par ce biais, à transformer la société. En fait, on a commencé à voir les tactiques mêmes comme une stratégie. On a commencé à voir les marches de protestation comme une stratégie. Ou les sit-in comme une stratégie. Bien sûr, ce sont en fait des tactiques. Mais celles-ci ne semblaient avoir aucun lien avec la stratégie d'une classe.

Même dans notre parti, on a commencé à entendre une litanie, en particulier durant le mouvement contre la guerre. Ça ressemblait à ceci : « Organisez un teach-in. Puis une conférence nationale. Pas d'exclusion. Coalition d'action. Un seul thème. Manifestation à Washington ou journées nationales de protestation. » Nous pouvons tous ajouter 10 ou 20 autres choses à la liste. La plupart d'entre nous pouvons nous en rappeler.

Évidemment, la plupart du temps, cette litanie s'est avérée tactiquement correcte pour les mouvements et dans les conditions où nous agissions. Mais en l'entendant répétée sans fin, on pouvait facilement oublier que nous ne faisions que répéter une litanie de tactiques, pas expliquer une stratégie.

Mais nous nous en sommes sortis indemnes. Nous avons été chanceux parce que les tactiques ne peuvent se répéter — même dans le même mouvement, avec les mêmes buts, deux semaines plus tard. Chaque tactique est spécifique et concrète. Chacune est unique. On ne peut les répéter. (C'est une autre raison, soit dit en passant, pour laquelle Isaac Deutscher a tellement tort de dire que le programme de transition constitue un « mode d'emploi sur les tactiques. »)

Bien sûr, si vous avez beaucoup d'expérience dans des situations variées, ça fait de vous un meilleur penseur, un meilleur combattant et un meilleur juge des tactiques à employer. Mais ce n'est pas parce que vous répétez automatiquement ce que vous avez déjà fait. Ça, c'est fatal. Vous êtes un meilleur tacticien parce que vous avez plus d'expérience. Les tactiques doivent toujours être soigneusement pensées et liées à votre stratégie d'ensemble.

La vérité, c'est qu'en dépit de cette apparente image de simple litanie de tactiques, nous avions une stratégie soigneusement conçue qui sous-tendait ce que nous avons fait dans le mouvement contre la guerre — une stratégie prolétarienne, une stratégie léniniste.

Notre stratégie consistait à mettre de l'avant des revendications et à lutter pour des méthodes capables de faire appel au mouvement ouvrier ; capables de faire appel aux travailleurs en uniforme, les GI ; capables de lier le mouvement contre la guerre aux autres luttes et à des forces sociales plus puissantes. Nous étions tout à fait conscients de la composition de classe du mouvement contre la guerre, de sa direction et de notre poids relatif en son sein. Nous n'avons pas mis de côté notre politique militaire prolétarienne. Nous l'avons consciemment modifiée et appliquée à ces nouvelles conditions[15].

Néanmoins, il était quelquefois facile d'oublier que ce que nous faisions était lié à la ligne de marche de notre classe. Il était facile de perdre de vue cette stratégie fondamentale sous la pression de l'activité quotidienne. Les mouvements des Noirs, des femmes et contre la guerre avaient un grand impact sur la conscience des travailleurs, en particulier des jeunes travailleurs. Mais le barrage érigé par la bureaucratie forçait toujours les luttes sociales à contourner les syndicats. Le fait que ces mouvements étaient tous des aspects de la lutte de classe restait toujours dissimulé. Et on a vu se développer l'idée vague qu'il n'y avait pas de limite à ce qui pouvait être gagné sans impliquer les syndicats.

La renaissance de la lutte des classes sous de nouvelles formes, le détour, a eu lieu durant une période prolongée d'expansion capitaliste. Bien que la population noire ait beaucoup moins bénéficié de l'expansion économique que les blancs, même pour les Noirs ce fut la plus longue période de prospérité relative de l'histoire. Les idées qui se sont développées, les formes de lutte, les forces sociales impliquées, la confusion qui s'est accrue — tout ceci a été marqué par le fait qu'il s'agissait d'une radicalisation de prospérité.

C'est différent de la période dans laquelle nous entrons aujourd'hui.

Nous avons fait le détour. Nous avons sauté dans toutes les luttes. C'était le début du renversement de la retraite stratégique et de l'isolement de notre classe. Sans la bonne approche face à cette radicalisation, nous ne serions pas là où nous en sommes aujourd'hui.

C'est là l'essence de la lutte menée contre la tendance « Pour une orientation prolétarienne » [FAPO] à notre congrès de 1971. La question était : avons-nous eu raison de faire le détour ? Aurions-nous plutôt dû rester sur la route principale devenue impraticable ? Devions-nous nous embourber parce que nous ne voulions pas accepter le besoin du détour ?

La FAPO ne s'est pas seulement enlisée dans son rejet sectaire des luttes qui se déroulaient. Le rejet du détour est devenu sa porte de sortie du mouvement ouvrier. Parce que le parti a fait le détour et qu'il a rejeté la conception *fausse* qu'avait la FAPO de ce qu'est une orientation prolétarienne, nous sommes aujourd'hui en position d'avancer.

Dans le rapport sur le projet de résolution politique de 1971 que nous avons approuvé lors du plénum du Comité national tenu en mai de la même année, nous avons expliqué la relation entre les luttes qui s'étaient développées jusque-là et la radicalisation ouvrière que nous anticipions.

> En plus de l'effet direct croissant de la radicalisation sur la conscience de secteurs de la classe ouvrière et de la classe ouvrière dans son ensemble, la résolution analyse un deuxième facteur : la nécessité pour la classe dirigeante, en raison de l'évolution de l'économie capitaliste mondiale, de s'attaquer tôt ou tard aux salaires, au niveau de vie, aux conditions de travail et finalement aux organisations économiques de la classe ouvrière, les syndicats.
>
> Il est impératif de noter que les travailleurs ne vont pas s'impliquer en grand nombre dans les luttes politiques de masse uniquement sous l'influence soutenue d'attitudes radicales exercée sur eux par les luttes politiques et sociales qui ont caractérisé la radicalisation qui s'approfondit, ni uniquement par le biais des luttes économiques. C'est la combinaison des deux qui va les amener à le faire.
>
> Et ici, nous ne pouvons donner aucun plan ni prédire exactement quand ni comment ceci va se produire. Mais nous savons que la résistance aux attaques des dirigeants capitalistes contre les travailleurs va se combiner aux changements provoqués dans la conscience de ces derniers par les luttes de la radicalisation générale. Ce sera cette combinaison qui donnera une physionomie historiquement concrète et unique à la radicalisation et à la

transformation révolutionnaire de la masse des travailleurs lorsqu'ils vont commencer à s'impliquer en grand nombre dans la lutte [16].

Ceci demeure incroyablement juste huit ans plus tard.

Quelques jours à peine après notre congrès d'août 1971, nous avons vu un des premiers gestes d'austérité directs de la classe dirigeante qui a préparé le terrain pour le changement actuel de conscience au sein de la classe ouvrière et des syndicats : le gel des salaires de Nixon. Celui-ci a été suivi par la pénurie de viande de 1973, la crise de l'énergie de 1973-1974 et la récession mondiale de 1974-1975.

Les effets de la crise de 1974-1975 aux États-Unis

Les événements de 1974-1975 ont constitué un tournant décisif. La guerre du Viêt-nam s'est terminée par une défaite majeure pour l'impérialisme U.S. La majorité des jeunes travailleurs, comme la plupart des membres du SWP, ont vécu leur première dépression américaine.

Il est devenu plus facile d'identifier l'ennemi. Il y avait moins de chance que l'ennemi soit vu comme les blancs ou les hommes. Il était plus souvent reconnu comme le gouvernement et les patrons capitalistes. La force et les objectifs de cet ennemi sont devenus plus clairs. L'incapacité et le manque d'empressement accrus des capitalistes à faire des concessions sont devenus plus clairs.

Les règles du jeu avaient changé. Le type de direction nécessaire pour faire avancer la lutte des opprimés et des exploités avait changé. Ce qu'il fallait pour gagner avait changé. Le genre de force, de programme et de stratégie nécessaires avait changé.

En conséquence, le caractère de classe contre classe de la politique est aujourd'hui de moins en moins masqué. Il y a un début de convergence entre d'une part notre ligne de marche stratégique, notre stratégie telle que développée dans le programme de transition ; et d'autre part nos tâches quotidiennes et la manière dont nous devons aborder la politique pour expliquer ce qui arrive et ce que les travailleurs peuvent faire pour changer les choses. Il est plus facile de voir la première tout en faisant l'autre.

Alors que de nouvelles occasions se présentent à nous dans les rangs du mouvement ouvrier, il est aujourd'hui plus facile — et plus nécessaire — d'évaluer consciemment nos tactiques en fonction de notre stratégie générale. Une tactique particulière nous permet-elle de progresser dans cette direction ? Même si elle est en soi « principielle », ne risque-t-elle pas de nous faire dévier sur une tangente étant donné les alternatives qui existent pour utiliser nos ressources et nos énergies ? Ne va-t-elle pas carrément dans la mauvaise direction ?

Il est plus facile pour les camarades de se voir comme les cadres d'un parti ouvrier d'avant-garde qui vise à devenir un parti de masse de la classe ouvrière américaine. Il nous est plus facile de nous voir comme un parti qui doit gagner la confiance des travailleurs américains, de façon à ne pas seulement pouvoir parler au nom de notre classe mais aussi la diriger dans la lutte contre les patrons et le gouvernement.

Notre stratégie et notre programme sont devenus plus pertinents et plus réalisables aux yeux de milliers, demain de millions de travailleurs. Nos tâches et nos perspectives doivent être enracinées dans une compréhension de ces changements si nous voulons donner aux opprimés et aux exploités des réponses honnêtes, réalistes et d'un optimisme fondé sur ce qu'il faudra faire pour résoudre les problèmes croissants auxquels ceux-ci font face.

Pour ce faire, nous devons mieux comprendre la centralité *politique*, pas seulement organisationnelle, des fractions du parti dans les usines. Contrairement à la période de la retraite, contrairement à la période de renaissance qui a accompagné le détour, nous pouvons *aujourd'hui* effectuer un travail politique fructueux dans notre classe et dans ses principales organisations de masse à travers le pays. Quand il est possible pour un parti prolétarien révolutionnaire de le faire, il doit le faire. Sinon, c'est la désorientation politique et la décomposition organisationnelle.

Notre tournant nous place là où nous devons être aujourd'hui pour appliquer notre stratégie à la lumière de ces conditions changeantes. C'est là que nos idées gagnent en influence, que nous nous éduquons et éduquons nos camarades de travail et que nous affrontons nos opposants politiques. Les lieux de travail et les syndicats industriels sont notre arène pour construire l'appui à la lutte contre l'énergie et les armes nucléaires, pour la ratification de l'amendement pour l'égalité des droits, contre la discrimination raciale et autour des autres grandes questions politiques qui se posent à notre classe. C'est l'arène centrale de toutes les campagnes du parti.

Le poids social

Nous devons également examiner de plus près le poids social de diverses luttes politiques aujourd'hui. Ceci a beaucoup à voir avec comment nous déterminons nos priorités et comment nous répartissons nos ressources.

Nous définissons l'importance politique de toutes les questions à partir du poids social de la section de la population qu'elles affectent. Par poids social, nous ne parlons pas de la taille d'une couche donnée de la population. Nous ne parlons pas simplement de nombre. Par exemple, parce qu'ils produisent des denrées alimentaires et des fibres vitales, les agriculteurs ont un poids social plus grand que les étudiants d'université. C'est vrai même s'il y a plus d'étudiants universitaires que d'agriculteurs.

Nous ne parlons pas non plus avant tout de conjoncture, des hauts et des bas de l'attention publique sur une question donnée à un moment donné. On ne peut évaluer le poids social en fonction de la taille des manifestations sur diverses questions à un moment donné.

Pour évaluer leur poids social, nous examinons *le rapport* qu'entretiennent *avec la classe ouvrière* diverses couches de la population et les questions qui les affectent. Nous parlons de puissance sociale, d'influence politique potentielle. En tant que révolutionnaires, nous partons de la compréhension que la classe ouvrière est la force sociale la plus puissante et décisive, qu'elle doit gouverner et que les travailleurs industriels en constituent la composante la plus puissante.

Même dans un pays où la classe ouvrière ne représente qu'une minorité de la population, ce critère du poids social s'applique. Ce qui nous intéresse, c'est le rapport qui existe entre la classe ouvrière et les luttes menées par des couches sociales, des nationalités et des groupes opprimés de la population. Comment ces luttes sont liées à toutes ces choses pour lesquelles l'ensemble de la classe ouvrière doit lutter et qu'elle doit conquérir avant d'être capable d'assumer le pouvoir. Comment ces luttes contribuent à transformer les syndicats.

Ce cadre de classe offre une façon de déterminer quels sont les secteurs de la population américaine qui ont le plus grand poids social : les Noirs, les Chicanos, les Portoricains, les femmes, les agriculteurs et les jeunes. Ces secteurs de la population jouent un rôle primordial dans la structure économique, sociale et politique du capitalisme. Leurs luttes et leurs revendications posent un profond défi à la domination capitaliste.

Prenez par exemple la lutte contre le racisme, en particulier la lutte pour les droits des Noirs et des Chicanos. Cette dernière est d'une importance capitale non seulement en raison de la taille et de l'histoire des populations non blanches. Elle l'est aussi à cause du pourcentage de Noirs et de Chicanos dans la classe ouvrière, de la composition prolétarienne des populations de ces nationalités opprimées et de l'intérêt qu'a de ce fait la classe ouvrière en tant que classe dans toutes les questions auxquelles les Noirs et les Chicanos font face.

Les femmes représentent plus de la moitié de la classe ouvrière et environ 40 pour cent de la population active. Plus de 50 pour cent des femmes âgées de 16 à 55 ans font aujourd'hui partie de la population active et d'autres s'y joignent.

La surexploitation de ces couches de la population abaisse les salaires et les conditions de travail de tous les travailleurs et constitue une énorme source de profits pour les capitalistes. Les patrons introduisent des préjugés racistes et sexistes dans la classe ouvrière afin d'affaiblir et de diviser les opprimés et les exploités. Ceci devient particulièrement important pour les employeurs dans les périodes où s'accroît la combativité de classe. De plus, l'oppression des femmes est essentielle à la famille, qui constitue une unité sociale et économique indispensable dans la société capitaliste.

C'est pour ces raisons que les revendications mises de l'avant par les nationalités opprimées et les femmes correspondent aux intérêts tant immédiats qu'historiques de l'ensemble de la classe ouvrière. La lutte pour ces revendications joue un rôle capital dans la mobilisation et la transformation du mouvement ouvrier. Elle contribue à forger l'unité et la confiance de notre classe et elle montre la voie vers la lutte pour un gouvernement des travailleurs, un gouvernement qui restructurera tous les rapports sociaux et éliminera toute forme d'oppression et d'exploitation.

Toutes les luttes politiques sont des aspects de la lutte de classe. Mais ce n'est là que le début de la sagesse. Nous devons admettre que certaines questions sont au centre de la ligne de marche de notre classe, tandis que d'autres sont à sa périphérie. Parmi les premières figurent la guerre impérialiste, le chômage, l'inflation, les crises sociales, la radioactivité, la discrimination raciale et sexuelle, la brutalité policière et la restriction des droits démocratiques.

Sans lutter autour de ces questions, la classe ouvrière ne peut se préparer à gouverner, ne peut gagner à sa cause les alliés dont elle a besoin dans sa lutte pour le pouvoir et, de plus en plus, ne peut même plus assurer sa propre survie physique.

Par exemple, comment en sommes-nous arrivés à dire que la peine de mort est une question politique fondamentale ? Après tout, elle ne concerne directement à l'heure actuelle que quelques centaines de personnes. Mais néanmoins, nous disons que la peine de mort est une question importante parce qu'elle est liée à l'exploitation et à l'oppression de classe. Ce ne sont pas les capitalistes qui subissent la peine de mort aux États-Unis aujourd'hui. C'est la classe ouvrière. Et au sein de la classe ouvrière, ce sont les nationalités opprimées qui en souffrent le plus. La peine de mort est une arme de terreur brandie par la classe dirigeante et ses tribunaux contre la classe ouvrière, principalement contre ses couches les plus opprimées, dans le but de l'intimider. Voilà ce qui en fait une question importante, pas seulement notre sentiment d'indignation morale devant cette classe dirigeante brutale qui s'arroge le droit d'assassiner des êtres humains.

Le poids social est un guide très important pour décider comment utiliser nos ressources de la façon la plus efficace. Ce que nos camarades doivent faire. À quelles organisations ou coalitions nous devons participer, avec quelle ampleur et dans quels buts. Il nous aide à déterminer quelles questions sont plus périphériques dans la marche des travailleurs vers le pouvoir et quelles sont les conclusions pratiques que nous devons tirer de ce jugement.

Le poids social nous aide à décider que la question de la guerre impérialiste a plus de poids que la peine de mort, mais que les deux sont des questions primordiales pour notre classe.

Il nous dit que la lutte pour l'action affirmative autour de l'affaire *Weber*[17] doit être une campagne centrale du parti, alors que nous décidons de consacrer moins de ressources à la juste lutte pour les droits de pêche des Indiens.

Il nous permet de dire que la lutte pour la ratification de l'ERA, pour le droit à l'avortement et pour des garderies ou crèches a un poids social plus élevé que la lutte pour une loi qui garantisse pleinement les droits civiques et humains des gays et des lesbiennes.

Il nous guide dans l'adoption de positions sur des questions comme l'abrogation des lois sur la marijuana, les droits des personnes handicapées et la préservation des espaces naturels et des espèces menacées. Nous appuyons ces revendications, nous les faisons connaître dans le *Militant* quand des luttes éclatent à leur sujet et nous nous solidarisons avec elles. Mais nous n'affectons pas de ressources importantes pour intervenir dans les coalitions organisées autour de ces questions.

Ceci nous amène à une autre de ces litanies qui apparaît parfois dans notre presse ou dans nos tracts. Sans nous arrêter pour y réfléchir, nous allons parfois débiter cette liste des victimes de l'oppression capitaliste : « les Noirs, les Chicanos, les femmes et les homosexuels. » Mais cette liste donne une impression inexacte de notre évaluation du poids social de ces quatre groupes. Le poids social des gays est qualitativement moindre que celui des Noirs, des Chicanos et des femmes.

Le critère du poids social nous aide aussi à comprendre plus pleinement notre approche de classe sur la lutte pour les droits démocratiques.

Les droits démocratiques forment un tout indivisible : tout déni ou abus des droits d'une partie de la population menace l'ensemble des droits démocratiques. Toute atteinte aux libertés démocratiques s'oppose aux intérêts de la classe ouvrière et doit être combattue par le mouvement ouvrier.

Mais bien qu'indivisibles dans ce sens fondamental, les droits démocratiques ne sont pas tous politiquement égaux en termes d'importance stratégique et de poids social. Pour le prolétariat, les droits démocratiques les plus fondamentaux sont la liberté d'expression, la liberté d'association, la liberté de presse, etc. Sans ces droits, la classe ouvrière ne peut s'organiser en tant que classe, ni économiquement ni politiquement.

L'autre catégorie de droits démocratiques fondamentaux pour la classe ouvrière comprend ceux qui affectent directement les secteurs les plus prolétariens de la population et ceux de ses alliés les plus importants. Les droits des Noirs et des Chicanos par exemple, qui vont du droit à l'autodétermination à tous les aspects de la lutte contre le racisme et la discrimination. Les droits des femmes. Les droits des jeunes.

Finalement, le poids social nous aide à donner une définition plus claire, une définition de classe, à un terme parfois mal utilisé : le mot « radical ». Celui-ci ne signifie pas grand-chose si on ne lui donne pas un contenu de classe. Une tactique est-elle radicale parce qu'elle est extravagante ? Une question est-elle radicale simplement parce qu'elle choque la morale et les normes bourgeoises ? Le régime brutal et capitaliste de Pol Pot était-il radical ? Les fascistes ne sont-ils pas « radicaux » ?

Évidemment, quand nous utilisons ce mot, nous voulons dire quelque chose de bien précis. Nous lui donnons une définition de classe. Construire un mouvement d'opposition à la poursuite de Weber, c'est radical. Faire connaître la vérité sur Newport News, c'est radical.

Le parti ouvrier est un concept très radical, même si de nombreux « radicaux » petits-bourgeois ne sont pas d'accord. Il s'agit d'une rupture historique et radicale de notre classe, qui cesse de dépendre des partis démocrate et républicain, les partis des exploiteurs capitalistes.

Pas de voies distinctes

Nous avons souvent dit que la stratégie gagnante dans le mouvement contre la guerre du Viêt-nam, c'était les manifestations de masse. Mais ce n'était pas une stratégie. Il s'agissait d'une tactique spécifique que nous avons souvent préconisée et qui découlait de notre stratégie d'ensemble, qui était une stratégie prolétarienne. Nous nous sommes battus de manière conséquente pour des revendications politiques et des méthodes de lutte qui maximisaient les opportunités de mobiliser la classe ouvrière, les syndicats, les GI, les Noirs et les Chicanos. C'était notre but. C'était le meilleur moyen de défendre la révolution vietnamienne et le meilleur moyen de faire avancer la conscience et la mobilisation de notre classe.

Mais à bien y réfléchir, nous avons en effet une stratégie d'action de masse, une stratégie qui vise à mobiliser notre classe dans l'action autour d'un programme représentant ses intérêts historiques. Les actions de masse des travailleurs iraniens et de leurs alliés ont renversé le schah. Les grèves, les comités de grève, les soviets, les insurrections, les milices ouvrières : tous ces éléments de l'organisation et de la mobilisation des travailleurs et de nos alliés que l'on retrouve dans le programme de transition sont des formes d'action ouvrière de masse.

Mais nous n'avons pas une stratégie de « manifestations de masse, » dans le sens d'une stratégie de « marches à Washington. » Ce sont des tactiques.

Nous ne disposons pas d'une panoplie de stratégies gagnantes distinctes et isolées pour diverses luttes sociales : une pour la lutte des Noirs, une pour la lutte pour les droits des femmes, une pour le mouvement antinucléaire.

Nous avons une stratégie visant la transformation révolutionnaire du mouvement syndical et l'utilisation de cette force pour transformer la société. Nous avons une stratégie de mobilisation de notre classe et de ses alliés dans la lutte pour un gouvernement des travailleurs.

À partir de *ce* cadre stratégique, nous pouvons déterminer quelles sont les pas nécessaires pour faire avancer toutes les luttes progressistes. Comment celles-ci peuvent s'associer à la force sociale décisive pour gagner. Quelles tactiques peuvent faire avancer la lutte d'ensemble contre l'oppression et le désordre capitaliste.

Que voulons-nous dire quand nous disons d'un mouvement de protestation sociale qu'il est « indépendant » ? D'abord, nous voulons dire qu'il doit être indépendant de la classe dirigeante. Nous voulons aussi dire qu'il doit se battre de manière résolue pour ses revendications. Il ne doit pas subordonner ses objectifs ou attendre pour entreprendre la lutte que d'autres forces sociales — y compris les syndicats — reprennent sa bannière.

Mais ces mouvements *ne peuvent pas* être indépendants des changements dans le rapport de force entre les classes. Ils *ne peuvent pas* être indépendants de l'influence et des pressions exercées par les deux grandes classes qui s'affrontent. Et ils *ne doivent pas* être indépendants d'une stratégie prolétarienne visant à faire avancer et à transformer le mouvement syndical. Autrement, ils n'ont aucun espoir de remporter des victoires durables, parce que c'est là que se trouve la force pour transformer la société.

De plus en plus, il est difficile de remporter même de petits gains ou de défendre les acquis du passé sans appliquer cette compréhension stratégique. C'est ce que nous voulons dire en soulignant qu'il ne peut y avoir de stratégies distinctes pour ces luttes.

Ceci ne signifie pas du tout que les luttes qui éclatent en dehors du mouvement ouvrier doivent attendre ou sont moins importantes aujourd'hui que par le passé. Au contraire.

Si elles sont pourvues d'une bonne direction et d'une stratégie et d'un programme prolétariens conscients, ces luttes peuvent jouer un rôle décisif pour faire avancer la transformation du mouvement syndical américain. Elles peuvent aider à faire avancer le processus pour amener les syndicats à penser socialement et à agir politiquement. Elles peuvent contribuer au développement d'une aile gauche de lutte de classe, indispensable pour dégager la classe ouvrière de l'emprise de la bureaucratie et utiliser la force des syndicats au nom de tous les opprimés et exploités.

Mais ces luttes ne pourront jouer ce rôle que dans la mesure où se développera une direction prolétarienne aussi bien dans sa composition que dans ses perspectives. Une direction qui sait où elle va, ce qu'elle fait et pourquoi elle doit s'associer à la force du mouvement syndical américain.

Tous les mouvements de protestation sociale qui existent aujourd'hui ont grandement besoin d'une brochure comme celle de George Breitman, *How a Minority Can Change Society* [Comment une minorité peut changer la société[18]]. Ils ont la capacité, inexploitée, de mettre en mouvement des forces qui influenceront profondément la classe ouvrière, la puissance sociale qui peut et doit transformer la société de fond en comble.

En disant ceci, nous reconnaissons évidemment toujours que si chacune de ces luttes constitue un aspect de la lutte des classes, chacune possède aussi ses caractéristiques propres et remplit une fonction politique particulière. Ce n'est pas à elles qu'il incombe de forger directement une aile gauche de lutte de classe dans les syndicats. Elles ne pourraient pas le faire même si elles le voulaient. Cette tâche sera menée à bien par les travailleurs ayant la plus grande conscience de classe lorsqu'ils feront face au besoin d'utiliser la force des syndicats pour lutter contre tous les aspects de l'offensive des dirigeants.

Quand nous soulignons avec insistance que ces mouvements n'ont pas de stratégie gagnante *distincte,* nous n'encourageons pas l'abstention. Au contraire, il s'agit d'un guide pour participer et intervenir dans ces luttes.

En tant qu'aile socialiste révolutionnaire du mouvement ouvrier américain, nous participons à d'importantes luttes sociales pour y apporter une perspective prolétarienne, la seule perspective gagnante. Nous sommes des travailleurs socialistes qui voulons faire peser la force de notre classe et de nos syndicats dans la lutte sur ces questions. Et nous voulons soulever ces questions fondamentales dans nos syndicats, dans le cadre de notre objectif stratégique de transformer les syndicats en instruments de changement social et politique révolutionnaire.

III. Résoudre la crise de direction du prolétariat

Comment ce cadre général — notre compréhension de la relation entre les principes, la stratégie et les tactiques révolutionnaires — nous aide-t-il à nous orienter plus efficacement vers ce qui s'est passé dans la lutte de classe américaine ces dernières années ? Comment permet-il de comprendre les développements dans le mouvement syndical, où en est le mouvement des Noirs, l'étape actuelle de la lutte de libération des femmes, la signification de la lutte pour l'action affirmative et la lutte qui se développe contre les centrales et les armes nucléaires ?

Les patrons se sont heurtés à la résistance ouvrière

Il est frappant de voir à quel point le *Wall Street Journal* s'est trompé en prédisant que le syndicat des Ouvriers unis du caoutchouc serait une proie facile dans les négociations de la convention collective au printemps. Les ouvriers du caoutchouc se feraient contenir largement à l'intérieur des directives salariales de Carter. Un article du *Journal* publié plusieurs semaines plus tôt en avait donné toutes les raisons : le déménagement des usines vers le Sud, la proportion de l'industrie du caoutchouc qui est non syndiquée, et ainsi de suite. Les auteurs prévoyaient un règlement facile.

Que s'est-il passé ? Le *Wall Street Journal* s'est-il trompé sur la bureaucratie ? Non. Mais de nouveau, les employeurs se sont heurtés aux travailleurs qui se trouvent derrière la bureaucratie. C'est arrivé au cours de la grève des mineurs l'an dernier et ça se produit plus souvent.

Ceci ne veut pas dire que nous allons voir beaucoup de victoires. Nous allons souvent voir des matchs nuls ou des revers provoqués par la crise de direction et de perspectives politiques au sein du mouvement syndical. Mais les deux grands adversaires dans la lutte de classe — les travailleurs et la classe dirigeante — s'affrontent de plus en plus au combat. Les patrons ont l'offensive actuellement. Mais comme nous l'avons vu dans la grève des mineurs et à Newport News, la bataille elle-même a un impact considérable sur la conscience et la combativité de classe.

Le président des TUA, Douglas Fraser, a fait une remarque plaintive il y a quelques jours qui montrait à quel point les exigences croissantes des patrons et l'attitude en train de changer des travailleurs placent les bureaucrates dans une situation difficile. C'était révélateur. Les bureaucrates sont toujours aussi désireux de servir de courroie de transmission aux pressions des patrons dans la classe ouvrière. Mais avec la montée de la résistance, leur capacité de rester à cheval entre ces deux forces fondamentales s'avère de plus en plus ténue. On voit donc les imposteurs syndicaux commencer à demander de manière stridente aux patrons de ne pas leur rendre la vie impossible auprès des travailleurs dont ils perçoivent les cotisations.

Quand le *New York Times* a interviewé Douglas Fraser sur les prochaines négociations de l'automobile cet été, ce dernier a émis le commentaire suivant sur les directives salariales de Carter : « Nous avons appuyé ce programme plus que tout autre syndicat. Mais si vous voulez avoir un programme volontaire, s'est-il plaint, les travailleurs doivent le percevoir comme étant équitable et non discriminatoire. »

Remarquez que Douglas Fraser ne dit pas que ce programme doit *être* équitable et non discriminatoire, mais seulement que les travailleurs doivent le *percevoir* ainsi. Par exemple, de nombreux travailleurs ont eu l'impression durant la plus grande partie des années 50 et 60 que les choses s'amélioraient pour plusieurs d'entre eux et pour leurs syndicats. C'était une *fausse* perception et une *fausse* conscience. Ce n'était pas basé sur la réalité, qui était que la collaboration de classe affaiblissait leurs syndicats, ce qui reviendrait les hanter avec fureur.

Ces changements de perception parmi les travailleurs sont extrêmement importants. Ils sont un grand problème pour Douglas Fraser. Pour nous, ils sont une opportunité grandissante. Celle de trouver une écoute pour nos idées et notre stratégie.

Le coeur de la question n'est pas de déterminer quel est le stade exact ou la portée de l'impact des idées radicales sur les travailleurs maintenant. Nous n'en sommes encore qu'au début. Ce qui nous importe, et préoccupe tant Douglas Fraser, c'est que les perceptions changent. Elles doivent et vont changer davantage.

Ce que nous devons comprendre, ce sont les changements et leur direction. Les tendances. Bien que limitées, les escarmouches que nous voyons aujourd'hui ne sont pas les derniers soubresauts d'une période de soulèvement en train de s'éteindre dans la prospérité capitaliste et la chasse aux sorcières. Elles ne se produisent pas par accident. Ce ne sont ni des culs-de-sac ni des aberrations.

Elles sont les premiers remous d'un processus qui, nous le savons, va se développer à mesure que les dirigeants intensifient leurs attaques et que la classe ouvrière sera forcée de riposter. Ce qui reste encore l'exception aujourd'hui deviendra de plus en plus la règle lorsque la lutte de classe va s'échauffer ici et à l'échelle internationale. Voilà ce qui est qualitativement nouveau et différent aujourd'hui.

À titre d'exemple, examinons ce que nous avons appris de la grève de Newport News.

Newport News

Nous avons commencé à nous pencher sur la campagne de syndicalisation à Newport News lors de notre dernier plénum en décembre [1978]. Nous savions peu de choses à son sujet à ce moment-là, mais elle semblait assez importante. Cette organisation appelée section locale 8888 des Métallos avait syndiqué 18 000 travailleurs d'un grand chantier maritime en Virginie, un État qui garantit le « droit de travailler pour moins. » Elle voulait maintenant être reconnue et signer une convention collective. Personne d'autre dans le mouvement radical ne semblait s'en préoccuper ou y porter attention. Mais nous avons dit que la plus importante grève semblait se dessiner. Il s'est avéré que nous avions raison.

Le déroulement de la lutte a rappelé plusieurs aspects de la grève des mineurs l'an dernier. Bien sûr, il existe des différences entre la composition et le caractère du syndicat des mineurs et de la section locale 8888. Mais ces différences sont moins importantes à nos yeux que les ressemblances.

Les rangs du syndicat ont conquis un peu de démocratie à un point tournant crucial et ont changé l'issue de la grève. En effectuant une retraite tactique et en se préparant à entrer dans la prochaine bataille dans la meilleure position possible, ils ont modifié pour le mieux les conditions auxquelles ils faisaient face au travail.

Le *Wall Street Journal* s'est carrément trompé ici aussi. Avant même que les rangs du syndicat ne se réunissent et votent, il avait déjà envoyé la section locale 8888 à la morgue. Il jubilait.

Mais les travailleurs, un petit peu de démocratie syndicale et un mauvais calcul tactique des flics et de la Tenneco ont interagi pour changer le cours des événements. Et nous avons eu un aperçu du futur.

Les travailleurs ont renversé la déroute certaine où les entraînait la bureaucratie des Métallos après avoir accepté les conditions de retour au travail de la Tenneco. Ils ont refusé de retourner au travail dans des conditions qui les auraient divisés de la pire façon et auraient rendu beaucoup plus difficile la prochaine étape de la lutte. Rappelez-vous que la décision de retourner au travail n'est pas la fin de la guerre. Ce n'est que la première bataille.

Ces militants de la section locale 8888 ont appris quelques leçons importantes quand les policiers ont attaqué leurs lignes de piquetage et essayé de défoncer leurs locaux la semaine dernière. Ils l'appellent maintenant le lundi sanglant.

Plusieurs travailleurs de la région de Tidewater ont aussi jeté un nouveau regard sur la grève en voyant les flics courir partout pour fracasser à coup de matraque la tête des grévistes noirs et blancs.

La bataille de Newport News nous en dit long sur l'impact de la lutte pour les droits civils et sur le rôle de la lutte des Noirs. C'est une grande erreur de voir dans un cadre trop étroit ce qui est arrivé dans le Sud au cours des 20 dernières années. Ce n'est pas simplement qu'on a remporté quelques droits civils importants, définis de manière étroite.

Il y a eu des éléments de révolution sociale dans le Sud. Le système de Jim Crow a été écrasé. Le Sud est aujourd'hui plus déségrégué que plusieurs des grands États industriels du Nord. Des études l'ont démontré.

La lutte pour les droits civils a constitué une grande victoire pour toute notre classe, Noirs *et* blancs. Cela signifie qu'il y a eu comme un processus de nivellement de certaines des conditions de la lutte de classe à travers le pays. Le Sud ressemble plus au reste du pays que jamais auparavant. Aujourd'hui, la grande différence ne réside pas dans le système de Jim Crow et dans tous les aspects sociaux, économiques et politiques qui lui étaient associés. *C'était* la grande différence qui a prévalu de la défaite de la reconstruction radicale jusqu'aux années 60 du vingtième siècle.

La grande différence aujourd'hui, c'est que la classe ouvrière demeure beaucoup moins syndiquée dans le Sud que dans le Nord. *C'est* un des héritages du système de Jim Crow et de la politique de collaboration de classe de la bureaucratie syndicale. Mais comme l'a démontré la lutte à Newport News, les batailles qui ont détruit Jim Crow ont créé des conditions beaucoup plus favorables pour résoudre également cette importante différence. Il s'agit d'un grand défi auquel fait face le mouvement ouvrier américain. Et l'ensemble du mouvement syndical va se battre d'une position de faiblesse tant qu'il n'aura pas relevé ce défi.

Le mouvement pour les droits civils a provoqué de grands changements dans le Sud. La conscience de la classe ouvrière a profondément changé. Non seulement les travailleurs noirs, mais les travailleurs blancs aussi sont devenus plus capables d'évoluer dans une direction de conscience de classe. Leurs attitudes ont été profondément modifiées. Ils sont devenus plus capables de mieux voir qu'ils ont des intérêts de classe communs avec les travailleurs noirs, ce qui est absolument nécessaire pour avancer. On a vu augmenter la confiance des travailleurs noirs. La composition de la main-d'oeuvre a changé quand de plus en plus de Noirs se sont frayés un chemin dans l'industrie. On a aussi vu augmenter le nombre de travailleuses, là comme partout ailleurs. Finalement, il y a beaucoup plus d'industries dans le Sud aujourd'hui. En plus du textile et des autres industries traditionnelles de la région, il y a un plus grand nombre d'usines de pièces d'autos, d'aciéries, d'assemblage électrique, de caoutchouc, etc.

Les origines de la lutte de syndicalisation de la section locale 8888 ont directement reflété ces changements importants dans le Sud. L'avant-garde en était très fortement composée de travailleurs noirs de l'intérieur du chantier maritime. Ces derniers ont senti ce que ces changements signifiaient. Ils ont évalué comment en profiter pour mener une nouvelle bataille, d'une nouvelle façon et avec des forces plus larges : avec les travailleurs blancs et noirs, avec les hommes et les femmes. Ils ont pris l'initiative d'entraîner les Métallos dans la lutte.

Les travailleurs de Newport News ont aussi appris quelque chose sur l'importance de la solidarité. Même si l'appui qu'ils ont obtenu des syndiqués à travers le pays est resté bien en dessous de ce qu'il aurait été possible d'aller chercher si la bureaucratie des Métallos avait poursuivi la chose de manière énergique, les travailleurs ont quand même eu un aperçu de ce que peut signifier la solidarité.

Ils ont aussi eu un aperçu de ce que la solidarité *ne* signifiera *jamais* pour les bureaucrates. Ces derniers ne veulent jamais dire solidarité dans le mouvement ouvrier ou avec les opprimés. La solidarité des bureaucrates s'exerce avec le gouvernement capitaliste. Ils essaient d'enseigner aux travailleurs à se tourner vers le gouvernement, à se tourner vers la Commission nationale des relations de travail, à se tourner vers un quelconque médiateur, à se tourner vers les tribunaux. C'est ce que le président des Métallos, Lloyd McBride, et l'entière bureaucratie des Métallos ont essayé d'enfoncer dans la tête des travailleurs de la section locale 8888.

Mais à partir de leurs propres expériences avec la police, les politiciens capitalistes, les tribunaux et la NLRB, les travailleurs de Newport News ont commencé à apprendre vers qui ils devaient vraiment se tourner pour chercher des alliés et pourquoi. On n'est qu'au début du processus. Ils sont toujours en train d'évaluer les choses. Tout n'est pas entièrement compris. Il y a toujours des espoirs que les tribunaux ou l'administration Carter vont leur apporter une aide véritable.

Mais la question est ouvertement posée. Ceci présente aussi des difficultés pour la bureaucratie. George Meany a personnellement écrit aux affiliés de l'AFL-CIO pour leur dire de ne pas organiser d'activités de solidarité avec les travailleurs de Newport News sans obtenir l'appui explicite de la direction des Métallos. L'intention délibérée de ce geste était de mettre un holà à la solidarité, y compris dans les villes où des réunions de solidarité se planifiaient déjà.

Lloyd McBride a tenu son infâme conférence de presse où il a dit qu'il y avait eu une « gaffe tactique, » un malentendu malheureux. Des gens, a-t-il dit, décrivent incorrectement la grève de Newport News comme faisant partie d'une « croisade » pour syndiquer le Sud.

« Je ne considère pas qu'il s'agit d'une croisade, a-t-il insisté. Nous ne sommes pas intéressés à élargir le conflit au-delà de nos efforts pour obtenir une convention collective. »

Mais sans une croisade pour syndiquer le Sud, il sera beaucoup plus difficile d'obtenir une convention. C'est là une autre leçon que les travailleurs de Newport News sont en train d'apprendre. Ils ont tout à gagner, et rien à perdre, à projeter leur lutte comme étant pour les travailleurs de tout le Sud et de tout le pays.

Comment le SWP y a participé

Notre parti a été le premier et le seul groupe de la gauche à saisir correctement les enjeux du conflit à Newport News. Je ne pouvais pas en croire mes yeux ces deux dernières semaines en lisant les journaux de nos opposants. Des journaux comme le *Guardian* n'ont pratiquement pas publié d'articles écrits de Newport News. Ils n'ont pas dépêché de journalistes là-bas, encore moins d'équipes, sauf pour un ou deux courts voyages. Ils n'ont pas compris l'importance de traverser cette expérience avec les travailleurs là-bas.

De l'autre côté, littéralement des centaines de grévistes se sont tournés vers le *Militant* comme le seul journal appuyant leur grève : le journal qui a dit la vérité et qui a fait connaître leur côté de l'histoire. Bon nombre d'entre eux étaient très intéressés à discuter d'autres sujets couverts par le *Militant* avec les membres du parti et de la YSA présents sur les lieux.

Nous n'avons pas limité à la propagande et à la formation notre conception de la solidarité. Nous avons agi à partir d'elle. Nous avons aidé à construire la solidarité non seulement parmi les Métallos à travers le pays, mais aussi dans l'AIM, dans les TUA et ailleurs. Il s'est agi d'une riche expérience formatrice, d'un autre pas en avant pour nos fractions syndicales et pour nos directions de fraction, de branche et de sections locales.

À chaque étape de la grève, nous avons envoyé des équipes de socialistes à Newport News. Nous n'avons pas seulement envoyé des reporters et des équipes de ventes, mais aussi des métallos socialistes.

Nous avons toujours agi de façon responsable. Nous nous sommes servis de notre tête. Nous savions que pour arrêter la production sur le chantier naval, il fallait déplacer le rapport de force de plus en plus en faveur des grévistes. Et nous savions qu'il s'agissait d'une question politique, pas d'une question étroitement tactique. Nous n'avons pas prétendu venir de l'extérieur pour prodiguer des conseils tactiques permettant aux grévistes de se sortir du pétrin. Nous ne nous sommes pas lancés dans des tirades contre la direction des Métallos ni n'avons encouragé les travailleurs de la section 8888 à le faire. Nous ne leur avons pas dit que nous avions des tactiques magiques, comme de battre quelques briseurs de grève, qui régleraient leurs problèmes et feraient plier la Tenneco.

Nous avons soigneusement évité tous ces pièges. Nous avons plutôt concentré nos efforts à faire ce que nous pouvions pour aider à modifier le rapport de force en faveur des grévistes. Nous avons aidé à faire connaître la vérité sur la grève par le biais de nos fractions industrielles et du *Militant*. Nous avons fait une analyse juste de la grève et rempli les pages du *Militant* de toutes les autres leçons politiques et sociales que les travailleurs avaient besoin d'étudier et de discuter.

Nous l'avons fait ouvertement en tant que socialistes. Nous étions là en tant que travailleurs qui voulions faire ce que nous pouvions pour appuyer la section locale 8888 et pour discuter de nos perspectives avec tous ceux qui étaient prêts à nous écouter.

Le résultat ? Il y a des milliers de gens là-bas qui ont lu le *Militant*. Quelques-uns de nos abonnés font aussi circuler le journal un petit peu. Nous avons rencontré beaucoup de gens intéressés par ce que nous avons à dire — sur la grève et sur plusieurs autres choses.

Ce genre de réceptivité au *Militant* de la part de travailleurs au milieu d'une importante lutte gréviste est quelque chose de nouveau. Nous ne l'avons pas vu au cours des trois dernières décennies.

Ce que nous avons appris

La lutte de Newport News a déjà eu un effet sur le parti. Elle a eu un profond impact sur tous les camarades qui y sont allés. Et nous avons beaucoup plus à apprendre.

Les questions auxquelles nous avons dû réfléchir durant la grève de Newport News apportent une aide considérable aux branches du parti dans le Sud. La grève nous a forcés à réfléchir davantage sur la lutte des Noirs. Elle nous a forcés à réfléchir davantage sur la question des campagnes de syndicalisation et sur nos rapports avec elles.

Tout ceci sera très utile pour les socialistes dans le Sud. Cette expérience va nous aider à mieux comprendre comment mener la bataille en faveur de l'amendement pour l'égalité des droits dans ces États. Elle va approfondir notre participation à la lutte des Noirs. Elle nous aide à comprendre l'importance de la lutte pour la démocratie syndicale, la solidarité de classe et l'action politique ouvrière indépendante dans le Sud et dans le reste du pays. Elle représente un autre grand pas vers notre objectif d'être un véritable parti national de travailleurs socialistes.

L'expérience de Newport News peut aussi nous aider à franchir un autre pas sur une question que nous avons discutée lors du plénum de décembre 1978. Nous avons dit à ce moment-là que l'expression *période préparatoire* était trompeuse. Des luttes se déroulent maintenant. La nouvelle direction de notre classe commence à se forger dans ces batailles. Nous devons faire partie de ce processus en menant le tournant à terme. Nos fractions industrielles peuvent effectuer un travail politique socialiste au sein de notre classe *maintenant*.

Notre expérience depuis décembre démontre que cette évaluation était correcte. Mais ce qui est vrai pour le parti ne l'est pas nécessairement *de la même façon* pour l'ensemble de la classe ouvrière.

La grève de Newport News nous a montré les deux côtés de la question. Elle confirme de manière dramatique la réalité actuelle. Elle a représenté quelque chose *de nouveau* dans la combativité et la conscience de la classe ouvrière. De nouveaux dirigeants de notre classe se sont forgés dans cette bataille. Nous avons vu l'impact du mouvement pour les droits civils et la solidarité de classe des travailleurs blancs et noirs. Le rôle des travailleuses. Le rôle d'avant-garde des jeunes. Les leçons sur la démocratie, sur la solidarité et sur les obstacles érigés par la NLRB, le gouvernement et les partis capitalistes.

D'un autre côté, Newport News nous a aussi montré à quel point la classe ouvrière en *est* toujours à une étape préparatoire. L'attitude des travailleurs de Newport News a reflété les changements qui se produisent parmi les travailleurs de tout le pays. Mais les grèves et les batailles de ce genre sont encore des exceptions. Comme nous l'avons souligné en décembre dernier, il y a de plus en plus d'escarmouches de la part des travailleurs. Mais peu d'entre elles ont l'ampleur de la bataille de Newport News.

Bien sûr, ceci peut changer rapidement. Nous ne pouvons prétendre prédire le rythme de développement. Et nous n'avons pas besoin de le faire.

La classe ouvrière est toujours sur la défensive devant la course aux profits des employeurs et du gouvernement.

Cette étape de la bataille de Newport News s'est terminée par un match nul. De nouvelles et plus grandes batailles sont encore devant nous.

L'an dernier, les mineurs de charbon ont remporté une victoire contre l'offensive anti-ouvrière du cartel de l'énergie et de l'administration Carter. Mais leur convention collective n'a pas enregistré de grands progrès et ils ont perdu leur programme médical gratuit. De nombreux mineurs ont tendance à voir ces aspects plus clairement que l'impact positif qu'a eu leur grève en modifiant le rapport de force en faveur de la classe ouvrière. D'autres travailleurs industriels, dont les socialistes, l'ont mieux vu qu'eux.

Plusieurs des grévistes de Newport News ont acquis une compréhension plus profonde de la portée nationale de leur lutte en lisant le *Militant* et en discutant avec les travailleurs socialistes qui ont traversé l'expérience avec eux.

Le parti ne voit donc pas et ne traverse donc pas la situation actuelle de la même façon que la masse des travailleurs d'avant-garde. Ces derniers n'ont pas encore fait l'expérience d'une montée puissante de notre classe comme celle qui s'est produite durant la montée du CIO en 1936 et 1937. Ce genre de batailles s'en vient. Mais aujourd'hui, dans ce sens, notre classe en *est* toujours à une période préparatoire.

Nos fractions industrielles ne sont pas elles-mêmes le noyau d'une aile gauche de lutte de classe au sein du mouvement syndical. À l'heure actuelle, nous ne voyons pas d'aile gauche de lutte de classe prendre forme dans aucun syndicat. Mais nous rencontrons plusieurs des jeunes travailleurs qui vont jouer un rôle dirigeant dans la transformation de lutte de classe du mouvement ouvrier.

Ce que nous construisons aujourd'hui en expliquant et mettant de l'avant le concept d'une aile gauche de lutte de classe, c'est un courant marxiste dans les syndicats, un courant qui sera central dans la construction d'une aile gauche de lutte de classe. Tout ce que nous faisons aujourd'hui — autour de Newport News, de *Weber*, de la lutte des femmes, des questions qui se posent au travail — vise à développer la conscience des jeunes travailleurs militants et à construire ce courant marxiste, à construire le SWP et la YSA. C'est pour cette raison que nous vendons le *Militant*. C'est ce que nous voulons faire avec nos campagnes électorales. C'est là la priorité de toute l'activité de nos fractions industrielles. Nous influençons des travailleurs, les gagnons à nos idées et les gagnons à notre mouvement.

La crise de la direction noire
Nous étions sur la bonne voie au cours des dernières années en essayant de mieux comprendre ce qu'il y a derrière la crise

de direction croissante de la lutte des Noirs. Mais nous pouvons dire un peu plus à ce sujet à partir de notre expérience concrète dans la lutte des classes et de notre compréhension des changements qui se produisent dans la classe ouvrière.

Les racines et la solution de la crise sont toutes les deux liées à la classe ouvrière et au mouvement ouvrier. La crise vient du fait que la bureaucratie syndicale n'a jamais donné plus qu'un appui superficiel à cette lutte. Et elle s'est opposée à toute direction nationaliste militante. On doit chercher la solution de la crise dans les nouvelles possibilités qui existent aujourd'hui pour que le mouvement syndical renforce la lutte pour les droits des Noirs et lui donne une nouvelle direction.

À partir de la fin des années 50, le mouvement pour les droits civils était un mouvement prolétarien en raison du grand nombre de travailleurs noirs qui y ont participé. Mais les travailleurs noirs et les syndicalistes noirs ne constituaient pas la direction ni du mouvement ni de ses principales organisations nationales. Et les travailleurs blancs ne se radicalisaient pas à un rythme comparable ni en aussi grand nombre. L'écart s'est donc élargi entre la conscience des travailleurs noirs et celle des travailleurs blancs. C'est ce double problème — une direction petite-bourgeoise et l'absence d'appui syndical — auquel le mouvement noir s'est finalement heurté et qui l'a empêché d'aller plus loin.

Au milieu et à la fin des années 50, on a vu le début des boycotts, des sit-in et des autres actions du mouvement pour les droits civils dans le Sud. Au milieu des années 60, de nouvelles organisations noires ont vu le jour, qui reflétaient le développement de la conscience nationaliste et les limites des directions précédentes. La bureaucratie syndicale s'est carrément opposée aux organisations et aux dirigeants plus nationalistes, les accusant d'être trop « radicaux » ou de « semer la haine. »

Entre 1965 et 1968, on a ensuite assisté aux révoltes urbaines. Ces rébellions étaient une réponse à la crise réelle et croissante vécue par les masses noires. Mais c'était une réponse sans les forces sociales, sans les alliés, sans la stratégie nécessaire pour gagner. Depuis, on a vu un repli qui se poursuit aujourd'hui dans l'organisation et la mobilisation des forces qui luttent pour les droits des Noirs.

Ce qu'il fallait pour faire avancer la lutte, c'était : 1) un programme social radical capable de répondre aux besoins des Noirs ; et 2) une direction prolétarienne cherchant consciemment à mobiliser les forces sociales nécessaires pour lutter pour un tel programme. Mais même avec ce genre de programme et de direction, la lutte des Noirs ne pouvait aller beaucoup plus loin sans que les travailleurs blancs ne commencent à se radicaliser.

Le genre de forces requises aujourd'hui pour lutter avec succès pour des revendications même partielles et immédiates a changé par rapport aux années 50 et au début des années 60. À une étape antérieure, le mouvement des Noirs a arraché des concessions malgré la faillite totale de la bureaucratie syndicale. Mais à cause de la crise économique mondiale du capitalisme, la classe dirigeante résiste aujourd'hui de plus en plus. Ses problèmes l'ont convaincue de reprendre du terrain, pas d'en céder.

Ce changement a exercé de grandes pressions sur le mouvement des Noirs. Des coalitions ont éclaté. Il fallait s'y attendre : dans toute coalition, des éléments différents représentent et répondent à des pressions de classe différentes. Des gens qui pouvaient s'accrocher ou se bagarrer pour régler les questions dans le passé sont devenus de moins en moins capables de le faire. C'était un reflet du changement de rapport de force entre les classes et du refus croissant de la classe dominante de bouger.

Au cours de sa première décennie, le mouvement pour les droits civils a remporté des victoires importantes. En 1964 et 1965, le Congrès a été obligé d'adopter des lois sur les droits civils. Les lois du système de Jim Crow dans le Sud ont été éliminées. Combinés à l'expansion économique des années 60, ces gains se sont traduits par une augmentation des emplois pour les Noirs. On a assisté à un accroissement de la classe ouvrière noire ayant un travail.

Malgré ces gains cependant, rien n'a changé le caractère fondamentalement ségrégué de la société américaine ni le statut socio-économique de deuxième classe des Noirs aux États-Unis. Le chômage, l'inflation, la détérioration du logement et la dégradation de l'éducation publique, des soins de santé et de la sécurité sociale continuent à affecter les Noirs et les Chicanos de manière qualitativement différente et plus dure. Ces derniers font face à l'inégalité et à la discrimination partout où ils vont.

La crise de direction est aujourd'hui beaucoup plus profonde que durant les années 60. À une époque antérieure de la lutte, de nouvelles directions surgissaient lorsque les anciennes hésitaient ou n'étaient pas à la hauteur. Elles étaient loin d'être parfaites et certaines ont rapidement disparu. Mais ce renouvellement de direction était un phénomène constant. Il y a d'abord eu la Conférence de la direction chrétienne du Sud de Martin Luther King. Puis au début des années 60, le Congrès de l'égalité raciale a acquis une notoriété nationale. Le Comité de coordination non violent des étudiants s'est développé. L'Organisation de l'unité afro-américaine de Malcolm X. Le Parti des panthères noires. Il y a eu diverses organisations locales importantes, dont certaines ont défendu le droit des Noirs de se défendre contre la terreur raciste.

Ces directions surgissaient et comblaient en partie les vides, soulevaient de nouvelles idées et représentaient de nouvelles couches.

Aujourd'hui ce phénomène a pris fin. Depuis qu'il est devenu plus difficile de remporter des victoires, ce genre de nouvelles directions a cessé d'apparaître. Des organisations comme l'Association nationale pour l'avancement des gens de couleur (NAACP) et la Ligue urbaine sont redevenues les principales organisations nationales parlant au nom des droits des Noirs.

Il faut forger une nouvelle direction de la lutte des Noirs aujourd'hui autour d'une compréhension de la nécessité de mobiliser les travailleurs noirs et de défendre leurs intérêts. Cette direction doit chercher à mobiliser la force des syndicats dans la lutte. Elle doit être en grande partie composée de travailleurs noirs. Seul ce genre de direction pourra résister aux pressions actuelles et construire de nouvelles organisations capables de lutter pour les intérêts des masses noires.

Un nouveau regard sur Trotsky
En réfléchissant aux discussions que j'ai eues avec des camarades lorsque j'ai préparé cette section du rapport, je suis retourné lire les discussions avec Trotsky sur le nationalisme noir.

Je me suis rendu compte qu'à la suite de tout ce que nous avons discuté au cours des deux dernières années, j'ai acquis une meilleure compréhension de grandes sections de ces discussions que la dernière fois que je les avais lues. Permettez-moi de citer seulement trois passages d'un entretien de Trotsky avec plusieurs camarades américains en 1933.

« Leur réveil, leur revendication d'autonomie et la mobilisation démocratique de leurs forces pousseront les Nègres vers une perspective de classe. [...] Le prolétariat nègre doublera et dépassera la petite bourgeoisie dans sa marche vers la révolution prolétarienne. »

Deuxième passage : « Il est tout à fait possible que les Nègres passeront en deux pas de géant de l'autodétermination à la dictature du prolétariat, devant la grande masse des travailleurs blancs. Ils seront alors l'avant-garde. »

Finalement : « Le Nègre ne peut acquérir une perspective de classe que si on éduque le travailleur blanc[19]. »

Lorsque nous les combinons, ces trois idées répondent aux besoins actuels de la lutte des Noirs et aux perspectives ouvertes par les changements en cours dans notre classe. Ce qui arrive depuis quelques années, c'est précisément que les travailleurs blancs sont en train d'être éduqués. Ils sont en train de changer. Ils sont en train d'être éduqués par la bataille pour les droits civils, par le mouvement contre la guerre, par la lutte des femmes. Ils sont en train d'être éduqués par les coups qu'ils subissent. Ils sont en train d'être éduqués par leurs propres actions — la grève du charbon, Newport News et vous pouvez penser à d'autres exemples.

Ils réfléchissent à de nouvelles idées et reconsidèrent toutes sortes de vieux préjugés. C'est ce que constatent au travail les camarades de nos fractions syndicales. Il y a des inégalités et des contradictions de toutes sortes, mais tout a été ébranlé. Des millions de travailleurs commencent à recevoir une nouvelle éducation.

Cette radicalisation naissante et cette combativité croissante ouvrent la porte à l'implication des syndicats dans la lutte pour l'égalité des Noirs. Les travailleurs noirs joueront un rôle d'avant-garde pour mobiliser la force des syndicats dans cette lutte. Mais ceci ne serait pas possible sans les changements dans la classe ouvrière qui ont maintenant commencé à se produire. L'action affirmative, la déségrégation, la brutalité policière : ces questions n'affectent pas seulement les droits des Noirs. Ce sont des questions de *classe*. C'est ce qu'un nombre grandissant de travailleurs, noirs et blancs, commence à reconnaître.

Deuxièmement, nous devrions réfléchir au commentaire de Trotsky selon lequel les Noirs pourraient passer en deux pas de géant à la dictature du prolétariat, devant la grande masse des travailleurs blancs. En lisant cette phrase il y quelques années, des camarades avaient eu l'impression que Trotsky parlait de ce qui pourrait se produire après l'établissement d'un État noir indépendant. À cause du lien étroit unissant la dynamique de classe et la dynamique nationaliste, un État noir indépendant prendrait fort probablement la forme de la dictature du prolétariat plutôt que d'une république bourgeoise.

Il s'agit certainement d'une interprétation légitime de cette phrase. Mais Trotsky cherchait plutôt à faire un point beaucoup plus général. Il soulignait la probabilité que les travailleurs noirs se retrouvent dans l'avant-garde de la classe ouvrière américaine à cause du développement plus rapide de leur conscience nationaliste et de classe. Qu'ils puissent faire avancer la lutte de classe dans son ensemble. Non pas seuls, évidemment. Mais en y jouant un rôle d'avant-garde.

Après tout, si les travailleurs noirs peuvent franchir des pas de géant vers la dictature du prolétariat devant de grandes sections des travailleurs blancs, qu'est-ce que ça nous dit sur leur tendance à développer une conscience de classe ? À jouer un rôle dirigeant dans la formation d'une aile gauche de lutte de classe ou dans des initiatives vers un parti ouvrier ? Les perspectives devraient être assez bonnes. (Et le jugement de Trotsky s'appuyait sur une population dont la grande majorité vivait toujours dans le Sud rural. Il devrait être d'autant plus vrai aujourd'hui que l'écrasante majorité des Noirs sont des travailleurs, aussi bien dans le Sud que dans le Nord. Et qu'un pourcentage plus élevé que jamais sont des travailleurs industriels.)

Ceci nous amène au troisième point de Trotsky : le prolétariat noir marchera vers la victoire en doublant et dépassant la petite bourgeoisie noire. Ceci ne peut devenir vrai que si le prolétariat noir possède des alliés plus puissants que ceux que possèdent aujourd'hui les dirigeants petits-bourgeois du mouvement noir. Les alliés de ces misleaders petits-bourgeois sont les politiciens libéraux de la classe dirigeante, les bureaucrates syndicaux et d'autres forces procapitalistes.

L'allié dont a besoin le prolétariat noir, c'est un mouvement syndical américain transformé.

Un retour sur Boston

C'est l'obstacle auquel nous nous sommes heurtés au cours de la lutte pour la déségrégation à Boston. Que s'est-il passé au juste quand, après deux manifestations réussies en 1974 et 1975, il a fallu annuler celle d'avril 1976 ? Ainsi que nous l'avons conclu à l'époque, c'était la bonne décision. Les camarades qui étaient sur les lieux à Boston ont bien évalué la situation.

Mais regardons derrière les tactiques de la lutte à Boston. Que s'était-il réellement passé ?

Nous nous sommes heurtés au rapport de force entre les classes. Nous nous sommes heurtés aux pressions exercées sur la petite bourgeoisie noire entre autres par le biais de l'administration municipale du Parti démocrate. Résultat, des gens qui étaient des éléments clés de la coalition pour la déségrégation à Boston se sont effondrés. Certains avaient joué dans le passé un rôle courageux et décisif. Certains pourraient le refaire dans l'avenir. Ce n'est pas une question d'individus spécifiques.

Mais l'effondrement de nos alliés sous les pressions visant à saborder cette manifestation a simplement exprimé le rapport de force de classe qui s'exerçait sur la coalition à ce moment-là. Les forces qui représentaient les intérêts fondamentaux de la population noire opprimée de Boston n'étaient pas assez puissantes pour neutraliser les pressions qui s'exerçaient sur les dirigeants petits-bourgeois. Ceci résume, en termes de *classe*, ce qui s'est produit.

C'est le même problème auquel se sont heurtées les révoltes urbaines noires il y a huit ou neuf ans.

Ceci souligne l'importance du point dans la résolution où nous disons que l'écart est en train de se rétrécir entre la conscience de classe et la combativité des travailleurs noirs et des travailleurs blancs. Ce n'est pas que les travailleurs noirs régressent. Le changement touche l'énorme retard qui a prévalu pendant des dizaines d'années dans la conscience et la combativité de couches importantes du prolétariat blanc. Il signifie que les travailleurs noirs ont de meilleures chances de se trouver des alliés et que les possibilités s'accroissent de construire une direction prolétarienne à la lutte des Noirs.

Nous avons aussi tiré quelques conclusions erronées à l'époque de la lutte de Boston, qui nous ont causé quelques problèmes.

Nous avons bien saisi beaucoup d'aspects de la situation. Nous avons vu comment se sont entrelacées et se sont combinées la lutte de classe, la lutte des Noirs et celle des femmes. Nous avons compris que ces luttes se renforceraient l'une l'autre. Nous avons compris que toutes les règles changeaient, toutes ces choses que nous discutons ici. Nous avons eu parfaitement raison à ce sujet. La résolution « Les perspectives du socialisme aux États-Unis » adoptée par le congrès de 1975 l'explique clairement et correctement. Cette section de la résolution se lit mieux aujourd'hui qu'au moment de sa rédaction.

Nous avons aussi dit à l'époque qu'il y aurait de « nouveaux Bostons, » de nouvelles luttes comme celle-là dans d'autres villes. Il s'est avéré qu'il n'y en a pas eu d'autres, à l'exception partielle de Louisville. Mais ce n'est pas là où nous nous sommes trompés. Il est inévitable de faire de fausses projections comme celle-là. Nous avons eu raison de rester à l'affût de luttes pour la déségrégation et l'éducation bilingue. Nous avons eu raison de participer aux luttes contre les coupures budgétaires à New York et ailleurs. Nous avons eu raison de prendre des initiatives comme la conférence de

San Antonio contre les déportations. Nous avons eu raison de sauter sur toutes les ouvertures de lutte que nous avons vues. Un parti qui ne le fait pas est mort.

Mais au cours de cette même période, nous avons aussi commis une erreur. Celle-ci a découlé d'une évaluation erronée de notre rythme de recrutement, que nous avons prévu plus rapide qu'il ne l'a été. C'était en partie à cause de l'idée qu'il y aurait de « nouveaux Bostons » et en partie pour d'autres raisons. Nous recrutons beaucoup à cette époque à partir de notre campagne électorale de 1976. Nous connaissions une expansion rapide dans de nouvelles villes et régions du pays.

Là où nous nous sommes trompés, c'est dans certaines des conclusions que nous avons tirées de ces évaluations. Nous avons divisé les branches en préparation d'une croissance plus rapide et nous avons pensé pouvoir constituer de nouvelles branches avec très peu de forces. Nous avons adopté certaines mesures organisationnelles en fonction de ce que nous escomptions se produire plutôt que d'ajuster nos structures à l'étape où nous en étions vraiment.

Nous avons dit : « Nous ferions mieux de commencer à regarder ce qui se passe dans notre arrière-cour. Nous ferions mieux de commencer à penser à des branches qui sont davantage orientées vers la communauté. »

Sur la base de cette analyse nationale, nous avons établi des branches du parti dans le quartier de Roxbury à Boston, dans celui du Lower East Side à New York et ainsi de suite. Nous nous sommes surdivisés dans les villes jumelles de Minneapolis / St-Paul et ailleurs. C'étaient des erreurs. Les branches étaient trop petites et leur orientation politique était conçue de façon trop étroite.

Nous avons donc collectivement fait un certain nombre de choses que nous aimerions ne pas avoir faites. Nous ne sommes pas des génies et nous ne sommes pas parfaits. Mais nous allions tous dans la bonne direction : vers la classe ouvrière, vers les travailleurs noirs et chicanos, vers les travailleuses et vers les jeunes.

Nous n'avons pas mis longtemps à nous apercevoir de nos erreurs et à les corriger, mais non sans une certaine douleur. Nous avons commencé à nous remettre d'aplomb à partir de l'expérience de la campagne « Les Métallos ripostent » à la fin de 1976 et en 1977.

Dès 1975, nous avons dit que nous faisions le tournant. Mais nous ne l'avions pas encore centré dans les syndicats. Nous allions aussi l'enraciner dans les communautés. Nous allions l'enraciner dans les campus. Nous n'étions pas encore prêts à dire ce qui était entièrement correct. Le centre du tournant *allait* être dans les syndicats. *Il le fallait.*

Nous participions à toutes sortes de luttes et d'activités. Des luttes éclataient dans les communautés et sur les campus et le SWP y participait. Tout ça était juste.

Mais la classe ouvrière dispose d'institutions de masse puissantes : les syndicats. En tant que parti ouvrier révolutionnaire qui faisait face à l'opportunité d'une radicalisation ouvrière, c'est là que notre *base* devait se trouver. Une fois ce point tiré au clair, nous avons entamé notre véritable tournant. Et nous avons commencé à harmoniser davantage nos structures organisationnelles à nos besoins réels.

Au cours de cette période, nous avons presque doublé le nombre de villes où il y a des unités du SWP. Et certaines de nos fractions industrielles les plus fortes se trouvent aujourd'hui dans certaines de ces villes.

Nationalisme prolétarien et petit-bourgeois

Nous sommes en bonne position aujourd'hui pour clarifier notre compréhension du nationalisme noir. Il n'existe aucune raison de réviser notre évaluation que la conscience nationaliste s'approfondit parmi les Noirs en même temps que s'approfondit la lutte des classes.

Mais nous avons eu du mal à comprendre comment caractériser les divers courants de nationalisme présents dans la lutte des Noirs.

À un certain moment, des camarades ont essayé d'établir une distinction entre nationalisme culturel et nationalisme politique. Le nationalisme culturel n'était pas bon. Il ne conduisait pas vers la lutte. Ce qui nous intéressait, c'est le nationalisme politique.

Mais ceci n'a pas vraiment cerné la question. Il n'y a rien de mauvais avec la culture tant qu'elle ne sert pas de substitut à la politique. Au contraire. Le nationalisme révolutionnaire comportera toujours une dimension culturelle, un élément de révolte contre les efforts de l'oppresseur d'imposer sa propre culture aux opprimés. Nous sommes pour ça. C'est progressiste.

Nous avons ensuite commencé à parler de nationalisme conséquent et de nationalisme inconséquent. C'était plus précis. Nous avons souligné que Malcolm X a lutté de manière conséquente pour les intérêts des masses noires. Ce qui l'a poussé vers la lutte de classe, vers l'anti-impérialisme et vers un bloc avec les socialistes révolutionnaires. Ce n'était pas un hasard. C'était la logique de la fierté, de la confiance et de l'affirmation de soi conséquentes d'une nationalité opprimée qui est massivement prolétarienne.

Contrairement à la distinction entre culture et politique, cette idée était plus utile. Mais il y avait derrière elle quelque chose d'encore plus profond.

La population noire n'est pas homogène. Et les pressions qu'elle subit proviennent de classes différentes. Elle comporte des couches petites-bourgeoises, dont plusieurs se retrouvent à la tête des organisations noires. Le nationalisme noir peut être l'expression d'une conscience prolétarienne ou il peut être petit-bourgeois.

Qu'est-ce que le nationalisme noir conséquent ? Le nationalisme prolétarien.

Qu'est-ce que le nationalisme noir inconséquent ? Le nationalisme petit-bourgeois.

Nous le comprenons bien mieux aujourd'hui. C'est ce qui explique pourquoi avec l'approfondissement de la lutte de classe, le rôle d'avant-garde des travailleurs noirs approfondit leur nationalisme et approfondit leur fierté et leur confiance croissantes dans le potentiel et la capacité d'une direction noire. Nous l'avons vu dans la popularité de la série *Racines*. Malcolm X serait encore plus populaire dans les usines et les manufactures aujourd'hui. Loin d'être contradictoires, la conscience nationaliste et la conscience de classe grandissantes se renforcent mutuellement.

Nous avons également réfléchi davantage à la question du parti noir. Cette idée est issue de la lutte des Noirs elle-même. Nous ne l'avons pas inventée. Elle était une expression du mouvement des Noirs que nous avons défendue, expliquée et promue autant que nous avons pu.

Quand l'idée d'un parti noir s'est développée, elle n'était pas principalement conçue comme un pont vers un parti ouvrier. Elle n'était certainement pas vue ainsi par les militants noirs qui y ont pensé les premiers. Et ce n'est pas toujours ce que nous avons souligné à son sujet non plus.

Mais nous n'avons pas assimilé l'idée de l'action politique indépendante des Noirs au contrôle de la communauté noire par les Noirs, ni ne l'avons limitée à ça. Nous avons toujours expliqué qu'une rupture d'avec les partis capitalistes vers l'action politique indépendante noire aurait certainement une dynamique programmatique radicale et un très grand impact sur le mouvement syndical.

Mais si ce que nous disons sur l'énorme crise du mouvement noir depuis bientôt une décennie est vrai, il est alors évident que l'action politique indépendante noire ne pourra se développer beaucoup à elle seule sans être totalement liée à des changements au sein du mouvement syndical.

La décision de centrer notre campagne électorale de 1980 sur le besoin d'un parti ouvrier et de laisser tomber en pratique pour le moment le mot d'ordre de parti noir répond donc aux changements et à l'étape actuelle de la lutte des classes dont nous avons parlé. Elle découle de la réalité qui change. C'est également vrai pour le mot d'ordre de parti chicano, même si l'existence des partis de la Raza Unida pose la question de façon légèrement différente, comme nous l'avons discuté à notre dernier plénum [20].

À mesure que la lutte des classes s'intensifie et que la conscience de classe augmente en même temps, l'idée d'un parti ouvrier basé sur les syndicats peut avoir un très grand impact sur les militants noirs qui réfléchissent. Il n'y a pas de tour de passe-passe ici. Nous ne prétendons pas que le parti ouvrier est un parti noir. Le parti ouvrier est un parti de classe.

Mais lorsqu'un tel parti va se mettre en branle, on ne peut concevoir qu'il n'aura pas de très nombreux membres qui seront noirs et qu'il ne défendra pas, ne luttera pas et n'accordera pas d'importance aux grandes questions que sont le racisme, l'inégalité et les conditions auxquelles font face les nationalités opprimées.

Notre point de vue sur les caucus de Noirs dans les syndicats aujourd'hui est lié à cette question. À la fin des années 60, nous avons salué des formations comme le Mouvement syndical révolutionnaire de la Dodge (DRUM) et le Mouvement syndical révolutionnaire de l'avenue Eldon (ELDRUM), les caucus noirs militants qui ont surgi dans l'industrie automobile de la région de Détroit. Et nous sommes allés plus loin. Nous avons *encouragé* la formation de caucus noirs comme un pas en avant à la fois pour les Noirs et pour le mouvement syndical.

Mais en faire la promotion à l'étape actuelle de la lutte des classes dans ce pays reviendrait à sous-estimer l'avant-garde prolétarienne noire. Des caucus noirs peuvent surgir ici et là. Mais il y a une autre possibilité, qui correspond mieux à la façon dont les choses se développent aujourd'hui. Nous devrions expliquer le rôle d'avant-garde que peuvent jouer les travailleurs noirs par le biais des syndicats dans la grande transformation du mouvement ouvrier — en le poussant à penser socialement et à agir politiquement et en organisant en son sein pour le faire des comités pour les droits civils, des comités de grève, peu importe la forme. Nous avons déjà commencé à le voir autour de la lutte contre *Weber* et à Newport News. Ça n'a rien d'abstrait.

Nous croyons que les travailleurs noirs peuvent et vont être une composante décisive de toute initiative visant à construire une direction de lutte de classe au sein des syndicats. Ils feront partie de la direction de l'aile gauche de lutte de classe, qui mettra la lutte pour la pleine égalité et pour l'unité de classe au centre de son programme pour transformer le mouvement syndical.

Une organisation noire indépendante

Il est important de se rappeler la différence qui existe entre l'idée de parti noir et notre idée d'organisation indépendante des Noirs, une idée qui remonte à nos discussions avec Trotsky il y a 40 ans. Trotsky a posé l'idée très simplement : « Il faudrait créer une organisation spéciale pour une situation spéciale. » La situation spéciale ici, c'est l'oppression nationale des Noirs.

Nous sommes d'accord avec cette idée. Il est inconcevable que le réchauffement de la lutte des classes ne s'accompagne pas du développement d'organisations noires indépendantes luttant directement pour les droits des Noirs. Ce n'est pas la même chose qu'un parti politique noir indépendant.

Ce n'est pas non plus opposé à l'idée d'un parti ouvrier ou d'une aile gauche de lutte de classe où les travailleurs noirs jouent un rôle d'avant-garde. De fait, ce sont les développements en ce sens dans le mouvement ouvrier qui offrent le plus grand espoir de progrès devant la prostration totale d'organisations noires comme le NAACP. Leurs directions nationales petites-bourgeoises ont mené ces organisations à l'impasse avec leur politique de subordination aux partis capitalistes. Une organisation doit se gagner le droit de diriger par ses actions concrètes et aucune de celles qui existent aujourd'hui ne l'a fait. La masse des travailleurs noirs les perçoit de plus en plus comme sans importance et inefficaces.

La lutte pour l'autodétermination dans tous ses aspects demeurera une composante permanente de la lutte de classe dans ce pays. C'est vrai même en dépit de notre confiance que les travailleurs noirs et blancs vont lutter ensemble pour transformer le mouvement syndical et l'utiliser comme un instrument révolutionnaire dans la lutte pour un gouvernement ouvrier.

Trotsky a déjà souligné que tant que les Noirs ne « sentiront [pas] que la domination des blancs est terminée, » ils ne sauront pas vraiment s'ils veulent ou non un État séparé. Ceci ne se produira pas dans ce pays sous la domination capitaliste. La classe ouvrière américaine devra d'abord conquérir le pouvoir politique.

Pour en arriver là, les travailleurs noirs et blancs devront s'impliquer dans une lutte *commune* ayant un but stratégique *commun* : un gouvernement ouvrier. C'est notre idée du caractère combiné de la révolution américaine. Pas la convergence de deux révolutions distinctes, mais une lutte unique pour le pouvoir combinant des tâches de classe et des tâches nationales. Les travailleurs noirs et chicanos joueront un rôle d'avant-garde dans cette lutte et dans la transformation du mouvement syndical nécessaire pour y arriver.

Ceci ne veut pas dire cependant que la lutte des Noirs se réduit à la construction d'une aile de lutte de classe dans les syndicats. La revitalisation d'organisations noires indépendantes et combatives jouera un rôle important dans la lutte pour établir un gouvernement ouvrier capable de garantir l'autodétermination des Noirs.

L'augmentation du nombre de luttes unifiées menées par des travailleurs noirs et blancs, comme à Newport News, ne veut pas dire qu'il y aura moins de luttes pour la déségrégation, de campagnes contre la brutalité policière ou d'autres formes de luttes pour les droits des Noirs. Au contraire, avec l'accélération de ce processus dans les syndicats, ces luttes vont se multiplier. De plus, leurs chances de gagner seront beaucoup plus grandes parce qu'elles auront la possibilité de faire peser dans la balance le poids du mouvement syndical. C'est précisément ce qui a fait défaut au mouvement pour les droits civils depuis son tout début. C'est ce qui est responsable de l'actuelle crise de direction des mouvements chicano et noir. Et c'est ce qui change et rend possible de revitaliser ces luttes.

Nos acquis sur ces questions sont plus solides aujourd'hui que jamais auparavant. Nous sommes le seul parti dans la gauche qui comprenne vraiment le caractère combiné de la révolution américaine à venir et ce qu'il signifie pour la stratégie et les tâches quotidiennes des révolutionnaires.

C'est pour cette raison que la résolution accorde autant d'importance au fait que si notre parti veut diriger les travailleurs américains vers le pouvoir, sa composition et sa direction doivent toutes les deux être multinationales. Notre tournant industriel nous permet de faire de grands progrès pour devenir un parti à l'image des jeunes combattants d'avant-garde dans la classe ouvrière. Seul un parti ayant une telle composition prolétarienne peut être un parti multinational. C'est ce qui est dicté par l'ampleur de l'oppression nationale dans ce pays et par la composition massivement prolétarienne de la population noire et chicana.

Nous sommes armés du seul programme capable d'atteindre ce but. Et nous faisons la bonne chose : nous concentrons nos forces dans les syndicats industriels aujourd'hui pour répondre aux ouvertures politiques croissantes dans notre classe. Nous avons toutes les raisons d'être optimistes et confiants.

Le mouvement des femmes est en crise
Nous faisons face à une crise de direction semblable dans le mouvement des femmes. Et l'existence de NOW en tant qu'organisation nationale ne l'amoindrit pas.

Le problème politique est évident lorsque vous lisez le *National NOW Times,* le journal de l'Organisation nationale pour les femmes. Le mois dernier par exemple, le chapitre de NOW à Philadelphie a décerné un prix à la première femme à devenir détective dans la police de cette ville. C'est absolument vrai. Une policière ! Le *National NOW Times* a aussi publié un article de plusieurs colonnes, avec photo, sur une réunion organisée par NOW dans le but d'établir un « dialogue » et d'en arriver à un « consensus » avec les groupes anti-avortement sur la question du contrôle des naissances.

Dans ce pays, les femmes font face à une crise en matière d'avortement. Le droit à l'avortement — c'est-à-dire l'accès économique, social et politique à l'avortement — est brutalement restreint. Ce n'est pas parce que les travailleurs rejettent le droit à l'avortement. Un sondage Gallup rendu public il y a à peine quelques jours montre qu'il n'y a pas eu le moindre déclin depuis 1975 dans le pourcentage des gens qui appuient le droit à l'avortement. Mais les lois fédérales et des États ont sévèrement restreint la possibilité économique d'avoir un avortement de même que la disponibilité des services. C'est une des choses que la classe dirigeante a « reprises » depuis le début de l'offensive en 1974-1975.

Il faudra une lutte sociale pour rétablir ce droit dans la vraie vie. Cette « guerre de classe à sens unique » a touché de façon particulièrement dure les femmes noires et chicanas, les femmes des autres nationalités opprimées et toutes les femmes qui travaillent.

La lutte pour l'amendement pour l'égalité des droits est aussi en crise. La direction de NOW a fondamentalement réduit cette lutte à l'organisation d'un appui politique aux politiciens du Parti démocrate et à un effort pour convaincre les gens de ne pas passer leurs vacances dans les États qui n'ont pas ratifié l'ERA.

Nous répondons la même chose à la crise de NOW qu'à celle des organisations noires comme le NAACP. Il n'existe pas de « stratégie indépendante » gagnante pour les femmes. Il n'y a pas de tactique rusée qui puisse surmonter la crise. Il y a de bonnes tactiques, des tactiques qui peuvent faire avancer la lutte, mais elles doivent être l'expression opportune d'une vision stratégique qui place le mouvement de libération des femmes dans une perspective de classe. C'est la seule façon de rassembler les forces sociales nécessaires pour gagner le droit à l'avortement ou pour gagner l'ERA.

Ce qui est clé pour avancer, c'est la transformation — la révolution — qui se déroule alors que des femmes faisant partie de la population active se fraient un chemin dans l'industrie. Cette transformation a commencé comme une des conséquences des gains remportés par la lutte des Noirs. Quand le Congrès a débattu de la loi pour les droits civils en 1964, les sénateurs du Sud ont essayé d'empêcher son adoption en déclarant illégale la discrimination dans l'emploi sur la base du sexe aussi bien que de la race. Ils s'imaginaient que l'article VII, c'est ainsi que cet article de la loi est connu, deviendrait tellement ridicule que même les libéraux du Nord devraient le rejeter. Mais il a été adopté.

La campagne pour l'action affirmative

Ceci a donné une ouverture légale à la campagne des femmes pour l'action affirmative. Ça les a pourvues d'une arme légale pour se frayer un chemin non seulement vers des emplois, mais aussi vers l'industrie de base avec ses meilleurs salaires et sa plus grande syndicalisation. Des milliers de poursuites ont été intentées. Un grand progrès a été enregistré en 1974 avec le « décret par consentement » dans l'industrie sidérurgique, qui a établi l'ancienneté à l'échelle de l'usine et fixé des objectifs d'embauche pour les femmes et de formation pour les femmes, les Noirs et les Latinos. De 1975 à 1979, les femmes ont fait une grande percée dans l'automobile, les mines et l'acier.

Les emplois dans l'industrie sont décisifs pour les femmes pour plusieurs raisons. L'une d'elles, c'est que les secrétaires, les enseignantes et les travailleuses sociales n'ont tout simplement pas la force brute dont les travailleurs industriels disposent lorsqu'il s'agit de gagner les droits des femmes ou n'importe quoi d'autre.

Mais il y a plus. Ouvrir les portes de l'industrie de base a un très grand impact sur la conscience et la confiance des femmes et sur la façon dont les hommes perçoivent leurs camarades de travail de sexe féminin. Plusieurs attitudes profondément enracinées changent rapidement. On voit prendre vie les liens qui unissent la lutte des travailleurs contre l'exploitation de classe et celle des femmes pour l'indépendance économique et l'égalité dans tous les domaines. Les préjugés sexistes commencent à s'effondrer.

Le mouvement des femmes doit effectuer le même genre de changement qui est nécessaire pour les mouvements noir et chicano. Pour gagner l'ERA, le droit à l'avortement et les autres revendications des femmes, ça va prendre un mouvement plus fort et d'un genre différent qu'il y a une décennie, avec un autre type de direction. Mais les forces pour construire ce mouvement existent.

Les femmes qui travaillent, et spécialement les femmes dans l'industrie, doivent diriger ce processus en orientant le mouvement des femmes vers un axe stratégique capable de le pousser de l'avant. Ceci comprend bien entendu la lutte contre la discrimination et le harcèlement au travail. Il ne s'agit pas seulement du harcèlement sexuel. Le terme est trop étroit. La lutte contre le harcèlement sexuel est un aspect de la lutte beaucoup plus large des femmes qui travaillent : la lutte contre le harcèlement des femmes à cause de leur sexe, contre la discrimination et pour le droit d'obtenir des emplois, de les garder et de bénéficier de tous les droits qui leur sont associés.

En même temps que les femmes qui travaillent doivent s'impliquer dans le mouvement des femmes, elles doivent aussi amener ces luttes dans les syndicats pour y gagner un appui au droit à l'avortement, aux congés de maternité, à l'ERA et à d'autres besoins.

C'est dans *cette* direction que le mouvement de libération des femmes doit aller. Pas vers les forces anti-avortement qui appuient le contrôle des naissances. Pas vers les policières et les femmes détectives.

C'est ce que nous avons mis de l'avant et défendu dans des regroupements comme NOW depuis bientôt deux ans, depuis que nous et des femmes avec qui nous étions alliés dans l'organisation avons rédigé la résolution « Défendre les droits des femmes » en 1977.

Ce à quoi est confronté le mouvement des femmes est une question politique et une question de classe, tout comme le mouvement des Noirs. La direction du mouvement des femmes est petite-bourgeoise. Mais les forces qui émergent de la lutte sont des travailleuses. En même temps, il y a une radicalisation croissante parmi d'autres couches de la classe ouvrière, y compris parmi les travailleurs de sexe masculin.

Le fait d'avoir maintenant beaucoup plus de camarades dans l'industrie nous permet de modifier notre façon d'effectuer le travail de libération des femmes. Les camarades dans l'industrie doivent jouer un rôle croissant dans les différentes organisations de femmes. Nous devons réexaminer ce que nous faisons dans NOW. Plutôt que de modeler notre travail dans les syndicats sur celui fait dans NOW, nous devons orienter nos propositions dans NOW de façon à répondre aux besoins et au potentiel changeants des femmes dans l'industrie. Nous devons lutter à l'intérieur de NOW pour impliquer le mouvement syndical dans la lutte pour les droits des femmes.

Notre travail dans les usines et les syndicats doit devenir l'axe de notre travail de libération des femmes. Nous devons prêter une attention particulière aux caucus et aux comités de femmes dans les syndicats et les usines. Nous devrions même regarder sous un jour nouveau diverses unités locales de la Coalition des femmes syndiquées (CLUW). Nous ne devrions faire de croix sur aucune organisation de ce genre. Les organisations de femmes combatives qui émergeront des luttes qui commencent aujourd'hui ne ressembleront en rien à celles qui existent maintenant.

En tant que grande organisation nationale, NOW revêt une importance particulière. Ses liens avec le mouvement ouvrier sont aussi importants.

Il y a par exemple deux côtés à l'alliance entre Smeal et Fraser. D'un côté, il s'agit d'une alliance entre une section de la bureaucratie syndicale et la direction de NOW afin d'essayer de subordonner, comme le sont les syndicats, le mouvement des femmes aux besoins de la classe capitaliste. Ceci a des répercussions politiques. Douglas Fraser dit à Eleanor Smeal, la présidente de NOW, qu'il ne suffit pas d'élire des candidats du Parti démocrate. Toutes les forces progressistes doivent travailler ensemble pour réformer le Parti démocrate.

Mais il y a un autre côté à cette collaboration entre NOW et une section du mouvement ouvrier organisé. Celle-ci reflète des pressions qui proviennent de la base. Elle reflète la nouvelle conscience que les femmes ont d'elles-mêmes et de leurs camarades de travail de sexe masculin, ainsi que leur quête d'alliés puissants. De ce point de vue, les intérêts communs de Smeal et Fraser constituent une ouverture importante.

Contre les employeurs, les contremaîtres et les politiciens
L'axe de la lutte des femmes est dirigé contre les employeurs, leurs contremaîtres, leurs tribunaux et leurs politiciens, pas contre les autres travailleurs. Au contraire, les femmes doivent faire appel de façon énergique au travail à tous les travailleurs qui ont une conscience de classe en cherchant à gagner leur appui aux droits des femmes. Notre expérience initiale nous montre que les femmes qui luttent dans ce sens obtiennent en général une réponse positive. Qu'elles soient dans l'industrie ou non, les femmes peuvent voir l'attrait puissant du mouvement ouvrier et la possibilité d'y gagner le soutien de couches de travailleurs jeunes et militants.

C'est clairement ressorti d'une conférence du district 31 des Métallos. Un travailleur noir plus âgé s'est levé et a expliqué :

Nous devons appuyer les femmes. Les patrons leur font exactement la même chose qu'à nous lorsque nous sommes entrés dans l'usine. Ils essaient de les chasser. Les femmes doivent encore se battre pour établir leur droit de demeurer dans l'industrie.

Ce métallo noir a prédit qu'à la prochaine grande récession, les femmes feraient face à un effort concerté pour les chasser de l'industrie.

Il avait tout à fait raison.

C'est une des raisons pour lesquelles nous devons approcher les comités et caucus de femmes dans les syndicats aujourd'hui autrement que les caucus noirs ou chicanos.

Nous favorisons et parfois aidons à mettre sur pied des comités ou des caucus de femmes, alors que nous ne le faisons pas pour les caucus de Noirs ou de Chicanos pour les raisons que j'ai expliquées plus tôt. Bien sûr, nous savons que les travailleuses, comme les Noirs et les Chicanos, aideront à ouvrir la voie à une aile gauche de lutte de classe dans les syndicats. Elles joueront un rôle d'avant-garde dans la transformation du mouvement ouvrier.

Nous devons toutefois reconnaître les positions différentes occupées par les Noirs et les femmes dans l'industrie aujourd'hui. Les femmes en sont à une étape différente pour ce qui est d'entrer dans l'industrie et y rester.

Les femmes font face à de plus grands obstacles à cause de leur petit nombre et de leur entrée récente dans l'industrie. Elles doivent affronter les patrons, les contremaîtres et tout le système juste pour ne pas être chassées des usines. Souvent il n'y a pas de structures permettant aux femmes de discuter ces problèmes et de penser comment se servir de leurs syndicats pour défendre leurs droits. Des comités féminins spéciaux, comme celui du district 31 des Métallos et de plusieurs sections locales des travailleurs de l'automobile, peuvent constituer ce genre de structure.

À cause de la nature de leur oppression dans la société de classe, les femmes font aussi face à des obstacles particuliers pour devenir des dirigeantes confiantes de leur classe et de leurs syndicats en dirigeant leurs camarades de travail masculins. Ce problème est plus grand pour les femmes que pour les Noirs, les Chicanos et les autres minorités nationales opprimées. C'est une autre raison pour laquelle les comités de femmes peuvent jouer un rôle très positif.

L'importance de combattre « Weber »

La lutte des femmes pour entrer dans l'industrie et y rester souligne aussi le rôle central de l'action affirmative et de l'affaire *Weber*. Un simple fait a confirmé l'importance que nous avons accordée à cette lutte : le nombre croissant de travailleurs, y compris de travailleurs de sexe masculin et de travailleurs blancs, qui commencent à comprendre que l'action affirmative est une question de *classe,* une question dont dépend l'efficacité de leurs syndicats. Notre capacité de l'expliquer dans l'affaire *Weber* est facilitée par le fait que la poursuite conteste aussi le droit de négociation collective des syndicats en matière de discrimination et de promotion au travail.

Aujourd'hui, en tant que groupe, les travailleurs qui sont des Noirs, des Chicanos ou des femmes constituent un pourcentage significatif des effectifs des principaux syndicats industriels. Il devient plus facile pour les autres syndiqués de comprendre pourquoi ils doivent combattre la discrimination dans l'intérêt de la solidarité contre l'offensive des patrons. En retour, cette pression croissante d'en bas a forcé la majorité de la bureaucratie syndicale à s'opposer formellement à *Weber*. C'est elle qui a poussé la bureaucratie des Métallos à décider de combattre la cause devant les tribunaux et de convoquer la récente conférence sur les droits civils.

Il s'agit d'un important nouveau développement, d'une nouvelle tendance encourageante dans le mouvement ouvrier américain.

Bien entendu, ce n'est qu'un début. Il reste toujours à livrer une grande bataille pour exiger que la bureaucratie syndicale fasse peser la force des syndicats dans cette lutte, ce qu'elle n'a pas l'intention de faire aujourd'hui. Beaucoup de travail reste à faire pour éduquer les travailleurs, en particulier les travailleurs blancs et les travailleurs de sexe masculin, sur les enjeux de cette lutte pour eux et pour les mobiliser dans l'action autour de cette question.

Mais les ouvertures pour le faire sont plus grandes que jamais auparavant. De plus en plus de travailleurs sont prêts à écouter les opposants de la discrimination et à reconnaître avec eux que l'action affirmative est absolument et directement dans l'intérêt de la classe ouvrière en tant que classe. L'action affirmative n'est pas un acte de charité visant à corriger le passé. Il ne s'agit pas — contrairement à ce qu'affirment certains — d'une « attitude moralement correcte, » mais en réalité matériellement désavantageuse pour les hommes et les blancs.

Les travailleurs sont mieux à même aujourd'hui de saisir des aspects de l'économie politique de la discrimination. La discrimination ne signifie pas quelques dollars de plus pour quelques travailleurs aux dépens des femmes, des Noirs, des Chicanos ou des Portoricains. Au contraire, elle rabaisse toute la classe en termes de salaires réels et de conditions de travail et mine sa capacité collective de riposter aux patrons.

De plus en plus de travailleurs prennent conscience de leurs intérêts de classe, qui n'ont rien à voir avec la recherche de privilèges pour certains. En le faisant, ils deviennent plus capables de voir la différence entre la lutte de classe et la collaboration de classe, et la différence entre eux et les bureaucrates syndicaux. Ils comprennent mieux que les syndicats *se renforcent* en accueillant en leur sein plus de Noirs, de Chicanos, de Portoricains et, oui, de femmes et en s'assurant que tous reçoivent le *même traitement*.

Nous avons de plus en plus d'ouvertures pour expliquer cet axe de lutte et avancer dans cette direction.

Mais nous devons ajouter le point que nous avons fait dans l'éditorial du 30 mars 1979 du *Militant*. Le genre de lutte qui a établi le principe de l'action affirmative ne suffira pas à le défendre ou à l'élargir. Pour ça, il va falloir des forces plus puissantes et une direction plus consciente.

L'éditorial du *Militant* a noté que les lois pour les droits civils ont été gagnées sans que les syndicats ne descendent vraiment dans l'arène. Il a ajouté :

Il s'agit d'une nouvelle période, où l'économie capitaliste est rongée par la crise et où les employeurs sont poussés à lancer des attaques antisyndicales de plus en plus dures pour défendre leurs profits. C'est une période de polarisation des forces de classe.

La seule classe qui a intérêt à défendre l'action affirmative est la classe ouvrière. Et la lutte pour défendre l'action affirmative doit être portée directement au centre des seules organisations de masse de la classe ouvrière, les syndicats.

Le travail contre le nucléaire et le tournant
Nous avons vu que nous ne pouvons effectuer un travail efficace dans la lutte des Noirs, des Chicanos ou des femmes sans construire des fractions dans l'industrie. Nous comprenons que le tournant est une question *politique* et que les fractions doivent être au centre de la vie politique de nos branches, sections locales et districts.

Mais qu'en est-il de notre travail antinucléaire ? Ne s'agit-il pas du seul mouvement où nous pouvons appliquer les vieilles « tactiques antiguerre » ?

La réponse est non.

Évidemment, c'est merveilleux d'avoir à nouveau quelques grandes manifestations de protestation autour d'une question aussi importante que l'énergie et les armes nucléaires.

Mais nous devons commencer en examinant le mouvement antinucléaire par rapport à la classe ouvrière et les syndicats, pas vice versa. Les effets et les résultats de l'énergie nucléaire sont une question de classe. Et comme pour tout autre question sociale, comment arrêter l'énergie nucléaire est une question liée à comment élever la conscience de classe et transformer les syndicats.

La *stratégie* que nous suivions dans le mouvement contre la guerre et notre *stratégie* aujourd'hui demeurent la même.

Ce sont les circonstances et les possibilités qui ont changé. Quand nous disons que le mouvement antinucléaire ne sera pas une répétition du mouvement contre la guerre, nous disons quelque chose de très positif. Nous disons que la possibilité existe dès le début d'impliquer la force du mouvement ouvrier dans la lutte. Et qu'en le faisant, ceci fera avancer la tâche de transformer les syndicats.

Nous ferions donc une grosse erreur et raterions une véritable opportunité si nous abordions le mouvement antinucléaire du point de vue de la politique d'il y a dix ans. L'axe de la politique de classe a changé. Ainsi que nous l'avons expliqué dans le *Militant,* les opposants de l'énergie nucléaire doivent avoir des réponses aux questions sur l'énergie et l'emploi, qui sont des questions de vie et de mort pour les travailleurs.

Il faut placer le mouvement antinucléaire dans la ligne de marche stratégique visant à construire une aile gauche de lutte de classe dans le mouvement syndical. Cette aile gauche de lutte de classe devra s'attaquer à un éventail de questions plus large qu'elle ne l'a fait dans les années 30 ou 40. Pour ne prendre qu'un exemple, il n'y avait pas de centrales nucléaires à cette époque — bien que les essais sur la bombe atomique exposaient les travailleurs et les soldats américains à des radiations mortelles. Aujourd'hui, l'énergie et les armes nucléaires sont une question vitale pour le mouvement ouvrier et seront une question centrale à laquelle devront s'adresser une aile gauche de lutte de classe et un parti ouvrier.

La question nucléaire est au coeur du développement du programme des syndicats sur la crise de l'énergie. Nous avons proposé à ce sujet d'augmenter la production de charbon comme une alternative à l'énergie nucléaire et mis de l'avant d'autres aspects de notre approche envers ce mouvement. Ces perspectives seront développées dans les pages du *Militant* et constitueront une composante importante de notre campagne électorale socialiste au cours de la prochaine année.

C'est pour ça que nous devons soulever cette question importante dans les syndicats. Nous participons aux coalitions ou organisations antinucléaires en tant que travailleurs socialistes qui voulons impliquer nos syndicats dans la bataille et qui voyons dans la lutte antinucléaire un aspect significatif de la transformation du mouvement syndical américain. Une fois établies ces directives stratégiques, nous devrions pouvoir développer nos tactiques avec un peu de réflexion et d'expérience.

La gauche petite-bourgeoise
Il y a une différence frappante entre notre façon de voir les choses aujourd'hui et celle de tous nos opposants de gauche. Nous abordons cette question vers la fin de la résolution politique. Un des exemples récents les plus clairs en a été ce que quelques pacifistes radicaux de New York ont appelé leurs « tristesse, confusion et préoccupation collectives » à propos des événements survenus en Indochine cette année[21]. Ils ne pouvaient comprendre que ce qui arrivait là-bas était un *approfondissement* de la révolution indochinoise.

Il serait bien sûr facile d'expliquer chaque erreur que tous les autres commettent en disant qu'ils ne sont pas dans les manufactures et que nous y sommes. En plus d'être une fanfaronnade creuse, c'est tout simplement inexact : quelques-uns de nos opposants sont dans les manufactures. La politique, c'est plus complexe que ça.

Mais il y a un aspect de cette différence entre nous et le reste de la gauche qui est réel. Les radicaux petit-bourgeois n'ont pas une perspective ouvrière. Ils ne voient qu'un aspect de la polarisation de classe qui se produit dans ce pays. Ils ne sentent pas dans la moelle de leurs os que la classe ouvrière américaine est la force sociale la plus progressive qui existe. Ils ne voient aucune façon d'avancer.

Qu'ils en soient conscients ou non, ces radicaux petit-bourgeois ont été convaincus par l'offensive propagandiste menée par la classe dirigeante en même temps que son offensive d'austérité et de guerre. Ils sont intimidés par les dirigeants. Ils ne voient rien d'autre que les capitalistes sur le devant de la scène. Ils sont profondément pessimistes et ont l'âme malade.

Il ne sert à rien de débattre de stratégie avec eux. Il leur est impossible d'en arriver à une stratégie victorieuse. Ils ne font que répéter de vieilles tactiques et n'importe quelle tactique répétée par coeur devient en fait une stratégie. Il y a toujours une stratégie qui sous-tend tout ce que vous faites en politique. Que vous en soyez conscients ou pas, ou bien vos actions coïncident avec la ligne de marche stratégique véritable de la classe ouvrière ou bien elles ne coïncident pas avec elle.

D'après moi, à l'exception du SWP et de la YSA, la gauche toute entière se trouve à droite de la classe ouvrière du point de vue stratégique fondamental dont nous parlons. Et ceci sera vrai pour la direction de n'importe quelle organisation — aussi bien NOW, le NAACP, l'Alliance Clamshell ou le Parti de la Raza Unida — qui ne s'oriente pas vers les luttes de la classe ouvrière ni ne cherche à mobiliser la classe ouvrière. Ceci n'a rien à voir avec les intentions ou les mérites des individus. Ce dont il s'agit, c'est d'être au diapason de la réalité politique de ce pays et de projeter une voie en avant.

Radicalisation et polarisation

La radicalisation et la polarisation se poursuivent. Il n'y a aucune raison de changer notre opinion à ce sujet. Il y a un nombre croissant de combattants, un nombre croissant de combattants qui réfléchissent dans la classe ouvrière.

Contrairement à ce que le confrère Fraser dit, les perceptions *changent* : elles deviennent plus précises.

Ceci ouvre la porte à la possibilité de résoudre la crise de direction des opprimés qui se battent pour leurs droits. Ceci ouvre la porte à la possibilité d'une lutte efficace contre la guerre. Ceci ouvre la porte à une lutte efficace sur plusieurs questions.

Nous n'en sommes qu'au début de ce processus. Nous ne pouvons en prédire le rythme, mais nous savons que des événements comme la grève du charbon, Newport News et Three Mile Island façonnent la conscience de notre classe. Ce que nous voyons ne sont toujours que des tendances — mais des tendances qui ont une direction claire et des tendences qui peuvent s'embraser de manière inattendue et accélérer tout le processus.

Nous n'entrons pas dans une période d'expansion économique comme dans les années 60 ou de réaction comme dans les années 50. Les gains importants des luttes des deux dernières décennies — le changement d'attitude envers la guerre, le doute et la méfiance envers le gouvernement et le grand capital, l'appui accru aux droits des nationalités opprimées et des femmes — tous ces gains sont toujours profondément ancrés dans la population.

En ce sens, les travailleurs américains sont dans une période préparatoire. Ils accumulent des forces et acquièrent une expérience de lutte de classe pour les batailles que leur impose l'attaque de plus en plus intense des capitalistes. Des luttes comme Newport News et la conscience croissante entourant l'affaire *Weber* et l'action affirmative demeurent cependant toujours plus l'exception que la règle. Mais il y a de plus en plus d'exceptions de ce genre. La conscience de classe et la combativité augmentent. Voilà la tendance, pas l'inverse.

Ceci veut dire que nous faisons partie de l'« ici et maintenant » dans le sens suivant.

Notre parti peut mener des activités dans le mouvement syndical et commencer à y appliquer notre programme. Avec cette attitude et cette approche, nous ferons le plus de gains possibles *maintenant* en construisant notre mouvement et nous serons prêts lorsque de nouvelles ouvertures et opportunités se présenteront.

Une branche qui ne fait pas de progrès afin d'avoir une grande majorité de camarades dans l'industrie est incapable de mener nos campagnes politiques dans l'arène la plus favorable aujourd'hui. Elle rate des occasions. Nous devons surmonter l'inégalité qui existe parmi nos propres branches par rapport au tournant industriel. Dirigées politiquement, les fractions industrielles doivent devenir l'axe de notre travail. L'industrie et les syndicats industriels doivent devenir l'arène à laquelle nous lions toutes nos campagnes.

Ceci ne signifie pas que le travail dans l'industrie doit devenir un substitut ou une excuse pour nous abstenir des luttes qui se mènent ailleurs. Ça signifie *lier* toutes les luttes, toutes les questions et tous les mouvements à la classe ouvrière et aux syndicats — et non l'inverse. Ça signifie y participer en tant que révolutionnaires prolétariens dont les yeux sont fermement rivés sur la transformation de lutte de classe de nos syndicats. Ça signifie voir dans les syndicats industriels la source potentielle du pouvoir et le point focal de notre lutte pour éduquer et mobiliser les forces capables de faire avancer le mouvement ouvrier et ses alliés.

Il y a bien sûr beaucoup d'aspérités, beaucoup de problèmes en effectuant ce tournant. Certaines choses sont remises à plus tard ou reçoivent moins d'attention. Une fois, George Breitman a rapporté comment Trotsky a décrit la période suivant la prise du pouvoir par les travailleurs, quand ces derniers commencent à construire le socialisme : une « période d'efforts, d'expérimentations, d'erreurs, de crises, de réformes et de réorganisations. »

George a ajouté que c'est aussi une bonne description de certaines des périodes traversées par le parti au cours du processus où il se prépare à diriger les travailleurs vers le pouvoir.

Ce n'est pas une mauvaise description de la période que nous traversons maintenant. Nous nous orientons politiquement. Nous changeons l'axe de notre activité et la composition de notre parti en fonction des changements objectifs qui se produisent dans la classe ouvrière américaine.

Finalement, nous devons continuer à approfondir le tournant. Chaque nouvelle vague de camarades qui vont dans l'industrie est souvent suivie d'une pause. Puis toute une nouvelle couche est encouragée par les expériences que nous y avons et elle le fait à son tour. Nous devons nous assurer que ce processus se poursuive de façon à pouvoir dire avec confiance dans un an que nous avons atteint notre but. Lorsque ce sera fait, nous avons toutes les raisons de croire qu'avec un peu d'attention, nous y resterons.

Certains camarades m'ont demandé pourquoi nous disons vouloir la *grande* majorité des membres du parti dans l'industrie. Pourquoi ne pas dire *tous* les membres ? À certains endroits comme Baltimore, nous l'avons presque atteint.

Premièrement, il y a deux catégories de membres qui, en tout temps, ne seront pas dans l'industrie. Un groupe, ce sont les camarades à la retraite ou les camarades près de l'âge de la retraite et qui n'ont jamais travaillé dans l'industrie.

Puis il y a les membres à qui on a demandé de prendre une affectation à temps plein dans les branches, les sections locales, les districts ou au centre. Nous commençons déjà à voir une dynamique qui deviendra la norme dans le parti. Des camarades qui ont de l'expérience dans l'industrie quittent leurs emplois afin de devenir permanents et des permanents vont dans l'industrie.

Il y a six mois ou un an, j'aurais ajouté une troisième catégorie : celle des camarades qui pour des raisons de santé ou d'autres raisons particulières « ne pourraient être embauchés » ou « n'ont pas leur place » dans l'industrie. Mais notre expérience nous dit que nous devrions examiner cette catégorie de plus près.

Bien sûr, il y a certains problèmes physiques ou de santé qui empêchent de travailler dans la plupart des manufactures. Nous le savons.

Mais ce que nous découvrons à notre surprise, c'est que plusieurs camarades que nous aurions peut-être écartés il y a six mois pour des raisons de santé ou d'âge peuvent aller et vont dans l'industrie. Ils sont politiquement convaincus et inspirés de le faire. Ils veulent le faire. Et ils se font embaucher. Je connais personnellement un certain nombre de camarades dans la quarantaine, des camarades qui ont des problèmes de dos ou qui ont subi des opérations sérieuses. Ils y vont et découvrent qu'ils peuvent le faire. Quelques fois ça demande au comité d'emploi de consacrer un peu de temps et d'énergie pour trouver l'emploi qui convient, mais ça en vaut la peine.

Nous sommes maintenant certains que les branches peuvent avoir une grande, grande majorité de leurs membres dans l'industrie.

Ceci signifie que nous devrions réaffirmer ce que nous avons dit il y a deux plénums. Il n'existe pas de catégorie de camarades qui devraient être exemptés de notre tournant vers l'industrie à cause de certains types d'emploi ou de situation syndicale. Au cours de la dernière année, la majorité des membres de la fraction des enseignants et la majorité des employés gouvernementaux sont allés dans l'industrie. Et nous voulons approfondir ce processus.

Bien entendu, une branche de travailleurs industriels dans n'importe quelle grande ville attirera et recrutera des travailleurs qui ne sont pas dans l'industrie : des employés du secteur public, des travailleurs d'hôpitaux, des commis et des vendeurs, etc. Compléter notre tournant vers l'industrie représente en fait la meilleure façon de construire le genre de parti qui attirera toutes les couches de la classe ouvrière.

Mais en s'intégrant au parti aujourd'hui, ces gens vont aussi vouloir faire partie du tournant. Ce n'est pas par choix qu'ils se retrouvent dans les sections de notre classe les moins fortement organisées et les moins décisives au niveau stratégique. Et ils feront partie des forces fraîches qui nous pousseront de l'avant pour devenir un parti de travailleurs industriels.

Et nous assistons déjà à un autre processus. Dans les branches qui ont presque complété le tournant, les fractions industrielles deviennent pour le parti une des meilleures sources de rebelles sans attaches prêts à renforcer une autre branche ou à effectuer un projet important comme à Newport News.

Cette perspective ouvre la voie qui va nous permettre d'assembler une vraie machine de combat : un parti multinational, révolutionnaire et prolétarien, dirigé par des femmes et des hommes qui sont des travailleurs-bolcheviks.

IV. Conclusion

Des camarades ont soulevé plusieurs questions générales qui méritent d'être discutées. Nous n'avons pas à les soumettre au vote, mais nous pouvons toutefois approfondir un peu notre réflexion à leur sujet et éventuellement les trancher lors du congrès.

Nous avons décrit la radicalisation qui a commencé dans les années 60, avec son caractère inégal et ses hauts et ses bas, comme « la plus large et la plus profonde » jamais vue. Mais il y a un aspect de la question qui mérite plus de réflexion.

Le processus qui se développe dans la classe ouvrière aujourd'hui prolonge-t-il essentiellement la radicalisation qui a commencé dans les années 60 ?

Naturellement, il n'est pas utile d'essayer d'établir des distinctions trop fines. Peut-être devons-nous penser en termes d'étapes différentes d'un même processus. Les mouvements de protestation se poursuivent — l'idée de vous battre pour vos droits. Il y a eu un changement complet par rapport à l'inactivité de la période du maccarthysme. Les changements d'attitude sur la guerre, le gouvernement, les femmes, etc., ont continué de s'étendre et de pénétrer des couches plus larges. Tout ceci fait partie de la continuité de la radicalisation.

Mais il y a aussi un autre aspect. Il y a également eu des ruptures dans cette continuité. De nouvelles formes de luttes émergent et vont émerger. Ce ne sont pas et ne seront pas une simple répétition des luttes des années 60 ou du début des années 70. Il y aura des éléments des anciennes formes, mais qui se produiront dans de nouvelles circonstances, dans de nouvelles combinaisons et avec une composition sociale différente.

Il semble raisonnable de supposer que les formes classiques d'action de classe vont jouer un rôle de plus en plus significatif. Le programme de transition devient de plus en plus contemporain. Les changements dans la classe ouvrière et dans le mouvement syndical l'indiquent.

Je pense par exemple qu'il y a eu une véritable rupture de continuité dans la lutte des Noirs. Il y a eu les soulèvements qui se sont produits entre 1965 et 1968, qui ont été suivis par d'autres types de luttes comme l'émergence de plusieurs organisations nationalistes noires et les batailles pour l'accès libre à l'université. Mais depuis la fin des années 60, il y a eu une *retraite*. Non pas une retraite dans le sens d'être simplement repoussé — quoique la répression et les représailles ont été un facteur.

Mais il y a eu un *recul* devant les tâches immenses qui se posaient : comment se servir de l'égalité légale pour défendre et faire avancer les besoins sociaux d'une couche entière de la classe ouvrière. Une transformation sociale radicale s'imposait, mais il restait encore à rassembler politiquement les forces capables de la réaliser.

Songez à ce qui s'est passé entre 1965 et 1968. De véritables semi-insurrections de la communauté noire ont éclaté dans un certain nombre de villes. Et ensuite...

Les attitudes radicales n'ont pas été renversées et les luttes ne se sont pas arrêtées. Il y a eu des hauts et des bas que nous avons analysés à l'époque. Mais rétrospectivement, je pense que vous pouvez voir une rupture. Il y a eu une reprise générale de la lutte des Noirs qui a commencé avec le mouvement pour les droits civils au milieu des années 50, s'est poursuivie avec les sit-in, la période de Malcolm X et les soulèvements du milieu des années 60. Le système de Jim Crow a été balayé et il y a eu une expansion de l'emploi pour les Noirs. Mais la lutte s'est alors heurtée à une nouvelle réalité : les limites des conquêtes passées, l'absence de nouvelles concessions socio-économiques, l'écart séparant la conscience politique et sociale des sections noire et blanche de la classe ouvrière. Puis sont venus la grande flambée inflationniste et le gel des salaires de 1971 et la dépression de 1974-1975. Le taux de chômage en hausse chez les Noirs, le démantèlement des services sociaux.

Pendant les années 70, la crise de direction du mouvement noir s'est approfondie même s'il y a eu des hauts et des bas dans la lutte. Aucune direction n'a surgi avec des réponses. Où aller ? Comment faire de nouveaux gains ? Comment rassembler les forces nécessaires pour faire des gains ? Qui peut diriger ?

La lutte de libération des femmes est un peu différente. Elle s'est développée plus tard et a abouti dans une impasse différemment. Mais plusieurs des mêmes facteurs s'appliquent.

Le mouvement des femmes traverse aussi une crise profonde. Il faudra un autre type de direction et des forces plus puissantes pour regagner les éléments du droit à l'avortement qui ont été perdus en pratique au cours des dernières années, pour gagner l'ERA, pour lutter pour des services de garde d'enfants faisant partie d'un système d'éducation public en expansion et pour commencer à lutter systématiquement pour les droits des femmes au travail.

Il y a eu des hauts et des bas sur les campus pendant toute cette période. Mais on ne peut certainement pas parler de l'existence d'un mouvement étudiant aujourd'hui. La situation a beaucoup changé par rapport en gros aux années 1968-1972. À cette époque, si vous aviez effectué un sondage sur presque n'importe quel campus, vous auriez trouvé qu'un nombre significatif d'étudiants se considéraient comme des socialistes ou des révolutionnaires. Mais les étudiants se sont heurtés à de nouveaux obstacles et à des changements dans le rapport de force entre les classes.

L'offensive de la classe dominante, le déplacement du mouvement ouvrier vers l'avant-scène de la résistance et le caractère de classe de la polarisation (que la propagande de la classe dominante travestit comme un mouvement général vers la droite dans les attitudes et les attentes des « gens ») ont eu une conséquence idéologique sur les campus et dans les cercles universitaires. Le libéralisme (ou le libéralisme du « New Deal » comme on l'appelle souvent) ne semble offrir aucune issue. Et le marxisme à qui des millions de personnes dans ces milieux tiraient au moins leur chapeau devient une créature atrophiée ou méconnaissable s'il n'est pas lié à la classe ouvrière ou à la continuité du mouvement marxiste. L'explication de Marx et Engels selon qui le marxisme est le mouvement d'une classe plus qu'une doctrine prend ici sa pleine signification. La superstition, la pseudoscience et les cultes de la satisfaction de soi — pas l'activité sociale consciente — sont devenues le contrepoint de la routine monotone du travail.

Ceci a facilité un tournant à droite anti-ouvrier dans l'intelligentsia libérale, qui se caractérise en particulier par les positions réactionnaires d'organisations comme la Ligue des droits de la personne de B'nai Brith sur des questions comme l'action affirmative.

Qu'en est-il de la crise du mouvement chicano ? Il y a eu des changements très positifs ces dix dernières années, comme l'augmentation de la confiance en soi du peuple chicano et les luttes des travailleurs agricoles. Les attitudes sont bien différentes d'il y a 15 ans. Mais on a du mal à trouver quelque chose qui ressemble à un mouvement — des forces et des organisations significatives qui luttent et se mobilisent vraiment pour faire avancer les droits des Chicanos.

La chose cruciale, la raison d'être optimiste, c'est qu'on voit les débuts d'une radicalisation dans la classe ouvrière et que les syndicats industriels se déplacent vers le centre de celle-ci. Et les grandes batailles de classe ou la mobilisation de la puissance du mouvement syndical dans de grandes protestations sociales vont rapidement faire renaître la confiance politique et la combativité parmi des alliés de toutes sortes.

Pour brosser un tableau fidèle de ce qui s'est passé dans ce pays au cours de la dernière décennie, il faut analyser la *rupture* de continuité dans la radicalisation des années 60 ainsi que sa continuité.

Cette radicalisation était une radicalisation de prospérité. Il n'y a pas eu une seule récession officielle dans les années 60 après celle de 1961. Ce type de radicalisation est forcément différent de celle dans laquelle nous entrons. Les éléments moteurs de la radicalisation des années 60 étaient différents. Les organisations de la classe ouvrière en tant que telles n'ont jamais appuyé ces luttes de manière significative. En fait, la bureaucratie syndicale a mené une bataille idéologique contre le nationalisme, le féminisme et le socialisme et pendant longtemps s'est aussi opposée aux attitudes antiguerre.

Manifestations et « actions de masse »

Faire ce point sur les différentes étapes de la radicalisation n'implique aucun jugement négatif sur l'une ou l'autre d'entre elles. Mais il est cependant important de faire cette distinction pour nous aider à nous arrêter et réfléchir. On ne pourra pas nécessairement appliquer aujourd'hui les formes et les tactiques valables à l'étape précédente.

Toute manifestation, même une grosse manifestation, n'est pas une action de masse. Dans un sens de classe, les actions de masse sont des choses comme les grèves sur le tas, les occupations d'usine, la mobilisation de sections entières de la population comme dans certaines des manifestations pour les droits civils. Les soviets, les grèves générales, les soulèvements et les insurrections sont des formes d'actions de masse. Ces actions font partie intégrale de notre stratégie.

Nous avons assisté à des manifestations massives contre la guerre du Viêt-nam, mais je ne pense pas qu'aucune d'entre elles ait été une action de masse dans ce sens de classe. Quelques-unes des actions de mai 1970 ont peut-être commencé à s'en approcher. Mais nous avons vu beaucoup de manifestations qui n'étaient pas massives et plusieurs très grandes manifestations qui n'étaient pas des actions de masse dans ce sens fondamental. Nous les avons appelées des actions de propagande. Et elles sont devenues diablement efficaces.

Pourquoi sommes-nous fascinés jusqu'à un certain point par la question des manifestations ? Je pense que c'est parce que c'est la chose ayant le plus d'impact que nous ayons faite pendant un certain nombre années. Construire les manifestations contre la guerre a été une bonne période pour nous. Elles ont eu un impact sur la politique internationale et ont aidé la révolution vietnamienne. Elles ont attiré beaucoup de gens sérieux. Le parti a grandi.

Nous cherchons toujours l'action. Nous sommes à la recherche de gens qui sont prêts à agir et pas simplement à parler, pas simplement à faire des pressions parlementaires, pas simplement à écrire des cartes postales, pas simplement à coller des timbres pour les démocrates. Et nous sommes à l'affût de la moindre occasion pour impliquer nos camarades de travail dans des actions de protestation.

Mais si ce que nous disons est juste, il nous faut considérer la question de l'action de masse sous un nouveau jour. Une autre classe commence à occuper une place prédominante dans les luttes d'aujourd'hui. La classe ouvrière et ses organisations n'occupaient pas une place prédominante ni même importante durant toute la période précédente. Notre classe a sa propre façon d'avancer et des formes de lutte liées à ses syndicats, à ses lieux de travail, à la source de sa force.

Ce n'est pas un développement négatif. Ceci fait partie du réajustement positif que nous pouvons effectuer à l'issue des deux dernières décennies. Et ça nous aide aussi à mieux apprécier le caractère extrêmement positif, historique, de ce que nous avons appelé le « détour ».

Un détour vous permet d'arriver à destination. *C'est la seule façon de contourner une impasse ou un barrage.* Dieu merci, nous avons fait le détour ! Si nous ne l'avions pas fait, nous ne serions pas là où nous en sommes aujourd'hui.

Nous ne prétendons pas pouvoir offrir aux divers alliés de la classe ouvrière un ensemble de propositions et de tactiques capables d'assurer la victoire séparément de l'implication active des travailleurs et de leurs organisations dans leur ligne de marche historique. Ce n'est pas ce que nous devons apporter à ces luttes aujourd'hui.

Ce à quoi nous faisons face aujourd'hui peut sembler seulement *légèrement* différent d'il y a dix ans. Mais en fait, la situation est *très* différente et c'est positif.

Voici par exemple ce que nous devons dire aux membres de NOW. Comment en sommes-nous arrivés dans cette situation ? Pourquoi n'avons-nous pas gagné l'ERA et repoussé les attaques contre le droit à l'avortement ? Ce n'est pas *simplement* parce que nous avons besoin de plus de manifestations — il en faut plus. C'est plus fondamental. Le problème est en partie de ne pas comprendre qui est l'ennemi. Le problème est en partie de ne pas avoir de forces suffisamment puissantes. Le problème est en partie l'étape de développement et de réflexion où en sont les forces plus puissantes qu'il nous faut rallier.

Nous devons expliquer. Quelle est la nature de la crise ? Pourquoi sont-ils si déterminés à nous empêcher d'obtenir l'ERA et le droit à l'avortement ? Quelles forces seront nécessaires pour les gagner ?

Nous devons continuer d'expliquer pourquoi NOW doit s'orienter vers les femmes travailleuses, en particulier celles qui sont organisées dans les syndicats industriels les plus puissants. Nous devons expliquer pourquoi c'est important.

Nous devons réfléchir aux moyens d'encourager et d'accroître la collaboration entre les syndicats et le mouvement des femmes. De nombreuses femmes perçoivent bien la force d'un tel allié et plus de travailleurs se rendent compte que les gains des femmes renforceront les syndicats.

Évidemment, nous continuerons d'encourager le mouvement des femmes à prendre des initiatives réalistes à chaque étape de la lutte. Nous ferons des propositions d'actions, de campagnes locales, etc.

Mais nous ajoutons que les actions — même une autre grosse manifestation pour l'ERA comme celle du 9 juillet l'an dernier — ne sont pas toute la réponse. Une question de perspective et d'orientation de classe est impliquée et je ne pense pas que nous soyons très habitués à l'expliquer franchement. La voie de la facilité, c'est de simplement insister pour des actions — sans avoir le débat de fond sur l'orientation, qui est crucial pour vraiment sortir de l'impasse. Voilà pourquoi nous devons voir le mouvement des femmes à travers les yeux de notre classe et à partir des ouvertures dans les syndicats, et non l'inverse.

Une minorité ne peut pas transformer la société
Il est utile de retourner lire la brochure de George Breitman intitulée *How a Minority Can Change Society*. C'est un de ces titres accrocheurs qui capte l'attention et vous pousse à lire la brochure. Vous vous rendez alors compte qu'une minorité *ne peut pas* transformer la société aux États-Unis. Seule la classe ouvrière, dans sa majorité, peut transformer la société américaine aujourd'hui.

Mais en défendant ses propres intérêts, une minorité peut agir de façon à jouer un rôle d'avant-garde en mettant en branle d'autres forces et faire en sorte que les deux atteignent leurs objectifs en transformant la société. Les gens sérieux impliqués dans diverses organisations de protestation sont prêts à écouter ce que nous avons à dire. Parce qu'ils sentent que quelque chose d'important se passe. Une catastrophe nous menace littéralement dans ce pays. Toutes nos conditions de vie dégringolent. Le réacteur de la centrale nucléaire de Three Mile Island a failli fondre et emporter avec elle Harrisburg et quelques autres villes. Des produits chimiques toxiques suintent partout du sol. La Maison-Blanche continue d'explorer la possibilité d'utiliser des soldats américains en essayant de pousser les choses vers la guerre. L'accélération des cadences et la détérioration de la sécurité au travail menacent la santé et la vie de millions de travailleurs.

De nombreux travailleurs ne perçoivent-ils pas l'ampleur de ces problèmes ? Quelle est la réponse à la catastrophe sociale à laquelle sont confrontés les Noirs américains ? Pourquoi n'y a-t-il pas de progrès, pourquoi n'y a-t-il pas de concessions ? Pourquoi les patrons et les politiciens ne cessent-ils de reculer sur la déségrégation ? L'action affirmative ? Pourquoi sont-ils aussi durs contre le droit à l'avortement ? Pourquoi n'accordent-ils pas l'ERA ? Pourquoi continuent-ils de serrer la vis aux travailleurs sans papiers ? Seules de grandes forces peuvent gagner ces luttes.

Mais notre compréhension de ce qui est impliqué offre une voie de sortie au pessimisme qui caractérise de nombreux militants. Parce que nous pouvons clairement *voir* quelles sont les forces capables de le faire. Nous pouvons voir les forces qui se rassemblent. Et ceci implique un changement dans notre façon de fonctionner.

Nous devons cesser de voir les syndicats et nos fractions industrielles par rapport à divers mouvements de protestation, campagnes ou objectifs politiques — c'est-à-dire : pouvons-nous simplement obtenir des syndicats qu'ils appuient quelque chose dans lequel nous sommes impliqués. *Nous devons plutôt voir ces campagnes politiques par rapport aux syndicats et à nos fractions syndicales.* Comment pouvons-nous utiliser ces questions et objectifs pour faire avancer l'éducation et la transformation du mouvement syndical américain ?

Nous devons trouver des façons de partir du levain qui existe, en termes de mouvement et de luttes, et nous en servir pour faire progresser la revitalisation des syndicats — la force nécessaire pour changer la société américaine et la source d'un pouvoir nouveau et d'une direction nouvelle pour les mouvements de protestation sociale dans ce pays.

Pourquoi abordons-nous l'affaire *Weber* différemment de ce que nous avons fait dans le cas de l'affaire *Bakke* par exemple ? Dans l'affaire *Weber*, nous avons surtout insisté sur le travail à faire dans les syndicats, pas seulement parce qu'il s'agit d'une cause syndicale mais aussi parce que nous avons vu que nous pouvions l'utiliser pour avancer dans la direction dont nous parlons. Nous n'avons pas commencé avec l'objectif de former partout des coalitions *Weber* non exclusives, autour de telle ou telle revendication ou de telle ou telle action.

Voilà les questions stratégiques qu'il nous faut garder en tête en cherchant comment participer le plus efficacement possible en tant que travailleurs socialistes dans la lutte des Noirs, dans les organisations de femmes, dans les organisations antinucléaires et ainsi de suite. Et nous devons le faire sans exagérer le stade initial et la grande inégalité qui caractérisent le début de radicalisation des travailleurs industriels.

L'axe de notre campagne présidentielle
Sur la question du parti ouvrier.

Nous ne proposons pas à nos fractions de mener une campagne pour un parti ouvrier ou au parti de lancer une campagne générale de propagande sur la question. Nous proposons de faire de l'explication de la nécessité d'un parti ouvrier l'élément généralisateur de la campagne que nos candidats dans les élections présidentielles, Andrew Pulley et Matilde Zimmermann, leurs sympathisants et nos candidats dans les élections au niveau des États présenteront à la population en opposition aux démocrates et aux républicains.

Ce n'est pas une campagne d'agitation pour convaincre des syndicalistes de former un parti ouvrier. Ce n'est pas un substitut à faire de l'agitation et à agir de manière opportune sur des aspects clés de notre programme pour une aile gauche de lutte de classe dans les syndicats : la solidarité, la démocratie, des questions sociales et politiques essentielles comme l'action affirmative, etc. Ce n'est pas un substitut à l'utilisation de nos campagnes pour apporter des réponses socialistes aux questions politiques centrales auxquelles sont confrontés les travailleurs : la guerre, le racisme, la discrimination sexuelle, l'énergie nucléaire et tout le reste.

L'idée de parti ouvrier n'est pas non plus quelque chose que notre campagne présidentielle n'explique qu'aux syndicats. Notre campagne électorale doit s'adresser aux travailleurs non syndiqués, aux femmes qui ne travaillent pas actuellement, aux organisations noires et chicanas, aux lycéens et étudiants d'écoles secondaires, aux agriculteurs et à tous les alliés de la classe ouvrière. Nous devons trouver des façons de leur expliquer à tous pourquoi un parti ouvrier est une bonne idée. Nous voulons les convaincre que cette perspective, pas le soutien aux démocrates ou aux républicains, constitue un grand pas pour sortir de la catastrophe imminente.

Voilà ce dont nous parlons, pas d'une quelconque campagne d'agitation dans les syndicats. Nous ne voyons dans ces derniers aucun mouvement vers la formation d'un parti ouvrier.

Ce n'est pas comme la situation qui prévalait dans les années 60 et au début des années 70 sur la question du parti noir et du parti chicano : *il y avait* alors un certain mouvement. Certains dirigeants noirs ont évoqué la perspective d'un parti noir — je pense que le premier a été William Worthy, suivi d'Elijah Muhammad et de Malcolm X. Nous avons alors repris cette idée comme une avancée réelle et significative d'une section de la communauté noire. La même chose est vraie du parti chicano, quand nous avons vu la formation des partis de La Raza Unida dans le Sud-Ouest au début des années 70.

Ce que nous proposons à ce plénum diffère aussi de la campagne pour un parti ouvrier menée par le SWP lors du regain de luttes qui a suivi la deuxième guerre mondiale. À cette époque la question du parti ouvrier était largement discutée dans le mouvement ouvrier. Il y a eu la campagne de Frankensteen dans les élections municipales de Détroit, une campagne indépendante ayant sa base dans les sections locales du syndicat de l'automobile [22].

Mais aujourd'hui, nous ne voyons aucun mouvement vers un parti ouvrier, seulement les débuts d'une discussion sur cette question dans les syndicats. J'insiste donc sur le fait que ce que nous proposons, c'est un axe de propagande pour notre campagne présidentielle et non pas une campagne générale du parti qui commence par de la propagande et passe peut-être ensuite immédiatement à l'action. C'est un point important.

En même temps, nous voyons bien la nécessité croissante d'un parti ouvrier, sa nécessité objective pressante. Et en tant que petite campagne électorale d'avant-garde, nous devons donner une réponse politique positive qui généralise notre perspective, qui découle de ce que nous dirons sur la voie à suivre et sur les forces nécessaires pour aller de l'avant.

Voici ce que nous disons. Le mouvement ouvrier doit rompre avec les deux partis capitalistes. Ce sont les travailleurs qui peuvent trouver la réponse. Pas ceux qui nous exploitent. Pas ceux qui vivent de la guerre, du racisme et du sexisme. Pas ceux qui nous empêcheront d'utiliser nos capacités productives pour créer une vie décente. Pas ceux qui nous apportent radiations et catastrophes.

La proposition de parti ouvrier découle d'un besoin objectif croissant. Elle aura une écoute.

Nous voulons présenter l'idée d'un parti ouvrier dans les principales organisations des alliés de la classe ouvrière. Nous ne voulons pas le faire de façon artificielle, comme des sectaires stupides, comme des casse-pieds. Nous ne voulons pas être perçus comme des obsédés. Vous connaissez le genre. Peu importe l'ordre du jour, une main se lève et on entend les gens gémir : « Pas encore Dupont-le-parti-ouvrier. » Si vous le faites de cette façon, personne n'écoute.

Nous ne voulons pas non plus opposer cette idée à d'autres activités fructueuses dans lesquelles nous nous sommes engagés ni à d'autres propositions positives. L'idée de parti ouvrier nous aidera toutefois à expliquer des choses aux gens avec qui nous travaillons et à généraliser notre orientation politique. Par exemple, nous devons introduire cette idée de parti ouvrier dans NOW. Nous devons le faire ne serait-ce que parce que la direction de NOW participe à l'Alliance progressiste de Douglas Fraser. Songez à la signification symbolique de l'alliance Fraser-Smeal. D'un côté les TUA, symbole de toute l'aile des syndicats industriels du mouvement ouvrier organisé. De l'autre NOW, l'organisation nationale la plus en vue ouverte à toutes les femmes qui veulent se battre pour leurs droits, peu importe ses faiblesses et contradictions.

Ces deux forces apparaissent de manière démonstrative ensemble — à une conférence de presse, à une réunion d'organisation — et disent qu'il faut une coalition qui établisse un lien entre le mouvement ouvrier, le mouvement des femmes, le mouvement noir, le mouvement chicano, les écologistes et d'autres. Une coalition qui se bat pour les droits de tous.

En même temps, nous savons que cette coalition suit un cours politique erroné : soutenez le Parti démocrate. Nous pensons que ceci nuit à NOW. Et que ça nuit aux TUA. Nous pensons que ce cours politique nuit à la lutte des Noirs. Nous pensons qu'il entraîne dans une voie de garage la lutte pour tous les objectifs que la coalition dit appuyer.

Nous disons que l'idée de la coalition est excellente. Le mouvement ouvrier organisé d'un côté, les femmes, les Noirs, les Chicanos, ceux qui se battent pour la protection de l'environnement de l'autre sont attirés les uns vers les autres pour de bonnes raisons : parce qu'ils se renforcent mutuellement. Mais nous avons un cours politique alternatif au soutien aux démocrates, un cours qui nous fera tous avancer. L'idée de parti ouvrier doit venir ici, comme un élément de notre explication.

C'est ce que nous voudrons faire dans le *Militant*. C'est ce que Matilde Zimmermann, Andrew Pulley et tous nos candidats voudront expliquer. C'est une idée que nous présenterons à toute la population.

Aile gauche de lutte de classe

Deux camarades ont souligné avec justesse qu'on ne pourra faire de progrès vers un parti ouvrier sans en même temps en faire vers la construction d'une aile gauche de lutte de classe dans les syndicats. L'idée de parti ouvrier n'est qu'un aspect, indispensable, de notre perspective plus générale de rassembler les forces nécessaires à la transformation du mouvement syndical.

En même temps, nous savons qu'un développement peut parfois se produire autour d'un aspect du programme d'une aile gauche de lutte de classe, y compris éventuellement sur le front du parti ouvrier, et qu'un tel développement peut faire partie de l'émergence inégale du noyau d'une aile gauche de lutte de classe. Autrement dit, on ne peut pas faire dépendre les deux développements l'un de l'autre, ni les placer dans une séquence a priori, pas plus que l'un ne peut se développer isolément de l'autre.

Par définition, une aile gauche de lutte de classe dans les syndicats ne peut se développer très loin sans lutter pour organiser un parti ouvrier. C'est exclu. Et on ne peut concevoir la création d'un parti ouvrier dans ce pays sans un bouleversement gigantesque des syndicats et sans toutes sortes de débats, d'organisations et de mouvements sur tout un éventail de questions et de revendications. Un tel développement changerait tout.

Nous ne voulons pas non plus subordonner la proposition d'un parti ouvrier à la démocratisation des syndicats. Pendant un certain temps, nous avons utilisé une mauvaise formulation sur cette question. Nous disions : « Pour un parti ouvrier basé sur un mouvement syndical démocratisé, revitalisé et combatif. » C'est tactiquement confus.

Nous avons le droit et l'obligation d'exiger de la direction élue actuelle de nos syndicats qu'elle cesse *tout de suite* de soutenir les démocrates. La direction élue des syndicats, telle qu'elle existe aujourd'hui, doit rompre avec les partis capitalistes et aider à lancer un parti ouvrier. La campagne de 1980 est une très bonne occasion d'en parler et de l'expliquer.

Ce sont les patrons qui essaient de soutenir qu'il n'est pas réaliste de lancer un parti ouvrier. Rien de plus faux. Il est *plus facile* de lancer un parti ouvrier qu'il ne l'a été de créer les divers partis bourgeois — les Whigs, les démocrates, les républicains — parce qu'un parti ouvrier possède déjà une base, les syndicats.

Vingt-cinq leçons des années 70 et perspectives pour les années 80

Lors du plénum du Comité national tenu au printemps de 1978, nous avons décidé de faire le tournant pour conduire le parti dans l'industrie. L'idée essentielle de cette décision était d'agir immédiatement pour placer la grande majorité des membres et des dirigeants du Parti socialiste des travailleurs dans l'industrie et dans les syndicats industriels, de façon à faire du travail politique dans les secteurs décisifs de notre classe et de le faire comme une de leurs composantes.

Cette décision découlait de notre appréciation de l'état de l'économie mondiale et des changements survenus dans la politique internationale à la suite de la défaite de l'impérialisme U.S. au Viêt-nam et de la récession mondiale de 1974-1975 ; des changements économiques et politiques dans ce pays — la polarisation de classe croissante et le début de croissance de la combativité et de la conscience de classe parmi les travailleurs américains ; et de ce que tout cela signifiait pour préparer le parti à diriger les luttes des opprimés et des exploités.

La ligne générale de ce rapport sur la résolution « Construire un parti révolutionnaire de travailleurs socialistes » a été adoptée par le trentième congrès national du Parti socialiste des travailleurs, tenu du 5 au 11 août 1979.

VOIR LES NOTES EN PAGE 579

Pour la première fois en trois décennies, nous pouvions travailler politiquement dans les secteurs décisifs de notre classe et nous devions tout subordonner au besoin de nous mettre en position de profiter au maximum de cette ouverture.

Le printemps dernier, le Comité politique a évalué le progrès du tournant et les événements internationaux qui se sont produits depuis un an et demi et il a rédigé la résolution politique qui est maintenant devant nous. Celle-ci est soumise au parti par le Comité national, qui l'a adoptée à l'unanimité lors de sa réunion de mai 1979. Ce document présente la continuité des leçons politiques que nous avons tirées de la radicalisation des deux dernières décennies ; la situation politique internationale comme elle affecte la vie politique aux États-Unis et comme l'affecte la vie politique aux États-Unis ; et les leçons que nous avons déjà tirées de notre tournant et des premières expériences de nos fractions industrielles en développement.

Une minorité de camarades a soumis une contre-résolution politique [1].

Le parti a maintenant eu plusieurs mois de discussion dans le bulletin interne. Plusieurs des articles soumis sont parmi les plus riches que nous ayons reçus depuis des années. Ils s'appuient sur l'expérience pratique et concrète de notre parti au sein de la classe ouvrière industrielle et des syndicats industriels. Les camarades ont dû réfléchir soigneusement comment appliquer concrètement nos résolutions et notre méthode de transition. C'était particulièrement notable dans le cas d'un certain nombre d'articles écrits par des camarades qui se sont inspirés de leurs expériences dans l'industrie.

Ce rapport passera inévitablement sous silence des points importants soulevés dans la discussion. Et il va en simplifier d'autres. Afin d'obtenir la plus grande clarté possible sur les questions politiques centrales en litige que les délégués devront trancher, nous avons pensé utile de les réduire à 25 points qui résument le coeur politique du projet de résolution.

Le Viêt-nam et le déclin de l'impérialisme U.S.
Un. La guerre du Viêt-nam a changé la politique américaine de fond en comble. Ce qui était auparavant considéré comme impossible, voire impensable, *est arrivé*. C'est arrivé péniblement, de façon prolongée, étirée. C'est arrivé devant les yeux de l'ensemble de la population américaine par le biais de la télévision. C'est arrivé aux fils, aux neveux, aux maris et aux voisins de millions et de millions d'Américains.

Et lentement mais sûrement, la classe ouvrière américaine a tiré des conclusions conscientes. « Plus jamais de Viêt-nam ! » est peut-être devenu le mot d'ordre le plus populaire dans le pays. Le Watergate et les événements qui se sont produits dans ce pays depuis le retrait des troupes américaines du Viêt-nam en 1973 sont venus renforcer cette méfiance envers la politique étrangère de la Maison-Blanche et ce manque de volonté de se battre dans les guerres de Washington.

Deux. L'impact soutenu de la défaite de Washington au Viêt-nam a un rapport direct avec un des plus grands facteurs dans la politique mondiale : l'incapacité croissante des dirigeants U.S. d'exercer leur puissance militaire contre les travailleurs et les masses travailleuses autour du monde.

Depuis la dernière fois que nous avons adopté une résolution politique majeure, notre classe a enregistré des victoires et des avancées au Nicaragua ; en Iran ; au Viêt-nam, au Kampuchea et au Laos ; en Angola et dans les autres anciennes colonies portugaises ; en Éthiopie ; et en Afghanistan. Les masses travailleuses du monde colonial ont encore une fois démontré leur capacité *de se remettre rapidement* des défaites et de la répression brutale de régimes violents, de lutter contre leurs oppresseurs et de les renverser. On n'aurait pas pu demander un exemple plus inspirant ou convaincant que celui du peuple nicaraguayen. Malgré la violence impitoyable de la Garde nationale, il a chassé Somoza et le somozisme de son pays.

Nous avons constaté la prépondérance croissante du prolétariat et des masses urbaines semi-prolétariennes dans le processus révolutionnaire de ces pays. Ce sont les progrès mêmes des bourgeoisies néocoloniales sous la tutelle de l'impérialisme qui créent le prolétariat, qui mord à son tour ses créateurs. Pour extraire de la plus-value, les capitalistes nationaux dépendants doivent s'efforcer de développer l'économie. Ils développent ainsi le prolétariat, qui se retourne alors contre eux. C'est ce que la bourgeoisie appelle une injustice !

Un rapport de la Banque mondiale publié en 1979 a révélé de façon dramatique l'ampleur de ce processus d'urbanisation et de prolétarisation. En l'an 2000, affirme-t-il, 51,5 pour cent de la population mondiale vivra dans les régions urbaines, contre 29 pour cent en 1950 et 39,3 pour cent en 1975. La même étude prévoit aussi qu'en l'an 2000, il y aura une quarantaine de villes de plus de cinq millions d'habitants dans les pays semi-coloniaux, contre 12 dans les pays industrialisés. Il y aura aussi 18 villes comptant plus de dix millions d'habitants dans les pays semi-coloniaux.

L'impérialisme américain a découvert que les partenaires subalternes sur qui il s'appuie — les soi-disant « substituts », les dirigeants réactionnaires comme Somoza et le schah — sont de moins en moins capables de freiner la lutte des classes dans leur intérêt et dans celui de leurs maîtres.

Par le passé, le gouvernement des États-Unis intervenait continuellement dans les affaires intérieures de Cuba. Ironiquement, on voit maintenant Cuba intervenir dans la politique intérieure des États-Unis ! Voilà la signification de l'initiative astucieuse de la direction de Fidel Castro d'ouvrir un dialogue avec les Cubains habitant dans ce pays [2].

Malgré ces problèmes politiques cependant, l'impérialisme U.S. demeure la seule puissance nucléaire stratégique du système capitaliste mondial. Bien qu'il ait les mains plus entravées que jamais par les attitudes antiguerre de la classe ouvrière américaine, le budget militaire de Washington ne cesse d'augmenter, ainsi que l'ampleur et la diversité de ses armes stratégiques et de son arsenal nucléaire. Les dirigeants U.S. reportent le retrait des unités de combat américaines de la Corée du Sud. Ils annoncent la création de nouvelles forces de frappe dotées d'armes nucléaires. Ils multiplient à Washington les projets pour rétablir une inscription sélective au service militaire et la conscription obligatoire. Ils lancent continuellement des ballons d'essai pour voir jusqu'où ils peuvent aller dans leur agression — en dépêchant un porte-avions au large de l'Indochine, en expédiant des « conseillers » et des bâtiments de guerre au Yémen et dans le golfe Persique ou en parlant de leur détermination à protéger « nos » réserves de pétrole en Arabie saoudite.

Derrière tout ceci réside la contradiction fondamentale de l'impérialisme américain : celui-ci doit pouvoir intervenir militairement autour du monde, sinon le système capitaliste sera renversé morceau par morceau. Mais pour le faire, les dirigeants U.S. doivent affronter la classe ouvrière américaine, qui de plus en plus voit que les aventures militaires de Washington à l'étranger ne sont pas dans son intérêt. Et cette contradiction est la plus décisive dans la politique mondiale.

La crise économique du capitalisme

Trois. La crise politique sur l'utilisation de la puissance militaire américaine se déroule dans le cadre du déclin relatif de l'économie américaine et de la crise capitaliste mondiale croissante qui a commencé au début des années 70. Le système capitaliste international est entré dans une longue période qui tend vers une stagnation économique fondamentale et une inflation explosive, à l'opposé de l'expansion économique générale qui a largement caractérisé le quart de siècle qui a suivi la deuxième guerre mondiale.

À cette stagnation économique se superpose une tendance croissante à l'éclatement de crises sociales et politiques, même dans les pays capitalistes les plus stables, qui menacent de déclencher une crise généralisée des rapports sociaux du capitalisme.

Bien sûr, le capitalisme américain peut toujours faire quelques concessions. Il le peut, il en a fait et il en fera d'autres à mesure que la lutte de classe va se développer. Mais il n'y a aucune possibilité de concessions économiques majeures et stables, comme un nouveau et gigantesque système de sécurité sociale, que les employeurs pourraient concéder dans l'espoir de renverser la radicalisation des travailleurs américains et de freiner leur combativité croissante.

L'impérialisme U.S. a lancé en 1971 une offensive anti-ouvrière avec le gel des salaires de Nixon et d'autres mesures visant à « supprimer les syndicats. » Cette offensive a été suivi en 1973 de pénuries artificielles de viande et de pétrole ; d'un vertigineux taux d'inflation à deux chiffres ; et de la dépression de 1974-1975, qui a déclenché la plus grande vague en 35 ans de licenciements et de mesures d'austérité.

L'offensive de la classe dirigeante vise à affaiblir les principales organisations de classe des travailleurs américains, leurs syndicats. Pour augmenter leur taux de profit en intensifiant l'exploitation des travailleurs industriels, les employeurs doivent s'en prendre aux syndicats industriels. Ils n'ont pas d'autre choix.

Ceci ne veut pas dire que les capitalistes ont pour but immédiat de détruire ou de balayer les principaux syndicats industriels. Quand ils se sentiront tactiquement prêts à le faire, vous n'aurez pas à vous le faire dire dans un congrès du SWP ou à le lire dans une résolution politique. Mais *maintenant,* les patrons cherchent à systématiquement affaiblir, miner et faire reculer les syndicats industriels de toutes les façons possibles. Ils tâtent le terrain pour voir combien ils peuvent reprendre aux travailleurs et jusqu'où ils peuvent aller en attaquant les secteurs syndiqués les plus puissants de la classe ouvrière américaine.

La classe dominante américaine applique cette politique depuis presque dix ans maintenant. Elle le fait de façon accélérée depuis 1975. Elle l'a intensifiée encore plus au cours des derniers mois.

Sans lutter pour transformer les syndicats industriels en instruments révolutionnaires de lutte de classe, notre classe n'aura donc aucune façon de prévenir les effondrements sociaux, les catastrophes, les incertitudes et l'insécurité qui tenaillent, et la menace de guerres impérialistes qui affligent de plus en plus durement les travailleurs.

La classe dominante ne peut pas simplement planifier ce qu'elle va faire : quand aller de l'avant et quand reculer. Elle ne contrôle pas l'économie. Le capitalisme est un système anarchique. Les patrons font face à une concurrence accrue, à des incertitudes croissantes et à leurs propres problèmes qui s'amplifient. Pragmatiques par la force des choses, ils sont poussés à donner la priorité à l'immédiat plutôt qu'au long terme. Les forces économiques et sociales mentionnées dans le projet de résolution sont non seulement hors de *notre* contrôle, mais souvent hors du contrôle des capitalistes mêmes qui les ont mises en branle.

Bien sûr, les capitalistes concoctent parfois des crises comme les pénuries de viande et de pétrole. Ils ont planifié ces dernières. Ils les ont secrètement préparées dans les coulisses. Mais voilà qu'au beau milieu de leur plan, quelque chose se produit qu'ils n'ont pas prévu, comme la crise de Three Mile Island. Ce quasi-désastre inattendu et non voulu a coïncidé avec la crise planifiée de l'énergie et il s'est retourné contre les capitalistes. Il a retardé leur plan d'utiliser la crise artificielle du pétrole comme prétexte pour accélérer la production nucléaire d'électricité.

La crise des attentes

Quatre. Les travailleurs américains commencent à se rendre compte qu'ils font face à des conditions catastrophiques ou à la possibilité grandissante d'une catastrophe. Ce changement de conscience, cette anticipation que l'avenir n'est pas prometteur, ne s'est pas développé du jour au lendemain. L'effet cumulatif des coups de la dernière décennie a fait voler en éclat l'illusion qu'aussi mauvaises soient-elles aujourd'hui, les choses vont au moins s'améliorer un petit peu l'année prochaine. Maintenant les gens s'attendent à voir les choses probablement empirer. Voilà à quoi s'attend maintenant le travailleur américain moyen.

Au cours des dix dernières années, nous avons connu l'inflation soutenue qui a commencé vers la fin de la guerre du Viêt-nam ; le petit ralentissement économique du début des années 70, le premier en dix ans ; l'explosion inflationniste de 1973-1974 qui a dépassé la barre des 10 pour cent ; la pénurie de viande et de pétrole au cours des mêmes années ; puis l'offensive capitaliste de compressions qui a frappé de façon particulièrement dure les services sociaux, de même que les enseignants et les autres employés du gouvernement ; l'approfondissement de l'inégalité raciale ; l'imposition d'un état de chômage permanent à des millions de jeunes Noirs ; et pour couronner le tout, la première récession mondiale en 35 ans et le premier chômage de masse vécu par les travailleurs de ce pays depuis bien avant la deuxième guerre mondiale.

La reprise qui a suivi cette dépression a été prolongée, mais elle a été superficielle et inégale, avec de hauts niveaux de chômage en dépit d'une embauche importante. Le taux de chômage officiel pendant la reprise n'est jamais descendu sous le niveau des pires moments des récessions de 1948, 1954 et 1970.

À ça s'ajoute le fait que les prix ont continué de grimper (cette année encore, le taux d'inflation dépassera 10 pour cent) ; que des crises du pétrole et du gaz naturel ont éclaté ; que des avions s'écrasent ; que la conscience des dangers d'un désastre nucléaire a augmenté ; que les impôts et les taxes ont monté en flèche ; que les heures supplémentaires obligatoires nous accablent ; et qu'une nouvelle récession a commencé.

Quel est l'effet cumulatif de tout ceci ? Ces expériences ont changé de façon qualitative les attitudes, les attentes et la conscience des travailleurs américains. Après avoir été abasourdis par le caractère subit et féroce de l'assaut, ces derniers sont aujourd'hui de plus en plus prêts à riposter.

Une des preuves les plus frappantes en a été l'effort du président James Carter pour apaiser et rassurer le peuple américain lors de son allocution télévisée d'il y a deux semaines. Il y a déploré la « crise de confiance » dans ce pays comme une « menace fondamentale à la démocratie américaine. »

« Nous avons toujours cru en quelque chose appelé progrès, a-t-il dit. Nous avons toujours eu confiance que nos enfants vivraient mieux que nous.

« Les gens sont en train de perdre cette confiance. Non seulement leur confiance dans le gouvernement, mais leur confiance dans leur capacité en tant que citoyens d'être les dirigeants et les artisans ultimes de notre démocratie. […]

« Pour la première fois dans l'histoire de notre pays, s'est plaint Carter, une majorité de la population croit que les cinq prochaines années seront pires que les cinq dernières. Les deux tiers de notre population ne votent même pas.

« Comme vous savez, a-t-il poursuivi, on observe un manque de respect croissant pour le gouvernement, les Églises, les écoles, les médias et d'autres institutions. [...] On a enseigné [aux Américains] que nos armées étaient toujours invincibles et nos causes toujours justes — mais nous avons souffert l'angoisse du Viêt-nam. Nous nous rappelons de l'époque où l'expression « solide comme le dollar » traduisait une confiance absolue, jusqu'à ce que dix années d'inflation commencent à ronger notre dollar et nos épargnes. »

Oui, James Carter a raison de parler d'un « malaise » dans le pays. Un malaise terrible hante les travailleurs américains et pèse sur nous comme un poids mort. Mais ce que Carter ne peut expliquer, c'est que la source de ce malaise est le capitalisme.

Il est toutefois tombé juste en parlant d'une perte de confiance dans la probabilité du progrès. Les travailleurs américains ne croient plus dans la possibilité pour eux d'un progrès continu.

La réaction publique à chaque nouvel effondrement ou à chaque nouvelle crise qui se produit est marquée par plus de scepticisme que la réaction à un événement comparable il y a un an ou deux. Par exemple, il y a moins de travailleurs qui croient à la propagande qui rend les Arabes responsables de l'actuelle pénurie de pétrole. L'écrasante majorité blâme les monopoles pétroliers. Ou comparez la réaction à Three Mile Island à celle provoquée par la quasi-fusion du surgénérateur Fermi près de Détroit il y a une dizaine d'années — un accident bien plus sérieux en termes des dégâts qu'il aurait pu causer.

Vous pouvez penser à d'autres exemples. La réaction hostile à chaque nouveau ballon d'essai de Washington sur une possible intervention militaire ou menace de guerre. L'accueil plus sympathique à la grève récente des camionneurs indépendants qu'aux actions des propriétaires artisans en 1978, ce qui explique aussi l'attitude moins ouvertement hostile de la bureaucratie des Teamsters.

Dans le cadre de leur campagne contre la faillite frauduleuse de la compagnie Milwaukee Road, les cheminots du Minnesota ont eu un trait de génie en produisant un macaron et un tee-shirt portant le simple slogan « Faites enquête sur le Milwaukeegate. » Ils n'ont pas eu besoin d'ajouter un seul mot pour se faire comprendre de n'importe quel travailleur. Ils n'ont eu qu'à brandir le mot « Milwaukeegate », qui disait tout.

Les travailleurs portent ce badge d'un bout à l'autre de la ligne desservie par la Milwaukee Road, dans un geste de défi à la direction et de mépris envers le gouvernement, qui tous les deux ne peuvent que produire des « Milwaukeegates ». Les travailleurs adorent le macaron et le tee-shirt. Les patrons les détestent.

La composition changeante de la classe ouvrière

Cinq. Pourquoi ceci arrive-t-il ? Pourquoi voyons-nous cette évolution spectaculaire de la conscience de classe aujourd'hui ? Qu'est-ce qui la sous-tend, par-delà l'impact et les effets de la crise ?

Ici, nous devons nous pencher sur la structure et la composition changeantes de la classe ouvrière américaine et sur les luttes sociales et politiques qui se sont développées en dehors du mouvement syndical et qui ont pavé la voie aux batailles d'aujourd'hui.

Depuis à peu près dix ans, nous avons vu les populations noire et chicana et les femmes mener des luttes tenaces.

Ces luttes ont précédé le processus actuel de radicalisation ouvrière et lui sont étroitement liées. Les luttes pour les droits civils et les droits des femmes se sont traduites par des changements majeurs dans les attitudes sociales et politiques. Elles ont aidé à améliorer le rapport de force entre les classes, haussé la confiance de couches opprimées de la classe ouvrière et aidé l'ensemble de la classe ouvrière à mieux comprendre ses intérêts de *classe* communs dans la lutte contre la discrimination raciale et sexuelle. Encore et encore, nous avons vu le rôle d'avant-garde de la population noire et des travailleurs noirs dans la transformation du mouvement ouvrier américain et dans le développement de la conscience de classe et de la combativité de toute la classe.

La composition de la classe ouvrière américaine diffère de manière frappante de ce qu'elle était il y a plusieurs décennies. Par exemple, au cours des seules 19 dernières années, le nombre de femmes dans la main-d'oeuvre a bondi de 33 à 42 millions. En septembre 1978, il y avait moins de 2 000 femmes qui travaillaient comme mineures de charbon. Au printemps de 1979, elles sont plus de 2 500. Et ce genre de chiffres continue d'augmenter.

Ces changements se poursuivent alors que la crise capitaliste s'approfondit. Ils affectent le caractère politique des attitudes des travailleurs et l'explosivité de leurs réactions à l'offensive antisyndicale des employeurs.

Le premier grand test aussi bien pour les employeurs que pour les travailleurs a eu lieu en 1977 et au début de 1978, quand la classe capitaliste et son gouvernement ont pris pour cible les Mineurs unis d'Amérique dans le but de sérieusement affaiblir cet important syndicat industriel. Forts de la solidarité qui a traversé l'ensemble du mouvement syndical, les mineurs ont repoussé les directeurs de mines et l'administration Carter. Dans l'ensemble du pays, les travailleurs ont découvert au cours de la grève du charbon que les mineurs en lutte étaient réellement le syndicat — pas la faible direction syndicale.

La classe dirigeante ne peut même plus trouver un refuge sûr dans le Sud connu pour son « droit de travailler pour moins » ni dans la région des États du Sud surnommée la ceinture du soleil. Ce ne sont plus des régions sûres pour les employeurs. En se combinant aux événements de la dernière décennie dans le pays et dans le reste du monde, l'impact des luttes gigantesques qui ont aboli le système de Jim Crow a donné un élan formidable à la lutte des classes dans le Sud et en a fait un des facteurs clés de la politique américaine aujourd'hui.

Nous l'avons souligné à propos de la campagne de syndicalisation de la section locale 8888 des Métallurgistes unis d'Amérique au chantier naval géant de Newport News en Virginie ; de la victoire des Travailleurs unis de l'automobile à la nouvelle usine de montage de General Motors à Oklahoma City ; et de la montée générale de la conscience syndicale et des campagnes de syndicalisation en Caroline du Nord et ailleurs. On le voit aussi dans le renouveau de la lutte des Noirs à Decatur et Birmingham en Alabama, et à Tupelo et d'autres villes du Nord du Mississippi.

La polarisation de classe s'approfondit dans le Sud, la composition de la main-d'oeuvre change et les opportunités pour les travailleurs socialistes y sont plus grandes que jamais auparavant.

Enfin, cette offensive d'austérité de la classe dirigeante vise de plus en plus les travailleurs d'industrie et les syndicats industriels et pousse ce secteur décisif de notre classe à l'avant-scène de la politique américaine. Les attaques elles-mêmes rendent de plus en plus clair que derrière tous les développements politiques, il y a deux classes qui s'affrontent : nous et eux, les travailleurs et les capitalistes. Pour développer une stratégie gagnante pour une couche opprimée de la société ou pour un objectif social progressiste, il devient de plus en plus important de comprendre le poids social des protagonistes et le rapport de force entre les deux classes fondamentales de la société.

Sous l'effet combiné de la campagne mondiale d'austérité capitaliste, des mouvements de protestation sociale des années 60 et 70 et des changements dans la composition de la main-d'oeuvre, les principales tendances dans la classe ouvrière américaine aujourd'hui ne sont pas imprévues pour notre parti. Nous répondons à ces nouveaux développements avec une organisation de cadres préparée à la fois par nos gains politiques et par notre expérience politique concrète des 15 dernières années. Voici ce que nous avions prévu dans notre résolution politique de 1971, « Perspectives et leçons de la nouvelle radicalisation » :

> Aussi bien réformistes que gauchistes, nos opposants affichent une tendance vers *l'économisme* dans leur conception fondamentalement pessimiste du rôle des travailleurs dans le processus de radicalisation. Ils voient la lutte sur les questions d'emploi et de salaire, *isolément* des questions politiques et des forces motrices de la radicalisation, comme la seule voie qui entraînera les travailleurs dans la lutte. Cette erreur est liée à leur idée fausse — qui est aussi leur espoir — que des mouvements indépendants comme le nationalisme noir et le féminisme vont d'une certaine manière s'estomper quand la « vraie » lutte commencera.
>
> La masse décisive des travailleurs ne se politisera pas avant que la crise économique internationale sous-jacente ne force l'impérialisme américain à initier une épreuve de force avec le mouvement syndical. Mais les questions qui ont déjà été soulevées

au cours de la radicalisation actuelle ne se situent pas à la périphérie, mais au coeur du processus de mécontentement social. Et *combinées* [c'est nous qui soulignons, JB] aux luttes des travailleurs sur les questions de salaire et d'emploi, elles vont conduire à la politisation et à la radicalisation de la classe ouvrière. Les revendications indépendantes et sans concession des différents mouvements constitueront une aide supplémentaire aux luttes des travailleurs contre les tentatives des réformistes de canaliser la radicalisation naissante dans l'impasse de la collaboration de classe [3].

Ces processus sont bien engagés. Ils nous offrent des occasions de faire du travail politique dans notre classe et de commencer à rassembler les forces initiales capables de transformer le mouvement syndical américain en une puissante force de changement révolutionnaire.

Nous allons participer aux luttes des femmes, des minorités nationales opprimées et à d'autres mouvements progressistes de protestation sociale en tant que travailleurs socialistes qui cherchons activement à y présenter une perspective gagnante, c'est-à-dire une perspective prolétarienne.

Une polarisation qui s'approfondit
Six. Il y a une polarisation de classe qui s'approfondit aux États-Unis. Ceci ne veut pas dire que le fascisme nous attend au coin de la rue ou même au prochain tournant. L'histoire a aussi montré que les travailleurs auront leur chance de prendre le pouvoir politique avant l'assaut décisif du fascisme.

Voici ce qui est en train de se produire. Au moment où la classe ouvrière et les syndicats industriels sont pris pour cible — et le sont même de manière explicite — par les porte-parole de la classe dirigeante et par les politiciens bourgeois, il devient de plus en plus facile de reconnaître que deux camps fondamentalement antagonistes se préparent à de grandes batailles politiques. La politique est de moins en moins perçue comme une simple confrontation entre le bien et le mal ou même comme un conflit entre une « droite » et une « gauche » désincarnées et détachées de toute force sociale réelle.

Avec ses premiers signes de politique de classe, cette polarisation de classe devient un des facteurs fondamentaux de la scène politique américaine changeante. Elle met à nu les assises les plus fondamentales de la société capitaliste. « L'histoire de toute société jusqu'à nos jours est l'histoire des luttes de classe, » ont écrit Marx et Engels au début du *Manifeste du parti communiste*. C'est le point de départ du marxisme, du matérialisme historique et du communisme. Toute politique reflète la lutte d'une classe contre une autre classe.

La conscience croissante de ce fait politique fondamental rendu plus évident aujourd'hui par la polarisation de classe indique la voie à suivre pour résoudre les problèmes de tous les opprimés et exploités. Elle montre la voie de la mobilisation des travailleurs et de leurs alliés dans la lutte pour établir un gouvernement des travailleurs capable d'entreprendre la tâche de construire une société qui réponde véritablement aux intérêts de l'humanité.

Seul un nombre relativement petit de travailleurs le comprennent aujourd'hui, mais beaucoup plus le comprendront dans l'avenir. Ce fait offre une perspective d'optimisme scientifiquement justifié quant à notre classe et ses alliés.

Chacun des mouvements sociaux se développe selon ses propres lois de développement autonome — comme les mouvements noir et chicano, le mouvement de libération des femmes et toutes les luttes progressistes de protestation sociale. La dynamique de ces batailles ne peut se réduire aux lois de la lutte entre le travail et le capital, encore moins aux lois qui régissent la lutte pour construire une aile gauche de lutte de classe dans les syndicats. Ces mouvements sociaux marchent à leur propre vitesse et selon leur propre rythme et ne vont pas se laisser imposer les schémas des staliniens, des sociaux-démocrates et des sectaires de tout poil. Comprendre leurs lois spécifiques, participer à leurs luttes, suivre la trajectoire de leur développement, nous faire les champions de leurs revendications progressistes — voilà qui est décisif pour construire un parti ouvrier révolutionnaire.

Mais en reconnaissant que ces luttes sont relativement autonomes, on tire parfois une conclusion qui *n'est pas* vraie. Ces mouvements sociaux *ne sont pas* indépendants du déroulement de la lutte de classe, du rapport de force que cette lutte établit entre les classes ni de l'état de confiance, de conscience et de politisation de l'avant-garde de la classe ouvrière.

Au contraire, la lutte de classe fixe le cadre politique où opèrent tous les mouvements sociaux. Elle détermine la forme de leurs développements et leurs perspectives de succès ou d'échec. En même temps, elle est elle-même en partie modelée par le cours et l'issue de ces mouvements sociaux. Une évaluation dialectique de l'étape actuelle de la lutte de classe et de l'interaction des forces de classe est donc essentielle pour permettre à tous les militants sociaux ou politiques de comprendre quel chemin emprunter, où chercher des alliés, où trouver de nouveaux dirigeants, quelle est la stratégie la plus sage, ce qui est réaliste dans les conditions actuelles, et ainsi de suite.

La polarisation de classe dans ce pays ne réduit ni ne peut réduire aucune lutte sociale ou organisation des opprimés aux lois d'autres luttes ou organisations. Mais ce qu'elle fait cependant, c'est de leur permettre de lier leurs luttes à celles des couches les plus avancées de la classe ouvrière et à celles d'autres opprimés, et d'avoir ainsi un impact progressiste sur la conscience sociale des combattants d'avant-garde de notre classe. C'est pour cette raison que nous mettons l'accent sur l'interaction et l'interdépendance des luttes des opprimés et du mouvement ouvrier et sur leur impact mutuel au niveau de la confiance, de la direction et de la conscience de classe.

Perspectives politiques petites-bourgeoises
Sept. Cette polarisation de classe qui s'approfondit entraîne une polarisation idéologique dans son sillage. La classe dirigeante doit *faire de la propagande* pour tenter de renverser les attitudes d'opposition à la guerre largement répandues parmi les travailleurs. Elle doit *faire de la propagande* pour justifier sa remise en cause des acquis sociaux et ses attaques contre les Noirs, les femmes, les handicapés, la jeunesse rebelle et d'autres. Elle doit essayer de *détourner l'attention* de sa responsabilité dans les catastrophes et les crises en blâmant les Arabes, les « importations étrangères, » les syndicats « indisciplinés », les « fraudeurs de l'aide sociale » et d'autres boucs émissaires.

Cette offensive de propagande concertée exerce une pression énorme sur l'intelligentsia petite-bourgeoise, y compris sur sa composante radicale. On peut en donner plusieurs exemples. Ce milieu a condamné de manière quasi universelle l'invasion du Kampuchea par le Viêt-nam. Il s'est effondré à l'image de Joan Baez devant la campagne de Washington sur les « réfugiés de la mer. » Des radicaux « socialistes » ont écrit dans la revue *New Republic* qu'après tout, Julius Rosenberg était réellement un « espion rouge. » Et Paul Sweezy, le directeur de la revue *Monthly Review,* vient d'annoncer devant un auditoire de 1 000 personnes à New York qu'il ne pense plus que le marxisme offre une explication adéquate des sociétés post-capitalistes existantes.

Ces phénomènes sont symptomatiques des pressions idéologiques émanant de la classe dominante. L'intelligentsia petite-bourgeoise et les médias capitalistes en parlent à l'unisson comme d'une « crise du marxisme. » C'est en fait une crise frappant tous ceux qui cherchent des réponses à de grands problèmes politiques théoriques et pratiques autrement que d'un *point de vue ouvrier,* que d'un point de vue marxiste. C'est pour cette raison que le projet de résolution la caractérise comme « une crise de la politique petite-bourgeoise. »

La désorientation politique de ce milieu diffère de l'impact qu'a la crise capitaliste sur l'ensemble de la petite bourgeoisie, en particulier sur les secteurs exploités qui sont les alliés potentiels les plus puissants de la classe ouvrière, comme les petits agriculteurs. L'intensification des luttes menées par la classe ouvrière contre le grand capital et ses partis politiques divisera la petite bourgeoisie et en attirera des couches entières dans le camp des travailleurs et des opprimés. Ceci se produira quand la petite bourgeoisie verra les bataillons massifs du mouvement ouvrier américain entrer en action, lutter pour les intérêts de tous ses alliés et offrir des réponses décisives à la crise capitaliste.

Mais avant cette montée des luttes ouvrières et d'ici à ce que le mouvement ouvrier américain soit capable d'attirer à lui des alliés en grand nombre, cette crise de perspective dans l'intelligentsia et parmi les radicaux petits-bourgeois tendra à s'approfondir. Moins ils ont de liens avec la classe ouvrière et ses institutions fondamentales, moins ils seront capables de saisir la situation politique et de répondre de manière progressiste à ses tendances de fond. Et plus ils seront sensibles à l'égocentrisme, aux idées mystiques réactionnaires et aux pressions de tout subordonner à leur « réussite » personnelle.

Le tournant du parti vers l'industrie

Huit. Ces sept premiers points conduisent à une conclusion politique et organisationnelle simple et impérative pour les socialistes révolutionnaires : celle d'avoir la grande majorité de nos membres et dirigeants dans l'industrie *maintenant* — ici et dans le reste du monde. C'est la seule manière de nous impliquer dans ces changements importants en politique, de rester en contact avec eux, de les influencer et d'être influencés par eux.

Peu importe leur rythme, qui variera d'un pays à l'autre, les changements décrits dans notre projet de résolution marqueront de leur empreinte le reste du vingtième siècle. C'est seulement en nous tournant vers les travailleurs industriels que nous pouvons préparer une direction capable de conduire la classe ouvrière au pouvoir. C'est la seule manière de nous mettre en position de répondre aux responsabilités politiques et de prendre avantage des opportunités que nous savons arriver.

C'est ainsi que nous serons dans la position la plus forte pour nous regrouper avec des courants révolutionnaires issus du mouvement de masse, ce que nous devons faire si nous voulons construire des partis prolétariens et une internationale révolutionnaire de masse. Au début, ces courants ne viendront pas à nous à cause de notre continuité programmatique avec les bolcheviks, mais à cause du pouvoir d'attraction de partis de travailleurs industriels socialistes en développement qui auront été mis à l'épreuve du combat de classe et auront démontré leur capacité de diriger et de remporter des victoires.

Attirer le meilleur de la gauche américaine et les courants les plus déterminés de combattants prolétariens parmi toutes les couches des opprimés — voilà exactement ce que notre tournant nous permettra de faire. Et c'est ce qui se produira ailleurs dans le monde quand les partis de la Quatrième Internationale deviendront des organisations de travailleurs industriels.

Ce n'est qu'en s'engageant dans cette voie que notre mouvement gagnera la confiance de larges sections des opprimés et des exploités dont nous avons besoin pour attirer le plus important courant révolutionnaire à s'être jusqu'à maintenant développé en dehors de nos rangs — le courant castriste à Cuba et les révolutionnaires comme ceux du Nicaragua qui sont le plus directement influencés par lui. À mesure que la crise du capitalisme va pousser les travailleurs à riposter, d'autres courants révolutionnaires vont émerger aussi bien dans le monde semi-colonial que dans le mouvement ouvrier et parmi les opprimés des pays capitalistes avancés. Nous devons être capables de nous orienter vers ces combattants, de nous lier à eux et de les gagner à la perspective du léninisme. Seuls des partis de travailleurs industriels peuvent exercer ce pouvoir d'attraction en étant capables *dans l'action* de faire avancer les intérêts des travailleurs.

Des syndicats révolutionnaires

Qu'est-ce que tout ceci signifie pour les syndicats mêmes ? Comment le tournant vers l'industrie s'inscrit-il dans notre objectif stratégique de transformer le mouvement syndical en un instrument de lutte de classe, de construire un parti prolétarien révolutionnaire et de conduire les travailleurs et les opprimés vers l'établissement d'un gouvernement des travailleurs ?

C'est le sujet des huit prochains points.

Neuf. Premièrement, quels sont nos objectifs dans les syndicats ? Notre but est très simple : faire tout ce qui est possible pour transformer les syndicats américains, comme Trotsky l'a expliqué, en « instruments du mouvement révolutionnaire du prolétariat. » Ce que nous faisons vise à développer des syndicats révolutionnaires qui agissent comme des organisations de combat de la classe ouvrière américaine.

En le faisant, nous construirons l'instrument *politique* irremplaçable de notre classe, un parti révolutionnaire de travailleurs industriels.

En tant que travailleurs socialistes révolutionnaires, notre point de départ ne se limite pas aux seules fonctions économiques des syndicats, aussi fondamentales et vitales soient-elles. C'est ainsi que les misleaders du mouvement ouvrier qui pratiquent la collaboration de classe veulent que les travailleurs voient leurs syndicats. En faisant la promotion de cette conception étroite, les bureaucrates ont systématiquement affaibli la capacité des syndicats de défendre les intérêts économiques de leurs membres.

À l'opposé, nous partons du caractère social et de la vie politique qui entourent et dominent tout ce que font les syndicats, y compris les gains économiques qu'ils peuvent remporter. Nous devons projeter notre approche stratégique et juger toutes nos tactiques dans le mouvement ouvrier en gardant les yeux fixés sur la direction de lutte de classe qui commence à émerger des rangs. C'est là que se trouve l'avenir des syndicats.

Nous ne partons pas des syndicats tels qu'ils sont actuellement ou tels qu'ils étaient il y a quelques années. Nous projetons plutôt notre cours en partant de la façon dont les syndicats sont en train de changer, en tenant compte de ce qu'ils deviennent et de ce qu'ils *doivent* devenir pour survivre. Nous ne donnons de garantie à personne sur le nombre de syndicats qui seront transformés en instruments révolutionnaires de combat. Aucune garantie. Nous ne sommes pas des prophètes, mais des révolutionnaires scientifiques qui oeuvrons à orienter les développements dans la bonne direction.

Il y a une chose que nous savons. La victoire socialiste est inconcevable sans la *lutte* pour transformer les syndicats en instruments révolutionnaires. Et la construction d'un parti ouvrier révolutionnaire est impossible sans participer à cette lutte.

À mesure que les batailles de classe se dérouleront, les formes organisationnelles subiront des changements de grande portée, que nous ne pouvons prévoir ou imaginer. Des organisations seront entièrement détruites. D'autres seront transformées et révolutionnées. C'est la lutte elle-même qui est décisive pour forger une direction révolutionnaire prolétarienne.

Nous assisterons à des actions et à des soulèvements révolutionnaires de masse de notre classe et de ses alliés qui vont ébranler et déborder toutes les formes organisationnelles qui existent aujourd'hui — dans les usines, dans les quartiers ouvriers, partout.

Dans tout ça, notre objectif stratégique reste la lutte pour des syndicats révolutionnaires et la construction d'un parti de combat prolétarien dans le feu de cette lutte.

Dix. Que devons-nous faire alors pour progresser vers cet objectif de syndicats révolutionnaires ? Qu'opposons-nous à la perspective de collaboration de classe de la bureaucratie syndicale incrustée, qui cherche à limiter et à saper la puissance du mouvement prolétarien américain ? Contre cette politique de collaboration de classe qui est la bible de la bureaucratie syndicale actuelle, les travailleurs socialistes expliquent le besoin d'*une aile gauche de lutte de classe dans les syndicats,* en développent le programme, et attirent et forment des éléments essentiels de ses cadres initiaux.

Nos directives programmatiques de base dans cette tâche sont simples. Nous les avons souvent résumées de la manière suivante :

- La lutte pour la *démocratie syndicale* sous toutes ses formes, de façon à faire intervenir la force des travailleurs.
- La lutte pour la *solidarité* avec les autres travailleurs — syndiqués et non syndiqués — et avec les luttes de tous les opprimés et exploités, ici et à travers le monde.
- La lutte pour l'*indépendance politique* face à l'État capitaliste et à tous ses instruments, y compris le système bipartite de la bourgeoisie.

Nos fractions industrielles sont en train d'apprendre comment combiner trois choses pour faire progresser ces objectifs programmatiques.

1. À effectuer la propagande socialiste : la vente du *Militant* et de *Perpectiva Mundial*, nos campagnes électorales, les discussions politiques avec nos camarades de travail, et ainsi de suite.

2. À nous organiser pour parler des luttes qui se déroulent sur toutes sortes de questions politiques et sociales larges et y impliquer nos camarades de travail et nos syndicats — de l'ERA à l'énergie nucléaire, de la lutte contre le Ku Klux Klan à la solidarité avec la révolution nicaraguayenne et la défense des révolutionnaires iraniens.

3. À faire partie de toutes les luttes sur les salaires, les conditions de travail et les cadences qui ne cessent de se développer et vont s'accroître à mesure que les patrons intensifient leur offensive.

Développer un courant marxiste

Ce serait trop simplifier les choses que d'envisager notre travail dans les syndicats comme s'il ne s'agissait que de préparer une aile gauche de lutte de classe, qui jusqu'à présent n'a pas de forme organisationnelle, et ce faisant, de recruter directement des travailleurs au parti. Parce que dans ce cadre général, quelque chose d'autre commence à se produire — quelque chose qui sera un indicateur important du succès du parti et du travail de nos fractions industrielles. C'est le développement d'un courant marxiste.

Le parti attirera autour de nous une couche de travailleurs — des dizaines pour commencer, puis des centaines et plus tard des milliers. Ils n'adhéreront peut-être pas au parti immédiatement. Mais ils suivront notre presse, assisteront à quelques-uns de nos forums, viendront avec nous à une conférence ou à une manifestation, soutiendront nos campagnes électorales, seront influencés par nos membres et deviendront plus familiers avec nos idées. Ils considéreront le SWP comme un pôle politique identifiable et alternatif. Ils commenceront à apprendre les concepts de base du marxisme et à lire quelques-uns de nos livres.

Notre capacité d'attirer autour de nous une telle couche de travailleurs sera un élément essentiel de la formation d'une aile gauche de lutte de classe et de la construction du parti. Il s'agit là d'un gain crucial du nombre petit, mais croissant, de lecteurs réguliers et d'abonnés au *Militant* que nos fractions développent parmi leurs camarades de travail.

Ceci n'est pas une nouveauté dans le mouvement ouvrier révolutionnaire. Depuis que la bourgeoisie industrielle britannique a essayé d'écraser l'esprit de ceux qu'elle a forcés à devenir les premiers prolétaires, il y a eu une couche de travailleurs qui ont résisté et qui ont eu tendance à agir de manière révolutionnaire, à lutter dans leurs propres intérêts de classe par tous les moyens nécessaires et à chercher un programme qui puisse les aider à aller de l'avant.

C'est ce qu'est réellement le marxisme. Il exprime les intérêts de cette classe — les idées que ces travailleurs d'avant-garde recherchent et dont ils ont besoin pour gagner. Nous voulons attirer vers nous ces rebelles dans les usines, les mines et les fabriques, les attirer à notre presse, les gagner à nos idées. Nous voulons les intéresser aux idées socialistes révolutionnaires et recruter les meilleurs d'entre eux au SWP.

Onze. Avons-nous un modèle à suivre ? À quoi ressemblera une aile gauche de lutte de classe ? On m'a souvent posé la question. La seule réponse honnête est que nous ne le savons pas exactement.

Nous avons vu le développement embryonnaire de formations de lutte de classe dans le passé, comme la Ligue d'éducation syndicale dans ce pays dans les années 20, le Mouvement des délégués syndicaux et le Mouvement minoritaire en Grande-Bretagne, et ainsi de suite [4]. Mais aucune de celles-ci ne nous a réellement donné un aperçu de la forme et du caractère que pourrait avoir une aile gauche de lutte de classe dans le mouvement syndical américain au cours des deux dernières décennies du vingtième siècle.

Nous savons que les possibilités s'accroissent avec l'émergence de combattants dans des luttes spécifiques autour de la démocratie syndicale, de la solidarité et ainsi de suite. Nous savons que le processus sera presque certainement lié à la conquête de la direction de certaines structures syndicales — comités, sections locales, districts, etc. Mais nous ne pouvons prédire les formes précises ni prévoir le processus exact et il n'y a aucun intérêt à spéculer là-dessus.

Il y a néanmoins dans l'histoire du mouvement syndical américain un exemple instructif d'un mouvement significatif allant dans le sens d'une aile gauche de lutte de classe et du développement d'une direction syndicale révolutionnaire. C'est la direction de la section locale 544 des Teamsters à Minneapolis dans les années 30 et la campagne de syndicalisation dont elle a été le fer de lance dans le Midwest. Cette expérience nous donne un grand avantage : notre parti a dirigé la section locale 544 et l'un de ses principaux dirigeants, Farrell Dobbs, a écrit un compte-rendu détaillé de cette expérience et de ses leçons que nous pouvons lire, étudier et assimiler.

Ces quatre livres des éditions Pathfinder — *Teamster Rebellion, Teamster Power, Teamster Politics* et *Teamster Bureaucracy* [La révolte Teamster, La puissance Teamster, La politique Teamster et La bureaucratie Teamster] — valent la peine d'être lus, relus et passés en revue chaque année. Plus il y aura de camarades qui iront dans l'industrie, apprendront à connaître les syndicats et commenceront à fonctionner comme membres des fractions du parti, plus nous apprendrons de ces livres chaque fois que nous y retournerons.

Chaque fois, nous y trouverons quelque chose de nouveau et de plus riche que le souvenir que nous en avions gardé.

De toutes les périodes où notre parti a effectué un travail syndical significatif, celle-ci est la plus utile pour nous aujourd'hui. Elle est plus utile que la période qui a immédiatement précédé la seconde guerre mondiale. À cette époque, le parti avait fait un tournant prolétarien. Mais parce que Roosevelt se préparait à entraîner l'Amérique dans la guerre, nous devions fonctionner au milieu de contraintes sévères et de manière très prudente à cause de la répression contre les militants.

C'est à cette époque qu'ont eu lieu l'inculpation et la condamnation de nos camarades dirigeants par le gouvernement fédéral, avec la coopération de la haute bureaucratie des Teamsters. Notre travail syndical de l'époque a été marqué par un mode de fonctionnement différent de celui que le parti connaît maintenant dans le mouvement syndical.

L'expérience des Teamsters est aussi plus directement utile aujourd'hui que l'activité syndicale du parti après le bref regain ouvrier de l'après-guerre. Nos fractions syndicales ont effectué un travail de grande valeur au cours de ces années. Mais comme la période d'avant-guerre, ces années ont elles aussi été marquées par des conditions très différentes de celles que nous connaissons actuellement. À partir du milieu de 1947, le mouvement syndical américain était en retraite, en dépit de luttes et de flambées sporadiques. Alors que l'Amérique entrait dans la guerre froide et la chasse aux sorcières, nous avons dû investir beaucoup d'efforts dans des manoeuvres tactiques visant à gagner du temps et à limiter l'impact des tentatives pour exclure des syndicats les militants de lutte de classe. Dans le seul but de survivre, nous avons souvent soutenu des caucus ou des candidats de moindre mal lors d'élections syndicales. Nous avons correctement cherché à maintenir un petit nombre de cadres dans les syndicats en vue d'une éventuelle remontée des luttes — qui à la fin ne s'est pas produite avant des décennies.

L'expérience des Teamsters entre 1934 et 1938 s'est produite pendant des années de profonde crise capitaliste et de combativité et de radicalisation ouvrières croissantes. Une génération entière de travailleurs du rang commençait à chercher une alternative. En 1934, une montée ouvrière de masse se préparait et il n'était pas important qu'elle se produise un, trois ou cinq ans plus tard. La volonté tout comme la capacité de riposter augmentaient.

C'est cette période — sa montée et sa chute — que Farrell Dobbs décrit dans sa série sur les Teamsters.

La branche de Minneapolis a consciemment colonisé l'industrie du transport routier. Le premier livre de Farrell explique que les dirigeants du parti ont soigneusement pesé la question. Compte tenu de l'agriculture et de l'industrie meunière dans la région, ils ont conclu que le transport routier était l'industrie centrale et décisive de Minneapolis. Heureusement, nos membres pouvaient aussi entrer dans ce secteur et y construire une fraction du parti. Et c'est ce que nous avons fait.

Les dirigeants de la branche de Minneapolis recherchaient les jeunes travailleurs qui commençaient à se radicaliser et qui voulaient se battre. Ils étaient même préparés au fait qu'un jeune travailleur ayant voté pour Herbert Hoover en novembre 1932 puisse diriger des luttes ouvrières combatives à peu près un an plus tard. C'est ce qui s'est passé avec Farrell Dobbs. Il a voté pour les républicains un peu plus d'un an avant d'aider à diriger quelques-unes des plus grandes batailles de l'histoire de la classe ouvrière américaine.

Les socialistes de Minneapolis ont compris et valorisé des aspects de la situation que beaucoup d'autres voyaient comme des obstacles — par exemple, l'inexpérience des jeunes travailleurs. Comme le souligne Farrell, ceci signifiait que les rangs n'avaient pas à désapprendre autant de choses. On n'avait pas réussi à leur faire croire qu'une couche de bureaucrates syndicaux se situait à leur gauche.

Une fois que ces jeunes travailleurs sont entrés en action, ils ont appris très vite. C'est vrai : les patrons ont dû leur porter une série de coups avant qu'ils ne se tournent vers leur syndicat et quelques autres encore avant qu'ils ne regardent plus loin que leurs dirigeants syndicaux de départ.

Aucun des cadres du parti à Minneapolis n'a commencé en tant que dirigeant élu de la section locale 544. Pas un seul n'avait de poste officiel — non seulement avant les grèves, mais pendant la grève des dépôts de charbon de l'hiver 1934 et les grandes grèves qui ont eu lieu plus tard cette année-là.

Avec l'approbation des officiers syndicaux, nous avons commencé en travaillant avec d'autres militants du rang pour mettre en place le comité de grève officieux. C'est seulement après la deuxième grève que les membres du rang ont exigé que les dirigeants qui avaient fait leurs preuves au cours de cette bataille soient élus aux postes supérieurs du syndicat. Les travailleurs se sont heurtés à plusieurs anciens officiers qui se sont mis en travers de leur route. Mais ils en ont aussi trouvé deux qui ont été transformés par ces expériences, se sont ralliés à eux et ont été très utiles. Comme l'explique Farrell, nous n'avons pas — et n'aurions jamais trouvé — Bill Brown en le recherchant, *lui*. C'est plutôt en organisant et en mobilisant les rangs du syndicat que nous avons rencontré Bill Brown.

Une fois lancée, cette nouvelle direction Teamsters a pratiqué le genre de politique de lutte de classe dont nous avons discuté. La section locale 544 était un syndicat démocratique, contrôlé par les rangs. Elle a exprimé sa solidarité aux chômeurs, aux non-syndiqués, aux autres syndicats de Minneapolis, aux petits agriculteurs et à d'autres. Les Teamsters ont agi en partant du principe que la solidarité n'était pas seulement essentielle pour faire progresser la lutte d'ensemble, mais aussi la seule façon de défendre et de construire leur propre syndicat.

Dès le tout début, ces dirigeants syndicaux révolutionnaires ont mené une lutte pour un parti ouvrier et ont développé une orientation visant à gagner au programme de lutte de classe les rangs du Parti des agriculteurs et travailleurs du Minnesota (Farmer-Labor Party — FLP). Ils n'ont pas attendu qu'une aile gauche de lutte de classe se soit formée dans le mouvement syndical pour mettre cette perspective de l'avant. En fait, à partir de 1934, ils ont devancé le reste du trotskysme américain sur cette question parce que l'existence du FLP au Minnesota la posait de manière plus aiguë et immédiate que dans l'ensemble du pays.

Les dirigeants de la section 544 en ont mobilisé les rangs pour que ceux-ci utilisent la force du syndicat. Ça a été le syndicat le plus démocratique de l'histoire des États-Unis. Ses membres ont recouru à toutes sortes de tactiques de contournement et à toutes sortes de nuances tactiques que les camarades commencent aujourd'hui à apprendre. Ces dirigeants Teamsters ont combattu politiquement la guerre impérialiste qui se préparait et les coups montés du gouvernement contre les militants syndicaux.

En agissant ainsi, ces dirigeants syndicaux révolutionnaires n'ont pas seulement développé le noyau d'une aile gauche de lutte de classe et une couche croissante de cadres syndicaux autour de lui. Ils ont aussi construit autour d'eux un courant marxiste inspiré du trotskysme qui lisait leur presse plus ou moins régulièrement, connaissait leur programme fondamental et assimilait de plus en plus leurs idées.

Au cours de la campagne de syndicalisation des routiers, les trotskystes ont aussi recruté un peu partout un noyau de membres du parti — de Louisville à Cincinnati, de Dallas à Détroit — des noyaux de camionneurs et d'autres travailleurs qui étaient membres de notre parti.

Nous avons découvert que les travailleurs qui réfléchissaient appréciaient la signification véritable d'un parti révolutionnaire en situation de combat — le centralisme révolutionnaire, l'homogénéité politique, la démocratie interne et une solide composition prolétarienne.

S'il n'y a pas de modèle d'une aile gauche de lutte de classe complètement développée à l'échelle nationale dans le mouvement syndical, nous avons donc eu la chance en fait de vivre une expérience où des leaders du mouvement trotskyste ont appliqué de manière conséquente notre programme et nos méthodes au cours d'une période de montée des luttes syndicales.

Même ici, comme Farrell prend soin de le noter dans la série *Teamsters,* nous ne trouverons pas de guide tactique. Ces livres projettent un cadre stratégique général et font le récit concret de riches expériences de lutte de classe qui peuvent présenter beaucoup de similitudes avec des situations que nous allons rencontrer. Mais nous ne tirerons pas la moindre formule tactique spécifique de ces livres, pas plus que *d'aucun* autre livre. Ce sont les camarades impliqués dans chaque situation particulière qui élaboreront les initiatives à prendre à partir des circonstances auxquelles ils feront face.

Nous devons garder à l'esprit une autre mise en garde. La lutte des classes des années 80 sera marquée non seulement par les tendances que nous voyons se développer actuellement dans la classe ouvrière, mais aussi par la radicalisation qui les a précédées et par les événements à venir.

La méthode du programme de transition

Douze. La crise croissante du capitalisme nous fait comprendre de plus en plus l'importance de la méthode du programme de transition.

Le programme de transition lui-même généralise la ligne de marche de notre classe vers le pouvoir. Il explique les conflits de classe fondamentaux qui dominent l'agonie du capitalisme. Et il met le doigt sur le principal obstacle au progrès de la révolution socialiste — la crise de direction de la classe ouvrière internationale.

Ce n'est certainement pas un manuel tactique pour les syndicalistes des années 30, comme le prétend de manière désobligeante Isaac Deutscher dans le troisième volume de sa biographie de Trotsky. Il formule plutôt notre programme fondamental et fournit le cadre stratégique de tout notre travail politique.

Il ne suffit pas d'apprendre les éléments particuliers de ce programme. Nous devons aussi assimiler et être capables d'utiliser sa *méthode* pour répondre aux événements nouveaux qui ne cessent de se produire et aux nouvelles circonstances que personne n'aurait pu prévoir, y compris Trotsky.

Cette méthode est simple. On peut en résumer l'essentiel en trois points.

Premièrement, explique Trotsky, les révolutionnaires agissent de manière à donner aux travailleurs et aux opprimés plus de confiance en eux-mêmes et dans leur capacité de lutter, à les encourager à ne pas céder et à les convaincre qu'ils *peuvent* avoir un impact sur la politique et changer le monde. C'est un antidote à ce que leur ont enseigné toutes les institutions de la société capitaliste.

Nous cherchons à convaincre notre classe qu'elle peut avoir un effet sur la société en luttant ensemble et en luttant sans compromis. Nous cherchons à convaincre les travailleurs dans le feu des batailles quotidiennes qu'il y a une solution générale qu'eux seuls peuvent apporter pour s'émanciper et émanciper tous leurs alliés.

C'est cet esprit de combat que nous cherchons à inculquer en expliquant que la démocratie syndicale, la solidarité de classe et l'indépendance politique du mouvement ouvrier sont les axes fondamentaux d'un mouvement syndical transformé.

Comme Trotsky l'explique vers la fin du programme de transition, « Toutes les méthodes sont bonnes qui élèvent la conscience de classe des travailleurs, leur confiance dans leurs propres forces, leur disposition au dévouement dans la lutte.

« Inadmissibles sont les méthodes qui inspirent aux opprimés la crainte et la docilité devant les oppresseurs, étouffent l'esprit de protestation et d'indignation ou substituent à la volonté des masses la volonté des chefs, à la persuasion la contrainte, à l'analyse de la réalité la démagogie et la falsification[5]. »

Cet esprit d'indépendance de classe combative sera couronné par la formation et la fédération de soviets : des organisations ou conseils ouvriers de masse qui livreront le combat pour le pouvoir et seront aussi le socle organisationnel à partir duquel commencera la reconstruction socialiste de la société.

Deuxièmement, notre méthode consiste à fonctionner comme des travailleurs-révolutionnaires. Comme Trotsky l'a expliqué dans *Défense du marxisme,* les travailleurs savent dans leur chair qu'ils vivent dans un monde imparfait — un monde qu'ils veulent améliorer et changer. Ils apprécient chaque progrès et luttent pour préserver chaque centimètre de territoire conquis. Ils ne partent pas de schémas préconçus, en vérifiant si la réalité est conforme ou pas à des normes abstraites — et si elle ne l'est pas, en critiquant la direction existante et en se repliant au fond de leurs tranchées dans l'attente d'un jour meilleur.

Les travailleurs sont soumis à la contrainte des conditions de vie réelles. Ils partent des points d'appui qu'ils ont et essaient d'avancer à partir de là, en utilisant les armes qu'ils ont sous la main — quelles qu'elles soient.

Le programme de transition vise à établir des ponts conduisant des problèmes auxquels les travailleurs font face et de la compréhension qu'ils en ont aux solutions socialistes plus générales.

Ceci nous amène au troisième aspect crucial de la méthode du programme de transition : son point de départ. L'objectif essentiel est de changer la conscience des travailleurs par la lutte, l'expérience et des projections politiques correctes.

Mais le programme n'a pas pour fondement l'état d'esprit des travailleurs à aucun moment donné. Il ne part pas du côté subjectif, mais de la situation économique et politique *objective* — des besoins de la classe et des contradictions qui se développent au sein du système capitaliste.

Au cours des deux entretiens qu'il a eus sur le programme de transition en mars et mai 1938 avec les camarades américains et qu'on trouve dans le livre des éditions Pathfinder *The Transitional Program for Socialist Revolution*, Trotsky a souligné ce point à plusieurs reprises [6]. Ne pas le comprendre, croyait-il, peut biaiser les jugements politiques sur ce que le parti doit faire et dire.

Le programme de transition « aide les masses à surmonter les idées, méthodes et formes reçues, et à s'adapter aux exigences de la situation objective.

« Ce programme de transition, a-t-il dit, doit inclure les revendications les plus simples. Nous ne pouvons ni prévoir ni prescrire les revendications locales et syndicales adaptées à la situation locale d'une usine donnée, ni le développement de cette revendication jusqu'au mot d'ordre de création d'un soviet ouvrier.

« Ce sont là deux points extrêmes, » a expliqué Trotsky. La tâche « de notre programme de transition [consiste] à trouver les liens et à amener les masses à l'idée de la prise révolutionnaire du pouvoir. C'est pourquoi certaines revendications paraissent très opportunistes — parce qu'elles sont adaptées à la mentalité réelle des travailleurs. C'est pourquoi d'autres revendications paraissent trop révolutionnaires — parce qu'elles reflètent plus la situation objective que la mentalité réelle des travailleurs.

« Nous devons combler aussi vite que possible l'écart entre les facteurs objectifs et subjectifs. C'est pourquoi je ne peux surestimer l'importance du programme de transition [7]. »

Au cours d'une discussion ultérieure, Trotsky a poursuivi :

« Des camarades affirment que certaines sections de ce projet de programme ne correspondent pas à la mentalité, à l'état d'esprit des travailleurs américains. Ici nous devons nous demander si ce programme doit être adapté à la mentalité des travailleurs ou bien aux conditions économiques et sociales objectives actuelles du pays. C'est la question la plus importante.

« Nous savons que la mentalité de chaque classe de la société est déterminée par les conditions objectives, par les forces productives, par l'état économique du pays, mais cette détermination ne se reflète pas immédiatement. La mentalité est en général en arrière, en retard par rapport au développement économique. Ce retard peut être court ou long. [...]

« Le programme, a dit Trotsky, doit exprimer les tâches objectives de la classe ouvrière plutôt que l'arriération des travailleurs. Il doit refléter la société telle qu'elle est et non pas l'arriération de la classe ouvrière. C'est un instrument pour surmonter et vaincre l'arriération. C'est pour cette raison que nous devons exprimer dans notre programme toute l'acuité de la crise sociale de la société capitaliste » — ce que notre résolution politique appelle les catastrophes et calamités auxquelles font face les travailleurs américains.

« Nous ne pouvons pas reporter ou modifier les conditions objectives qui ne dépendent pas de nous, a poursuivi Trotsky.

Nous ne pouvons garantir que les masses vont résoudre la crise. Mais nous devons exprimer la situation telle qu'elle est et c'est là la tâche de ce programme. »

Si on garde à l'esprit ce point de départ fondamental, a-t-il dit, « c'est une tâche pédagogique, une question de terminologie que de présenter la situation réelle aux travailleurs. »

En d'autres mots, nous devons dire la vérité, mais de manière à rendre nos idées plus accessibles et compréhensibles aux travailleurs. C'est une tâche qui se présente à nous chaque jour au travail, avec laquelle nos candidats se débattent et pour laquelle nous essayons constamment d'améliorer le *Militant* et *Perspectiva Mundial*.

Finalement, Trotsky a fait le commentaire suivant : « Naturellement, si je ferme les yeux, je peux écrire un bon programme tout rose que tout le monde acceptera. Mais il ne correspondra pas à la situation et le programme doit correspondre à la situation. Je crois que cet argument élémentaire est de la plus grande importance. »

Mais Trotsky nous assure que la décadence du capitalisme lui-même est le principal facteur réduisant l'écart entre la réalité objective et la conscience actuelle des travailleurs.

« La conscience de classe du prolétariat est arriérée, mais la conscience n'est pas une substance aussi [rigide] que les usines, les mines ou les chemins de fer. Elle est plus flexible et, sous l'effet des coups de la crise objective et de ses millions de chômeurs, elle peut changer rapidement[8]. »

C'est ce que nous commençons à voir aujourd'hui sous l'effet des coups subis au cours des cinq dernières années.

Ceci nous ramène donc au problème : comment présenter nos revendications, comment expliquer nos mots d'ordre de façon à faire tout ce qui est en notre pouvoir pour réduire l'écart ?

L'alternative socialiste en 1980

Treize. 1980 est une année d'élections présidentielles. Ceci nous fournit une tribune spéciale pour expliquer nos idées. Aussi longtemps que les capitalistes continueront d'organiser des élections nationales tous les quatre ans, nous continuerons de nous en servir pour présenter une alternative socialiste sur toutes les grandes questions auxquelles font face les travailleurs américains.

Quels seront les thèmes centraux de la campagne en 1980 ? Nous ne les connaissons pas tous exactement. Mais plusieurs sont déjà évidents : la solidarité avec la révolution nicaraguayenne ; l'opposition à la marche vers la guerre de Washington ; l'échelle mobile des salaires et des heures de travail, que nous devons expliquer et concrétiser comme la réponse aux deux coups de massue du capitalisme que sont le chômage et la hausse vertigineuse des prix ; la nécessité de nationaliser le cartel de l'énergie, les compagnies ferroviaire Milwaukee Road et automobile Chrysler, ainsi que les autres industries qui ravagent la vie de millions de travailleurs ; les luttes qui posent la question de la démocratie syndicale et de la solidarité de classe dans le mouvement ouvrier ; la voie en avant que nous projetons pour les luttes des Noirs, de Détroit à Decatur ; le combat pour faire ratifier l'ERA avant l'échéance imposée par le gouvernement et pour préserver le droit à l'avortement ; et la fermeture des centrales nucléaires.

La campagne présidentielle nous offre également la plus grande opportunité d'expliquer pourquoi le mouvement syndical américain doit rompre avec le système bipartite capitaliste — les démocrates et les républicains — et lancer un parti ouvrier basé sur les syndicats.

La nécessité objective d'un parti ouvrier — d'une rupture du mouvement syndical avec les deux partis du grand capital — est plus pressante qu'elle ne l'a jamais été depuis que nous avons commencé à mener des campagnes électorales pour la présidence en 1948. Ceci se reflète non seulement dans l'utilisation plus fréquente du gouvernement capitaliste contre les luttes des travailleurs, mais aussi dans la tendance croissante des misleaders bureaucratiques à se tirer d'affaire en se plaignant publiquement des problèmes qu'il y a avec le Parti démocrate et en mettant la classe dominante en garde contre le fait que les rangs pourraient s'en détourner avec dégoût.

Trotsky pensait que les révolutionnaires devaient partir de la *nécessité objective* de l'indépendance politique des syndicats pour déterminer à quel moment avancer ce mot d'ordre. Il y voyait une application spécifique de la méthode du programme de transition dont nous avons discuté précédemment.

Au cours d'une discussion avec des camarades américains en mai 1938, Trotsky a souligné :

> Je dis à ce propos [le parti ouvrier] ce que j'ai déjà dit de l'ensemble du programme de revendications transitoires. Le problème n'est pas l'état d'esprit des masses, mais la situation objective et notre travail est de mettre le matériel arriéré des masses en face des tâches qui sont déterminées par les faits objectifs et non par leur psychologie.
>
> Il en est de même pour cette question particulière du parti ouvrier. Si la lutte des classes n'est pas écrasée et remplacée par la démoralisation, le mouvement doit alors trouver un canal nouveau et ce canal est politique. C'est l'argument fondamental en faveur de ce mot d'ordre.
>
> Nous affirmons disposer du marxisme ou socialisme scientifique. Que signifie « socialisme scientifique » en réalité ? Il signifie que le parti qui représente cette science sociale a comme point de départ,

comme pour toute science, non les désirs, tendances ou états d'esprit subjectifs, mais les faits objectifs, la situation matérielle des différentes classes et leurs rapports entre elles. Ce n'est que par cette méthode que nous pouvons établir des revendications qui conviennent à la situation objective, et ce n'est qu'ensuite que nous pouvons adapter ces revendications et mots d'ordre à l'état d'esprit donné des masses[9].

C'est de là que nous devons partir aujourd'hui. Objectivement, il ne fait aucun doute que le besoin et l'actualité du parti ouvrier sont plus grands maintenant que dans aucune des autres campagnes présidentielles que nous avons menées jusqu'ici. De plus, il y a une possibilité croissante d'être écouté sur cette question parmi les travailleurs. Les camarades de nos fractions industrielles confirment cette évaluation et nous en avons fait avec succès l'expérience dans la campagne électorale d'Andrew Pulley à la mairie de Chicago.

Nous devons ajuster notre *façon* de présenter ce mot d'ordre à la mentalité actuelle des travailleurs et au niveau de développement de la lutte des classes dans son ensemble. C'est pourquoi nous avançons ce slogan maintenant *non pas* comme une campagne d'agitation, mais comme un axe général important de notre propagande électorale. C'est de cette manière que nous expliquons aux autres travailleurs notre alternative à la faillite du système bipartite et à la dépendance sans perspective de la bureaucratie syndicale face au Parti démocrate.

Nous devons aussi être vigilants d'accentuer notre agitation sur le Nicaragua, la crise de l'énergie, les attaques contre la communauté noire, la campagne pour la ratification de l'ERA, les initiatives pour imposer des contrôles de salaires et ainsi de suite. Ces questions mettent les politiciens capitalistes et les imposteurs syndicaux tous les deux dans l'embarras et soulignent la nécessité d'un parti ouvrier. Il n'y a pas de mur solide entre ce qu'on appelle les questions d'usine et les questions politiques et syndicales plus larges. Les deux feront avancer la lutte des classes en se combinant de manière fertile.

Si, comment et dans quelles conditions le parti ouvrier deviendra un mot d'ordre d'agitation et d'action — tout ça va dépendre de grands bouleversements et développements dans la lutte des classes que nous ne pouvons prévoir. Ces derniers n'ont pas encore mûri.

Menace de guerre, crise de l'énergie, licenciements et inflation à deux chiffres, syndicalisation des États régis par des lois d'atelier ouvert ou lutte pour les droits des Noirs, des Chicanos et des femmes : peu importe la question spécifique sur laquelle se concentre notre campagne, celle-ci nous donne l'occasion d'expliquer en cette année d'élections qu'un parti ouvrier est nécessaire pour porter ces luttes sur le terrain politique.

C'est ce que nous expliquons à nos camarades de travail et à tous les travailleurs qu'il nous est possible d'atteindre au moyen de notre campagne. Nous l'expliquons aux opprimés. Nous l'expliquons à tous ceux à qui nous parlons pendant la campagne électorale. Parce que les gens réfléchissent plus aux partis et à la politique durant ces périodes, nous pouvons trouver une meilleure écoute. Nous exprimons notre point de vue de classe sur un sujet pris en considération et débattu dans la société en général.

La propagande pour le parti ouvrier continuera d'occuper une place centrale dans nos campagnes électorales, peu importe le thème d'agitation ou les campagnes d'action ayant la priorité à un moment donné. Le Parti démocrate sera un acteur majeur dans tout conflit ou controverse posant le besoin d'une solution et d'une alternative politiques.

Voilà comment nous voulons utiliser l'idée de parti ouvrier en 1980. Nous voulons l'associer aux grands problèmes auxquels font face notre classe et ses alliés, ainsi qu'à la lutte pour faire appliquer les solutions que nous leur opposons.

Présentée de cette manière, l'idée du parti ouvrier peut intéresser un large éventail d'opprimés dans ce pays. Elle nous aide à projeter notre conception d'un mouvement ouvrier qui défende activement les luttes des non-syndiqués et des chômeurs, des Noirs et des Latinos, des femmes, des agriculteurs et des jeunes. Elle peut commencer à paraître sensée aux féministes de l'Organisation nationale pour les femmes qui en ont plein le dos du Parti démocrate et qui, par le biais d'expériences comme la prochaine conférence « Les syndicats pour l'égalité des droits — maintenant » en Virginie, commencent à voir le mouvement ouvrier comme un allié crucial. Nos candidats peuvent recevoir une écoute sérieuse pour cette idée parmi les Noirs, les Chicanos et les Portoricains, dans les chapitres de la NAACP et dans les organisations de petits agriculteurs. Le type de parti ouvrier pour lequel nous nous battons va attirer dans ses rangs des combattants sérieux issus de toutes ces luttes.

Notre appel à un parti ouvrier constitue une aide inestimable à la construction de notre propre parti, le parti prolétarien révolutionnaire. Comme le souligne notre résolution, les travailleurs qui sont aujourd'hui les plus favorables à l'idée d'un parti ouvrier seront attirés par le SWP. Nous sommes les défenseurs les plus résolus de l'indépendance politique ouvrière. Nos propositions pour le programme qu'un parti ouvrier devrait défendre sont attrayantes pour les jeunes travailleurs, les travailleurs noirs et latinos, les travailleuses, les agriculteurs et pour tous ceux qui se font traiter injustement par les patrons et leurs partis jumeaux.

La création d'un parti ouvrier changerait de façon dramatique le rapport de force entre les classes et ouvrirait la voie à la construction plus rapide d'un SWP de masse.

Trotsky l'a expliqué de la manière suivante aux camarades américains.

« Faut-il utiliser les deux mots d'ordre ou un seul ? Je dis : les deux. Le premier, un parti ouvrier indépendant, prépare l'arène pour notre parti. Il aide et prépare les travailleurs à avancer, et il ouvre la voie à notre parti. »

Au cours des 18 prochains mois, Andrew Pulley et Matilde Zimmermann, nos candidats à la présidence et à la vice-présidence, parleront aux travailleurs de toutes les questions brûlantes de la politique nationale et internationale, dont la nécessité d'un parti ouvrier basé sur les syndicats. Et ils encourageront les travailleurs qui sont d'accord avec eux à soutenir la campagne du SWP, à s'abonner au *Militant* et à *Perspectiva Mundial*, et à adhérer au SWP et à la YSA.

Ces deux idées sont indissolublement liées.

La ligne de marche historique du mouvement ouvrier

Quatorze. L'aboutissement de ce que nous appelons la ligne de marche historique du mouvement ouvrier, le but de tout notre travail et de toutes les luttes de notre classe, c'est un gouvernement des travailleurs. Nous considérons tout notre travail politique dans ce cadre. De Marx à Lénine et Trotsky, c'est le but visé par l'action révolutionnaire de masse de la classe ouvrière et de ses alliés. Notre but est de diriger les travailleurs américains pour qu'ils gouvernent eux-mêmes ce pays.

Cet objectif souligne l'importance de l'interaction entre les syndicats et les divers mouvements de protestation sociale. Il aide à comprendre pourquoi ces luttes ont besoin d'une direction prolétarienne, de même que leur impact croissant sur les syndicats et sur la conscience politique et sociale de millions de travailleurs.

Nous ne prédisons pas que les syndicats dirigeront les luttes des Noirs, des Chicanos ou des femmes. Nous ne croyons certainement pas que les luttes et les organisations indépendantes des opprimés peuvent ou doivent se dissoudre dans les syndicats. Elles n'attendront pas non plus après eux pour voir le jour — elles ne l'ont jamais fait. Bien sûr, plus il y aura de syndicats qui commenceront à devenir des organisations révolutionnaires de combat de classe, plus on verra utiliser la puissance syndicale pour lutter sur des questions politiques et sociales au nom de tous les alliés du mouvement ouvrier. Les mobilisations de masse des travailleurs deviendront plus puissantes et des dirigeants prolétariens viendront de l'avant dans tous les conflits sociaux majeurs. Voilà ce pour quoi nous luttons.

De ce point de vue, les changements qui se produisent parmi les jeunes travailleurs offrent des perspectives encourageantes pour le mouvement révolutionnaire. Ce qui se passe dans les mines, les usines et les manufactures présente une continuité significative avec la radicalisation précédente et confirme ce que nous disions dans notre résolution de 1971.

> Nos opposants ne pensent pas que les jeunes travailleurs militants qui vont se révolter sont capables de devenir des adversaires de la guerre, des féministes ou des partisans du féminisme, des nationalistes ou des partisans du nationalisme. Ils ne pensent pas non plus que ces travailleurs soient capables d'agir de manière autonome. S'ils avaient raison, les travailleurs américains seraient aussi incapables de mobiliser les masses opprimées pour renverser le capitalisme américain ou d'assumer l'immense tâche de construire le socialisme.
>
> En dernière analyse, nos opposants sont donc des utopistes. Ils ne sont pas vraiment persuadés

que les rangs des travailleurs américains puissent faire le travail. Et en pratique, à la confiance dans les travailleurs, ils substituent la confiance et la dépendance en d'autres forces. Dans le cas des sectaires, dans leurs rêveries politiques mécanistes. Dans le cas des réformistes, dans les libéraux et les bureaucrates progressistes [10].

Poids social et importance politique
Quinze. Nous avons aussi commencé à développer une meilleure compréhension de l'importance stratégique d'évaluer correctement le poids social et l'importance politique de diverses luttes et questions. C'est essentiel pour allouer nos forces et établir des priorités politiques. Nous nous faisons les champions de *toutes* les luttes progressistes. Mais au moment de décider où concentrer nos énergies, nous devons toujours commencer par prendre du recul et évaluer comment une lutte spécifique permet à la classe ouvrière d'augmenter sa confiance et son organisation dans sa marche vers le pouvoir politique.

Un élément clé de notre capacité d'aider à transformer et diriger le mouvement ouvrier américain, c'est de comprendre que les minorités nationales opprimées, les femmes et les petits agriculteurs sont les alliés stratégiques centraux dans le mouvement pour un gouvernement des travailleurs. Ce n'est qu'en jugeant correctement le poids social de ses différents alliés et en agissant en conséquence que la classe ouvrière pourra exercer le plus grand effet de levier pour changer le rapport de force entre les classes à son avantage et à celui de *tous* ses alliés.

La conscience de classe
Seize. Nous parlons beaucoup de la conscience de classe, mais c'est souvent un concept plutôt abstrait.

Qu'entendons-nous par conscience de classe ? Ce terme signifie de commencer à regarder la société d'un point de vue collectif plutôt que personnel. Commencer à voir les choses non pas d'abord comme *moi,* mais comme *nous* — comme partie d'une classe. Il n'y a aucune façon de transformer en révolutionnaire prolétarien un travailleur ou toute autre personne qui ne pense qu'en termes individuels étroits. Vous voir vous-mêmes et ce que vous pouvez accomplir *comme partie d'une classe* et *de ce que votre classe peut accomplir* — c'est là le point de départ de la conscience de classe.

Ce processus peut commencer de toutes sortes de manières : par les pressions qui vous font voir les solutions individuelles comme plus difficiles et moins réalistes ; ou par la découverte que d'autres gens font face aux mêmes difficultés que vous et qu'ils demandent de l'aide, offrent la leur et montrent une possibilité de lutter ensemble.

Quelque chose d'autre se produit quand vous commencez à penser en termes de *nous* plutôt que de *moi.* Vous commencez à comprendre qu'il existe un autre *nous* qui est un *eux* — la classe dominante. *Ils* sont l'ennemi. Il y a une autre classe qui est l'ennemi de notre classe. Et toute politique fondée sur la collaboration avec cet ennemi *nous* affaiblit parce qu'elle *le* renforce.

Le racisme, le sexisme, le protectionnisme, l'appui à l'impérialisme, la propagande de guerre : tous ces maux affaiblissent notre lutte commune en tant que classe parce qu'ils renforcent l'ennemi et modifient encore plus à notre désavantage le rapport de force entre les classes. Toute concession à ces idées réactionnaires affaiblit notre classe, affaiblit nos syndicats, abaisse nos salaires, aggrave nos conditions de travail et menace notre postérité et même nos propres vies.

Armés de cette compréhension, nous menons une bataille contre tous ceux dans notre classe — habituellement ceux qui sont relativement plus fortunés — qui sont les plus susceptibles d'être influencés par les misleaders de collaboration de classe du mouvement ouvrier et leurs notions réformistes.

Quand la conscience de classe s'approfondit, cette tâche acquiert une dimension supplémentaire : la responsabilité qu'a notre classe de diriger non pas seulement les syndicats, mais tous les mouvements et toutes les luttes progressistes. Si nous, travailleurs, voulons vaincre l'ennemi — si nous voulons mériter d'être appuyés quand nous affronterons l'ennemi — nous devons mettre tout notre poids derrière les luttes des opprimés pour leurs droits. En offrant une telle direction, nous augmenterons les chances de renforcer et de transformer les syndicats eux-mêmes.

Ceci met en lumière l'importance des mouvements extérieurs aux syndicats pour modifier et faire avancer la conscience de classe dans le mouvement ouvrier. C'est essentiel pour notre perspective de lutte de classe.

Nous disons que les nationalismes noir et chicano croîtront à mesure que s'intensifiera le combat de classe et que se développera la radicalisation ouvrière. Le nationalisme des opprimés est un reflet idéologique d'une forme particulière de la lutte des classes. Il marque une avancée de la conscience de classe. Il augmente la confiance et la capacité de lutte de couches décisives de la classe ouvrière. Et contrairement à ce que soutiennent les sectaires et les collaborateurs de classe, il fournit une base d'unité plus solide contre l'ennemi de classe commun.

Ce que nous avons écrit sur cette question au cours des deux dernières décennies s'avère de plus en plus juste. Notre parti a beaucoup appris de Malcolm X à cet égard pendant notre brève collaboration avec lui. Nous n'avons jamais rencontré quelqu'un de plus nationaliste noir que Malcolm X. Mais nous n'avons jamais connu non plus quelqu'un de plus disposé à travailler avec d'autres révolutionnaires dans un but commun, peu importe leur couleur.

C'est pourquoi la solidarité est plus qu'une simple question de morale prolétarienne, même si c'est important. Plus que cela, la solidarité est l'expression d'une *conscience de classe* plus élevée. Elle accroît la possibilité de l'unité au combat — unité dans les syndicats, unité dans l'ensemble de la classe, unité parmi les couches les plus opprimées de la classe, unité avec les travailleurs et les agriculteurs du monde entier. La solidarité est une mesure de la haine de classe contre les exploiteurs et de la détermination à s'unir aux autres victimes du capitalisme dans un combat commun pour un monde meilleur.

La victoire contre « Weber »
Les batailles pour les droits civils et la montée nationaliste des années 60 ont joué un rôle crucial dans l'évolution de la conscience de classe dans ce pays. La récente victoire dans l'affaire *Weber* vient de le démontrer encore une fois.

La bataille pour renverser le jugement *Weber* a été une grande victoire non seulement pour les Noirs, les Latinos et les femmes, mais pour l'ensemble du mouvement ouvrier américain. Les changements dans la conscience de la classe ouvrière provoqués par les gains de la lutte des Noirs ont joué un rôle décisif en permettant de mener une lutte victorieuse contre *Weber*.

En mars 1979, bien plus de 1 000 personnes ont assisté à une conférence sur les droits civils organisée par les Métallurgistes unis d'Amérique. La plupart des participants étaient des travailleurs du rang. Il y avait aussi plusieurs officiers locaux, régionaux et internationaux ; des Noirs, des blancs et des Chicanos ; des hommes et des femmes ; des jeunes et des gens plus âgés.

C'était une conférence intéressante, comme l'a indiqué l'article du *Militant*. Les camarades qui y étaient peuvent vous donner une bien meilleure impression de l'événement.

Un après l'autre, les intervenants ont expliqué l'importance de la lutte pour l'action affirmative et la signification de la lutte contre *Weber* pour les travailleurs, pour les droits de tous et pour le syndicat lui-même. Des intervenants ont expliqué comment cette lutte a renforcé les Métallos. Ils la voyaient clairement comme liée à la grève et à la campagne de syndicalisation de Newport News.

Pour couronner le tout, le président des Métallos, Lloyd McBride, a fait un discours qui a confirmé de façon dramatique ce qui s'est passé dans la classe ouvrière américaine depuis quelques années. Le rôle et le caractère de McBride n'ont pas changé, mais il a dû s'adapter aux nouvelles attitudes qui existent parmi les rangs des Métallos. McBride a expliqué que « notre syndicat s'est engagé » à défendre le plan d'action affirmative négocié par les Métallos à l'usine Kaiser de Gramercy en Louisiane. Il a appelé à vaincre la contestation judiciaire de Weber. Et il a expliqué comment l'imposition par les tribunaux il y a quelques années d'un décret par consentement établissant un système d'ancienneté à l'échelle de l'usine a renforcé le syndicat. « L'ancienneté nous appartient, pas aux patrons, » a-t-il dit aux participants. « L'employeur s'en servait alors qu'elle nous appartenait. »

Il s'agit d'un point très important. Les adversaires de l'égalité des Noirs et des femmes ont souvent essayé de soutenir que l'on ne doit pas toucher au système de l'ancienneté pour corriger des inégalités résultant de licenciements ou de promotions discriminatoires. Les remarques de McBride contribuent à légitimer la nécessité pour le mouvement ouvrier de réclamer des changements dans les systèmes d'ancienneté afin d'aider à garantir une égalité et une solidarité de classe réelles.

Bien sûr, McBride n'est pas un vrai partisan de l'action affirmative. McBride n'appuie qu'une chose : l'inaction affirmative des membres des Métallos. Mais que McBride se sente obligé de faire un tel discours devant plus de 1 000 métallos, voilà qui témoigne d'un changement qualitatif dans la conscience ouvrière au cours des huit dernières années.

Des conférences comme celles-ci montrent que quelque chose de nouveau est en train de se produire dans le mouvement syndical. Il y en a de nombreux autres exemples, comme le confirment jour après jour les camarades dans l'industrie.

Parallèlement à la grande campagne de syndicalisation des Métallos à Newport News — le plus grand effort de syndicalisation dans le Sud en près d'un quart de siècle — les travailleurs ont remporté une victoire importante à la nouvelle grande usine de General Motors à Oklahoma City. Le lendemain de ce vote de deux contre un en faveur des Travailleurs unis de l'automobile, j'ai pris mon thé en regardant les informations du réseau CBS vers 7 h le matin.

Les journalistes ont d'abord interviewé la direction de GM. Ses porte-parole ont dit qu'ils avaient honnêtement pensé impossible une victoire syndicale. Ils se sont dits très surpris. Après tout, plusieurs travailleurs leur avaient dit qu'ils ne voulaient pas de syndicat. De façon évidente, quelque chose avait donc sérieusement mal tourné.

CBS a ensuite interviewé quelques travailleurs — tous blancs — qui représentaient le syndicat maison de GM. Ils n'ont fait que marmonner quelques mots et chercher à sortir du champ de la caméra.

Enfin, le reportage a montré les festivités organisées par la majorité des travailleurs qui avait gagné. Ils étaient blancs et noirs, jeunes et vieux. C'était un rassemblement large, militant et fier.

Ces changements parmi les travailleurs américains ouvrent de nouvelles perspectives pour les luttes sociales devant nous.

Construire nos fractions industrielles

Nous avons pas mal appris au cours de la dernière année. Nous avons fait des progrès significatifs dans l'exécution du tournant. Nous avons maintenant les plus grandes fractions industrielles de l'histoire du parti.

Quels seront alors nos prochains pas ? Comment procéderons-nous aux niveaux politique et organisationnel pour compléter le tournant, construire des fractions industrielles fortes et mener de plus en plus notre activité par le biais de ces fractions ? Les neuf derniers points s'adressent à ces questions importantes.

Dix-sept. Depuis le plénum de février 1978, nous avons dit que notre objectif est d'avoir une grande majorité du parti dans l'industrie et les syndicats industriels. Des camarades me demandent parfois ce qu'est une grande majorité. Commençons par le fait que, selon nos statistiques actuelles, on a demandé à 11 pour cent des camarades du parti d'être à la permanence. Un autre 4 pour cent sont retraités ou près de la retraite. Un autre 4 à 5 pour cent sont des étudiants universitaires. Ceci représente environ 20 pour cent du parti.

Je suppose donc qu'une large majorité est d'environ 80 pour cent.

Au début du tournant il y a un an et demi, le Comité national a sous-estimé le parti et ses cadres. Consciemment ou inconsciemment, nous avons supposé qu'il y avait une couche de camarades qui, pour une raison vague et non déclarée, ne devrait pas aller dans l'industrie. Deuxièmement, nous avons supposé qu'il y aurait une couche qui n'irait pas, une couche assez large de camarades qui ne voudraient pas personnellement faire ce que nous avions tous espéré pouvoir faire.

Ceci s'est avéré erroné. La leçon que nous avons apprise, que le parti nous a enseignée en moins de 18 mois, est une leçon pour la Quatrième Internationale toute entière. Nous avons appris que quand les membres et la direction sont politiquement convaincus des opportunités qui existent pour faire du travail au sein de notre classe, une couche de camarades après l'autre se convainc d'aller dans l'industrie. Ces camarades se mettent dans une position personnelle leur permettant de le faire et sont aidés par l'effort collectif des comités de leur branche et des instances de direction de leur section locale. L'engagement personnel et l'organisation politique collective permettent finalement de surmonter toutes sortes d'obstacles apparents — tel ou tel problème de santé, telle ou telle période d'ajustement, etc.

Bien sûr il y a des cas individuels extrêmes où un tel pas n'est pas possible. Mais il n'y a pas de larges catégories d'exceptions. Notre tournant est une politique générale et il *doit* l'être afin d'être mené à terme. Nous avons d'anciens avocats, médecins, dentistes, professeurs d'université, membres des métiers de la construction, enseignants et employés gouvernementaux de toutes sortes qui sont déjà dans l'industrie ou y cherchent un emploi. Des membres du Comité national, du Comité politique, des journalistes et rédacteurs ont tous été relevés de leurs affectations pour faire partie du tournant. De plus en plus il y aura une rotation : on demandera à des camarades dans l'industrie d'assumer une affectation à temps plein pour le parti et vice versa.

Le tournant est universel. Quiconque n'est pas dans l'industrie, peut être inspiré d'y aller et trouve possible de le faire est le bienvenu. Nous l'aiderons à y entrer.

Il n'y a aucun « équilibre » que ce soit dans notre tournant. Nous mettons tous nos oeufs dans un seul panier. Parce que c'est la seule façon de construire le noyau d'un parti prolétarien, les plus grandes fractions industrielles et la participation la plus efficace dans les mouvements de masse et dans les luttes de toutes sortes. C'est le moyen d'assurer au parti la plus grande influence politique dans les années 80.

C'est une tactique délibérément et totalement déséquilibrée — et elle doit être appliquée de cette façon. Sinon elle ne marchera pas.

Ce n'est pas parce que nous pensons connaître l'endroit exact où auront lieu les prochaines grandes explosions sociales et politiques — ou combien, à quel rythme exact ou dans quel ordre. Nous ne le savons pas. Tout ce que nous savons, c'est que de telles explosions *auront* lieu et que lorsqu'elles auront lieu, les travailleurs industriels y répondront. En le faisant, ils renforceront la lutte pour transformer leurs syndicats et faire avancer chaque lutte des opprimés et exploités.

Notre tournant est le meilleur moyen d'assurer que nous ferons partie de ces batailles, que nous serons en position de mettre de l'avant notre programme et de fournir une direction de lutte de classe, et qu'ainsi un parti révolutionnaire sera construit et renforcé.

Dix-huit. On ne peut s'attendre à ce qu'un camarade individuel réalise ces objectifs par lui-même ou par elle-même. Nous construisons de fortes fractions industrielles qui fonctionnent comme une équipe disciplinée. Nous effectuons notre travail dans l'industrie comme partout ailleurs : collectivement.

En le faisant avec succès, nous découvrons que la confiance des camarades se renforce, de même que leur intérêt général pour la politique et leur compréhension du marxisme. Pour un travailleur industriel socialiste, il est plus facile de comprendre que le marxisme représente les intérêts généralisés d'une classe. Les camarades découvrent une nouvelle façon de tout lire, de nouvelles facettes qu'on a probablement manquées la première fois. Des camarades qui n'avaient jamais pensé écrire pour le *Militant* deviennent des travailleurs-correspondants.

Un parti national

Dix-neuf. Notre objectif est d'entrer dans les grandes usines, les grandes mines, les grandes aciéries, les grands dépôts ferroviaires. Nous voulons être en mesure de côtoyer et d'influencer le plus grand nombre possible de travailleurs industriels dans d'importants lieux de travail et sections locales de syndicats.

Mais nous devons aussi nous rappeler que nous construisons un parti national. Ce pays n'a pas de Petrograd. Les travailleurs américains ne l'emporteront pas en prenant le pouvoir seulement à Baltimore, Chicago ou Pittsburgh. Notre classe est déployée dans tout ce pays, dans des villes de tailles différentes et dotées de caractéristiques politiques et sociales spécifiques. La majorité de la classe ouvrière américaine vit et travaille dans des villes qui par leur taille et leur caractère ressemblent davantage à Miami, Albuquerque, Winston-Salem, Schenectady et Salt Lake City qu'à Baltimore, Chicago ou Pittsburgh.

Seul un parti présent dans tout le pays peut s'impliquer dans les expériences de la classe ouvrière américaine, rester en contact avec elles et aider à les généraliser.

Il y a des centaines d'endroits dans ce pays comme la région de Tidewater en Virginie et la région de Piedmont dans les Carolines : des régions sans ville unique gigantesque, mais avec de grandes concentrations prolétariennes dans l'industrie de base — parfois non syndiquées, parfois très syndiquées.

Des villes comme Miami, Albuquerque, Salt Lake City, San Antonio et Washington sont toutes des centres politiques importants dans ce pays, malgré leurs concentrations *relativement* plus petites de travailleurs industriels. Il y a une grande et importante communauté ouvrière cubaine à Miami et de larges communautés centro-américaines à Miami et Washington. Ne serait-ce que pour les changements d'attitude envers la révolution cubaine qu'on observe parmi les Cubains dans ce pays et pour les luttes qui se développent en Amérique centrale, il est important d'avoir des branches dans ces villes. Et il y a plusieurs autres raisons de le faire.

San Antonio, Phoenix et Albuquerque sont d'importants centres de la population chicana, tout comme Salt Lake City. Les Chicanos constituent une partie importante de la main-d'oeuvre industrielle dans ces villes et on y trouve aussi beaucoup de travailleurs immigrés mexicains sans papiers.

Notre parti ne peut pas se permettre d'ignorer la vie politique de ces villes ou de sombrer dans l'illusion que nous pouvons pour l'instant nous contenter de participer à la vie politique des 10 ou 20 principaux centres industriels U.S., en « attendant à plus tard » pour commencer à le faire dans tous les autres.

Il y a une autre idée erronée que j'ai parfois entendue : que New York ou San Francisco sont des villes petites-bourgeoises, pas très importantes pour un parti prolétarien. C'est ridicule. Ce sont des centres politiques importants de ce pays.

Nous sommes un parti militant, un parti qui intervient. Mais nous ne pouvons jamais nous permettre d'oublier que nous sommes toujours un petit parti de propagande. Il est crucial pour nous de maintenir et d'étendre une présence publique nationale pour le socialisme dans ce pays en menant nos campagnes électorales, en tenant des forums réguliers, en animant nos librairies, en vendant notre presse, en parlant du socialisme au coin des rues et en portant des banderoles politiques attrayantes dans les manifestations.

Si nous ne pouvons avoir d'unité fonctionnelle dotée d'une librairie bien fournie et de locaux publics attrayants dans des villes comme New York et San Francisco, nous faisons une erreur quelque part. Il faudra peut-être au début que quelques camarades fassent beaucoup de route pour se rendre au travail, mais ceci ne nous distingue pas de beaucoup de nos camarades de travail. Comme le reste de la classe ouvrière, nous sommes mobiles.

Mais contrairement au reste de notre classe, nous sommes aussi prêts à tourner le dos aux emplois à neuf ou dix dollars de l'heure pour déménager dans le Sud-Ouest non syndiqué, pour aller dans le Piedmont, pour aller là où vivent les travailleurs les moins bien payés et les moins syndiqués de ce pays. Avec un peu moins d'un quart de la main-d'oeuvre présentement syndiqué, les conditions dans des endroits comme ceux-ci sont caractéristiques de celles auxquelles fait face une majorité de la classe ouvrière américaine.

Deux lignes conductrices

Vingt. Léon Trotsky et Jim Cannon ont établi deux lignes conductrices fondamentales que nos fractions considèrent comme de bons points de départ :

- Trotsky a expliqué le besoin pour les travailleurs de penser socialement et d'agir politiquement.
- Cannon nous a exhortés à parler du socialisme.

Plus nous progressons dans le tournant, plus nous trouvons que ce sont là les meilleures directives pour nos fractions dans l'industrie. Nous faisons le tournant précisément à cause du début de politisation et de radicalisation de sections de la classe ouvrière. La combinaison de ce qui arrive aux travailleurs dans leurs lieux de travail et de ce qu'ils subissent dans la société capitaliste toute entière les amène à s'intéresser de plus en plus à la politique et à se tourner de plus en plus vers leurs syndicats pour des réponses. Ce sont ces facteurs qui transforment leur conscience et auxquels nous devons nous adresser.

Nous voulons être connus au travail par notre journal. Nous sommes les gens du *Militant,* les gens de *Perspectiva Mundial.* On a progressé là-dessus. Des travailleurs socialistes vendent le journal dans l'atelier pendant leur quart ou poste de travail, et à la porte de l'atelier en dehors de leurs heures de travail.

Nous souhaitons aussi être connus comme les partisans du *Militant* parce qu'ainsi, nos camarades de travail savent qui nous sommes quand des luttes éclatent sur une question ou une autre. Ceci évite toute confusion. Nous sommes les partisans de la lutte contre l'énergie nucléaire. Nous sommes les partisans des droits des Noirs et de l'égalité des femmes. Nous sommes les gens qui défendent la révolution nicaraguayenne et qui pensent que les monopoles de l'énergie doivent être nationalisés.

Les camarades découvrent qu'une des meilleures façons de vous présenter au travail, vous et vos idées, c'est en étant un candidat du SWP. Nous voulons encourager nos camarades de travail à devenir des partisans des candidats socialistes. Nos camarades peuvent se joindre au concours d'autocollants et de tee-shirts qui se déroule dans les usines aujourd'hui. Nous pouvons nous couvrir de slogans pour Pulley et Zimmermann. Nous pouvons épingler un macaron pour Pulley à côté de notre badge sur le Milwaukeegate.

À la réunion de la fraction métallo il y a quelques jours, un camarade qui travaille à l'usine Sparrows Point a dit avoir un compagnon de travail qui porte à droite sur son casque « Votez SWP » et à gauche « Jésus nous sauve » ! Ce n'est pas un problème. On peut avoir une compétition amicale et parier qu'on aura un gouvernement ouvrier avant le retour du Christ.

On a eu un autre aperçu de l'esprit rebelle qui se développe parmi les jeunes travailleurs lors de la réunion de la fraction machiniste. Un camarade a dit qu'après le récent écrasement d'un DC-10, la compagnie McDonnell Douglas a lancé une grande offensive de propagande pour blanchir son avion. Elle a produit des tee-shirts avec la photo d'un

DC-10 et les a offerts aux travailleurs. L'un d'entre eux a pris des ciseaux, découpé un des moteurs et porté le vêtement au travail.

Les jeunes travailleurs sont à la fois imaginatifs et rebelles. Le danger qui nous guette n'est pas de trop leur ressembler, mais de craindre de trop leur ressembler.

L'an prochain tout ce pays va discuter laquelle des bandes corrompues — celle de Carter, celle de Kennedy ou celle d'un républicain — va diriger la Maison-Blanche. Nous avons une alternative ouvrière, une alternative socialiste. Voilà comment les travailleurs socialistes agiront dans les usines.

Devenir des dirigeants de nos syndicats
Vingt et un. Il y a eu un échange dans le bulletin interne sur la question de savoir si les camarades devraient chercher à obtenir ou accepter des mandats ou postes syndicaux. On a parfois incorrectement confondu deux idées.

Évidemment, les socialistes dans les syndicats cherchent à être des dirigeants et à prendre des *responsabilités de direction*. Mais ceci *n'équivaut pas* à prendre des postes syndicaux.

Il n'y a pas de règles absolues pour des questions tactiques comme ça. Mais nous ne voyons aucune raison de changer ce que nous avons dit sur cette question au cours des dernières années. Chaque cas spécifique est une question tactique. Mais en règle générale, nous préférons nous *abstenir* de prendre des mandats ou des postes syndicaux aujourd'hui.

Par contre, nous *cherchons* à trouver des façons d'être des militants syndicaux, des bâtisseurs de syndicats et des dirigeants syndicaux responsables. Nous visons à utiliser la force des syndicats — et chaque fois que c'est possible, les structures des syndicats — afin de lutter pour les intérêts des travailleurs. C'est ainsi que les rangs se mobiliseront et que les syndicats commenceront à changer.

Parfois, ceci prendra la forme d'aider à ressusciter des comités moribonds dans des sections locales — comités pour les droits civils, comités pour l'environnement, comités de formation, comités sociaux, peu importe. Parfois, nous aiderons à lancer des comités, comme nous l'avons fait dans plusieurs régions sur la question des droits des femmes ou celle de la solidarité.

Les bureaucrates veulent tout étouffer dans l'oeuf et maintenir la réflexion sociale et la politique à l'extérieur des usines et à l'extérieur du syndicat. *Nous voulons les y faire entrer.*

Notre expérience, c'est que les fractions industrielles qui agissent de la façon la plus politique et la plus audacieuse deviennent aussi les meilleures dans le travail syndical, les meilleures à participer avec leurs camarades de travail dans les luttes au travail et les meilleures à attirer des militants autour d'elles.

Par exemple, la campagne du Milwaukee Road est organisée de manière extrêmement compétente de l'intérieur de la structure syndicale officielle : un comité ad hoc formé avec une autorisation officielle. Mais il se trouve que les cinq travailleurs qui ont formé le noyau initial du comité étaient tous des abonnés du *Militant*. Nous travaillons avec eux dans la campagne du Milwaukee Road et ils lisent notre presse — c'est une bonne combinaison.

Ceci se produit aussi à des endroits comme l'aciérie Sparrows Point à Baltimore. Les camarades agissent ouvertement comme des travailleurs socialistes. En même temps, ils aident à revigorer la situation politique interne dans deux des plus grandes sections locales des Métallos dans ce pays. Ils ont eu des activités officielles de solidarité syndicale avec les grèves du charbon et de Newport News. Ils ont aidé à lancer des comités actifs pour les droits des femmes dans les deux sections locales. Ils ont tenu un forum appuyé par le syndicat sur l'affaire *Weber* dans le local du syndicat. Ils ont initié un débat sur la sécurité au travail. Et ils ont aidé à transformer quelques réunions syndicales en événements politiques qui ont un impact sur les travailleurs qui y assistent.

Il en va de même dans le district 31 des Métallos à Chicago, où nous avons aussi été impliqués dans du travail antinucléaire et du travail de solidarité avec l'Afrique. C'est vrai à Toledo, où les camarades ont aidé à mettre sur pied un comité de solidarité officiel dans leur section locale des TUA. C'est vrai pour beaucoup de nos fractions.

Nous comparons ces expériences avec ce que les trotskystes de Minneapolis se sont donnés pour objectif de faire dans les années 30. C'est ce que nous essayons de faire aujourd'hui. Ce sont eux que nous cherchons à imiter. Comme eux, nous gardons les yeux sur les rangs, pas sur les officiers syndicaux « progressistes ». Nous voulons influencer les jeunes travailleurs. C'est là que nous construirons notre tendance marxiste. C'est là que nous trouverons les premiers cadres de l'aile gauche de lutte de classe. C'est là que nous gagnerons des combattants ouvriers au programme révolutionnaire et au parti révolutionnaire.

Vingt-deux. Avant même la discussion et le vote à ce congrès, les camarades ont fait des progrès spectaculaires en mettant en application le tournant projeté par le plénum de février 1978. Pourquoi ? Parce que le parti était politiquement prêt à le faire.

Si on regarde en arrière, on verra que la direction du parti a commencé à préparer cette nouvelle étape de la construction du parti il y a 15 ans. Farrell Dobbs a été retiré du bureau national et affecté au *Militant* afin d'aider à suivre le mouvement syndical, d'écrire à son sujet et d'aider à effectuer la transition de direction nécessaire. Les articles de Farrell ont servi de base pour notre première brochure importante sur les syndicats en plusieurs années, *Recent Trends in the Labor Movement* [Tendances récentes dans le mouvement syndical], que nous avons publiée en 1967[11]. Elle est toujours disponible. Les camarades devraient retourner la lire.

Nous avons pris une grande décision à la fin des années 60 en demandant à Frank Lovell de revenir à New York pour aider à organiser notre direction syndicale et nous avons graduellement construit un comité directeur national composé de camarades qui s'y connaissent.

Farrell a écrit de nombreux rapports pour le Comité politique sur plusieurs questions clés qui se développaient dans le mouvement ouvrier. Tout le parti a profité de son rapport adopté par le Comité politique en 1969 sur les caucus de Noirs dans les syndicats, sur leur signification et sur l'interpénétration de la radicalisation noire et du mouvement ouvrier. Farrell a aussi rédigé un rapport adopté par le congrès de 1969 qui applique notre politique militaire prolétarienne à la lutte contre la guerre du Viêt-nam et à l'opposition croissante au service militaire obligatoire.

Le parti a traversé l'expérience du Comité pour le droit de voter dans les Travailleurs unis des transports au tout début des années 70[12]. Nous avons rapidement répondu en tant que parti national aux grèves de 1969 contre General Electric et de 1970 dans les postes. Nous étions prêts pour le gel des salaires de Nixon en 1971 et les pénuries de viande et d'énergie de 1973. Nous avons reconnu la signification de l'inflation explosive du début des années 70 et de la dépression qui a suivi en 1974-1975. Nous avons correctement jaugé la Coalition des femmes syndiquées lorsqu'elle est apparue en 1974 en reconnaissant qu'elle était un signe de ce qui venait.

Nous avons commencé à travailler de façon plus systématique avec les camarades en situation syndicale. Nous avons développé de larges fractions d'enseignants et d'employés gouvernementaux et avons collaboré avec elles au niveau local et national. Ces fractions ont abordé de front les questions du racisme, de la réduction des services sociaux et de l'action politique ouvrière qui se posent aux syndicats de l'enseignement et de la fonction publique aujourd'hui. Les camarades qui travaillent dans la construction, en particulier dans la région de San Francisco, ont fait un travail important en utilisant leur base syndicale pour construire la solidarité avec des batailles syndicales et d'autres luttes progressistes. L'ensemble de nos cadres au niveau national a acquis une expérience précieuse de ces batailles initiales dans le mouvement syndical et nos camarades ont gagné le respect de leurs compagnons de travail. Plusieurs d'entre eux dirigent aujourd'hui le tournant du parti vers les principaux syndicats industriels.

Au moment du congrès de 1973, nous avons écrit dans notre résolution politique :

> Bien qu'il n'y ait pas de mouvement visible vers la formation d'une aile gauche de lutte de classe dans les syndicats, il y a de nouvelles ouvertures pour l'activité du parti. Notre principal travail consiste à expliquer le programme qui peut devenir la base pour former une aile gauche de lutte de classe. [...]
>
> Les outils les plus importants pour nos efforts de propagande en direction des syndicats et des travailleurs en général sont la presse et les campagnes électorales. Nous devons chercher des moyens d'utiliser ces outils pour atteindre les travailleurs, en prêtant une attention particulière aux industries où il y a des négociations de convention collective ou des grèves, ou à celles où nous avons des camarades qui travaillent ou y ont des contacts. S'il devait y avoir des affrontements majeurs dans les négociations de convention collective cette année, la couverture que nous en ferons dans notre presse sera une occasion clé pour expliquer notre programme.

Au travail, les camarades doivent chercher des moyens pour présenter nos idées aux autres travailleurs. En général, nos camarades qui travaillent doivent être connus comme des socialistes, comme des partisans des campagnes électorales du Parti socialiste des travailleurs et comme des travailleurs qui appuient de manière intransigeante les luttes des nationalités opprimées et des femmes, et les mouvements de protestation qui ont caractérisé la radicalisation en général. Ils doivent aussi être des experts sur les conditions dans leur industrie et leur lieu de travail et pouvoir en discuter à la lumière des principales questions soulevées dans l'économie et la lutte des classes dans son ensemble. Les camarades syndiqués doivent rester bien informés de la politique de leurs syndicats.

Il n'y a pas d'ouvertures générales dans le mouvement ouvrier en ce moment qui justifieraient une politique de colonisation de nos membres dans les syndicats. En ce moment, le meilleur moyen pour nous d'atteindre les travailleurs qui se radicalisent reste nos efforts de propagande générale.

En même temps, les branches doivent s'efforcer de maintenir des camarades dans les industries qui sont importantes dans la vie politique de la ville où la branche se trouve.

Deux ans plus tard, au plénum de mai 1975 où le Comité national a adopté la résolution « Les perspectives du socialisme en Amérique, » Barry [Sheppard] a proposé dans le rapport organisationnel de franchir un autre pas.

« Les organisateurs de branche et les comités exécutifs, a-t-il dit, doivent examiner comment ils peuvent aider à guider les camarades à la recherche d'un emploi vers des syndicats importants et des industries importantes dans leurs villes. Ils doivent considérer soigneusement les industries et les structures syndicales de leurs régions et décider où nous pouvons faire du travail politique au cours de la prochaine période. Nous devons suivre ce travail de près. Là où nous avons des camarades dans des lieux de travail ou des syndicats, nous voulons constituer des fractions pour qu'ils puissent se rencontrer et discuter ce qu'ils peuvent faire, même si tout ce qu'ils peuvent faire au début, c'est de vendre la presse. [...]

« Maintenant, l'adoption de ces mesures organisationnelles ne vaudra rien si les directions de branche n'ajustent pas leur façon de réfléchir et de s'organiser afin de prêter une attention politique au fonctionnement des fractions. » On entend ici un thème qui nous est tous devenu familier.

« Dans l'immédiat, a poursuivi Barry, nous ne projetons aucun grand bond en avant spectaculaire dans ce genre de travail. Nous ferons des contacts, commencerons à recruter et commencerons à développer notre travail.

« Nous parlons du début d'un tournant qui se développera davantage dans l'avenir. [...] Nous n'excluons pas des explosions soudaines ou de nouvelles opportunités qui nous permettraient peut-être de faire plus de travail dans les syndicats. Mais il faudra travailler dur et il faudra du temps pour construire ces fractions et les faire fonctionner de plus en plus comme des fractions politiques du parti dans le mouvement de masse [13]. »

Toutes ces expériences et discussions nous ont trouvés prêts à répondre aux opportunités offertes par la campagne de Sadlowski en 1976 et 1977 et à effectuer ce que certains camarades ont appelé à l'époque « le tournant dans le tournant » au début de 1978.

Il n'y avait donc rien de soudain, rien qui n'avait été soigneusement pesé, rien qui n'avait pas été préparé. Les camarades n'ont jamais été laissés dans l'ignorance. Il n'y a pas eu de surprises. Simplement une accumulation constante d'expériences et de réponses opportunes aux situations changeantes dans la lutte de classe même.

Bien sûr, nous avons commis des erreurs. Mais nous n'avons jamais commis l'erreur de ne pas savoir où nous allions. Certaines de nos erreurs ont été douloureuses. Nous avons mal organisé certaines choses. Nous n'avons pas vu assez rapidement et clairement après 1975 que les syndicats industriels devaient être l'axe de notre tournant. Nous avons expérimenté des formes organisationnelles différentes au niveau local et avons payé un prix pour ça. Nous sommes finalement en train de mettre de l'ordre dans tout ça en apprenant de quel genre de branches, de sections locales, de districts et de fractions un parti de travailleurs industriels a besoin — un parti national, un parti qui répond à tous les grands événements nationaux et mondiaux du jour.

La bataille pour le *busing* à Boston

L'orientation nationale du parti vers la bataille pour la déségrégation à Boston en 1974 et 1975 a été une composante cruciale de notre préparation pour le tournant vers l'industrie. Nous avons réussi haut la main l'épreuve du parti prolétarien en démontrant notre capacité d'intervenir de manière efficace et décisive pour faire progresser les intérêts des opprimés. Nous avons aidé la communauté noire de Boston à imposer un match nul aux racistes et à préserver le plan de *busing* ou de transport scolaire pour déségréguer les écoles dans cette ville. À cause du rapport de force entre les classes à Boston et dans le mouvement noir, la lutte s'est terminée avant qu'une victoire décisive ne puisse être remportée. Mais beaucoup a néanmoins été accompli, comme le raconte Jon Hillson dans son livre *The Battle of Boston* [La bataille de Boston [14]].

La bataille pour la déségrégation de Boston a été la plus importante expérience de combat politique d'une couche entière de la direction du parti, y compris d'une grande composante noire de notre direction. À Boston et à travers le pays, nous avons gagné au mouvement socialiste de nombreux combattants pour la libération des Noirs à partir de notre travail de solidarité avec cette lutte. Plusieurs d'entre eux aident maintenant à diriger le parti dans l'industrie et préparent la voie d'une revitalisation de la lutte des Noirs sous une direction prolétarienne.

Notre capacité de répondre comme nous l'avons fait aux événements de Boston a été un élément de la preuve que nous construisons le seul genre de parti capable de diriger un tournant vers l'industrie — le genre de parti que nous avons aujourd'hui.

Vingt-trois. Quelles ont été les conquêtes du parti dans les années 60 et 70 ? La reconnaissance du caractère combiné de la révolution à venir aux États-Unis — la révolution permanente telle qu'appliquée aux États-Unis. Le caractère et la permanence des luttes et des organisations indépendantes des opprimés. Le caractère multinational de notre parti, sa composition comme un parti composé de combattants des deux sexes. Ce sont toutes des acquisitions permanentes.

Mais notre plus grande conquête est d'avoir construit un parti capable de jauger les changements dans sa classe et de *faire ce tournant*. Nous avons rassemblé les cadres initiaux capables de faire du travail politique révolutionnaire dans notre classe, de prendre la tête de la lutte pour transformer le mouvement syndical et de construire un parti révolutionnaire de travailleurs industriels.

Le SWP ne traverse pas cette expérience seul. C'est une expérience internationale et notre congrès doit aussi en prendre note. Nous effectuons aujourd'hui ce tournant en tant que composante d'un parti mondial, en tant que composante de l'expérience de la Quatrième Internationale toute entière.

L'Amérique et la révolution mondiale
Vingt-quatre. Chaque question majeure de la politique *mondiale* est aussi une question *américaine*. Nous héritons du legs final de l'époque impérialiste. Nous construisons un parti dans le grand bastion stratégique, celui du système capitaliste mondial brutal. Ce que nous faisons — ou ne faisons pas — aura un effet décisif sur tout ce qui arrive dans le monde et *au* monde.

Si nous pensions que le capitalisme U.S. et ses lieutenants dans le mouvement ouvrier sont capables de stabiliser le capitalisme pendant une période prolongée, les tâches définies dans la résolution politique seraient erronées. Le genre de tournant que nous proposons n'aurait pas de sens.

Mais ce n'est pas ce que nous croyons. Nous pensons que le capitalisme et la classe dirigeante sont incapables d'empêcher la crise dans laquelle ce système est maintenant entré. Les dirigeants peuvent asséner des coups durs aux travailleurs. Mais ils ne peuvent empêcher les batailles d'avoir lieu ou stopper la crise.

Qu'en est-il des bureaucrates syndicaux ? Peuvent-ils continuer à contenir le mouvement ouvrier américain ? La vérité, c'est que même si les syndicats peuvent subir défaite sur défaite à cause de leur emprise sur eux, les bureaucrates sont au bout du compte une couche extrêmement faible. Quand notre classe passera en pleine vitesse, nous les pousserons de côté et fraierons un chemin aux militants.

La seule raison d'hésiter à effectuer le tournant jusqu'au bout — du moins, la seule qui ait du sens — c'est si vous croyez que, comparativement à d'autres classes, les travailleurs sont naturellement plus économistes et les partis ouvriers congénitalement plus conservateurs. Ou si vous croyez qu'en prenant un chalumeau à souder ou en entrant dans une usine, vous cessez d'une façon ou d'une autre d'être un Noir, un Latino, une femme, une lesbienne, un jeune ou tout ce que vous voudrez.

Ce point de vue est assez fréquent parmi les radicaux et les libéraux petits-bourgeois. Mais c'est une absurdité. Vous ne cessez pas d'être ce que vous êtes quand vous entrez dans une usine — sauf d'être un chômeur. Mais en tant qu'individu et que membre d'un parti prolétarien, sur ces deux fronts, vous *ajoutez* énormément à votre force et à votre capacité de penser, d'expérimenter, d'analyser et d'avoir un impact sur ce qui se passe dans votre classe et parmi ses alliés.

Nous ne promettons pas une révolution socialiste demain ou à une date définie. Notre tournant n'a rien à voir avec les prophéties ou l'impatience.

Mais nous *pouvons* promettre un certain nombre de choses à propos des années 80. Trotsky a esquissé une perspective étonnamment similaire en 1921, dans un discours au troisième congrès mondial de l'Internationale communiste. Nous avons plagié des passages de ce discours dans la section du projet de résolution intitulée « La catastrophe à laquelle font face les travailleurs américains. »

« La question qui est soulevée abstraitement par de nombreux camarades, de ce qui va mener à la révolution : appauvrissement ou prospérité ? est complètement fausse ainsi formulée, a expliqué Trotsky. [...] Ni l'appauvrissement ni la prospérité en tant que tels ne peuvent mener à la révolution. Mais l'alternance de prospérité et d'appauvrissement » — les bonnes et les mauvaises périodes — « les crises, l'incertitude, l'absence de stabilité — voilà les forces motrices de la révolution. »

Il poursuit : le « mode d'existence tranquille [de la bureaucratie syndicale] a aussi fait sentir son influence sur la psychologie d'une large couche de travailleurs plus aisés. Mais aujourd'hui, cette situation bénie, cette stabilité des conditions de vie, appartient au passé » — comme on le voit commencer à se produire aujourd'hui. « L'appauvrissement a remplacé une prospérité artificielle.

« Les prix montent en flèche, les salaires n'arrêtent pas de changer en fonction ou à l'encontre des fluctuations monétaires. La monnaie bondit, les prix bondissent, les salaires bondissent. Puis viennent les hauts et les bas de fiévreuses conjonctures fictives et de crises profondes.

« Ce manque de stabilité, dit Trotsky, l'incertitude de ce que demain apportera dans la vie personnelle de chaque travailleur, est le facteur le plus révolutionnaire de l'époque dans laquelle nous vivons. [...]

« Cette absence de stabilité déséquilibre le travailleur le plus imperturbable. C'est une force motrice révolutionnaire [15]. »

C'est ce que nous promettons. Rien de moins, rien de plus. Pas la victoire de la révolution socialiste — celle-ci dépendra de plusieurs facteurs, y compris de nous-mêmes et de ce que nous faisons. Mais les batailles s'en viennent et la transformation révolutionnaire se produira. Les années 80 et 90 seront marquées par d'énormes batailles qui décideront pour beaucoup du futur de la race humaine.

Nous sommes aussi convaincus, comme Trotsky l'a prédit, que des révolutionnaires d'action émergeront par milliers et milliers de la classe ouvrière américaine. Ils apprendront le marxisme à pas de géant. Ce qui nous amène à notre dernier point.

Vingt-cinq. Notre tâche est de ne faire qu'une seule chose : construire un parti américain avec nos copenseurs de la Quatrième Internationale, un parti capable de diriger ces combattants ouvriers dans la lutte pour éliminer ce bastion de l'impérialisme de la surface de la terre et ouvrir la voie à l'avenir socialiste de l'humanité.

Conclusion

Andrew Pulley et Matilde Zimmermann seront sur la route pendant les 14 prochains mois. Ils feront campagne au nom du SWP et présenteront les réponses socialistes à des millions de travailleurs américains. Ils feront campagne autour des questions posées par la lutte des classes dans le monde et aux États-Unis, y compris les questions les plus pressantes auxquelles font face les travailleurs américains. Nous trouverons de nouvelles façons de populariser nos idées fondamentales et de répondre de manière claire et décisive à toutes les questions urgentes soulevées au cours de la campagne, qu'il s'agisse de guerres, de révolutions, de catastrophes ou de crises.

En même temps, notre réponse à la question : « Quelle alternative de masse ont les travailleurs face aux démocrates et aux républicains ? » sera comme elle l'a été depuis notre première campagne présidentielle en 1948 : « Les syndicats doivent construire un parti ouvrier. » Mais cette fois, nous aurons plus de munitions. La nécessité de rompre avec les démocrates — la nécessité d'un parti ouvrier — va être plus claire pour plus de gens.

Nous ne pensons pas qu'il y ait déjà eu un changement qualitatif dans la conscience des travailleurs américains sur cette question. Mais nous pensons que les événements qui se produiront au cours de notre campagne électorale permettront aux candidats socialistes et à leurs partisans d'avancer notre mot d'ordre de parti ouvrier de manière plus populaire.

Comment les camarades dans l'industrie doivent-ils soulever la question du parti ouvrier ? À moins de rencontrer des ouvertures spéciales dans le mouvement ouvrier, ils l'utiliseront comme un aspect majeur de leur campagne socialiste parmi leurs camarades de travail. C'est la réponse directe d'Andrey Pulley et de Matilde Zimmermann à la proposition de la bureaucratie d'utiliser les ressources du mouvement ouvrier pour appuyer le Parti démocrate et leur réponse à tous les effets pernicieux de cette politique de collaboration de classe dans l'atelier et sur des questions comme la menace de guerre, la discrimination et la catastrophe sociale.

C'est un point sur lequel notre campagne fera de l'éducation partout où nous sommes actifs. Dans les syndicats. Dans NOW. Au cours de réunions publiques. À la télévision, quand nous en aurons la chance.

Le système bipartite a bien servi les capitalistes. Lorsqu'il prendra fin, ils n'auront rien en réserve. Le système bipartite n'a pas la flexibilité d'un système parlementaire avec plusieurs partis fonctionnant tous à l'intérieur d'un cadre politique capitaliste. Il s'agit d'un facteur politique et historique important incorporé au mode particulier de domination bourgeoise qui a évolué dans ce pays.

C'est une raison pour laquelle les enjeux sont si élevés dans la lutte pour former un parti ouvrier. Ce n'est certainement pas une avenue dans laquelle les lieutenants ouvriers serviles des employeurs se lanceront à la légère, étant donné en particulier la crise capitaliste qui se développe et le potentiel croissant d'une explosion de radicalisme ouvrier. C'est la variante la *moins* probable de comment un parti ouvrier pourrait voir le jour dans ce pays.

La rupture d'une section significative du mouvement syndical avec le Parti démocrate ferait éclater ce parti et perturberait tout l'équilibre politique capitaliste. Le sérieux avec lequel les capitalistes répondraient à un tel développement a été illustré par leur réaction à une crise qui posait un bien moins grand défi direct à leur système politique actuel : le Watergate. On a eu un petit aperçu le 15 juillet dernier des manoeuvres auxquelles ils se livrent en coulisses quand le général Alexander M. Haig, un ancien commandant de l'OTAN qui cherche aujourd'hui à obtenir l'investiture républicaine à la présidence, a été interviewé à l'émission « Meet the Press » [Rencontrez la presse] du réseau NBC. Haig était le chef d'état-major de Nixon lorsque la tentative de camoufler le Watergate a tourné au fiasco. De cette position centrale, a-t-il expliqué aux journalistes de « Meet the Press, » il savait personnellement que « dans le va-et-vient de l'évolution des événements à l'époque, les perspectives d'une solution extraconstitutionnelle à cette grave crise étaient très fortes. »

L'escalade des luttes ouvrières et les changements dans le rapport de force entre les classes qui sous-tendraient la formation d'un parti ouvrier pousseraient certainement des ailes de la classe dirigeante à envisager avec sérieux le recours à des mesures « extraconstitutionnelles ».

Malgré de telles craintes parmi les dirigeants capitalistes et la résistance qui en résulte de la part de leurs agents dans le mouvement ouvrier, les pressions continuent de monter et de conduire à une crise du système bipartite. Notre capacité d'expliquer qu'un parti ouvrier est une perspective réaliste s'accroît.

Étant donné l'existence des syndicats industriels, nous pouvons expliquer que les travailleurs ont un point de départ beaucoup plus solide que ne l'avait le Parti républicain lors de sa création en 1854 à Ripon, dans l'État du Wisconsin, au cours d'une réunion regroupant des Whigs anti-esclavagistes, des membres du parti de la « Terre libre » et quelques renégats démocrates.

Nous aurons une écoute sérieuse pour cette idée. Nous pourrons généraliser nos solutions socialistes à un niveau politique. L'idée d'un parti ouvrier commencera à être identifiée à la campagne de Pulley et Zimmermann dans les usines. Plus important, elle va aider à gagner des travailleurs au SWP.

Nous devons la présenter de la même manière que l'a fait la campagne d'Andrew Pulley à la mairie de Chicago au début de l'année. C'est une idée sensée pour la communauté noire. C'est une idée sensée pour les militantes de NOW qui luttent pour les droits des femmes. C'est une idée sensée pour les gens avec qui nous travaillons dans le mouvement antinucléaire ou le mouvement de solidarité avec le Nicaragua. Si nous gardons ceci à l'esprit, nous projetterons mieux le genre de parti ouvrier pour lequel nous luttons : un parti qui implique tous les opprimés, qui se bat pour eux et qui mobilise la puissance du mouvement syndical en leur nom.

Notre propagande sur le parti ouvrier ne remplace les activités, l'orientation ou le programme d'action d'aucune organisation, y compris les syndicats. Nous ne sommes pas intéressés à débiter des slogans ; nous voulons que des gens sérieux écoutent nos idées.

Le tournant

Nous avons eu une riche discussion sur le tournant — sur ce que nous essayons de faire et pourquoi. Il y a un autre angle qui n'a pas été abordé dans la discussion. Ce que nous faisons maintenant — un effort pour avoir la vaste majorité du parti dans l'industrie et dans les syndicats industriels — resterait le cours politique correct aujourd'hui, indépendamment de ce qui pourrait arriver d'autre dans la politique américaine. Nous ne faisons pas le tournant à cause de ce qui ne se passe pas ailleurs. Nous ne le faisons pas parce que nous n'avons pas confiance dans les possibilités de lutte des étudiants ou des autres secteurs de la société. Ça n'a rien à voir avec notre lecture de ce qui se produira ou ne se produira pas en dehors des syndicats.

Notre tournant découle du changement qui s'opère dans la classe ouvrière américaine. Quand un parti comme le nôtre a l'opportunité d'aller vers les sections syndiquées de notre classe les plus puissantes et les plus influentes et d'y faire du travail politique, nous devons le faire. C'est le b a ba d'un parti marxiste prolétarien qui s'efforce de diriger les travailleurs jusqu'à la révolution socialiste.

Agir ainsi *renforce* tout ce que nous faisons. Ça renforce le parti. Ça renforce chaque membre du parti. Ça renforce notre participation dans chaque lutte des opprimés.

Le tournant ne peut qu'améliorer la situation des révolutionnaires et des travailleurs animés d'un esprit de lutte de classe à l'intérieur du mouvement ouvrier. Il ne peut qu'accroître la confiance des Noirs et de ceux qui veulent se battre pour les droits des Noirs ; des Chicanos et de ceux qui veulent se battre pour les droits des Chicanos ; des femmes et de ceux qui veulent se battre pour les droits des femmes. Il ne peut que donner une vitalité nouvelle aux coalitions antinucléaires ou aux coalitions d'action sur le Nicaragua. Quand nous participons à ces luttes, nous avons maintenant la meilleure opportunité depuis plus d'un quart de siècle pour commencer à y impliquer les syndicats et à intéresser leurs membres à nos idées et à nos activités.

La seule manière de faire un travail sérieux dans ces luttes, c'est en effectuant le tournant jusqu'au bout. Nous allons voir dans les prochaines années des actions de masse comme nous n'en avons jamais rêvé ! Et comme membres de ce parti, nous en ferons partie. Nous aiderons à les diriger. Nous aiderons à les doter d'un programme de lutte de classe et d'une direction anticapitaliste.

Comme l'a souligné le rapport, on ne peut pas formuler de préceptes tactiques pour guider le travail de nos fractions industrielles. Mais nous nous abstenons de prendre des mandats syndicaux et de nous impliquer dans des caucus d'opposition. Il peut y avoir des exceptions. Mais en règle générale, ce serait prématuré et incorrect d'en faire les prochaines étapes de notre ligne de marche stratégique. C'est l'un des points qui est réaffirmé dans ce rapport.

Les fractions qui effectuent le meilleur travail dans les syndicats sont aussi celles qui font le meilleur travail politique général. Les camarades qui dirigent le tournant ne voient aucune opposition entre les deux.

Chaque fois que j'entends que telle ou telle fraction fait un travail remarquable autour d'une question syndicale, il se trouve qu'elle vend aussi le *Militant* comme des petits pains chauds et que la branche et la direction du district l'aident à effectuer de manière organisée un travail politique complet et équilibré. Chaque fois que j'entends : « Ces camarades ont vraiment fait quelque chose de réussi autour d'une action antinucléaire, » il s'avère aussi qu'ils fonctionnent de mieux en mieux dans l'usine et le syndicat.

Nous faisons des erreurs. Nous avons eu quelques faux départs. Nous nous engageons à moitié dans une impasse, devons rebrousser chemin et reprenons notre route.

Mais c'est simplement la vie par opposition à la mort. C'est intervenir au lieu de prêcher. C'est apprendre en agissant. Nous n'avions en fait aucun droit de nous attendre à bien le faire. Rappelez-vous : le tournant a simplement commencé à la fin de février 1978, il y a un an et demi.

Nous allons construire notre courant marxiste dans le mouvement ouvrier américain avec les jeunes travailleurs. Ceci contribuera plus que tout autre chose à renforcer l'intervention politique collective de notre parti dans chaque lutte politique ou sociale, dans la mesure où le permettra notre nombre. Un parti ouvrier le fera mieux qu'un parti non ouvrier. Sinon, c'est tout le marxisme qui fiche le camp.

Ceci devrait nous donner un optimisme révolutionnaire scientifiquement justifié. Quand nous remarquons les opportunités croissantes pour le développement d'une direction prolétarienne dans la lutte des Noirs par exemple, nous parlons d'une nouvelle étape de lutte pour la nationalité noire opprimée. Ceci va inévitablement se produire et inévitablement être renforcé par les changements qui affectent le mouvement ouvrier américain. Ces luttes vont revigorer tous les autres secteurs de la lutte, y compris les syndicats. Elles continueront à affecter la conscience de l'ensemble de la classe ouvrière.

Le message le plus important que nous adressons aux quelque 1500 camarades qui effectuent ce tournant est le suivant : *ceci est votre parti*. Vous pouvez et vous devez mettre la main sur de bonnes histoires des expériences passées du mouvement ouvrier et parler aux vétérans des périodes antérieures. Vous apprendrez des choses cruciales sur notre stratégie.

Mais peu importe de quel côté vous vous tournez ou combien vous lisez : vous ne trouverez pas de conseillers qui connaissent aussi bien que vous ce qui se passe parmi les jeunes travailleurs dans les usines, les mines et les manufactures. Personne ne peut vous dire comment nos idées politiques sont reçues ou quelles tactiques peuvent permettre de les mettre en pratique.

Nous construisons ce parti en travaillant ensemble pour développer des fractions qui fonctionnent comme des équipes, en construisant nos fractions nationales, en élisant nos comités nationaux et en renforçant nos directions de section locale, de district et de branche. Ce parti sera construit et dirigé par les travailleurs industriels qui dirigent le tournant et par ceux qui seront attirés en nombre croissant par les idées marxistes et qui joindront nos rangs.

Former la direction d'un parti prolétarien

Vers la fin de la deuxième boucherie impérialiste mondiale, une grande partie de la direction du Parti socialiste des travailleurs s'est retrouvée l'hôte du pénitencier fédéral de Sandstone. Dans la tradition éprouvée et véritable du mouvement révolutionnaire, elle en a profité pour effectuer de sérieuses études.

Une des nombreuses leçons que nous avons apprises des Russes, ont souligné les camarades de Sandstone, c'est qu'une des rares fois que les dirigeants révolutionnaires arrivent à étudier, c'est en prison.

Cette négligence n'est pas due à l'irresponsabilité ou à la désorganisation. Elle est due au fait que les dirigeants révolutionnaires font continuellement face à la responsabilité de diriger. Peu importe les intentions des individus, il est habituellement impossible de mettre de côté de grandes périodes de temps exemptes de responsabilités dans la lutte des classes. La plupart d'entre nous dans cette salle pouvons en témoigner à partir de notre propre expérience.

Même si cette situation peut se comprendre et constitue même un signe de direction au niveau personnel, elle n'est pas un signe de direction au niveau collectif.

Le Comité national du Parti socialiste des travailleurs a adopté la ligne générale de ce rapport le 6 janvier 1980.

VOIR LES NOTES EN PAGE 580

Rappelez-vous que Ray Dunne, Carl Skoglund, Farrell Dobbs et Jim Cannon faisaient partie des camarades qui se sont retrouvés à Sandstone. Ils ont longuement discuté de cette question. C'était la période suivant la scission avec l'opposition petite-bourgeoise [1], alors que la lutte de classe avait commencé à reprendre vers la fin de la guerre et que les camarades pensaient à l'avenir. Ces derniers voyaient la nécessité de réorganiser plusieurs aspects de la vie du parti. C'est ainsi que l'idée de réorganiser et de planifier la formation d'une manière nouvelle a aussi été l'un des produits de Sandstone.

Ils ont discuté du besoin de motiver, d'organiser et de prendre une plus grande responsabilité collective pour former les travailleurs pensants que sont les cadres de notre parti et pour organiser la formation aussi consciemment que nous organisons le reste du travail quotidien du parti. Un aspect spécial de ce plan a été d'organiser la formation de la direction.

Reflet de la pensée des camarades là-bas, les lettres de prison écrites par Jim sur la formation sont le résultat de ces discussions. C'est dans ces lettres qu'a été proposée la première école de formation de la direction du parti [2].

Révolutionnaires d'action

Les léninistes sont des révolutionnaires d'action. Et nous avons l'obligation de nous assurer que nous sommes équipés le mieux possible pour diriger correctement dans l'action, c'est-à-dire pour guider notre classe aussi sûrement que nous le pouvons en accord avec sa ligne de marche stratégique.

Pour cette raison, les camarades de Sandstone ont proposé que le parti prenne systématiquement des sections de la direction élue du parti et, pour une période d'environ six mois, les affecte à cesser d'être des dirigeants et des révolutionnaires d'action au sens normal du terme. Le parti prendrait la responsabilité de les affecter à changer la forme de leur activité quotidienne et à se consacrer à aiguiser ces outils que sont leur compréhension politique et leur capacité d'utiliser la méthode marxiste.

Il y avait une autre considération impliquée dans cette proposition, une considération que ces camarades connaissaient et comprenaient très bien et qu'ont abordée certaines des lettres. Notre parti, ses cadres et sa direction doivent être capables de résister aux pressions et de tenir à long terme.

La plupart d'entre nous dans cette salle avons été membres du parti depuis 10 à 20 ans. Mais ce n'est que le début. Comme dans le cas de tout autre outillage, l'usure commence à paraître. Si nous ne commençons pas à organiser le rééquipement régulier de la direction comme un élément de notre formation, nous perdrons inutilement des camarades. Au niveau individuel, il n'y a aucune façon de forcer la direction à développer un rythme et un mode de fonctionnement qui permettent aux camarades de tenir à long terme. Nous avons tendance à nous pousser à la limite et à être exigeants envers nous-mêmes. Nous devons assumer une responsabilité *générale* tout en menant à bien des affectations concrètes. C'est pour cette raison que le parti nous demande de participer à une instance de direction — et nous exigeons alors encore plus de nous.

Cette question de rythme est très importante à long terme. Nous devons non seulement penser comment nous former, nous développer et travailler ensemble comme dirigeants, mais aussi comment nous assurer que ce ne soit pas seulement pour 20 ans, mais pour 40 et 50.

Chaque camarade représente un énorme investissement pour le parti. C'est difficile de mesurer cet investissement. Mais la perte de n'importe quel cadre veut dire enlever une pièce au parti — pas simplement une pièce à une machine, mais plutôt un morceau à quelque chose d'organique. Nous ne perdons pas seulement un individu, nous perdons tous les liens de ce camarade avec d'autres individus. Il y a une rupture dans l'expérience et la responsabilité communes, une déchirure dans le muscle de l'organisme.

Les camarades de Sandstone étaient donc convaincus que ce genre de plan de formation était essentiel pour nous permettre de tenir le coup à long terme.

Ils ont soulevé plusieurs idées connexes que nous devrions, je crois, incorporer dans nos plans. Ils ont insisté sur le fait que la formation n'est pas la voie vers la direction. Les dirigeants sont ceux qui dirigent dans tout ce qui doit être fait, ceux qui sont prêts à assumer plus de responsabilités que les autres. À la longue, le parti reconnaît ceux vers qui il se tourne pour diriger, ceux qui dirigent en pratique, et c'est officialisé dans des comités de direction élus.

Vous ne devenez pas un dirigeant en vous formant. Personne ne vous demande combien d'années ni à quelle école vous avez étudié, non plus que le nombre de tomes ni quels livres vous avez lus avant d'être élu à un comité exécutif ou avant qu'on vous demande d'accepter une responsabilité de direction. Vous pouvez lire tout ce qui a été imprimé de Marx, Engels, Lénine et Trotsky, sans que ça ne fasse de vous un dirigeant pour autant.

Mais les camarades de Sandstone ont souligné que le parti a la responsabilité d'organiser ceux qui ont fait leurs preuves comme dirigeants pour leur permettre d'approfondir leur formation. Il faut le faire dans le but de renforcer la direction et de lui permettre de mieux remplir ses fonctions et d'assumer ses responsabilités.

Politique et théorie

Deuxièmement, le but de cette école n'est pas de former des théoriciens. C'est de former des politiciens révolutionnaires. Le développement de la théorie est nécessaire dans le mouvement révolutionnaire. Mais on ne peut le faire en passant quatre, cinq ou six mois à l'école de direction.

La théorie marxiste n'est pas développée par des théoriciens autoproclamés qui passent leur temps à concevoir des idées. Elle est développée par des politiciens révolutionnaires qui font face à des expériences de lutte de classe et qui généralisent les leçons de ces expériences et des expériences passées du mouvement ouvrier.

Comment Joe Hansen par exemple a-t-il approfondi notre compréhension de la question du gouvernement des travailleurs et des agriculteurs ? Il ne s'agissait pas simplement d'une idée brillante ou d'une déduction faite à partir de la lecture attentive de nos aïeux marxistes. Il n'y est pas arrivé non plus un jour en passant du temps à travailler sur le sujet parce que c'est ça qui l'« intéressait ». C'est la révolution cubaine, qui présentait des questions nouvelles de même que des opportunités. Celles-ci nous ont forcés à puiser dans notre théorie passée et dans les expériences des bolcheviks et du Comintern afin d'approfondir notre compréhension théorique et politique du gouvernement des travailleurs et des agriculteurs. Ça se passe toujours ainsi. Ça commence toujours parce qu'on se heurte à des questions politiques immédiates.

Ce que l'école peut faire, c'est d'aider à augmenter les capacités et à aiguiser les outils intellectuels de politiciens révolutionnaires flexibles et principiels, qui ont donné leur vie au mouvement et qui ont l'intention de continuer à faire tout ce qui est nécessaire pour le faire avancer. Ces camarades peuvent sortir de l'école renforcés, plus confiants et mieux équipés pour assumer ces responsabilités.

Bien sûr, on ne devient pas plus confiant en passant du temps à lire sur la dialectique. Mais à mesure que vous développez votre habileté et votre confiance politiques, vous *êtes* mieux à même de comprendre la dialectique et d'utiliser consciemment la méthode du marxisme.

La machine pensante

Le camarade John G. Wright a développé une autre bonne façon d'aborder cette question. J'en ai pris connaissance pour la première fois il y a plusieurs années, quand Farrell m'a donné des copies de quelques lettres écrites par John G. Wright à George Breitman en 1945. Je ne sais pas s'il a écrit plus sur cette idée, mais les lettres que j'ai lues sont merveilleuses.

Usick, ainsi qu'on le connaissait généralement dans le parti, a souligné que les camarades ont l'habitude de penser que le parti fonctionne collectivement de plusieurs façons — comme un instrument de combat, comme un instrument politique, etc. Mais ils n'ont pas tendance à penser au parti comme à une machine pensante, collective et organique.

Pourtant, c'est certainement une des plus grandes responsabilités du parti. La capacité de l'ensemble du parti de penser collectivement est plus puissante que n'importe quelle suite d'idées individuelles et plus puissante qu'une simple somme d'idées. Bien sûr, chacun pense individuellement. Mais en croissant, le parti ne doit pas seulement développer sa force numérique et sa capacité politique. Il doit aussi se développer comme une machine qui pense, comme un parti qui peut se réunir régulièrement et réfléchir aux questions politiques auxquelles il fait face. Adapter sa pensée individuelle à ce processus est un trait prolétarien.

En plus d'être une machine pensante, le parti est aussi une mémoire collective pour la classe ouvrière. Il emmagasine les leçons apprises par notre classe dans la lutte, les généralise, leur donne une cohérence et les applique aux nouvelles situations de la lutte de classe afin d'aider à avancer le long de la ligne de marche vers le pouvoir. Ceci fait partie d'être l'*avant-garde* d'une classe.

On nous dit que l'exécution des décisions et l'administration sont souvent des efforts *collectifs*, mais que la création d'idées est toujours et seulement un effort *individuel*. Cette opposition est souvent faite dans la société bourgeoise et elle imprègne la manière dont on nous apprend à penser. Mais elle n'est pas vraie. Sans la pensée et les opinions collectives de nos cadres, le parti ne pourrait se développer, avancer et répondre aux nouveaux défis de la lutte de classe.

En fait, ce n'est qu'en voyant le parti fonctionner de cette façon qu'on peut comprendre les contributions individuelles. Nous connaissons tous la brochure de George Novack sur le rôle de l'individu dans l'histoire, qui utilise des exemples comme ceux de Lénine et de Castro. Mais comme George l'explique aussi, le rôle individuel de Lénine — en avril 1917 par exemple — a été totalement conditionné par le fait qu'il faisait partie d'une machine, d'une collectivité. Sans le parti bolchevique, d'un point de vue historique, son rôle individuel n'aurait pas été très important[3].

Une des choses que nous voulons faire avec l'école, c'est de mieux le comprendre et de nous renforcer en tant que machine qui pense.

Puiser dans notre héritage

Un autre point qu'il faut faire, c'est que l'école ne visera pas à « faire de la critique. » Autrement dit, notre travail ne consistera pas à lire Marx et Engels pour chercher et découvrir leurs erreurs. C'est bien populaire ces jours-ci dans les cercles petits-bourgeois qui se disent marxistes. Bien sûr, Marx et Engels ont fait des erreurs, mais ils ne peuvent pas y faire grand-chose maintenant.

En vérité, ça ne demande pas beaucoup d'étude, d'intelligence ou d'expérience dans la lutte des classes pour repérer, 100 ans après, quelques endroits où Marx et Engels se sont trompés. La bien plus grande marque de sagesse, c'est de reconnaître à quel point le développement du capitalisme et de la lutte de classe au cours du dernier siècle ont confirmé la justesse des écrits fondamentaux de Marx et d'Engels.

Ce que nous voulons donc faire à l'école, c'est de creuser, découvrir et redécouvrir les idées qui guident notre mouvement, de comprendre d'où elles sont venues et de voir comment, d'une certaine manière, nous revivons les mêmes expériences qui ont fait de Marx et Engels des marxistes. Bien sûr, nous allons le faire en tant qu'individus dotés d'un esprit critique. Il n'y a aucune autre manière d'étudier et d'avancer.

C'est de cette façon que nous allons procéder. Nous avons l'intention de creuser cet héritage pour nous aider dans ce que nous avons à faire. Et nous voulons le creuser encore plus efficacement et plus intensément que nos camarades ne le font maintenant dans les mines de charbon.

Finalement, nous devons nous débarrasser de la mystique petite-bourgeoise de « l'étudiant. » Nous pouvons essayer très fort ou avoir été longtemps dans le mouvement, peu importe : je pense qu'il reste toujours une sorte de mystère et de fétichisme des étudiants qui nous vient de toute la société dans laquelle nous vivons. S'il y a jamais eu une institution de classe, c'est bien l'éducation. Et ce fait façonne les attitudes envers elle.

L'essentiel de cette conception de « l'étudiant » est un mythe. Quiconque est capable d'accepter et de mener à bien une responsabilité dans notre mouvement est aussi par définition un étudiant. Comme l'a expliqué Jim Cannon, ça implique en grande partie de désapprendre ce que vous pensiez avoir appris auparavant. Le travail qui nous attend consiste à nous organiser collectivement pour nous renforcer dans ce cadre. Nous nous entendons pour dire que toutes les institutions d'enseignement sont des institutions de classe. La nôtre ne sera pas une exception. Elle servira les intérêts de notre classe.

L'école et le tournant

La proposition de lancer l'école à ce moment particulier coïncide avec un pas en avant significatif dans la formation générale du parti. Les camarades se souviennent de la décision adoptée à notre dernier congrès de mener à bien le programme de formation de l'automne. Je pense que nous avons fait des progrès sur ce front.

Et les pas en avant que nous faisons dans l'éducation systématique du parti sont liés au tournant vers l'industrie et enracinés dans ce qui se produit dans la lutte de classe au niveau national et international. Les camarades se rappelleront que la proposition de relancer l'école a été faite la première fois au même plénum où nous avons décidé de faire le tournant.

Nous avons explicitement lié l'école à trois tâches.

Premièrement, il y a le processus de transition dans la direction, qui s'est déjà produit jusqu'à un certain point mais qui est aussi un processus continu. Cette question était liée à la série de discussions que nous avons eues sur les expériences de direction croissantes des camarades noirs, latinos et femmes qui sont des dirigeants du parti et sur ce que ce développement signifie pour le renforcement du parti et du tournant lui-même.

Deuxièmement, nous avons lié l'école directement aux opportunités et aux obligations posées par le tournant. Autrement dit, nous avons vu que nous devions approfondir notre compréhension de plusieurs idées fondamentales parce que nous devions les expliquer à d'autres travailleurs et les expliquer clairement.

Et troisièmement, nous étions convaincus qu'à mesure que nos cadres deviendraient complètement impliqués dans les batailles quotidiennes de notre classe, il nous serait possible de vraiment apprendre le marxisme et de l'assimiler d'une façon qui n'était pas possible durant les périodes précédentes, peu importe le soin consacré à l'étudier ou à nous organiser pour le faire. C'est vrai parce que le marxisme est quelque chose d'unique. C'est l'expression totalement consciente des intérêts d'une classe. Plus nous faisons partie de cette classe, plus le marxisme est compréhensible, utilisable et indispensable.

Quand nous avons décidé de faire le tournant, une partie de cette décision a donc été de préparer et de lancer l'école comme une composante du processus visant à approfondir notre éducation. Nous l'avons soulevé au dernier congrès et maintenant, nous en établissons la date et en choisissons le premier groupe d'étudiants.

Le rôle des idées

Je pense que la discussion politique que nous avons eue au cours des deux derniers jours permet de mieux comprendre l'un des points dont nous avons parlé lors des deux précédents plénums. Le rôle des idées est de plus en plus important dans la lutte de classe dans ce pays.

Nous en sommes à un stade où la radicalisation de la classe ouvrière ne s'exprime pas dans des formes organisées de masse. Il n'y a pas d'aile gauche de lutte de classe, pas même ce qu'on pourrait sérieusement considérer en être le noyau. Il n'y a pas de grand parti politique faisant partie du mouvement ouvrier. Il n'y a pas d'organisations de masse radicalisées des opprimés avec une politique prolétarienne. La classe ouvrière n'a ni voix ni véhicule de masse pour exprimer ses intérêts politiques historiques ou pour représenter les travailleurs qui réfléchissent et qui commencent à développer des idées exprimant une conscience de classe.

Mais nous savons que cette situation ne peut arrêter la présente croissance à grande échelle de la réflexion et du débat au sein de la classe ouvrière. La profondeur de ce processus s'est confirmée au cours des dernières années, depuis que nous avons commencé le tournant.

Nous savons que la grande majorité des travailleurs américains ne sont pas socialistes. Mais nous n'avons pas à affronter un mur adverse, hostile ou indivisible. Quel que soit le nom qu'on lui donne, ce que nous faisons, c'est de rassembler un courant marxiste dans la classe ouvrière américaine. Nous le faisons à travers les activités des membres du parti dans les usines, les mines et les syndicats. Nous rassemblons ce courant en attirant un nombre limité de gens vers nous et autour de nous, des gens qui se tournent vers nous. Une autre couche plus large ne se tourne pas nécessairement vers nous en quête de direction, mais nous reconnaît de plus en plus comme représentant un point de vue distinct. Nous attirons leur attention et suscitons souvent leur intérêt et leur respect.

Ce processus de discussion continue de s'élargir et de se développer, indépendamment du retard contradictoire de ses formes organisationnelles. Nous n'avons aucun moyen de prédire combien de temps il faudra avant que cette contradiction ne commence à se résoudre.

Tout ceci se produit dans un cadre explosif à l'échelle internationale. La classe ouvrière est confrontée de plus en plus directement à la question de la guerre et aux problèmes que pose l'époque du déclin impérialiste. Ces questions touchent chaque travailleur et travailleuse au niveau de sa vie économique, de sa vie politique et de son avenir personnel.

Nous avons débattu précédemment de la polarisation de classe qui a lieu et nous avons polémiqué contre les points de vue à la noix qui amalgament les travailleurs blancs à leurs exploiteurs en les considérant comme une partie du problème. Mais nous savons aussi que cette question est compliquée. La polarisation de classe se reflète dans notre classe. Tous les travailleurs ne pensent pas comme nous sur une question donnée ou n'adoptent pas automatiquement une position de lutte de classe. Ce qui est important pour nous, c'est l'ouverture au débat et la possibilité de changer les esprits. Je pense que les camarades ont eu un aperçu exact de la façon dont nous pouvons participer à ce débat dans les discussions que nous avons eues avec nos camarades de travail et dans les forums du *Militant* autour des événements en Iran.

Deux côtés d'une même offensive

Ce qui est essentiel pour nous, c'est d'assimiler les deux aspects de ce qui se produit dans ce pays. D'un côté, il y a l'aspect que nous avons discuté aujourd'hui et hier dans les rapports sur la situation politique mondiale, l'Iran et le Nicaragua. Et de l'autre, il y a l'aspect que nous avons discuté au cours des six derniers mois dans les plénums et les congrès du parti, à savoir que l'offensive des dirigeants américains pour rétablir politiquement leur capacité de mener une guerre impérialiste majeure est identique à l'offensive qu'ils mènent contre le niveau de vie, les conditions de travail et les droits des travailleurs américains.

L'offensive d'austérité et l'offensive de militarisation sont fondamentalement une seule offensive. Il n'y a pas deux classes dirigeantes distinctes, une qui organise des éléments de droite pour agiter des drapeaux et une autre qui essaie de faire avaler un contrat désastreux aux travailleurs de Chrysler, qui essaie d'obliger les métallos à accepter de se faire tuer dans les aciéries et ainsi de suite.

Ce qui a caractérisé la dernière période, en particulier depuis notre congrès de 1979, c'est la totale insuffisance, si ce n'est la trahison, de l'ensemble de la direction officielle du mouvement syndical américain devant ces deux aspects de l'offensive des dirigeants. Et ceci comprend la direction secondaire qui se considère « progressiste ». Lorsqu'il s'agit d'apporter son soutien à la lutte du peuple iranien par exemple, cette couche « progressiste » de syndicalistes est aveugle aux questions de *classe* impliquées — c'est-à-dire au fait que c'est un désastre pour la classe ouvrière que de suivre la politique étrangère des employeurs.

À cause de cette carence de direction, la classe ouvrière a subi d'autres coups au cours des quatre derniers mois. La direction de Douglas Fraser a refusé de combattre les exigences de Chrysler. La bureaucratie syndicale a accepté les divers aspects de l'offensive contre les Noirs et contre les travailleurs dans les villes, ainsi que l'offensive contre les alliés des travailleurs américains ici et ailleurs dans le monde. Ces coups ont affaibli les syndicats, comme l'illustre le succès des patrons à placer leur homme, Sam Church, à la tête des Mineurs unis d'Amérique.

En même temps cependant, on a vu changer les attitudes et se produire des débats et des changements progressistes sur d'autres questions. Des discussions ont lieu parmi les rangs des syndicats non seulement sur des questions comme la guerre et l'offensive économique, mais aussi sur des questions comme l'énergie nucléaire, la nationalisation et les droits des femmes.

Des ballons d'essai réactionnaires, comme ceux lancés par les hiérarchies religieuses ou par les droitiers évangéliques, suscitent la résistance et des débats. Ce qui est fascinant par exemple, ce sont toutes les difficultés que connaît la hiérarchie cléricale avec les femmes dans ce pays. Les mormons on dû en expulser une parce qu'elle soutient l'amendement pour l'égalité des droits. Les dirigeants religieux juifs essaient d'empêcher les femmes de devenir rabbins. Et les seuls membres du clergé catholique qui ont eu le cran de tenir tête au pape lors de sa visite ont été des religieuses. Ce sont tous des reflets des changements d'attitude qui continuent de se produire sur les grandes questions sociales.

Mais le décalage est important. Le décalage entre la nécessité d'une réponse et l'absence d'une quelconque résistance organisée. Le décalage entre le désir de voir une certaine forme de résistance et l'absence de tout véhicule qui permettrait même d'exprimer ce désir et cette nécessité. Une façon pour nous d'aider à combler plus rapidement ce fossé, c'est de présenter les idées correctes. Ceci aidera notre classe à progresser vers la résistance et vers l'expression de sa conscience politique sous une forme organisée.

Le grand débat
Un grand débat a lieu dans la classe ouvrière américaine. Il s'exprime sous toutes sortes de formes indirectes. Et toutes les plus grandes questions auxquelles le monde fait face impliquent la question de l'impérialisme U.S. Comme l'a indiqué Trotsky, ses tentacules s'étendent à tous les barils de poudre de la planète, ce qui fait qu'il est secoué chaque fois que quelque chose se produit quelque part dans le monde.

Cette vérité semble se confirmer de plus en plus rapidement aujourd'hui. Chaque grand événement dans le monde devient une question immédiate pour les travailleurs américains. Ce n'est pas seulement la classe dirigeante U.S. qui doit avoir une politique étrangère et une vision du monde. La classe ouvrière américaine a besoin de sa propre politique étrangère basée sur sa propre vision du monde et ses propres intérêts.

Cette pression des événements mondiaux s'exprime de plus en plus rapidement par des changements politiques dans ce pays. Par exemple, au moment où les capitalistes au pouvoir font tout pour déplacer les attitudes politiques vers la droite et font appel au patriotisme, l'intransigeance du peuple iranien dans la lutte pour ses justes revendications continue de saper la crédibilité et l'autorité du gouvernement U.S. Un article a paru hier sur le deuxième groupe de prédicateurs à s'être rendu à Téhéran pour Noël et y être resté jusqu'au 3 janvier. Contrairement au premier groupe qui comprenait William Sloane Coffin et l'évêque Gumbleton, la plupart des membres de ce deuxième groupe de personnalités religieuses ont insisté à leur retour pour que le schah soit renvoyé en Iran.

Un des porte-parole de ce groupe était le docteur Jimmy Allen, l'ancien président de l'Assemblée baptiste du Sud et un proche ami du président Carter. Le docteur Jimmy Allen a décrit l'ayatollah Ruhollah Khomeiny comme « un homme de grand principe » et a mis en garde les gens de ce pays contre la terrible erreur qu'ils feraient en acceptant la caricature qu'on en a fait de fanatique religieux inepte. Ces personnalités religieuses ont indiqué qu'on leur avait montré les blessures de nombreuses personnes torturées sous le schah et que le peuple américain devait partir de là pour évaluer ce qui se passe aujourd'hui en Iran.

L'un d'entre eux, le révérend Kirby de Princeton, a dit : « Le peuple iranien en veut au gouvernement américain, pas au peuple américain. » Il a déclaré qu'il fallait dire la vérité au peuple américain. Nous ne pouvons que dire : ainsi soit-il !

Trois générations de droits

Ce décalage et les pressions contradictoires dont nous parlions se reflètent dans un autre article du journal d'hier, un article de Victor S. Kamber intitulé « La protection des droits des travailleurs. » Kamber est l'assistant du président du département des métiers du bâtiment et de la construction de l'AFL-CIO. Ce n'est pas un bolchevik enflammé. Son article est un signe révélateur des pressions actuelles.

Nous avons discuté précédemment des changements qui s'opèrent dans la façon dont les gens conçoivent leurs droits dans ce pays. On peut aborder cette question en disant que le mouvement ouvrier américain a traversé trois « générations » sur la question de ses droits.

Il y a d'abord eu les droits démocratiques bourgeois, avec des limitations diverses, qui ont été soutenus par les masses laborieuses plus que par quiconque au cours de la marée montante des révolutions bourgeoises. Ces droits comprennent des conquêtes historiques comme la liberté de réunion, la liberté d'expression, la liberté de culte et ainsi de suite.

Puis une seconde génération de droits a été conquise à un degré ou à un autre au cours des années 30. Il s'agissait de droits économiques et sociaux comme le droit aux allocations de chômage et le droit à la sécurité sociale.

Victor Kamber dit que nous avons maintenant besoin d'une nouvelle « charte des droits des travailleurs » qui garantirait une troisième génération de droits. Une charte des droits « qui protégerait le travailleur qui constate une négligence dangereuse dans la fabrication d'un avion ou d'une voiture ou dans la construction d'un logement et qui veut faire quelque chose pour y remédier. » Une charte des droits « qui protège les femmes au travail contre le harcèlement et les vexations sexuels. » Une charte des droits des travailleurs qui protège les droits des citoyens ordinaires « de s'exprimer publiquement sur les questions politiques sans craindre les représailles des patrons ou des contremaîtres. » Kamber dit qu'aucun travailleur ne devrait faire l'objet de discrimination pour avoir exprimé ses convictions politiques au travail ou à l'extérieur du travail sur une question quelconque — que ce soit le contrôle des armes à feu, la gestion de l'entreprise ou l'avortement.

Il dit que cette charte des droits des travailleurs devrait « rendre parfaitement clair que la vie privée d'un homme ou d'une femme est exactement ça : privée. » Ceci signifie que les patrons ne devraient pas être autorisés à utiliser des détecteurs de mensonge lors des entrevues d'embauche, à rassembler des informations sur les employés sans rapport avec leur performance de travail ou à recourir aux services d'agences de surveillance ou de détectives privés.

Il dit qu'il s'agit là du genre de charte des droits nécessaire pour élargir les droits que nous possédons et pour s'assurer que les travailleurs en profitent pleinement.

Je ne pense pas que Victor Kamber ait l'intention de se battre pour ces droits. Mais c'est un exemple de la contradiction qui existe. Une partie de la bureaucratie syndicale qui a totalement failli devant la crise qui s'accentue sent suffisamment la pression pour mettre de l'avant cette proposition dans un article publié simultanément dans plusieurs journaux à travers le pays. C'est une proposition que nous appuyons.

C'est dans ce contexte que nous voyons le rôle de l'éducation de nos cadres et l'importance d'améliorer notre capacité d'expliquer nos idées et de les lier à la ligne de marche de la classe ouvrière — d'expliquer les questions les plus fondamentales, clairement et jusqu'au bout.

Les travailleurs sont des gens qui réfléchissent. Ils seront gagnés à un parti révolutionnaire en étant convaincus que ce parti sait ce qui se passe et qu'il a des réponses aux grandes questions. C'est particulièrement vrai dans le type de période que nous traversons aujourd'hui.

Revivre la naissance du marxisme

Que proposons-nous d'étudier à l'école ?

Nous proposons d'étudier les oeuvres politiques fondamentales de Marx et Engels, de revivre la naissance du marxisme. Nous devons venir au marxisme comme Marx et Engels l'ont fait. Évidemment, nous ne pouvons faire l'expérience des conditions de la classe ouvrière en Angleterre ou de la révolte des tisserands silésiens comme eux les ont vécues. Mais je pense qu'à mesure que nous lirons et étudierons toutes les oeuvres et toute la correspondance de Marx et Engels, nous découvrirons que l'un et l'autre étaient beaucoup plus comme nous que nous le pensions — comme nous et comme les gens que nous recruterons.

Nous voulons découvrir le marxisme comme ils l'ont fait : à partir du prolétariat. Nous voulons voir comment la classe ouvrière les a transformés de démocrates radicaux en premiers socialistes scientifiques marxistes.

Nous voulons nous concentrer sur les oeuvres politiques fondamentales du marxisme. Nous voulons voir comment le marxisme a été systématisé, continuellement enrichi et est devenu une expression plus exacte des intérêts de cette nouvelle classe.

En proposant de retourner à Marx et Engels pour mieux nous préparer à ce nouveau stade de la politique aux États-Unis et dans le monde, nous suivons l'exemple de Lénine. Dans la première édition en anglais de *Ma vie avec Lénine* de Nadiejda Kroupskaïa, cette dernière souligne :

« Lénine a soigneusement étudié les expériences des luttes révolutionnaires du prolétariat mondial. Ces expériences sont présentées très clairement dans les oeuvres de Marx et Engels. Lénine a lu et relu ces oeuvres à maintes reprises. Il les a relues à chaque nouvelle étape de notre révolution [4]. »

Le récit de Kroupskaïa contient aussi quelques bonnes suggestions pour l'école sur « comment Lénine travaillait, comment il étudiait Marx et Engels et les leçons qu'il en a tirées pour évaluer notre lutte. »

Toute la politique a changé

Je pense qu'on pourrait affirmer que les contributions les plus importantes de Marx et d'Engels ont été politiques et non pas philosophiques ou économiques. On perd souvent de vue le fait que Marx et Engels ont été les fondateurs de notre politique à cause de la très grande importance des autres percées qu'ils ont effectuées. Ils ont découvert les lois du mouvement du capital et ont développé leur critique de toute la philosophie existante. Nous avons l'habitude de penser qu'il s'agit là de leurs plus grandes contributions.

Mais il n'y a pas de plus grande contribution de Marx et Engels que dans le domaine de la politique. Toute la politique a été transformée par le marxisme, par la reconnaissance que la lutte des classes a été la force motrice de l'histoire et que sa logique à notre époque mène inévitablement à la dictature du prolétariat. Des termes comme *classe, gouvernement, parti* et *programme* ont tous acquis une nouvelle signification après Marx et Engels. La *politique* a acquis une nouvelle signification.

Ce changement de signification a coïncidé avec le début de la lutte pour ce qui est devenu la troisième génération de droits pour laquelle on se bat aujourd'hui à l'échelle mondiale. Et c'est seulement avec cette troisième génération qu'est même née l'idée que *chacun* a le droit d'être une personne politique. Cette idée n'existait pas dans les révolutions bourgeoises de la fin du dix-huitième siècle, comme les révolutions française et américaine. Même dans les plus radicales de ces révolutions, les droits politiques étaient restreints en fonction de la propriété, du statut professionnel, du sexe ou d'autres conditions — sans parler du statut des esclaves.

En étudiant la naissance du marxisme, nous étudierons aussi l'histoire, mais d'une façon particulière. Nous voulons découvrir d'où nous venons — nous, notre classe, la classe ouvrière. La classe ouvrière industrielle moderne n'existe que depuis une très brève période de temps dans l'histoire totale de l'humanité. Elle a été créée en même temps qu'est né le capital industriel et elle s'est développée avec lui.

Il est important pour nous de voir comment le travail salarié et le capital devaient se développer ensemble et ont évolué en étroite corrélation. Nous explorerons l'impact révolutionnaire qu'a la prise de conscience que ni le capital ni le travail salarié ne sont éternels. Ils n'ont pas toujours existé. Ils ont été créés par des forces spécifiques et on en sera débarrassés par des forces spécifiques. Et ces forces sont créées par les conditions économiques existantes. Pour reprendre les termes de Marx, le capitalisme « produit avant tout ses propres fossoyeurs, » le prolétariat.

Deuxièmement, nous verrons comment toute la richesse vient de nous. Les exploiteurs n'ont jamais rien créé, jamais dans l'histoire de l'humanité. Tout provient de la population laborieuse et c'est simplement une responsabilité humaine élémentaire que de reprendre ces richesses et de les mettre au service de l'humanité.

Une troisième chose que nous allons découvrir, c'est qu'aussi progressiste qu'ait été le capitalisme dans sa révolution des instruments de production et dans sa création d'un système productif mondial, il a été un système horrible, brutal et violent dès le départ. Nous ne lirons pas tout *Le Capital* à l'école, mais nous lirons les sections qui expliquent l'origine de la classe ouvrière et du capital et comment sont apparues les machines. Et lorsque nous lirons ces sections, quiconque a travaillé sur des machines reconnaîtra beaucoup de choses. Chaque progrès de l'humanité s'est payé par la mort, le sang, la torture et le labeur non seulement des travailleurs mais de l'ensemble de la population productrice. Ceci a été vrai depuis le tout début.

IV. LA PERSPECTIVE RÉVOLUTIONNAIRE ET LA CONTINUITÉ COMMUNISTE AUX ÉTATS-UNIS

INTRODUCTION À LA SECTION

Après la grande récession de 1980-1981 aux États-Unis et la vague massive et soudaine de licenciements qui l'a accompagnée, le patronat a initié une offensive soutenue contre les droits et le niveau de vie de la classe ouvrière. Les hauts officiers syndicaux se sont cachés derrière les résultats de l'élection présidentielle de 1980 pour soutenir qu'avec l'arrivée de Ronald Reagan à la Maison-Blanche, très peu pouvait être fait pour combattre les exigences croissantes de concessions des employeurs. En faisant cette affirmation, les bureaucrates ont masqué le caractère de plus en plus bipartite et droitier du cours de la politique intérieure du gouvernement des États-Unis, un thème central des documents contenus dans ce livre.

Les patrons ont profité de l'attitude prostrée de la bureaucratie syndicale pour accélérer leurs attaques contre le mouvement ouvrier et leurs efforts pour casser les syndicats. Les conventions collectives contenant des salaires inférieurs pour les nouveaux embauchés (« accords à échelles multiples ») et d'autres concessions sont devenues la norme — non seulement comme une façon pour les employeurs de relancer leurs profits mais, ce qui était bien plus important encore pour eux, de renforcer les divisions dans la classe ouvrière. Non seulement les salaires réels — pas simplement ce que le patron paye au travailleur, mais ce que son chèque de paie permet à ce dernier d'acheter compte tenu de l'inflation — ont-ils régulièrement baissé depuis le début des années 70, mais des réductions nettes dans les taux de rémunération horaire sont de plus en plus devenues une caractéristique des ententes syndicales.

Au début des années 80, les patrons ont mis les syndicats en pleine déroute — à l'exception significative des Mineurs unis d'Amérique. Constatant qu'il n'y avait pas de direction dans les syndicats prête à se battre pour gagner, les travailleurs ont simplement choisi dans la plupart des cas de ne pas lutter. Ils ont voté pour des conventions collectives permettant aux patrons d'abaisser sensiblement leur niveau de vie, ainsi que la sécurité et d'autres conditions de travail. L'offensive des patrons contre la classe ouvrière aux États-Unis a coïncidé avec une escalade de l'offensive militaire de Washington en Amérique centrale et dans les Caraïbes visant à stopper l'extension dans les Amériques de la révolution socialiste ouverte à Cuba plus de deux décennies auparavant.

En 1985, le SWP avait établi des fractions de membres du parti dans neuf grands syndicats industriels : l'Association internationale des machinistes, les Métallurgistes unis d'Amérique, les Mineurs unis d'Amérique, le Syndicat international des travailleurs de l'électronique, le Syndicat international des travailleurs des industries pétrolière, chimique et atomique, les Travailleurs amalgamés du vêtement et du textile, les Travailleurs unis de l'automobile, les Travailleurs unis des transports et l'Union des ouvriers et ouvrières du vêtement pour dame.

En 1986 le parti a ouvert de nouvelles branches dans trois villes du Midwest situées au coeur de l'industrie de l'abattage et du conditionnement des viandes aux États-Unis : à Des Moines dans l'État de l'Iowa ; à Omaha dans celui du Nebraska ; et à Austin dans celui du Minnesota. Il a rapidement établi une dixième fraction syndicale industrielle parmi les Travailleurs unis de l'alimentation et du commerce. Ces mesures ont été prises en réponse à une série de luttes menées par les travailleurs des abattoirs dans le Midwest au milieu des années 80 et dans le but de renforcer le contact politique du parti avec les petits agriculteurs et leurs organisations.

Au début des années 80, les patrons de l'abattage et du conditionnement des viandes ont entrepris une importante restructuration de cette industrie. Au cours de plusieurs rondes de négociations des conventions collectives, ils ont réussi à abaisser les salaires et à augmenter brutalement les cadences de travail, ce qui s'est traduit par une explosion du syndrome du canal carpien et d'autres blessures causées par les mouvements répétitifs. Devant cet assaut massif contre leurs conditions de travail et leurs syndicats, les travailleurs des abattoirs ont commencé à riposter au milieu des années 80.

La lutte de la section locale P-9 des TUAC contre l'entreprise géante Hormel à Austin dans le Minnesota en 1985-1986 est devenue un exemple et une source d'inspiration pour les travailleurs de tout le pays. Les travailleurs d'Hormel ont fait face au pouvoir combiné de l'entreprise, de la police, des tribunaux, du gouverneur, de la garde nationale du Minnesota et des médias appartenant au grand capital. Pour relever ce formidable défi, ils ont fait appel au soutien des autres travailleurs à travers l'Amérique du Nord et même de plus en plus à travers le monde.

Avec la complicité et la trahison ouverte de la bureaucratie des TUAC, Hormel a finalement réussi à obtenir la convention collective de concessions qu'elle voulait imposer aux travailleurs et refusé de rembaucher 850 des 1500 travailleurs qui avaient participé à la grève. Mais l'exemple des grévistes de la section locale P-9 a ouvert la voie pour que d'autres travailleurs de l'industrie des viandes dans le Midwest affrontent les patrons et se battent contre les pénibles conditions qui leur étaient imposées. Même si la plupart de ces grèves se sont soldées par une défaite ou un match nul, elles ont démontré qu'il était possible d'utiliser la force des syndicats pour mobiliser les rangs et gagner la solidarité active d'autres travailleurs et syndiqués. La dynamique de déroute qui avait marqué le début des années 80 a été cassée. D'autres luttes ont bientôt suivi parmi les travailleurs des pâtes et papier, du transport aérien, des mines de charbon et d'autres industries.

Parmi les jeunes membres du SWP qui se sont joints à l'effort visant à établir des branches du parti dans les centres de l'industrie des viandes se trouvait Mark Curtis, qui a déménagé à Des Moines en Iowa en 1986. Mark Curtis y a obtenu un emploi aux abattoirs Swift et il s'est impliqué dans des actions de protestation contre la discrimination raciale, pour les droits des femmes, contre l'intervention militaire U.S. en Amérique centrale, contre les saisies de ferme, et dans d'autres activités politiques. Chez Swift, il était connu parmi ses camarades de travail comme un défenseur des travailleurs immigrés, dont plusieurs subissaient les attaques de l'entreprise et du gouvernement.

En mars 1988, Mark Curtis a été victime d'un coup monté en étant faussement accusé de viol et de cambriolage. Il a été arrêté et violemment battu par des policiers de Des Moines, quelques heures à peine après avoir quitté une réunion pour défendre 16 travailleurs mexicains et un travailleur salvadorien chez Swift qui avaient été arrachés à la chaîne de production, jetés en prison et menacés d'expulsion du pays. Aucune preuve matérielle n'incriminait Curtis. Mais il a néanmoins été condamné, largement sur la base du témoignage d'un policier déjà reconnu coupable d'avoir falsifié des rapports. Il a commencé à purger une peine de 25 ans de prison en septembre 1988. Derrière les barreaux, il a joint ses forces à celles de ses partisans à travers le monde pour faire connaître la vérité sur ce coup monté et se battre pour retrouver sa liberté. Il continue à discuter et à faire de la politique ouvrière avec les autres travailleurs en prison. Malgré la campagne internationale pour obtenir sa libération, Mark Curtis reste toujours en prison près de six ans plus tard. On trouvera un exposé des faits entourant cette cause dans la brochure *The Frame-Up of Mark Curtis* de Margaret Jayko, publiée par les éditions Pathfinder.

Le dernier chapitre de ce livre examine la continuité politique qui lie le tournant industriel effectué par le SWP depuis la fin des années 70 aux efforts déployés par le parti pour construire une avant-garde prolétarienne enracinée dans les syndicats industriels au cours de la radicalisation ouvrière des années 30 et de la deuxième guerre mondiale impérialiste.

Le tournant vers les syndicats industriels
RÉSOLUTION DU PARTI SOCIALISTE
DES TRAVAILLEURS

La classe capitaliste aux États-Unis cherche à modifier de façon fondamentale le rapport de force entre le travail et le capital établi à la fin de la vague de grèves qui a suivi la deuxième guerre mondiale. Cette montée ouvrière avait alors empêché les impérialistes U.S. victorieux dans la guerre de porter au mouvement syndical le genre de coups qu'il lui avait asséné à la fin de la première guerre mondiale.

L'offensive actuelle du patronat a commencé il y a une décennie, en même temps que la récession mondiale de 1974-1975, et s'est intensifiée depuis. Elle s'effectue sous le fouet de la concurrence capitaliste internationale qui s'intensifie et dans le contexte de la stagnation de l'économie capitaliste mondiale et de l'imposition d'une dette écrasante aux pays semi-coloniaux.

Cet assaut, ses effets et la résistance qu'elle commence à susciter parmi les rangs ont ramené la classe ouvrière industrielle et ses syndicats au centre de la politique aux États-Unis pour la première fois en près de quatre décennies.

Ce chapitre correspond à la première section de la résolution adoptée en janvier 1985 par un congrès spécial du Parti socialiste des travailleurs. On trouvera le texte complet de cette résolution dans le quatrième numéro de la revue *New International*.

VOIR LES NOTES EN PAGE 580

Un nombre croissant de batailles de classe transformeront la politique et le mouvement ouvrier dans ce pays en se combinant à la longue à une crise sociale grandissante, à des soulèvements dans les pays coloniaux et semi-coloniaux, et à des guerres impérialistes. Nous sommes entrés dans les stades initiaux d'une période préparatoire qui va mener, au cours des prochaines décennies, à une crise prérévolutionnaire marquée par des luttes révolutionnaires comme les travailleurs et les agriculteurs aux États-Unis n'en ont pas menées depuis plus d'un siècle.

Il existe aujourd'hui un écart entre les expériences et la conscience actuelles de la classe ouvrière et les conditions et méthodes de lutte radicalement transformées qui vont émerger à mesure que les crises sociales, économiques et provoquées par la guerre déchireront le cadre actuel de relative stabilité sociale et démocratie bourgeoise.

Aujourd'hui, les travailleurs combatifs ne voient pas de perspective politique qui comble l'écart entre les conditions actuelles et la situation qualitativement changée où se mèneront les batailles révolutionnaires qui culmineront dans l'établissement d'un gouvernement des travailleurs et des agriculteurs aux États-Unis.

Toutefois, à mesure que les jeunes travailleurs traverseront dans ces conditions radicalement modifiées des expériences de reculs et de progrès, de victoires et de défaites dans la lutte, un nombre croissant d'entre eux vont acquérir une expérience de combat révolutionnaire et leur conscience se transformera. Une nouvelle avant-garde politique dotée d'une conscience de classe va émerger, dont la composition reflétera la composition transformée de la main-d'oeuvre et le poids des Noirs, des Latinos et des femmes en son sein. Ces travailleurs vont forger une aile gauche de lutte de classe dans le mouvement ouvrier. Ils vont projeter un cours pour transformer les syndicats d'instruments de collaboration de classe avec les employeurs et leur gouvernement en instruments de lutte révolutionnaire agissant dans l'intérêt des travailleurs des villes et des campagnes, et de tous les opprimés. Ils *penseront socialement* et *agiront politiquement* et ils auront recours à la *puissance des syndicats*. C'est dans ces conditions, et seulement dans ces conditions, que se construira le parti ouvrier révolutionnaire de *masse* requis pour diriger la lutte pour un gouvernement des travailleurs et des agriculteurs.

Aujourd'hui, un travailleur qui comprend que l'orientation de la bureaucratie syndicale actuelle éviscère la force des syndicats et mène à un cul-de-sac doit encore faire un saut de conscience individuel pour saisir la ligne de marche stratégique du prolétariat vers le pouvoir. Mais même sous l'impact des expériences initiales actuelles, ces sauts de conscience peuvent s'effectuer et ils se produisent. Des occasions se créent qui permettent au Parti socialiste des travailleurs d'influencer une couche encore petite mais importante de la classe ouvrière et du mouvement ouvrier et de recruter les travailleurs politiquement les plus conscients. Cette prolétarisation et cette éducation politique croissantes du parti sont cruciales non seulement pour répondre aux défis d'aujourd'hui et résister à leurs pressions, mais aussi pour se préparer à ce qui vient.

1. L'offensive de la classe dominante

Pendant 25 ans à partir de la seconde moitié des années 40, une expansion prolongée de l'économie capitaliste a permis à de larges couches de travailleurs aux États-Unis d'arracher des concessions significatives aux exploiteurs. Cependant, ce quart de siècle a aussi été marqué par l'institutionnalisation des méthodes de collaboration de classe de la bureaucratie syndicale et par une retraite politique du mouvement ouvrier. Il en est résulté un affaiblissement terrible des syndicats.

Mais ce fait est resté caché parce que les travailleurs étaient capables de continuer à arracher des gains aux employeurs malgré l'obstacle que constituent les politiques de collaboration de classe des misleaders syndicaux.

La bureaucratie a centré son attention sur l'amélioration lente mais continue des salaires réels des sections de la classe ouvrière déjà organisées dans les syndicats les plus forts. Elle a cherché à convaincre les couches de travailleurs relativement mieux nantis qu'ils avaient intérêt à appuyer les politiques de collaboration de classe qui empêtraient les syndicats dans un bourbier bureaucratique et sapaient leur force de frappe. Elle n'a pas parlé des compromis qu'elle a faits, qui ont affaibli davantage la force des syndicats. Il n'y a pas eu d'effort soutenu pour syndiquer les travailleurs non syndiqués, y compris dans le Sud. Le contrôle sur les conditions de travail, les cadences et la sécurité au travail s'est effrité de plus en plus. La bureaucratie a tourné le dos à toute lutte pour un système de santé gouvernemental national et pour des allocations de retraite et de chômage bonifiées pour l'ensemble de la population travailleuse. Elle a plutôt cherché à négocier industrie par industrie des « avantages sociaux » de plus en plus liés aux profits des industries et des compagnies individuelles. Les liens qui s'étaient forgés dans les années 30 entre le mouvement syndical en ascension et les agriculteurs combatifs se sont rompus. La bureaucratie syndicale a plutôt cherché à entraîner les organisations agricoles dans le camp du Parti démocrate. Elle n'a pas appuyé les efforts déployés pour syndiquer les travailleurs agricoles avant la fin des années 60, quand la lutte des Travailleurs agricoles unis dans les champs de la Californie a forcé la direction de l'AFL-CIO à lui donner un certain appui.

Les misleaders des syndicats industriels ont collaboré avec les patrons en aidant à garder les Noirs, les Latinos, les femmes et d'autres sections de la classe ouvrière victimes de discrimination dans les emplois les plus mal payés, les plus sales et offrant le moins d'opportunités de formation et de promotion. Quand la lutte pour les droits des Noirs a bondi de l'avant avec une force nouvelle à la fin des années 50 et au début des années 60, la bureaucratie syndicale a refusé d'utiliser l'énorme pouvoir potentiel des syndicats pour aider cette lutte montante. Le cours de collaboration de classe de la bureaucratie l'a au contraire trop souvent amenée à dénoncer l'avant-garde la plus combative et la plus intransigeante de la lutte pour les droits civils. Pendant ce temps, les rangs du mouvement ouvrier se gonflaient de Noirs, de Latinos, puis de femmes.

Les misleaders bureaucratiques du Congrès des organisations industrielles ont trouvé un appui pour leurs politiques pro-capitalistes et de collaboration de classe parmi les couches des syndicats industriels du CIO les mieux payées et ayant le plus d'ancienneté. Cette nouvelle aristocratie ouvrière, qui s'était développée dans les syndicats mêmes du CIO, est devenue l'assise de la bureaucratie, sur le modèle déjà établi dans les syndicats divisés par métier de la Fédération américaine du travail.

Le cours de collaboration de classe de la bureaucratie syndicale s'est aussi manifesté dans son appui à la politique étrangère bipartite de l'impérialisme U.S. et aux attaques croissantes contre les droits démocratiques à l'intérieur du pays. La bureaucratie a appuyé la chasse aux sorcières anticommuniste des capitalistes, y compris en acceptant des mesures qui visaient directement à restreindre les droits des syndicats comme celles contenues dans la loi Taft-Hartley. Elle a appuyé la guerre U.S. contre la Corée. La bureaucratie syndicale est devenue un pilier des énormes budgets militaires de Washington. Elle a appuyé le protectionnisme grandissant de certaines sections de la classe capitaliste quand l'industrie U.S. a perdu son avantage compétitif face à la concurrence de plus en plus intense des autres puissances impérialistes.

La grande majorité de la bureaucratie de l'AFL-CIO a appuyé la guerre de Washington contre le Viêt-nam. Elle a condamné la révolution cubaine et appuyé les efforts du gouvernement U.S. pour faire plier les travailleurs et les agriculteurs de ce pays. Elle a soutenu les politiques du gouvernement impérialiste des États-Unis visant à écraser les luttes de libération nationale des opprimés en Afrique, en Asie et en Amérique latine.

La récession internationale de 1974-1975 a montré que la classe capitaliste n'avait plus la même marge de manoeuvre pour accorder aux travailleurs le genre de concessions économiques qui avaient constitué le cadre de la politique U.S. au cours des deux décennies et demie précédentes. On a assisté depuis à un déplacement bipartite vers la droite dans la politique capitaliste, qui a accompagné l'escalade de l'offensive contre le mouvement ouvrier et ses alliés. Il y a eu de plus en plus de conventions collectives contenant des concessions. Plusieurs d'entre elles comprennent des clauses qui introduisent pour la première fois des divisions permanentes à l'intérieur du syndicat en imposant aux nouveaux embauchés des salaires inférieurs et une moins grande protection qu'à ceux qui travaillent déjà. Ces conventions à « double échelle » représentent un pas significatif vers l'institutionnalisation de nouvelles divisions minant le caractère unificateur des structures syndicales industrielles — un progrès important par rapport aux structures des syndicats de métiers — gagnées dans de nombreuses industries au cours des luttes qui ont donné naissance au CIO dans les années 30.

Il y a aussi eu une augmentation de l'antisyndicalisme ouvert et des saisies brutales de fermes familiales. Nous avons vu des coupures dans les programmes sociaux gouvernementaux ;

une escalade des attaques contre les gains passés des Noirs, des Latinos et des femmes ; et une érosion soutenue des droits démocratiques.

Ces attaques sont allées de pair avec une escalade de la guerre impérialiste en Amérique centrale et dans les Caraïbes et avec d'autres menaces et préparatifs visant à utiliser la force militaire U.S. contre les travailleurs et les agriculteurs à l'étranger.

LA POLARISATION DE CLASSE

Pendant le quart de siècle d'expansion économique et de stabilité relatives qui a suivi la montée ouvrière au lendemain de la deuxième guerre mondiale, les conflits sociaux étaient largement vues comme de simples conflits entre « nantis » et « démunis » ou entre Noirs et blancs.

Aujourd'hui, on peut plus facilement voir ces conflits sociaux comme des manifestations de la lutte de classe fondamentale entre le capital et le travail, entre les producteurs exploités et ceux qui les exploitent. Les luttes sociales et politiques se répercutent plus directement et plus rapidement dans le mouvement ouvrier. Une couche plus large de travailleurs comprend que la solidarité avec les luttes des agriculteurs, les droits des Noirs, les droits des femmes et les luttes contre l'intervention militaire des États-Unis à l'étranger sont des questions ouvrières. Ces questions doivent être soulevées dans les syndicats dans le but d'agir, pas seulement d'en parler.

Menée à la fois par les employeurs mêmes et par le gouvernement, l'offensive de la classe dominante se traduira par une tendance croissante à ce que le conflit irréconciliable entre les capitalistes et les travailleurs se manifeste plus ouvertement dans la vie politique et à ce que les syndicats soient de plus en plus poussés à s'impliquer dans ces luttes sociales et politiques.

La polarisation de classe favorise la radicalisation des travailleurs les plus combatifs. En même temps, elle encourage les droitiers à sonder le terrain et à devenir eux-mêmes plus « radicaux ». Elle met du vent dans les voiles des partisans des idées de droite sur des questions comme les droits des Noirs, l'égalité des femmes, les droits des syndicats, les droits des immigrants, les programmes sociaux gouvernementaux et l'intervention militaire de l'impérialisme à l'étranger. Leur propagande réactionnaire reçoit une écoute particulièrement favorable parmi les dizaines de millions de personnes dans les couches moyennes et les professions libérales qui bénéficient directement des politiques actuelles du gouvernement et du grand capital. Pour ces couches, que l'évolution récente de la structure de l'économie a accrues de façon substantielle, la décennie 1975-1985 n'a pas été mauvaise. Leur position économique s'est grandement améliorée.

On assiste aussi à une différenciation idéologique croissante au sein de la population laborieuse — aussi bien parmi les travailleurs que les agriculteurs. Plus de travailleurs du rang deviennent combatifs et développent une plus grande conscience politique de classe, malgré l'incapacité de la bureaucratie syndicale de projeter la moindre perspective de lutte de classe.

Mais une minorité de travailleurs — en particulier parmi les couches relativement privilégiées, l'aristocratie ouvrière — sont amenés à penser de façon erronée que diverses solutions de droite peuvent leur offrir une voie de sortie, ainsi qu'à la section de la classe ouvrière à laquelle ils s'identifient. Ils se tournent comme la voie en avant vers la collaboration avec la classe capitaliste alors que celle-ci poursuit ses objectifs dans le pays et à l'étranger, plutôt que vers la lutte de classe. Les travailleurs qui répondent ainsi aux pressions de l'offensive capitaliste s'identifient plus fermement aux intérêts de « leur » pays, de « leur » industrie et de « leur » compagnie. Ils deviennent encore plus vulnérables aux armes idéologiques que les capitalistes utilisent, en particulier à toutes les variétés de préjugés nationalistes chauvins, racistes et anti-femmes et aux autres idées réactionnaires qui masquent des intérêts de classe opposés. Une différentiation politique semblable a commencé à se développer parmi les petits agriculteurs.

2. Le tournant vers les syndicats industriels et la prolétarisation du parti

Une composante essentielle de la ligne de marche stratégique vers l'établissement d'un gouvernement des travailleurs et des agriculteurs aux États-Unis est la lutte pour transformer les syndicats industriels, les organisations existantes les plus puissantes de la classe ouvrière, en instruments révolutionnaires de lutte de classe pour les intérêts des exploités et des opprimés.

Pendant la longue période d'expansion capitaliste d'après-guerre, les conditions politiques aux États-Unis ont empêché les socialistes de mener un travail révolutionnaire efficace dans les syndicats industriels. La situation politique et économique qui s'est ouverte au milieu des années 70 a permis une fois de plus aux communistes de faire avancer cette lutte de l'intérieur des syndicats industriels. Ces conditions exigeaient un tournant radical. Le SWP a décidé de concentrer une majorité large et stable de ses membres dans les syndicats industriels et d'y construire des fractions nationales.

Sans un tel tournant vers les syndicats industriels, la lutte pour un parti prolétarien aurait inévitablement reculé. L'internationalisme du parti, son homogénéité et sa centralisation politiques, ainsi que son caractère centraliste révolutionnaire se seraient érodés. La composition ouvrière de son milieu, de ses membres et de sa direction se serait affaiblie au lieu de se renforcer. Le parti serait devenu plus blanc et plus anglophone. Ses membres qui sont des femmes auraient subi de plus grandes pressions pour reculer devant les exigences associées à la direction politique et perdre leur confiance politique. Le parti serait devenu plus vulnérable aux pressions d'une crise économique et sociale et des préparatifs de guerre — des pressions qui viennent de la bourgeoisie et se transmettent par l'intermédiaire de diverses couches et organisations petites-bourgeoises. Il serait devenu plus vulnérable au cliquisme et au factionnalisme permanent, ce qui l'aurait rendu moins démocratique. Si un parti prolétarien révolutionnaire n'implante pas ses membres dans la classe ouvrière industrielle et dans les syndicats industriels quand il est politiquement possible de le faire, il se produit inévitablement une érosion de son programme.

L'orientation et la perspective prolétariennes du Parti socialiste des travailleurs de développer une aile gauche de lutte de classe au sein du mouvement ouvrier constitue un axe stratégique permanent, que nous cherchons à faire progresser quelle que soit la situation politique. Dans les conditions qui prévalent aujourd'hui aux États-Unis et dans le reste du monde capitaliste, le tournant radical vers les syndicats industriels s'impose pour faire avancer cette perspective.

La structure et l'organisation du tournant du parti

L'objectif du tournant est d'avoir une large majorité des membres et des dirigeants du parti dans des emplois industriels syndiqués, ainsi que des fractions syndicales industrielles nationales qui fonctionnent de manière efficace.

Au cours des six dernières années, le parti a réussi à établir neuf fractions nationales : dans les Travailleurs unis de l'automobile, les Métallurgistes unis d'Amérique, l'Association internationale des machinistes, le Syndicat international des travailleurs de l'électronique, le Syndicat international des travailleurs des industries pétrolière, chimique et atomique, les Travailleurs unis des transports et plus récemment l'Union internationale des ouvriers et ouvrières du vêtement pour dame et les Travailleurs amalgamés du vêtement et du textile. Dans les cas où les structures syndicales regroupent des travailleurs aux États-Unis et au Canada, nous construisons des fractions conjointes avec nos camarades de la Ligue ouvrière révolutionnaire, la section de la Quatrième internationale au Canada.

Ces neuf fractions syndicales industrielles nationales sont devenues une composante fondamentale de la structure du SWP. Les fractions nationales renforcent le parti comme une force centralisée au niveau politique et national. Les membres du parti qui appartiennent à chacun de ces syndicats industriels se réunissent régulièrement en fraction au niveau local et tiennent des réunions fréquentes de la fraction nationale. Les fractions syndicales industrielles locales élisent une direction de fraction. Le parti vise à ce que toutes les fractions syndicales industrielles nationales puissent acquérir une taille, une stabilité et une expérience commune suffisantes pour élire leur propre direction nationale. Ce processus exige de la direction centrale du parti qu'elle accorde une attention directe au travail des fractions et qu'elle prenne des mesures continues pour favoriser l'intégration des camarades des fractions syndicales industrielles à la direction du travail général du parti.

Les membres des fractions syndicales industrielles aident à diriger non seulement le travail du parti dans le mouvement ouvrier mais son travail politique en général. Ils dirigent la participation du parti dans les luttes de protestation sociale plus large et assument la responsabilité des comités qui organisent le travail de propagande du parti, ses finances, son éducation et d'autres tâches. L'expérience collective du parti dans l'industrie et la direction du travail de nos fractions syndicales industrielles nationales se reflètent de plus en plus dans la composition des instances de direction élues — des branches au Comité national.

Dès le début, la construction de fractions nationales dans les syndicats industriels a été liée aux efforts déployés pour approfondir l'éducation du parti sur notre continuité politique avec le mouvement ouvrier communiste moderne — de sa fondation au milieu du siècle dernier jusqu'à son renforcement qualitatif le plus récent avec l'émergence de la direction marxiste cubaine et sa consolidation supplémentaire par les dirigeants de la révolution nicaraguayenne et par l'équipe qu'a dirigée Maurice Bishop à la Grenade.

En même temps que le tournant, le parti a relancé son école de direction, qui se concentre sur l'étude de la naissance et du développement du programme politique ouvrier et des efforts de Marx et Engels pour construire des partis prolétariens et une Internationale prolétarienne. Le parti a aussi projeté de publier une revue politique, *New International,* en collaboration avec la Ligue ouvrière révolutionnaire au Canada. En 1981, les branches ont commencé à organiser des cours sur les oeuvres politiques de Lénine et en ont fait l'axe central de leurs activités de formation.

Le caractère de plus en plus multinational de la classe ouvrière aux États-Unis, qui se reflète dans notre propre recrutement d'un nombre croissant de membres dont la langue première est l'espagnol, a posé de façon plus aiguë le besoin pour le parti dans son ensemble de fonctionner politiquement en espagnol en plus de l'anglais. La diffusion de *Perspectiva Mundial,* la voix bimensuelle en espagnol du marxisme révolutionnaire aux États-Unis, est devenue un aspect régulier des ventes au travail et aux portes d'usine, ainsi qu'aux événements politiques et ailleurs. L'apprentissage de l'espagnol fait partie des activités quotidiennes de l'école de direction. Plusieurs branches ont trouvé des façons de nous aider à étudier l'espagnol et à améliorer notre capacité de le parler. La production de tracts bilingues et la traduction en espagnol des forums et des réunions de nos campagnes électorales sont devenues des aspects normaux du fonctionnement du parti dans de nombreuses branches.

3. L'axe politique du travail du parti dans les syndicats industriels

Le travail politique du parti dans les syndicats industriels a pour point de départ la lutte de classe mondiale, la crise de l'économie capitaliste internationale et de l'ordre mondial impérialiste, et leurs manifestations dans ce pays. Ce sont ces forces qui déterminent les conditions où se déroule la lutte pour défendre, renforcer et transformer les syndicats. C'est seulement en partant de cette perspective plus large, pas du cadre étroit de la politique syndicale, qu'il est possible de projeter la voie conduisant à la construction d'une aile gauche de lutte de classe dans le mouvement ouvrier — une aile gauche qui aura pour but de transformer les syndicats en outils de lutte révolutionnaire contre les employeurs et leur gouvernement.

Les membres du SWP dans les syndicats industriels fonctionnent à trois niveaux différents.

Premièrement, ce sont des membres du parti révolutionnaire. Comme tous les membres du parti, dans les syndicats ou non, ils cherchent constamment à faire connaître le parti et ses activités, à impliquer d'autres personnes dans son travail et à les recruter. Ceci comprend aussi bien la vente d'abonnements à *Perspectiva Mundial* et au *Militant*, que le renforcement des comités et institutions de branche internes du parti, l'annonce d'une réunion électorale ou d'un forum, et l'explication aux gens intéressés du point de vue du parti sur les événements politiques.

Deuxièmement, comme travailleurs ils cherchent à impliquer d'autres travailleurs dans des activités politiques. Ils encouragent leurs camarades de travail à venir aux locaux du parti pour assister à un forum, à participer à une manifestation que le parti aide à construire contre la guerre en Amérique centrale, à s'impliquer dans des actions de protestation contre la brutalité policière ou d'autres attaques racistes, ou à lire le programme contenu dans la charte du Parti politique noir indépendant national[1].

Troisièmement, ce sont des militants syndicaux dotés d'une perspective révolutionnaire pour les syndicats. Les fractions syndicales du SWP cherchent à développer leur capacité de fonctionner comme des unités efficaces et intégrées au mouvement ouvrier. En ce sens, nos fractions fonctionnent collectivement comme des politiciens syndicaux. En tant que composantes de fractions nationales, elles ont pour but d'aider à forger une nouvelle direction syndicale qui viendra des rangs et luttera pour défendre les intérêts des travailleurs en libérant la puissance des syndicats. Nos fractions opèrent à l'intérieur des structures et des réalités syndicales d'aujourd'hui, avec une compréhension claire de la transformation révolutionnaire qui se produira demain.

Nos fractions syndicales ont commencé à accumuler des expériences pratiques importantes en fonctionnant à tous ces niveaux, qui sont tous essentiels pour effectuer un travail communiste dans les syndicats. Nous avons fait face à une grande variété de questions tactiques dans les usines, dans des escarmouches avec des patrons et des droitiers dans les syndicats autour de notre lutte pour pouvoir exprimer librement nos opinions, dans des situations de grèves syndicales et dans nos relations avec la bureaucratie aux niveaux local et national. Nous défendons notre droit et développons notre capacité de fonctionner au travail et dans les syndicats comme des militants politiques qui avons une vision mondiale et un programme visant à permettre à notre classe de défendre ses intérêts contre l'offensive des capitalistes ici et à l'étranger.

L'axe politique de notre travail dans les syndicats industriels est centré sur la lutte pour la solidarité, la démocratie syndicale et l'action politique ouvrière indépendante.

LA SOLIDARITÉ OUVRIÈRE

La compétition entre les travailleurs individuels est la condition essentielle qui caractérise l'existence de la classe prolétarienne sous le capitalisme. Le rôle historique fondamental des syndicats consiste à la contrecarrer en organisant collectivement les travailleurs pour qu'ils défendent leurs intérêts communs contre les employeurs. C'est pour cette raison que les syndicats sont apparus. Et c'est pour cette raison que cette forme d'organisation ouvrière ne disparaîtra jamais aussi longtemps que le capitalisme existe.

La solidarité est donc une question de vie ou de mort pour le mouvement ouvrier. La solidarité des travailleurs avec les autres membres de leur propre classe est l'opposé de la collaboration avec la classe exploiteuse, dont les intérêts consistent toujours à diviser la classe ouvrière et à diviser les travailleurs de leurs alliés.

L'offensive des employeurs accroît même l'importance de la solidarité entre les travailleurs dans chaque industrie et dans chaque syndicat, ainsi que la solidarité active de l'ensemble du mouvement ouvrier avec les luttes imposées aux syndicats individuels. Le besoin de solidarité à l'échelle de toute la classe quand la lutte s'avive renforce la responsabilité qu'ont les syndicats de prendre l'initiative en syndiquant le secteur non syndiqué de la classe ouvrière dont la taille s'accroît et en luttant pour que les chômeurs obtiennent des emplois.

Les syndicats doivent aussi prendre l'initiative d'organiser la solidarité ouvrière avec les autres producteurs exploités par la classe capitaliste. Le mouvement ouvrier doit donner son appui aux petits agriculteurs qui luttent pour un revenu décent contre l'étau que referment sur eux les propriétaires fonciers capitalistes et les propriétaires des banques, des monopoles céréaliers et des grandes compagnies d'équipement et de matériel agricoles. Les syndicats ont aussi intérêt à appuyer les luttes des camionneurs artisans contre les propriétaires capitalistes des grandes compagnies de transport, des monopoles pétroliers et des banques.

La solidarité comprend la mobilisation des couches les plus larges possibles du mouvement ouvrier et des organisations d'agriculteurs pour appuyer les luttes et soutenir les revendications des couches surexploitées de la classe ouvrière : les Noirs, les Chicanos, les Portoricains, les travailleurs immigrés, les travailleuses et les jeunes travailleurs.

Elle veut dire appuyer l'action affirmative dans l'embauche, la formation et l'avancement, et les listes d'ancienneté parallèles pour combattre les mises à pied discriminatoires ; s'opposer aux expulsions et aux menaces à l'endroit des travailleurs nés à l'étranger ; et appuyer les autres revendications des opprimés, aussi bien au travail que dans les syndicats mêmes.

La solidarité veut aussi dire que le mouvement ouvrier participe et dirige activement les luttes pour la déségrégation des écoles et le *busing*, contre la brutalité policière et la peine capitale, pour le droit des femmes à l'avortement, pour des services de garde adéquats pour les enfants, contre le viol et les autres actes de violence contre les femmes, pour le droit à l'asile politique des réfugiés qui fuient les dictatures soutenues par les États-Unis et pour le bilinguisme dans l'éducation et les affaires publiques.

Il devient plus urgent pour le mouvement syndical aux États-Unis de défendre agressivement la solidarité internationale des travailleurs, alors que la classe dirigeante cherche à blâmer d'autres pays et les travailleurs de ces pays pour les maux grandissants du capitalisme et qu'elle entraîne de plus en plus les travailleurs U.S. dans une guerre en Amérique centrale et les Caraïbes.

Les syndicats sont menacés par la propagande raciste et chauvine de plus en plus ouverte contre les Japonais et les autres peuples de couleur, qui est au coeur de la campagne « Achetons américain » inspirée par les patrons. Le mouvement ouvrier doit prendre l'initiative dans la lutte contre la violence et les abus que ces appels réactionnaires renforcent à l'endroit des Asiatiques dans ce pays.

La solidarité implique de mettre de l'avant notre position de classe commune contre notre ennemi de classe commun à l'échelle mondiale, en refusant de le laisser nous diviser et nous monter les uns contre les autres. Les syndicats doivent organiser la solidarité avec les luttes des travailleurs syndiqués des autres pays : les mineurs en Grande-Bretagne et en Afrique du Sud ; les travailleurs du textile et du vêtement à Hong Kong et en Corée du Sud ; les syndicalistes au Salvador, à Grenade, au Honduras et au Guatemala ; les travailleurs de l'automobile au Mexique, en Allemagne, au Canada et au Japon. Le mouvement ouvrier U.S. doit soutenir les revendications des petits agriculteurs pour un revenu décent et les luttes des travailleurs agricoles et des agriculteurs du monde entier pour la terre et contre les conditions insoutenables qui leur sont imposées.

Le mouvement ouvrier doit se mettre aux premiers rangs de la lutte contre l'escalade militaire U.S. en Amérique centrale et dans les Caraïbes. Il doit être solidaire des travailleurs de tous les pays opprimés par l'impérialisme U.S. et s'opposer à chaque initiative de Washington pour utiliser son pouvoir économique et sa force militaire dans le but d'écraser leurs luttes pour la libération nationale, les droits démocratiques, le développement économique et le socialisme.

Seule cette perspective peut faire avancer efficacement les intérêts communs des travailleurs de ce pays et du reste du monde et renforcer la capacité du mouvement ouvrier de se battre dans ses intérêts et ceux de ses alliés.

LA LUTTE POUR LA DÉMOCRATIE SYNDICALE

L'emprise de la bureaucratie qui pratique la collaboration de classe mine la capacité des syndicats de fonctionner comme des instruments de solidarité et de lutte de classe. La lutte pour le contrôle par les rangs de toutes les affaires et politiques syndicales est nécessaire pour mobiliser la force des syndicats dans la lutte contre les employeurs et le gouvernement capitaliste. Il doit y avoir de la démocratie dans les syndicats pour que les travailleurs eux-mêmes puissent utiliser les syndicats pour se battre dans leurs intérêts. En résistant aux attaques croissantes des employeurs, les travailleurs militants apprendront que pour pouvoir *agir* efficacement comme unité de combat, ils doivent avoir le contrôle démocratique de leur organisation. Ils doivent avoir le droit de *savoir* tout ce qui est nécessaire pour déterminer les politiques du syndicat. Ils doivent avoir le droit de *voter* les conventions collectives. Ils doivent avoir le droit *d'élire* les officiers syndicaux.

Seul un tel contrôle démocratique des membres sur les syndicats peut permettre qu'une expérience commune de lutte contre les employeurs conduise au renforcement des syndicats en forgeant une formation de combat plus solidement unie et une machine de combat plus homogène. C'est là une leçon fondamentale des riches expériences du syndicat des Teamsters à Minneapolis dans les années 30 et de la campagne de syndicalisation dont il a été le fer de lance dans le Midwest, sous une direction syndicale révolutionnaire.

La lutte pour la démocratie syndicale est inséparable de la lutte pour l'action affirmative dans le but de bonifier les emplois et les compétences ; pour améliorer les chances d'avancement des Noirs, des Latinos et des femmes ; et pour mettre fin à la discrimination dans les syndicats. On ne peut gagner la démocratie syndicale quand des membres sont traités comme des citoyens de deuxième classe au travail ou dans le syndicat. Et dans la mesure où il y a un manque de démocratie syndicale, les droits démocratiques remportés par les Noirs, les Chicanos, les Portoricains et les femmes sont moins protégés et plus susceptibles d'être renversés, parce que la politique de collaboration de classe de la bureaucratie syndicale conduit inévitablement à sacrifier la solidarité des syndicats avec les plus opprimés et à permettre aux employeurs d'approfondir les divisions au sein de la classe ouvrière.

L'ACTION POLITIQUE OUVRIÈRE INDÉPENDANTE

Les syndicats doivent projeter un cours qui fait avancer les intérêts de la classe ouvrière et des opprimés sans égard aux profits et prérogatives de la classe possédante. Autrement dit, ils doivent rompre avec la politique bourgeoise. L'action politique ouvrière indépendante est l'alternative de lutte de classe au cours de collaboration de classe actuel de la bureaucratie syndicale, qui subordonne les intérêts du mouvement ouvrier au cadre qu'impose l'acceptation du système de profit.

Le mouvement ouvrier ne peut poursuivre un cours de lutte de classe conséquent qu'en déchirant l'illusion que les problèmes auxquels les travailleurs font face peuvent être résolus à l'intérieur du cadre électoral bourgeois. La bourgeoisie et ses lieutenants dans le mouvement ouvrier entretiennent cette illusion électoraliste en soutenant que la « véritable » politique est synonyme de campagnes électorales pour des fonctions publiques.

Mais la véritable politique est le contraire : c'est de l'économie concentrée et généralisée. Elle se reflète dans toutes les institutions de la société capitaliste. Mais elle prend naissance dans le heurt des forces de classe qui se produit chaque jour dans les usines, dans les champs, dans les rues et sur les champs de bataille. C'est là que se décide le rapport de force fondamental entre les classes. Ce n'est qu'en reconnaissant cette réalité et qu'en agissant sur cette base qu'une direction syndicale peut libérer la puissance politique du mouvement syndical et changer le cours politique des États-Unis.

Une telle direction syndicale pensera socialement et agira politiquement. Elle offrira une orientation révolutionnaire aux travailleurs des villes et des campagnes, avec la confiance qu'une nouvelle société émergera de la lutte déterminée pour défendre nos propres intérêts de classe.

L'action politique ouvrière indépendante pointe avant tout vers l'établissement par les travailleurs et nos alliés d'un gouvernement qui agit pour faire avancer nos intérêts, pas ceux des exploiteurs — un gouvernement des travailleurs et des agriculteurs. Ce n'est qu'en arrachant le pouvoir politique des mains des exploiteurs qu'on pourra mettre un terme une fois pour toutes aux attaques croissantes contre les syndicats et contre chacune des luttes menées par les travailleurs et les opprimés. C'est la seule façon de mettre fin à l'utilisation du pouvoir gouvernemental dans les intérêts des exploiteurs et au détriment des travailleurs. C'est la seule façon de mettre fin à la guerre impérialiste, à l'oppression raciale et à la discrimination contre les femmes.

La lutte pour satisfaire les besoins les plus élémentaires de la classe ouvrière et pour défendre le droit des syndicats d'exister en tant qu'organisations ouvrières combatives exige un instrument politique indépendant des partis capitalistes qui administrent l'État dans l'intérêt des exploiteurs. Les syndicats doivent rompre avec le système bipartite capitaliste et forger un parti ouvrier indépendant capable de mobiliser les producteurs dans la lutte pour un gouvernement des travailleurs et des agriculteurs. Et ils doivent appuyer toute initiative des exploités et des opprimés qui est un pas dans cette direction.

4. Perspectives stratégiques dans le mouvement ouvrier
Comment le Parti socialiste des travailleurs met-il de l'avant ces perspectives stratégiques, ce programme, au sein du mouvement ouvrier ?

Nous commençons par reconnaître que de larges couches de travailleurs ne pourront comprendre cette stratégie de lutte de classe qu'à travers leur participation à des batailles contre les employeurs et le gouvernement pour défendre leurs conditions de travail, leur gagne-pain et leurs syndicats et à des luttes politiques sur des questions aussi fondamentales que la guerre impérialiste, l'oppression nationale, l'oppression des femmes et les attaques contre les droits démocratiques. Nous participons activement aux luttes qui éclatent dans les usines où nous travaillons, aux batailles que les travailleurs mènent dans d'autres villes et industries, et aux actions de protestation progressistes initiées à l'intérieur comme à l'extérieur des syndicats. Nous participons dans toutes les luttes ouvrières visant à obtenir un soulagement immédiat des effets de la crise capitaliste et de meilleures conditions de travail et de vie, et nous nous en faisons les champions. Nous faisons connaître ces luttes dans nos syndicats en utilisant les moyens les plus efficaces à notre disposition. Nous en parlons dans nos comités syndicaux, avec nos officiers élus ou dans les réunions des membres du syndicat. Dans chacune de ces batailles, nous cherchons à mobiliser l'appui du syndicat et à élargir la discussion sur ses enjeux pour le mouvement ouvrier.

Comme participants dans ces luttes, nous mettons de l'avant des revendications sociales et de classe plus larges. Nous les expliquons dans nos campagnes électorales socialistes, dans le *Militant* et *Perspectiva Mundial,* dans des Forums ouvriers du Militant hebdomadaires dans toutes les villes où existe une branche du Parti socialiste des travailleurs, et dans les discussions que nous avons avec d'autres militants impliqués dans ces luttes.

Nous posons le besoin pour les travailleurs de lutter pour un plus grand contrôle, exercé par le biais des syndicats, sur les conditions de travail et les décisions qui les affectent au travail.

Nous expliquons le besoin pour le mouvement ouvrier de se battre pour des droits sociaux comme des soins de santé et des pensions adéquates pour tous les travailleurs. Ces programmes doivent être financés par le gouvernement à l'échelle nationale et n'avoir aucun lien avec les profits des patrons dans une industrie particulière. Les syndicats doivent prendre la tête de la résistance à la campagne continue des gouvernements et des employeurs pour que les individus et leurs familles assument la responsabilité de ces besoins vitaux.

En fonction de la situation politique concrète, nous mettons de l'avant — de différentes façons et sous différentes combinaisons — des revendications immédiates, démocratiques et transitoires. En tout temps, nous cherchons à les expliquer de façon à mieux faire comprendre le besoin de changer la classe qui gouverne. Si l'axe de notre lutte n'est pas d'avancer vers l'établissement d'un gouvernement des travailleurs et des agriculteurs, aucune série de revendications, aucun programme ne peut être en fait un programme révolutionnaire — peu importe son ampleur ou son caractère radical.

Au cours des batailles auxquelles nous participons côte à côte avec d'autres travailleurs, nous profitons de chaque expérience de la lutte de classe internationale et nationale pour expliquer que c'est le système capitaliste qui est la source de la crise à laquelle notre classe et ses alliés font face. Nous présentons une perspective socialiste à ceux qui dans la classe ouvrière réfléchissent à la façon d'organiser et de diriger une lutte efficace pour faire avancer les intérêts des exploités.

En présentant cette perspective, nous pouvons être très concrets en soulignant les réalisations de Cuba révolutionnaire, où les travailleurs et les agriculteurs ont pris le pouvoir dans leurs propres mains et l'ont utilisé pour déraciner le capitalisme et commencer à construire une société socialiste. Nous pouvons aussi mettre en évidence ce que le gouvernement ouvrier et paysan accomplit aujourd'hui au Nicaragua. Ces exemples montrent ce qu'il est possible de faire quand un gouvernement des exploiteurs, qui défend les intérêts des capitalistes et des propriétaires fonciers, est remplacé par un gouvernement des exploités. Combien il sera possible d'accomplir encore plus aux États-Unis, étant donné l'énorme richesse et l'énorme capacité industrielle et agricole de ce pays, non seulement pour satisfaire les besoins des travailleurs et des agriculteurs U.S., mais pour aider à nourrir les travailleurs du monde entier et augmenter leur niveau de vie !

LES BATAILLES DE CLASSE QUI VIENNENT

Seules les expériences vécues dans de grandes batailles de classe permettront à un grand nombre de travailleurs d'en venir à ces conclusions. Ces expériences comprendront des confrontations prérévolutionnaires et révolutionnaires avec les employeurs et leur gouvernement où la question de quelles classes dirigeront la société sera à l'ordre du jour. À mesure que croîtra sa combativité, la classe ouvrière va mettre à l'épreuve de l'action et essayer l'une après l'autre plusieurs alternatives politiques libérales, réformistes et centristes avant d'en venir à la conclusion que l'action politique révolutionnaire est à la fois possible et nécessaire. En le faisant, des millions de travailleurs rejetteront la politique de collaboration de classe (y compris l'électoralisme bourgeois) défendue par la bureaucratie syndicale et les autres misleaders des opprimés et des exploités.

Il existe une différence qualitative entre les conditions qui prévalent aujourd'hui — caractérisées par des droits démocratiques bourgeois relativement larges — et les conditions où la victoire d'une lutte révolutionnaire pour le pouvoir résoudra les conflits de classe dans ce pays.

C'est une rébellion contre une combinaison quelconque de guerres, de crises sociales, d'effondrements économiques et de tyrannies politiques qui a été à l'origine de toutes les révolutions sociales modernes. Dans leur grande masse, les travailleurs n'initieront pas une bataille d'envergure révolutionnaire aussi longtemps qu'il semblera y avoir une autre voie, moins exigeante, conduisant à des solutions fondamentales. Aussi longtemps qu'une telle alternative paraîtra réaliste, la classe ouvrière restera sous l'emprise de ses illusions électoralistes. Cette situation ne changera de façon qualitative que lorsque de gigantesques crises économiques et politiques saperont la capacité de la classe capitaliste U.S. de maintenir sa domination à l'aide de ses méthodes actuelles de démocratie bourgeoise.

À mesure que la situation politique et sociale évoluera vers une telle épreuve de force, la vie deviendra de plus en plus intolérable sous le capitalisme. Les travailleurs livreront de puissantes batailles de classe, auxquelles les dirigeants répondront par la montée de mouvements fascistes de masse et une poussée vers des solutions dictatoriales. Dans ces conditions, des dizaines de millions d'exploités et d'opprimés chercheront la direction d'un parti prolétarien doté d'une stratégie capable de mener les travailleurs et les agriculteurs à la conquête du pouvoir par tous les moyens nécessaires.

D'ici là, les travailleurs vont mettre à l'essai et épuiser de nombreuses autres alternatives tout en se radicalisant, subissant des revers, se regroupant et luttant à nouveau. Ils perdront des illusions — y compris leurs espoirs exagérés dans ce que des socialistes peuvent accomplir individuellement, soit comme dirigeants d'un syndicat ou d'une autre organisation de masse, soit en étant élus à une fonction publique. Ces illusions seront remplacées par la compréhension que seule la mobilisation des rangs, sous une direction adéquate, peut accomplir ce que rend possible le rapport de force entre les classes à un moment donné.

Pour faire avancer ce processus, nos fractions syndicales industrielles deviennent plus expérimentées à maintenir leur principale ligne de feu contre les patrons. Nous cherchons à faire officiellement adopter, ou tout au moins tolérer, des politiques qui renforcent les syndicats et permettent aux travailleurs de repousser plus efficacement l'assaut des capitalistes contre leur niveau de vie et leurs droits. Nous profitons des ouvertures que nous offre la bureaucratie ou de toute division en son sein pour impliquer une couche de travailleurs du rang dans des discussions et des actions contre les patrons. Nous refusons de nous laisser entraîner dans des confrontations prématurées avec la bureaucratie syndicale. Dans les conditions actuelles, de telles confrontations entre nos petites forces — dont les idées et les propositions commencent à peine à être écoutées et comprises par des couches plus larges — et la bureaucratie syndicale permettraient à cette dernière d'isoler plus facilement notre courant des rangs.

Nos fractions dans les syndicats répondent aux propositions de convention collective et aux autres questions que la bureaucratie syndicale soumet au vote des rangs en cherchant à faire avancer les intérêts du syndicat. Nous appelons les travailleurs à accepter les conventions collectives dont l'adoption placerait le syndicat en meilleure position vis-à-vis des employeurs que leur refus — compte tenu des conditions actuelles dans le syndicat, du calibre de sa direction et du rapport de force entre les classes auquel il doit faire face. Les travailleurs révolutionnaires jugent ces questions en visant à faire avancer les intérêts objectifs du syndicat, pas à porter un jugement sur les intentions subjectives, les campagnes de propagande ou les autres actions de la bureaucratie. Les travailleurs votent sur une convention collective, pas sur la politique générale des officiers qui l'ont négociée.

C'est aussi de ce point de vue que nous abordons la question des élections et des postes ou mandats dans les syndicats. Nous voyons l'élection d'un travailleur révolutionnaire à un poste ou mandat syndical comme le sous-produit de progrès majeurs vers la transformation d'une section du mouvement ouvrier selon des lignes de lutte de classe, et non pas comme un levier pour initier cette transformation. Une telle élection peut être un résultat de luttes accrues et d'expériences de combat où les travailleurs révolutionnaires ont démontré leurs capacités de direction. Même aujourd'hui, la participation à divers comités syndicaux peut, dans certaines conditions, aider à faire progresser le travail pour conduire les rangs du syndicat à un point de vue de lutte de classe à travers leurs propres expériences.

Mais l'élection d'un travailleur révolutionnaire à un poste de direction ou de responsabilité administrative générale dans un syndicat n'avance pas en soi la lutte pour transformer le mouvement ouvrier.

Un tel progrès nécessite que les membres du syndicat aient une certaine expérience de lutte commune et un certain niveau de conscience. En soi, accepter un poste ou un mandat ne peut faire avancer la classe ouvrière dans cette direction. Agir comme si c'était le cas constitue un obstacle pour accomplir ce qui peut et doit être fait aujourd'hui pour aider à mobiliser la force des rangs pour décider le cours des syndicats et agir collectivement sur cette base. Cette approche mène inévitablement à embellir le caractère politique de l'« équipe » dont fait partie le travailleur révolutionnaire qui prend un poste et à condamner les rangs pour leur manque de reconnaissance des efforts de ces officiers.

Nous nous enracinons en particulier parmi les jeunes travailleurs, ceux qui sont les plus combatifs et les plus conscients politiquement. Nous anticipons la mobilisation, l'organisation et la conscience de classe accrue de ces travailleurs.

LES TÂCHES DU PARTI

Les travailleurs ne peuvent développer de conclusions politiques révolutionnaires seulement en généralisant leurs propres luttes et expériences. C'est pour cette raison que le parti a un rôle indispensable à jouer. En participant à des luttes avec d'autres travailleurs, nous présentons une perspective qui généralise les expériences d'industries, de régions, de pays et de périodes différents de l'histoire de la lutte de classe internationale moderne.

Notre stratégie a pour point de départ la ligne de marche actuelle concrète de la classe ouvrière à la tête de ses alliés exploités. Nous ne commençons pas avec des plans utopiques, des schémas électoraux ou d'autres panacées. Nous n'avons aucune « identité » particulière qui nous sépare de cette ligne de marche historique. Nous présentons un cours qui mène à la transformation des syndicats et nous cherchons à faire avancer le développement d'une aile gauche de lutte de classe dans les syndicats qui luttera pour cet objectif. Aujourd'hui, nous construisons notre tendance dans les syndicats industriels parmi les travailleurs qui peuvent être gagnés à ce cours et au parti révolutionnaire.

Aujourd'hui il existe déjà une couche de travailleurs à travers le pays qui ont appris à connaître et à respecter les membres du parti et le SWP. Ils sont attirés par notre presse et nos autres activités et sont d'accord avec plusieurs de nos points de vue. Cependant, la plupart ne voient pas au début de voie liant ce que nous faisons et disons aujourd'hui à une lutte qu'il est possible de remporter pour un gouvernement des travailleurs et des agriculteurs. C'est une tâche de tout le parti et non pas seulement des fractions syndicales industrielles que de chercher à amener ces travailleurs politisés à voir cette voie et à les convaincre d'agir à partir de ces convictions en adhérant à notre mouvement. Ce sont les branches qui ont la responsabilité de recruter des travailleurs, de les intégrer au parti et de les former comme travailleurs-bolcheviks. Ceci souligne l'importance des branches en tant qu'unités politiquement complètes et équilibrées, dans un parti de plus en plus composé de travailleurs industriels organisés dans des fractions syndicales nationales.

C'est la tâche du parti dans son ensemble, pas seulement des fractions syndicales, que d'appliquer nos perspectives et d'organiser notre participation aux luttes politiques contre la guerre impérialiste, pour les droits des Noirs, pour l'émancipation des femmes et autour du large éventail d'autres questions politiques et sociales auxquelles les travailleurs font face. Autrement, nos fractions syndicales nationales ne pourraient pas fonctionner en tant qu'unités *politiques*. Dans chaque région, nos fractions ne pourraient avoir un ensemble priorisé de campagnes politiques à mener en tant qu'unités locales de fractions nationales. Les campagnes du parti se réduiraient à ce que les fractions seules pourraient faire et des pressions insoutenables se développeraient sur ces dernières.

Le parti accomplit cette tâche politique sur quatre fronts.

Premièrement, il participe à des actions de propagande. Ceci comprend non seulement la participation à des manifestations, à des ralliements de protestation et à des coalitions d'action, mais aussi à des rassemblements nationaux et locaux d'organisations comme le Parti politique noir indépendant national, l'Organisation nationale pour les femmes, la Coalition des syndicalistes noirs et la Coalition des travailleuses syndiquées. Les membres du parti adhèrent à ces organisations. Et les branches et instances de direction participent à l'accomplissement de notre travail politique dans ces organisations.

Deuxièmement, le parti organise et soutient une variété d'institutions de propagande pour aider à présenter les perspectives socialistes aux couches les plus larges possibles de travailleurs. Ces institutions comprennent les Forums ouvriers du Militant que les branches parrainent chaque semaine et nos librairies de branche. Nos campagnes électorales socialistes locales, d'État et nationales représentent une façon importante de rejoindre un plus grand nombre de travailleurs.

Troisièmement, le parti organise la diffusion hebdomadaire du *Militant* et de *Perspectiva Mundial*, qui font connaître la vérité sur les développements nationaux et internationaux majeurs et présentent aux travailleurs nos propositions de classe sur comment avancer.

Quatrièmement, le parti aide les fractions syndicales à appliquer cette perspective et à mener ces activités dans les usines et les syndicats.

5. Approfondir le tournant vers les syndicats industriels

En s'appuyant sur les expériences initiales de nos fractions syndicales industrielles depuis 1978, le parti a pris plusieurs mesures nouvelles au cours des dernières années pour approfondir le tournant.

Une de ces nouvelles mesures a été d'adopter l'objectif d'organiser des ventes hebdomadaires du *Militant* et de

Perspectiva Mundial aux portes des usines en tant que norme pour être membre du parti.

Notre objectif, c'est que chaque membre du parti ait un contact hebdomadaire régulier avec des travailleurs industriels, en particulier dans les syndicats où nous construisons des fractions nationales. Il s'agit d'un autre pas pour intégrer l'ensemble du parti au tournant — aussi bien ceux qui font partie des fractions industrielles que ceux qui n'en font pas partie, ceux qui travaillent que ceux qui chôment — et approfondir ainsi notre orientation prolétarienne. Les ventes hebdomadaires aux portes des usines sont une façon importante d'influencer et de recruter des travailleurs industriels. C'est la seule façon d'établir à long terme le parti comme une tendance dans le mouvement ouvrier.

Ces ventes aux portes des usines sont effectuées par des équipes de membres des branches. Elles font partie du rythme hebdomadaire de l'activité du parti dans chaque branche. Les ventes régulières aux portes des usines aident les branches à se familiariser avec d'autres sites industriels que ceux où nous avons actuellement des membres qui travaillent et à se renseigner sur les possibilités d'embauche. Elles peuvent aider à inspirer et convaincre de nouvelles couches de membres à se joindre aux comités d'emploi et à faire partie de nos fractions syndicales industrielles. Elles permettent au parti de rester en contact avec les travailleurs dans des usines où tous nos membres ou certains d'entre eux ont été mis à pied ou dans des usines où nous n'avons pas encore réussi à faire embaucher de membres. Et elles nous permettent de connaître plus facilement les plans d'embauche de ces usines, ce qui facilite le travail des comités d'emploi des branches.

Les ventes hebdomadaires aux usines où nous avons déjà des membres sont un complément important au travail politique des fractions. La diffusion régulière de notre presse parmi les travailleurs de ces usines est la responsabilité collective du parti, pas seulement des fractions syndicales industrielles. Seuls les membres des fractions vendent au travail, y mènent un travail politique quotidien et participent aux discussions et activités syndicales. Mais ils ne sont pas les seuls membres du parti à vendre le *Militant* et *Perspectiva Mundial* à la porte de l'usine, à parler de politique aux travailleurs et à les amener à des événements organisés par le parti ou aux autres activités auxquelles nous participons et que nous appuyons. De plus, il est très utile pour les membres du parti dans une fraction industrielle donnée de connaître des travailleurs d'autres industries en vendant à une autre usine.

Un deuxième aspect de l'approfondissement du tournant a été l'établissement de deux nouvelles fractions industrielles : dans l'Union internationale des ouvriers et ouvrières du vêtement pour dame et dans le syndicat des Travailleurs amalgamés du vêtement et du textile. Ces nouvelles fractions font avancer la prolétarisation du parti. L'UIOVD et les TAVT sont deux des plus grands syndicats industriels aux États-Unis et ils jouent un rôle important dans le mouvement ouvrier aux États-Unis et au Canada. En nous orientant vers ces syndicats, nous commençons à faire partie d'une section de la classe ouvrière qui comprend beaucoup d'immigrants récents et de membres de nationalités opprimées, et qui est en général payée à des salaires inférieurs à ceux des travailleurs d'autres syndicats industriels.

Le tournant vers l'industrie a eu un troisième résultat : le parti connaît mieux les luttes et les organisations des petits agriculteurs et s'oriente davantage vers elles. Nous avons commencé à rencontrer des agriculteurs qui travaillent dans l'industrie pour obtenir un revenu décent et essayer de garder leur terre. Au cours des dernières années, nous avons développé des liens avec des agriculteurs par le biais de nos campagnes électorales et de nos autres outils de propagande, en participant à leurs luttes comme membres du parti et en tant que membres de syndicats industriels qui cherchons à renforcer les liens de solidarité et les actions communes entre le mouvement ouvrier et les organisations des agriculteurs. Nous avons renforcé nos contacts avec des organisations de petits agriculteurs et les connaissons mieux. Et nous avons recruté au parti le premier d'une nouvelle génération d'agriculteurs révolutionnaires.

Plus récemment, nous avons élargi nos contacts politiques avec des travailleurs agricoles salariés, plus particulièrement en Californie, au Texas et dans le Sud-Ouest. Nous prêtons une attention politique plus grande aux luttes des travailleurs agricoles qui s'y déroulent aujourd'hui. La grande majorité de ces travailleurs parlent espagnol, beaucoup sont immigrants et tous travaillent pour de bas salaires et dans des conditions très dures.

6. Pour un gouvernement des travailleurs et des agriculteurs

L'expansion géographique du parti qui s'est faite en même temps que le tournant vers les syndicats industriels a élargi notre connaissance de la structure de classe des États-Unis. Ceci nous a encouragés à étudier davantage la place importante des producteurs de denrées indépendants dans la production de nourriture et de fibres dans ce pays. Nous avons ainsi commencé à reconquérir ce que des générations précédentes de marxistes révolutionnaires avaient expliqué sur les mécanismes par lesquels le capital exploite les petits agriculteurs et sur les conditions ainsi créées pour forger une alliance combative des travailleurs et des agriculteurs contre les exploiteurs.

Ces expériences ont conduit à la décision du Comité national du SWP de proposer au congrès d'août 1984 de changer le mot d'ordre gouvernemental transitoire du parti de

« Pour un gouvernement des travailleurs » à « Pour un gouvernement des travailleurs et des agriculteurs. » Le Comité national a adopté ce changement en 1982, lorsqu'il a approuvé la ligne générale du rapport « Pour un gouvernement des travailleurs et des agriculteurs aux États-Unis. » Ce rapport a été adopté par le congrès du parti d'août 1984 [2].

Notre discussion sur cette proposition de changement nous a aidés à mieux comprendre le besoin de mettre au centre de notre perspective gouvernementale l'alliance entre les travailleurs et les agriculteurs et à voir plus clairement comment cette perspective gouvernementale est totalement liée à notre réponse politique à l'offensive capitaliste contre les travailleurs d'ici et du reste du monde.

Une deuxième décision liée à la première, c'est le changement apporté à la déclaration de principes du SWP. Jusqu'à présent, l'article II des statuts du Parti socialiste des travailleurs se lisait ainsi : « Le parti a pour but d'éduquer et d'organiser la classe ouvrière, afin d'abolir le capitalisme et d'établir un gouvernement des travailleurs qui aura pour objectif d'atteindre le socialisme. » En adoptant le document « Pour un gouvernement des travailleurs et des agriculteurs aux États-Unis, » le Comité national a décidé de changer cette formulation dans les statuts du parti.

La déclaration de principes amendée et adoptée par le congrès d'août 1984 se lit ainsi : « Le parti a pour but d'éduquer et d'organiser la classe ouvrière, afin d'établir un gouvernement des travailleurs et des agriculteurs qui abolira le capitalisme aux États-Unis et se joindra à la lutte mondiale pour le socialisme. »

Ce changement atteint deux objectifs. Premièrement, il rétablit la séquence des événements dans un ordre qu'on peut mal interpréter comme étant d'abolir le capitalisme avant d'établir un gouvernement des travailleurs et des agriculteurs. L'amendement rend clair que l'abolition du capitalisme est une tâche du nouveau gouvernement des travailleurs et des agriculteurs. Nous devons établir un gouvernement révolutionnaire avant de pouvoir abolir le capitalisme.

Deuxièmement, la nouvelle version souligne correctement que le gouvernement des travailleurs et des agriculteurs aux États-Unis progressera vers le socialisme *en même temps* que les travailleurs et les agriculteurs de la planète entière, pas avant eux. Le gouvernement révolutionnaire aux États-Unis mettra l'énorme force productive de l'économie U.S. au service des peuples du monde, en particulier d'Afrique, d'Asie et d'Amérique latine. En faisant ressortir que la construction du socialisme dans ce pays fera partie de cette bataille mondiale, l'amendement souligne la perspective internationaliste qui guide notre parti.

La continuité communiste aux États-Unis

RÉSOLUTION DU PARTI SOCIALISTE DES TRAVAILLEURS

La mise en application du tournant vers les syndicats industriels s'est traduite par quelques-uns des plus grands changements de l'histoire du Parti socialiste des travailleurs. Ces changements sont rendus possibles par les nouvelles occasions de faire des progrès qui s'inscrivent dans le cours que notre parti s'est tracé à ses débuts.

À sa fondation en 1938, le SWP s'était donné pour but de construire un parti communiste prolétarien dans ce pays, basé dans les syndicats de la classe ouvrière industrielle alors en ascension. Le parti cherchait à poursuivre le cours projeté en 1928 par nos dirigeants fondateurs, au moment de leur expulsion du Parti communiste par sa direction stalinienne.

La fondation du SWP était vue comme faisant partie de la construction d'une direction prolétarienne de la révolution mondiale et de la construction dans chaque pays de partis ouvriers révolutionnaires déterminés à appliquer le cours initié par l'Internationale communiste durant ses cinq

---

Ce chapitre reproduit la quatrième section de la résolution adoptée en janvier 1985 par un congrès spécial du Parti socialiste des travailleurs. On trouvera le texte complet de cette résolution dans le quatrième numéro de *New International*.

VOIR LES NOTES EN PAGE 581

premières années d'existence, sous la direction de l'équipe bolchevique rassemblée autour de Lénine[1].

En accord avec cette perspective, le SWP a joué un rôle dirigeant en 1938 lors de la conférence de fondation de la Quatrième Internationale. Le programme de cette nouvelle organisation mondiale, a expliqué James P. Cannon, ne reposait pas sur une quelconque « nouvelle révélation. » Il ne proposait pas « une nouvelle doctrine, mais la restauration, la renaissance du marxisme véritable tel qu'il a été exposé et appliqué au cours de la révolution russe et des premiers jours de l'Internationale communiste[2]. »

En 1933, le cours de la lutte de classe internationale et le rôle joué par le Comintern en son sein nous ont convaincus que nous ne pouvions plus faire avancer ces perspectives révolutionnaires dans ce pays ou à l'échelle internationale comme nous l'avions fait jusque-là, soit en concentrant nos efforts à chercher des façons de présenter nos conceptions à l'intérieur du Comintern ou de ses partis dans le but d'y gagner une majorité déterminée à réformer ces organisations et à les ramener à un cours internationaliste conséquent d'aide et de participation à la lutte contre l'impérialisme. En mettant sur pied le SWP et en participant à la fondation de la Quatrième Internationale, nous avons réitéré l'évaluation que le prochain pas en avant dans le développement d'une véritable direction communiste dans ce pays et à l'échelle internationale serait posé par des forces qui émergeraient à l'extérieur du Comintern stalinisé. Ce pas serait posé par des travailleurs et des agriculteurs d'avant-garde qui généraliseraient leurs expériences au cours de luttes révolutionnaires contre l'exploitation, la domination impérialiste et l'oppression tyrannique de régimes défendant le pouvoir des classes dirigeantes.

La révolution cubaine de 1959 est venue confirmer la justesse de cette évaluation ainsi que le cours politique et les conclusions organisationnelles en découlant. Au cours des deux décennies précédentes, même dans les cas où des partis issus du Comintern stalinisé se sont retrouvés à la tête de révolutions victorieuses des travailleurs et des agriculteurs en Europe et en Asie, leurs directions sont essentiellement demeurées dans un cadre nationaliste et n'ont pas projeté un cours internationaliste dans l'action.

Mais l'émergence de la direction de la révolution cubaine a marqué une rupture avec ce modèle de « communisme national. » Elle a signalé la renaissance de l'internationalisme non seulement au niveau de la ligne politique, mais aussi de la pratique. Cette direction ne tirait pas ses origines d'un courant politique au sein du Comintern de Staline. Elle s'est forgée dans une bataille politique contre la ligne du parti stalinien à Cuba. Au cours des 25 années depuis la prise du pouvoir, elle a construit un parti communiste prolétarien.

Le Front sandiniste de libération nationale au Nicaragua a renforcé depuis 1979 le développement d'une direction révolutionnaire dans les Amériques. Il a mené une bataille politique contre les politiques staliniennes dans la lutte pour renverser Somoza et au cours des six années suivantes en tant que direction d'un gouvernement des travailleurs et des agriculteurs [3]. L'équipe de direction regroupée autour de Maurice Bishop a aussi amené des forces nouvelles dans ce processus avant le renversement du gouvernement des travailleurs et des agriculteurs de Grenade par la faction stalinienne de Bernard Coard [4].

Jusqu'à maintenant, il n'y a pas eu de progrès parallèle vers la construction de directions révolutionnaires internationalistes de masse en dehors des Amériques. Mais le cours suivi par le Parti communiste de Cuba et initié par le FSLN confirme la justesse de la décision prise il y a 47 ans de fonder la Quatrième Internationale dans le but de faire avancer la lutte pour construire une nouvelle Internationale révolutionnaire de masse.

1. Les fondements politiques du SWP

À sa fondation, le SWP a continué à suivre la ligne de marche projetée par la direction bolchevique du Comintern et par les communistes qui ont essayé dans les années 20 aux États-Unis d'apprendre de cette perspective, de la mettre en application et de construire ainsi un parti prolétarien. Nous pouvons résumer de la façon suivante le cours que nous avons suivi au début :

1. Le congrès de fondation du SWP s'est donné comme objectif de prolétariser le parti. Il a décidé d'effectuer un tournant vers l'industrie et les syndicats industriels, qui servirait de fondation à l'édification de toute autre réalisation.

Les délégués ont décidé qu'une « réorientation complète de notre parti, des membres jusqu'à la direction et vice versa, est un impératif absolu qu'on ne peut reporter. [...] Le parti doit consacrer ses énergies principalement à s'enraciner dans les syndicats et à devenir une composante inséparable des syndicats et de leurs luttes [5]. » Il n'y a eu aucune exception de faite pour les enseignants, les cols blancs ou les diplômés universitaires.

« Nous ne réussirons pas à enraciner le parti dans la classe ouvrière, » a spécifié la résolution politique adoptée à ce congrès, « et encore moins à empêcher que les principes révolutionnaires prolétariens du parti ne soient minés, à moins que le parti ne soit un parti très largement prolétarien, composé en majorité écrasante de travailleurs d'usines, de mines et de manufactures. »

2. Ce tournant était essentiel pour préparer le parti à résister aux pressions bourgeoises qui s'intensifiaient au moment où les classes dirigeantes impérialistes se dirigeaient vers la guerre.

La guerre impérialiste qui vient, a dit la résolution politique de 1938, « mettra à l'épreuve de la manière la plus intense toutes les organisations et toutes les politiques. » Le parti « ne peut répondre à cette épreuve qu'en protégeant rigoureusement les principes marxistes de l'internationalisme révolutionnaire sur lesquels il repose [6]. »

Contrairement aux sociaux-démocrates et aux staliniens, le SWP a refusé de subordonner les intérêts des travailleurs et des nationalités opprimées, aux États-Unis et dans le reste du monde, aux objectifs de guerre des impérialistes « démocratiques ». Le SWP a mis de l'avant la stratégie léniniste de la lutte révolutionnaire contre tous les régimes impérialistes, aussi bien « démocratiques » que fascistes, en commençant avant tout par le sien propre.

« Par-dessus tout, a déclaré le congrès, il faut garder en tête que, pour que le parti survive à la guerre ainsi qu'à la persécution et au harcèlement inévitables du mouvement révolutionnaire qu'elle entraînera, pour que le parti mène à bien ses grandes tâches durant la guerre, [...] ses membres doivent être solidement et inséparablement liés à la classe ouvrière. » Le congrès a souligné que les fractions du parti dans les syndicats industriels ne se limiteraient pas à effectuer de la propagande socialiste et antiguerre, mais qu'elles feraient partie du mouvement ouvrier organisé et chercheraient à accélérer la transformation révolutionnaire des syndicats : « La meilleure façon d'établir ce lien, c'est que chaque membre devienne un syndicaliste actif, responsable et influent [7]. »

Avec l'approche de la guerre, cette ligne politique a été soumise à la plus grande épreuve possible. Le SWP a tenu ferme, bien qu'une minorité petite-bourgeoise ait faibli, puis craqué, faisant scission du parti et de la Quatrième Internationale. Le SWP a adopté une politique militaire prolétarienne répondant aux conditions de minorité que lui imposait son opposition à la guerre au sein de la classe ouvrière et du mouvement ouvrier. Les membres du parti conscrits dans l'armée ont fait leur service comme le reste de leur génération. Ceux qui ont été mobilisés ont cherché toutes les occasions pour expliquer leur point de vue antiguerre, antiraciste et pro-syndical au sein des forces armées. Et ils ont défendu leurs droits démocratiques et celui de tous les citoyens-soldats de s'exprimer.

À cause de leur opposition à la guerre impérialiste, 18 dirigeants du SWP et du syndicat des Teamsters ont été emprisonnés après avoir été reconnus coupables, en vertu de la nouvelle loi Smith, de conspiration pour promouvoir le renversement du gouvernement par la force et la violence. Dans la campagne qu'il a menée pour défendre le parti et ses prisonniers de la guerre de classe, le SWP a cherché à populariser les idées marxistes pour lesquelles il était persécuté, tout en mobilisant l'action unifiée la plus large possible du mouvement ouvrier, de la communauté noire et d'autres partisans des droits démocratiques en défense des libertés fondamentales en jeu.

3. La défense de l'État ouvrier soviétique était au centre des principes internationalistes révolutionnaires du SWP. Le congrès a réaffirmé la position communiste selon laquelle la terre et l'industrie nationalisées qui constituent la base économique de l'Union soviétique représentent une formidable conquête du prolétariat international. Le prolétariat demeure la classe dirigeante en Union soviétique même si une caste petite-bourgeoise bureaucratique lui a usurpé le pouvoir politique et l'opprime. Les travailleurs du monde ont un énorme intérêt à défendre ce bastion prolétarien contre l'impérialisme.

Adoptée par le congrès de fondation du SWP, cette position y a été contestée par une petite minorité de délégués. Au cours des 18 mois qui ont suivi, une bataille rangée a éclaté dans le parti sur cette question. Une opposition petite-bourgeoise en panique croissante a cherché à se libérer de ce cadre internationaliste prolétarien, capitulant à l'état d'esprit social-impérialiste et antisoviétique montant qui balayait alors les cercles petits-bourgeois radicaux. Les cadres prolétariens du parti ont défait cette attaque révisionniste et l'opposition petite-bourgeoise a fait scission du parti. Le SWP n'aurait pas pu gagner cette bataille politique s'il n'avait pas poursuivi de manière intransigeante son orientation visant à s'implanter dans la classe ouvrière industrielle et à faire progresser l'application de normes organisationnelles prolétariennes. On trouve les leçons de ce chapitre de l'histoire de notre parti dans *In Defense of Marxism* [Défense du marxisme] de Léon Trotsky et *The Struggle for a Proletarian Party* [La lutte pour un parti prolétarien] de James P. Cannon.

La compréhension qu'avait le SWP de ce qui était en jeu pour les travailleurs et les agriculteurs dans la défense de l'Union soviétique nous a mieux armés pour tirer les bonnes conclusions du cours des événements pendant et après la deuxième guerre mondiale. Nous avons appris que la propriété d'État, la planification économique et les autres gains historiques établis quand les travailleurs et les agriculteurs exproprient la classe capitaliste sont encore plus durables que nous l'avions anticipé.

Le cours de la lutte de classe internationale depuis le début de la deuxième guerre mondiale nous a convaincus de pouvoir écarter la possibilité, laissée ouverte par Trotsky pendant les années 30, qu'une section de la caste bureaucratique petite-bourgeoise puisse restaurer les relations de propriété capitalistes et devenir une nouvelle classe dirigeante exploiteuse. Malgré son parasitisme et le fait qu'elle singe les habitudes de consommation bourgeoises, la caste est trop faible pour essayer de renverser la propriété d'État — trop faible par rapport aux travailleurs et aux agriculteurs, qui sont déterminés à préserver leurs acquis économiques et sociaux, et trop faible par rapport aux puissances impérialistes, qui sont déterminées à écraser les États ouvriers dès que l'histoire leur en donnera l'occasion.

Face à l'attitude d'agressivité permanente de l'impérialisme mondial, ces castes bureaucratiques doivent défendre les États ouvriers, même si elles le font avec des méthodes contre-révolutionnaires et anti-internationalistes qui sont à long terme contre-productives. Cependant les conquêtes des travailleurs et des agriculteurs se sont avérées suffisamment fortes pour résister à l'effet corrosif des politiques staliniennes des castes bureaucratiques. Les impérialistes n'ont pu renverser un seul État ouvrier et réimposer le capitalisme aux travailleurs et aux agriculteurs de ces pays.

La permanence de la dictature du prolétariat en Union soviétique et l'établissement d'États ouvriers dans une douzaine d'autres pays depuis la deuxième guerre mondiale ont fondamentalement changé le rapport de force entre les classes à l'échelle internationale. C'est un facteur de poids qui joue en faveur de tous ceux qui luttent contre la domination impérialiste et l'exploitation capitaliste. Chaque nouveau coup contre l'ordre impérialiste mondial affaiblit la pression de l'impérialisme contre les États ouvriers et renforce la main des travailleurs et des agriculteurs contre les castes bureaucratiques privilégiées dans les pays où elles ont usurpé le pouvoir politique aux producteurs.

4. Le SWP a refusé de subordonner la lutte pour l'indépendance et la libération nationale de l'Inde, de l'Indochine et des autres possessions coloniales africaines, asiatiques et américaines au bloc de collaboration de classe avec les gouvernements impérialistes « démocratiques » prôné par les sociaux-démocrates et les staliniens. Il a appuyé la guerre de libération nationale de la Chine contre le Japon,

contrairement à la position de « neutralité » gauchiste adoptée par ceux qui ont fait scission du parti. Le parti a appelé à l'indépendance immédiate et inconditionnelle de Porto Rico. Il s'est fait le champion de la lutte des peuples coloniaux contre l'oppression impérialiste à l'échelle mondiale, sans égard au fait que leur maître impérialiste portait un uniforme démocratique bourgeois ou fasciste.

Le programme de transition, le document programmatique fondamental que nous avons adopté en 1938, a expliqué que la bataille contre la domination impérialiste et l'oppression capitaliste et landlordiste dans le monde colonial serait livrée « sur les mots d'ordre de la démocratie révolutionnaire. » Seuls des gouvernements s'appuyant sur les travailleurs et les paysans « sont capables de mener la révolution démocratique jusqu'au bout et d'initier également une ère de révolution socialiste.

« Le poids relatif des revendications démocratiques et transitoires spécifiques dans la lutte du prolétariat, leurs liens mutuels et leur ordre de succession sont déterminés par les particularités et les conditions propres de chaque pays arriéré et, pour une part considérable, par le *degré* de son retard [8]. »

Le SWP a rejeté ce que le Comintern de l'époque de Lénine avait résumé avec justesse comme « la tradition de la Deuxième Internationale pour laquelle n'existaient en fait que les peuples de race blanche [9]. » Nous avons adopté et mis en application la position de Trotsky, selon qui notre mouvement international « peut et doit trouver une façon de rejoindre la conscience des travailleurs noirs, des travailleurs chinois, des travailleurs indiens et de tous les opprimés dans l'océan humain des races de couleur, qui aura le dernier mot dans le développement de l'humanité [10]. »

5. Conformément à cette position, le SWP s'est battu sans conditions pour le droit à l'autodétermination de la

nationalité noire opprimée aux États-Unis. Le parti a reconnu le rôle d'avant-garde que les travailleurs noirs et la lutte des Noirs joueraient dans la transformation du mouvement ouvrier et la transformation révolutionnaire de ce pays. Comme Trotsky l'a exprimé, à cause de leur position comme nationalité opprimée et section la plus opprimée de la classe ouvrière, les Afro-Américains « passeront en deux pas de géant de l'autodétermination à la dictature du prolétariat, devant la grande masse des travailleurs blancs [11]. »

Au cours de la deuxième guerre mondiale, le SWP s'est joint à la lutte contre toutes les formes de racisme au sein des forces armées — des indignités quotidiennes infligées aux soldats noirs jusqu'à la ségrégation institutionnalisée de l'armée. Pendant les premières années de la guerre, les Noirs ont été maintenus dans des unités ségréguées selon le système de Jim Crow et assignées aux tâches les plus dégoûtantes et souvent les plus dangereuses. À l'opposé du cours suivi par le SWP, les staliniens et les sociaux-démocrates ont insisté pour que les luttes contre l'oppression raciale soient subordonnées à l'effort de guerre en soutenant que l'égalité des droits pour les Noirs aux États-Unis devait attendre la victoire de la « guerre pour la démocratie » à l'étranger.

6. Le SWP a reconnu le besoin d'une alliance de combat entre la classe ouvrière et les agriculteurs exploités. Il a adopté comme perspective gouvernementale le mot d'ordre d'un gouvernement des travailleurs et des agriculteurs aux États-Unis.

Initialement, le SWP avait adopté en 1938 le slogan « Pour un gouvernement des travailleurs. » Mais la même année, Trotsky a informé les dirigeants du SWP qu'il considérait ce slogan comme une erreur sérieuse et il a incité le parti à le changer pour « Pour un gouvernement des travailleurs et des agriculteurs. » Il a souligné l'importance de l'alliance avec les petits agriculteurs pour renverser la domination des « 60 familles de l'Amérique. » Après en avoir discuté, le parti a adopté cette proposition.

Après un débat dans le Comité national, le SWP a aussi décidé d'appeler à la formation d'un parti ouvrier basé sur les syndicats comme une façon de faire avancer la lutte révolutionnaire pour l'action politique ouvrière indépendante. Nous avons présenté le parti ouvrier comme le prochain pas de géant à franchir dans les grandes batailles de classe en train de forger le CIO. Nous avons expliqué que le parti ouvrier est un instrument politique de la classe ouvrière, servant à lutter pour un programme révolutionnaire qui défend les intérêts des exploités et conduit à l'établissement d'un gouvernement des travailleurs et des agriculteurs.

Les expériences de notre mouvement au milieu et à la fin des années 30 comme composante de l'équipe qui a dirigé les grèves des Teamsters à Minneapolis et les campagnes subséquentes de syndicalisation des Teamsters dans le Midwest ont apporté des leçons précieuses au parti pour développer notre compréhension d'une série de questions : le besoin d'une politique militaire prolétarienne dans la lutte internationaliste contre la guerre impérialiste ; la lutte contre la réaction de droite et fasciste ; l'alliance avec les agriculteurs exploités ; une approche révolutionnaire pour faire avancer l'action politique ouvrière indépendante ; et la lutte pour un gouvernement des travailleurs et des agriculteurs.

À partir de ces expériences des années de fondation du SWP, nous avons appris qu'il est aussi essentiel de comprendre le caractère irremplaçable d'une alliance avec les agriculteurs pour développer une stratégie capable de combattre les divisions au sein de la classe ouvrière, construire des alliances avec les nationalités opprimées et les femmes et, sur cette base, construire un parti qui soit prolétarien aussi bien dans son programme que dans la composition de ses membres et de sa direction.

Armés de cette compréhension, nos membres peuvent aujourd'hui comprendre de manière plus complète l'explication donnée par Fidel Castro à la fin du congrès du Parti communiste de Cuba de 1980, lorsqu'il a dit que le pourcentage croissant de travailleurs dans le parti signifie « qu'il est devenu plus prolétaire et donc plus marxiste-léniniste et plus révolutionnaire [12]. » Une composante importante de ce progrès, a-t-il dit, réside dans l'incorporation au parti et à sa direction d'un nombre plus grand de femmes, d'agriculteurs et de dirigeants des Comités de défense de la révolution basés dans les quartiers. L'inclusion du président de l'Association nationale des petits agriculteurs à titre de membre suppléant du Bureau politique a constitué un pas notable, qui souligne les progrès accomplis pour consolider l'alliance entre les travailleurs et les agriculteurs. Elle témoigne de la compréhension qu'a la direction cubaine de la nécessité de l'alliance entre les travailleurs et les agriculteurs pour maintenir la force et l'unité aussi bien du parti prolétarien d'avant-garde que de l'État ouvrier.

7. Le SWP a appris de Trotsky la leçon bolchevique sur le besoin d'expliquer à la classe ouvrière pourquoi le mouvement syndical doit penser socialement et agir politiquement. Nous avons agi sur cette base en cherchant à appliquer l'impératif du programme de transition, dans le document de fondation de la Quatrième Internationale de 1938, qui pressait ses partis à « chercher appui dans les couches les plus opprimées de la classe ouvrière » et à faire « Place aux jeunes ! Place aux travailleuses ! »

Nous avions pour objectif de construire un parti ouvrier qui — dans la composition de ses membres et de sa direction, dans ses priorités et dans son travail quotidien — s'oriente vers les travailleurs les plus exploités et les plus opprimés de la ville et de la campagne. Nous avons combattu toutes les manifestations de chauvinisme national, de conscience étroite de syndicat de métier, et de social-patriotisme — des attitudes bourgeoises que la bureaucratie syndicale petite-bourgeoise encourage dans la classe ouvrière, en particulier dans ses couches les plus privilégiées, l'aristocratie ouvrière.

8. Le SWP a vu dans le tournant vers l'industrie et les syndicats industriels la façon de devenir plus politique, plus prolétaire et, de ce fait, un parti de campagne politiquement plus homogène et plus centralisé. Ce tournant réduirait dans le parti l'influence des traits dominant les organisations ayant une composition petite-bourgeoise — le cynisme, la critique pour la critique, la résistance individualiste à l'effort collectif, le dédain des réalisations collectives, la préoccupation pour les « rôles » personnels dans le parti et les attitudes d'hystérie et de désespoir sous la pression. La prolétarisation du parti en renforcerait la détermination, le sérieux et le caractère démocratique en tant qu'organisation de combat centraliste révolutionnaire de sa classe. Elle réduirait les tendances au cliquisme et au factionnalisme permanent, qui réduisent toujours la démocratie ouvrière. Les membres du parti qui dirigent le tournant et qui sont actifs dans ses fractions industrielles seraient responsables de tous les aspects du travail du parti et les dirigeraient, ce qui renforcerait le professionnalisme du parti et en sauvegarderait les normes prolétariennes de fonctionnement.

2. L'impact du tournant de 1978 vers les syndicats industriels

Ce programme prolétarien et cette stratégie léniniste sont demeurés le fondement du SWP depuis ses origines, malgré les conditions défavorables dans lesquelles le parti a souvent eu à fonctionner et malgré tous les détours et ajustements tactiques qu'il a dû faire pour continuer à faire progresser cette stratégie.

À partir de la fin de la vague de grèves qui a suivi la deuxième guerre mondiale, le mouvement ouvrier est entré dans une période de retraite politique. Durant cette retraite, les membres du SWP dans les syndicats industriels ont continué à participer aux luttes syndicales et à parler du socialisme à leurs camarades de travail. Mais nous avons parlé à de moins en moins de travailleurs que nous pouvions recruter. Par la force des choses, les activités et les campagnes politiques du parti se sont de plus en plus éloignées du mouvement ouvrier. Les syndicats prenaient moins d'initiatives autour de questions sociales et politiques larges. Il y avait moins d'occasions d'effectuer le travail politique du parti en collaboration avec d'autres travailleurs ou par le biais du mouvement ouvrier organisé. Ce n'était pas notre choix, mais le résultat des conditions objectives. Nous en avons été de plus en plus réduits à une existence semi-sectaire.

Dans ces conditions, il n'était plus possible de poursuivre l'objectif permanent de prolétarisation du parti en centrant notre travail autour de fractions dans les principaux syndicats industriels. À la fin des années 50, nous n'avions plus une seule fraction industrielle nationale. La plupart des fractions locales avaient aussi été dissoutes. Il n'y avait plus de base pour un travail soutenu des membres du parti dans les syndicats. Il devenait de moins en moins possible de trouver une écoute en parlant du socialisme dans la plupart des sections du mouvement ouvrier.

À partir de la vague du mouvement pour les droits civils au début des années 60, qui a finalement mobilisé des centaines de milliers de personnes, on a vu la retraite politique généralisée de l'ensemble de la classe ouvrière se terminer après plus d'une décennie. Mais la retraite politique du mouvement ouvrier organisé s'est poursuivie.

Le SWP s'est tourné vers la montée de la lutte prolétarienne dans ce pays, qui prenait la forme de l'essor du mouvement des Noirs, et vers l'émergence dans le monde d'une direction ouvrière révolutionnaire dans la victoire et la consolidation de la révolution cubaine. Notre mouvement a recruté de nouveaux membres sous l'impact de la radicalisation d'une couche de jeunes attirés par ces luttes et dont certains pouvaient être gagnés à des perspectives révolutionnaires. Nous avons saisi l'occasion de nous joindre à d'autres pour fonder et construire l'Alliance des jeunes socialistes.

Pendant la décennie qui a suivi, le parti s'est orienté vers la montée du nationalisme noir et de la direction de Malcolm X et vers les luttes explosives de la nationalité noire. Au cours de ce processus, il a réaffirmé et renforcé en le faisant les positions fondamentales qu'il avait adoptées lors de notre fondation sur le caractère et le rôle d'avant-garde de la nationalité noire aux États-Unis.

Nous nous sommes tournés vers le mouvement contre la guerre du Viêt-nam et en sommes devenus une partie intégrante.

Le parti a accueilli à bras ouverts la montée du nouveau mouvement des femmes et de la lutte pour les droits des femmes en se lançant dans ces batailles. En le faisant, nous avons incorporé un nouvel élément important à notre programme : notre appréciation du poids et du rôle grandissants de la lutte de libération des femmes dans le combat révolutionnaire pour le pouvoir des travailleurs et des agriculteurs. Nous nous sommes appuyés sur le travail de pionnier contenu dans les résolutions adoptées par l'Internationale communiste au cours de ses cinq premières années et nous avons pris l'initiative de rédiger la première résolution de la Quatrième Internationale sur cette question, que le congrès mondial de 1979 a adoptée [13].

Comme la nouvelle radicalisation n'était pas en majorité issue du mouvement ouvrier, les nouvelles recrues du SWP n'étaient pas non plus en majorité issues du mouvement ouvrier. La plupart des nouveaux membres au cours de cette période étaient des étudiants. Durant la période allant du début des années 60 jusqu'à 1975, le parti ne s'est donc pas organisé pour atteindre l'objectif d'avoir une majorité décisive de ses membres fonctionnant en fractions dans les syndicats industriels.

Dans les conditions politiques de cette époque, nous avons rejeté la colonisation des syndicats industriels comme le principal moyen de faire avancer la prolétarisation du parti. Ainsi que l'a expliqué la résolution de 1965 sur les principes organisationnels du SWP :

> « Pour transformer le SWP en parti d'action prolétarien, en particulier dans la présente période de réaction, il ne suffit pas de continuer à mener des activités de propagande dans l'espoir que, par un processus automatique, les travailleurs vont affluer derrière la bannière du parti. Il faut au contraire faire un effort systématique, déterminé et concerté, consciemment dirigé par les comités de direction du parti, pour nous déployer dans tous les secteurs du mouvement de masse — les organisations pour les droits civils, qui se radicalisent et où les travailleurs prédominent ; les organisations syndicales dans l'industrie et parmi les chômeurs ; les campus, où un nombre croissant d'étudiants se tourne vers les idées socialistes [14]. »

LES FRACTIONS SYNDICALES INDUSTRIELLES

Notre cours politique a permis au SWP de relever les défis posés par le prochain tournant majeur de la politique U.S. Quand la nouvelle situation marquée par la récession mondiale de 1974-1975 a rouvert la principale voie permettant de construire un parti ouvrier révolutionnaire basé dans la classe ouvrière industrielle, le SWP était en position de s'y engager. La direction avait réussi à effectuer le détour nécessaire. La continuité de notre orientation prolétarienne était restée intacte.

Si le SWP n'avait pas répondu à cette nouvelle situation en effectuant un tournant radical pour construire des fractions dans les syndicats industriels, nous n'aurions pas pu nous appuyer sur les gains politiques et le recrutement des années 60 et 70 pour faire avancer la prolétarisation du parti. Les membres et la direction du parti seraient de plus en plus devenus composés de cadres vieillissant largement basés parmi des cols blancs et des employés du secteur public relativement bien payés.

Cependant, résultat du tournant de 1978 vers les syndicats industriels, la majorité des membres du parti est aujourd'hui dans l'industrie et dans les syndicats industriels. En comptant les chômeurs qui se cherchent du travail et ceux qui sont actuellement affectés à la permanence du parti, le pourcentage des membres ayant de l'expérience dans les syndicats industriels dépasse 80 pour cent.

Les fractions syndicales industrielles font partie intégrante des structures locales et nationales du parti. Les activités et les institutions des branches, ainsi que leur rythme hebdomadaire, reflètent de plus en plus les besoins d'un parti dont la majorité des membres sont des travailleurs industriels. L'ensemble des membres, ceux qui font partie des fractions syndicales industrielles et ceux qui n'en font pas partie, sont devenus politiquement plus homogènes en organisant de manière collective notre travail pour approfondir les contacts et l'influence du parti parmi les jeunes travailleurs de l'industrie.

La composition des participants aux forums, aux réunions électorales et aux autres événements publics du parti est plus prolétarienne aujourd'hui. Nos fractions commencent à amener des camarades de travail à ces événements. Un nombre encore plus grand de travailleurs viennent cependant à ces activités de lieu de travail où nous n'avons pas de fractions. C'est un signe des progrès que nous avons faits pour tourner notre orientation politique générale vers les organisations et les milieux ouvriers. La campagne électorale présidentielle de Mel Mason et d'Andrea González en 1984 a fait la preuve de notre plus grande capacité d'attirer des travailleurs, en particulier de jeunes travailleurs, et de les recruter à l'Alliance des jeunes socialistes et au Parti socialiste des travailleurs.

En devenant plus établis dans l'industrie et dans les syndicats industriels, nous augmentons aussi notre efficacité en tant que parti politique qui se fait le champion des revendications de tous les opprimés. Nous participons à des activités portant sur des questions politiques et sociales, comme des actions contre l'intervention U.S. en Amérique centrale, des rassemblements contre des attaques racistes, des actions de protestation contre les saisies de ferme et des manifestations contre les attaques visant les droits des femmes.

En tant que parti de plus en plus basé dans la classe ouvrière industrielle, nous avons développé une compréhension plus concrète en pratique du rôle d'avant-garde des travailleurs noirs et de la lutte de libération des Noirs dans le combat pour transformer les syndicats en instruments révolutionnaires de lutte de classe. La construction de nos fractions industrielles a renforcé la capacité du parti de recruter des travailleurs noirs, chicanos, portoricains et immigrés. Elle a permis au parti de franchir des pas vers le développement d'une direction dont la composition est plus prolétarienne et donc plus multinationale.

La lutte pour l'émancipation des femmes — une composante de la ligne de marche stratégique du mouvement prolétarien moderne depuis sa fondation — a acquis un poids social additionnel avec l'afflux des femmes dans la main-d'oeuvre au cours des trois dernières décennies, y compris dans les usines, les mines et les manufactures. Nos fractions industrielles et leurs directions comptent plusieurs membres de sexe féminin. Elles ont collaboré dans leurs lieux de travail et dans les syndicats avec l'avant-garde des travailleuses qui se sont frayées un chemin dans l'industrie. Nous avons participé à la lutte pour l'action affirmative pour les femmes, contre le harcèlement sexuel au travail et pour que les syndicats se fassent les champions de la lutte sociale et politique plus large pour les droits des femmes.

Le parti a établi des contacts avec des agriculteurs et des organisations agricoles militants. Nous sommes en train de connaître leurs luttes et d'élargir notre connaissance du mouvement agricole et de ses liens avec le mouvement ouvrier.

Comme parti ayant une majorité croissante de ses membres dans l'industrie, nous comprenons mieux aussi l'impact qu'a aujourd'hui la polarisation de classe grandissante au sein de la classe ouvrière et des syndicats. En traversant des expériences communes avec d'autres travailleurs, nous avons appris comment ces pressions affectent différentes couches au sein de la classe et comment celles-ci y répondent.

Nous avons vu de près comment la collaboration de classe de la bureaucratie syndicale approfondit les divisions parmi les travailleurs, crée des obstacles pour une alliance avec les petits agriculteurs et empêche les syndicats de se faire les champions des revendications des nationalités opprimées et des femmes et les empêche d'aider leurs luttes. Ce cours affaiblit avant tout la capacité des syndicats de se battre contre les employeurs.

Nous avons eu un petit avant-goût du type de combat de classe qui sera de plus en plus à l'ordre du jour dans ce pays. Nous pouvons voir plus clairement et plus concrètement la nature des tâches stratégiques et tactiques auxquelles fait face le mouvement ouvrier pour forger la solidarité et les alliances nécessaires pour défendre les syndicats et diriger une lutte victorieuse qui portera au pouvoir un gouvernement des travailleurs et des agriculteurs aux États-Unis.

Note sur la traduction

Cette nouvelle traduction en français de *The Changing Face of U.S. Politics: Working-Class Politics and the Trade Unions* est celle de la troisième édition du livre en anglais, publiée en 2002 par les éditions Pathfinder.

La traduction initiale de 1997 — faite à l'époque par une équipe de quelque 25 volontaires qui avaient scanné, traduit, corrigé, révisé et préparé le manuscrit pour l'impression — a été entièrement revue et corrigée. Quelques mots et passages qui avaient sauté dans la traduction originale ont été réintroduits dans le texte. La traduction de plusieurs expressions a été révisée pour les rendre plus précises. Toutes les citations de Marx, Engels, Lénine et Trotsky ont été vérifiées et corrigées au besoin. Dans l'ensemble, ce travail a permis de rendre cette nouvelle traduction plus fidèle à l'original et plus facile à lire.

La rédaction de cette traduction du *Visage changeant de la politique aux États-Unis* s'est faite à Montréal. Plusieurs des syndicats nord-américains mentionnés dans le livre ont (ou ont eu dans le passé) des noms et sigles français officiels au Québec, comme les Métallurgistes unis d'Amérique (Métallos) et les Travailleurs amalgamés du vêtement et du textile (TAVT). Ce sont les noms et sigles utilisés dans ce livre. Nous avons cependant fait exception pour la Fédération américaine du travail — Congrès des organisations industrielles, qui est largement connue au Québec et ailleurs dans le monde de langue française comme l'AFL-CIO. Dans le cas des syndicats ou des organisations sans nom français établi, nous avons traduit leur nom tout en conservant leur sigle anglais. C'est le cas par exemple de l'Organisation nationale pour les femmes (NOW).

D'autre part, plusieurs des réalités discutées dans ce livre portent des noms différents au Québec et en Europe de langue française : ligne de piquetage / piquet de grève ; poste / mandat syndical ; garderies / crèches ; etc. Ces synonymes — aussi bien les termes utilisés au Québec que ceux qui sont plus familiers ailleurs dans le monde francophone — sont utilisés de manière indifférenciée dans le livre, le contexte permettant habituellement d'en comprendre le sens sans difficulté.

Michel Prairie
Toronto
le 6 juin 2004

NOTES

La marche du capitalisme vers la guerre et la dépression

1. On trouvera un compte-rendu de la grève des travailleurs d'abattoir contre la compagnie Hormel dans la brochure de Fred Halstead, *The 1985–86 Hormel Meat-Packers Strike in Austin, Minnesota* [La grève de 1985-1986 contre la compagnie d'abattage Hormel, à Austin au Minnesota], New York, Pathfinder, 1986.
2. À la suite d'une grève de 11 mois commencée en avril 1989, le Groupe des charbonnages Pittston a signé en février 1990 une nouvelle convention collective avec le syndicat des Mineurs unis d'Amérique. Cette entente a couvert plus de 1 900 mineurs dans les États de la Virginie, de la Virginie-Occidentale et du Kentucky. Au cours de la grève, quelques 40 000 membres des UMWA dans les bassins houillers de l'Est des États-Unis ont débrayé en appui à la lutte. Plus de 50 000 partisans de la lutte venant de nombreuses régions du pays et du monde ont visité le centre de grève du syndicat, baptisé Camp solidarité, dans le Sud-Ouest de la Virginie.
3. Le livre d'Ernie Mailhot et autres, *The Eastern Airlines Strike* [La grève contre la compagnie aérienne Eastern], New York, Pathfinder, 1991, offre un compte-rendu de la grève de 22 mois qui a défait la tentative de Frank Lorenzo de transformer Eastern en une compagnie aérienne non syndiquée et rentable.
4. On trouvera une description de la lutte menée par les communistes aux États-Unis contre les efforts d'espionnage et de déstabilisation du gouvernement dans l'article de Larry Seigle, « Washington's Fifty-Year Domestic Contra Operation » [Les 50 ans d'opération de contra domestique de Washington], contenu dans le numéro 6 de *New International,* et dans les livres de Margaret Jayko, *FBI on Trial* [Le procès du FBI], et de Nelson Blackstock, *Cointelpro: The FBI's Secret War on Political Freedom* [Cointelpro : La guerre secrète du FBI contre la liberté politique], tous les deux publiés par les éditions Pathfinder à New York en 1988.

Les perspectives du socialisme aux États-Unis
RÉSOLUTION DU PARTI SOCIALISTE DES TRAVAILLEURS

1. Le 2 août 1964, le gouvernement des États-Unis a prétendu que des vedettes lance-torpilles nord-vietnamiennes avaient tiré sur deux contre-torpilleurs U.S. qui patrouillaient près de la côte du Viêt-nam du Nord. Le président Lyndon Johnson a utilisé cet incident monté de toutes pièces comme prétexte pour lancer les premiers bombardements aériens U.S. contre le Viêt-nam du Nord. Il a aussi fait adopter par le Congrès l'infâme résolution du golfe du Tonkin dont l'administration U.S. s'est servie par la suite pour intensifier massivement la guerre. Il a plus tard été révélé que le projet de résolution avait été rédigé presque deux mois avant l'incident.

2. La crise du Watergate a éclaté en 1973 avec la révélation publique que la Maison-Blanche sous l'administration du président Richard Nixon avait effectué des cambriolages, pratiqué l'écoute électronique et autorisé des opérations du FBI contre ses adversaires politiques du Parti démocrate. Ces méthodes avaient depuis longtemps été utilisées contre les organisations ouvrières et le mouvement des Noirs. La crise politique qui s'en est suivie a découlé des divisions profondes au sein de la classe dirigeante suite à la défaite de Washington au Viêt-nam et a conduit à la démission forcée de Nixon en 1974. En 1975 et 1976, le Congrès a tenu des audiences publiques largement couvertes où plusieurs faits additionnels ont été révélés sur les opérations meurtrières menées aux États-Unis et à l'étranger par le FBI, la CIA et les autres agences de la police politique. Ces audiences ont miné davantage la confiance du public dans l'honnêteté de ceux qui parlent au nom des institutions du gouvernement des États-Unis.

3. Léon Trotsky a été un dirigeant central et, après Vladimir Lénine, la principale figure de la révolution d'octobre 1917 en Russie. Au cours des dix premières années de la république soviétique, il a occupé les postes de ministre des Affaires étrangères, de chef de l'armée rouge pendant la guerre civile de 1918-1920 et de président des instances de planification économique et il a été un fondateur et dirigeant de l'Internationale communiste. Après la mort de Lénine en 1924, Trotsky a été le principal dirigeant de la lutte pour défendre le cours internationaliste de la révolution contre les politiques contre-révolutionnaires des couches petites-bourgeoises en développement dirigées par Joseph Staline. Expulsé de l'Union

soviétique en 1929, Trotsky a été assassiné en 1940 au Mexique par la police secrète de Staline.

On peut trouver le texte complet du programme de transition ainsi que la transcription d'une série de discussions ayant entouré sa rédaction dans Leon Trotsky, *The Transitional Program*, New York, Pathfinder, 1977. On trouvera en français le programme de transition dans Léon Trotsky, *L'agonie du capitalisme et les tâches de la IVe Internationale*, Paris, La Brèche, 1983.

4. « The Manifesto of the Fourth International on the Imperialist War and the Proletarian World Revolution », dans *Writings of Leon Trotsky (1939-1940)*, New York, Pathfinder, 1973, p. 217. On trouvera la traduction correspondante en français dans Léon Trotsky, *Oeuvres, mai-août 1940*, Paris, Institut Léon Trotsky, 1987, p. 69.

Diriger le parti vers l'industrie

1. Dans la plus longue grève nationale de l'histoire des États-Unis dans l'industrie du charbon, plus de 180 000 mineurs ont mené à partir du 6 décembre 1977 une grève de 110 jours dans 22 États. Les Mineurs unis d'Amérique ont été capables de stopper une importante tentative des employeurs visant à affaiblir le syndicat avec l'appui du gouvernement fédéral.
2. Organisateur itinérant des Travailleurs industriels du monde (IWW) avant et pendant la première guerre mondiale, James P. Cannon a été un dirigeant du mouvement communiste aux États-Unis après la révolution russe d'octobre 1917. Il a été exclu du Parti communiste en 1928 pour son soutien à la lutte de Léon Trotsky visant à poursuivre le cours de Vladimir Lénine pour construire un mouvement communiste. Un dirigeant fondateur du Parti socialiste des travailleurs, James P. Cannon en a été le secrétaire national, puis le président national jusqu'à sa mort en 1974.
3. Voir p. 72-154.
4. « Les Métallos ripostent » était un mouvement lancé en 1975 dans le syndicat des Métallurgistes unis d'Amérique dans le but de chasser la bureaucratie incrustée du président I. W. Abel. Il était dirigé

par Ed Sadlowski, le président du district 31 des Métallos. Une des questions centrales de la campagne a été la lutte pour élargir la démocratie syndicale, dont le droit des membres de voter sur le contenu des conventions collectives.

5. La résolution de 1971 est rééditée dans le livre du Parti socialiste des travailleurs, *A Revolutionary Strategy for the 1970s* [Une stratégie révolutionnaire pour les années 70], New York, Pathfinder, 1972, p. 38-75.

6. Soviet signifie « conseil » en russe. Les soviets se sont développés au cours des révolutions de 1905 et de 1917 comme des structures représentatives élues des travailleurs, des soldats et des paysans. Ils ont assuré la coordination et la direction de leur lutte révolutionnaire. En 1917, avec une majorité bolchevique, les soviets ont renversé le gouvernement provisoire capitaliste et établi un gouvernement des travailleurs et des paysans.

7. James P. Cannon, *The Socialist Workers Party in World War II* [Le Parti socialiste des travailleurs dans la deuxième guerre mondiale], New York, Pathfinder, 1975, p. 195.

8. En 1973, la direction des Métallos s'est engagée à ne pas faire grève en signant l'accord expérimental de négociation avec les grandes compagnies d'aciéries.

9. Ces quatre livres décrivent les grèves et la campagne de syndicalisation qui ont fait du syndicat des Teamsters un mouvement syndical industriel de combat à Minneapolis et dans le Midwest au cours des années 30. Publiés par les éditions Pathfinder, ces livres ont été écrits par Farrell Dobbs, un dirigeant de ces luttes et par la suite le secrétaire national du Parti socialiste des travailleurs.

10. Dirigeant de longue date du Parti socialiste des travailleurs et un dirigeant du mouvement contre la guerre du Viêt-nam, Fred Halstead raconte l'histoire de ce mouvement dans *Out Now: A Participant's Account of the Movement in the U.S. against the Vietnam War* [Sortez maintenant : le récit par un participant du mouvement contre la guerre du Viêt-nam aux États-Unis], New York, Pathfinder, 1991.

11. James P. Cannon, *The Socialist Workers Party in World War II*, New York, Pathfinder, 1975, p. 195.

12. L'école Trotsky était un programme intensif de formation, animé par le SWP de 1946 à 1963. Un total de douze sessions de six mois

ont eu lieu, avec une moyenne de huit dirigeants et cadres du parti par session.
13. James P. Cannon, *The Struggle for a Proletarian Party*, New York, Pathfinder, 1972. De larges extraits de la première section du livre ont été publiés en français dans *La lutte pour un parti prolétarien*, série des « Cahiers de formation communiste », New York, Pathfinder, 1997.
14. Leon Trotsky, *In Defense of Marxism*, New York, Pathfinder, 1973. Une traduction en français de ce livre est parue sous le titre de *Défense du marxisme*, Paris, EDI, 1978.
15. Voir *The Organizational Character of the Socialist Workers Party* [Le caractère organisationnel du Parti socialiste des travailleurs], New York, Pathfinder, 1970.
16. *The Organizational Character of the Socialist Workers Party*, p. 22-23.
17. James P. Cannon, *Letters from Prison*, New York, Pathfinder, 1973.
18. Après avoir échoué deux fois aux tests d'admission de l'école médicale Davis de l'Université de Californie, l'ingénieur civil Allan Bakke a intenté des poursuites en justice contre le système de quotas de l'école visant à recruter des étudiants provenant de minorités. En juin 1978, la cour suprême des États-Unis a rendu un jugement en sa faveur. Elle a renversé le programme spécial d'admission de l'école et légitimé l'argument de Bakke qu'il s'agissait de « discrimination à rebours » contre les blancs.

Forger la direction d'un parti prolétarien
MARY-ALICE WATERS

1. Jusqu'à sa mort en 1956, John G. Wright a été le principal traducteur en anglais des oeuvres de Léon Trotsky.
2. Voir en particulier les lettres des 3 et 6 octobre 1937, traduites en français dans le volume 15 des *Oeuvres* de Léon Trotsky, Paris, Institut Léon Trotsky, 1983, p. 140-144 et 157-165.
3. Les partisans de Bert Cochran étaient un courant d'opposition qui, sous les coups de la chasse aux sorcières, a abandonné la perspective de construire un parti ouvrier révolutionnaire. Ils ont fait scission du SWP en 1953.

4. À Newport News en Virginie, les métallurgistes du chantier naval géant Tenneco ont mené une longue bataille pour la reconnaissance de leur syndicat, la section locale 8888 des Métallurgistes unis d'Amérique. Ils ont mené une grève de 18 semaines au début de 1979 et gagné l'accréditation de leur syndicat plus tard la même année.

5. Dirigeante du Parti socialiste des travailleurs de 1940 à sa mort en 1979, Evelyn Reed a écrit *Sexism and Science* [Sexisme et science], *Woman's Evolution* [L'évolution de la femme, publié en français à Paris à la fin des années 70 sous le titre *Féminisme et anthropologie* par les éditions Denoël-Gonthier] et plusieurs autres livres sur l'origine de l'oppression des femmes et la lutte pour leur émancipation.

Le tournant et la construction d'un mouvement communiste international

1. Voir « La situation politique mondiale et les tâches de la Quatrième Internationale », *XIe congrès mondial de la IVe Internationale*, novembre 1979, Montreuil, Inprecor / Intercontinental Press.

2. Témoignant de la tendance vers une crise sociale dans les pays capitalistes en Europe, une rébellion étudiante a déclenché en mai 1968 un soulèvement prérévolutionnaire en France. Celle-ci a entre autres été marquée par une grève générale nationale qui à son plus fort a impliqué dix millions de travailleurs. On a assisté à un « mai rampant » en Italie en 1969. Et la fermentation révolutionnaire a explosé au Portugal en 1974.

3. James P. Cannon et al., *Background to 'The Struggle for a Proletarian Party'*, New York, Pathfinder, 1979, p. 10 et 13. On trouve la traduction en français de ces documents dans Léon Trotsky, *Oeuvres*, Institut Léon Trotsky, Paris, 1983, tome 15, p. 141, 161, 164 et 361.

4. Un groupe sectaire gauchiste, le Parti socialiste des travailleurs britannique était affilié à l'organisation Socialisme international aux États-Unis. Le Groupe marxiste international était la section britannique de la Quatrième Internationale.

Une nouvelle étape de la politique ouvrière révolutionnaire

1. Voir « La situation politique mondiale et les tâches de la Quatrième Internationale », *XIe congrès mondial de la IVe Internationale*, novembre 1979, Montreuil, Inprecor / Intercontinental Press.
2. Karl Marx et Friedrich Engels, « The Communists and Karl Heinzen », dans Karl Marx and Friedrich Engels, *Collected Works*, New York, International Publishers, 1976, vol. 6, p. 303-304.
3. Karl Marx et Friedrich Engels, *Le Manifeste du parti communiste*, Paris, GF Flammarion 1998, p. 92. C'est nous qui soulignons.
4. *Le Manifeste du parti communiste*, p. 91.
5. Vladimir I. Lénine, « Les tâches des social-démocrates russes », *Oeuvres*, Paris, éditions Sociales / Moscou, éditions du Progrès, 1976, tome 2, p. 343.
6. V. I. Lénine, « Notre programme », *Oeuvres*, Paris, éditions Sociales / Moscou, éditions du Progrès, 1976, tome 4, p. 217.
7. Leon Trotsky, *The Transitional Program for the Socialist Revolution*, Pathfinder. En français : *L'agonie du capitalisme et les tâches de la Quatrième Internationale*.
8. Leon Trotsky, *The Third International after Lenin*, New York, Pathfinder, 1970. Publié en français dans Léon Trotsky, *L'internationale communiste après Lénine*, Paris, Presses Universitaires de France, deuxième édition, 1979, p. 171-172.
9. Isaac Deutscher, *The Prophet Outcast* [Le prophète banni], New York, Vintage Press, 1965, p. 425-426.
10. Leon Trotsky, *The Transitional Program*, p. 102. La transcription de cette discussion a été traduite en français dans Léon Trotsky, *Oeuvres*, Institut Léon Trotsky, 1984, vol. 17, p. 83.
11. Leon Trotsky, *The Transitional Program*, p. 141. En français : *L'agonie du capitalisme et les tâches de la Quatrième Internationale*, p. 20-21.
12. Leon Trotsky, *The Transitional Program*, p. 180. En français : *L'agonie du capitalisme et les tâches de la Quatrième Internationale*, p. 59.
13. Leon Trotsky, *The Transitional Program*, p. 185. En français : *L'agonie du capitalisme et les tâches de la Quatrième Internationale*, p. 63.

14. Leon Trotsky, *The Transitional Program*, p. 123-125. On trouve la transcription de cette discussion dans Léon Trotsky, *Oeuvres*, Paris, Institut Léon Trotsky, 1984, tome 17, p. 81-82.

15. Pour une description de la politique militaire prolétarienne et de la stratégie du SWP durant les années 60, voir *Revolutionary Strategy Against the Vietnam War* [Stratégie révolutionnaire contre la guerre du Viêt-nam], New York, Pathfinder, 1975 ; et Fred Halstead, *Out Now!*, New York, Pathfinder, 1978.

16. Socialist Workers Party, *A Revolutionary Strategy for the 70s* [Une stratégie révolutionnaire pour les années 70], New York, Pathfinder, 1972, p. 88.

17. Technicien de laboratoire pour la compagnie Kaiser Aluminum à Gramercy en Louisiane, Brian Weber a intenté une poursuite judiciaire contre les mesures d'action affirmative contenues dans la convention collective conclue entre les Métallos et la compagnie en alléguant qu'il s'agissait de « discrimination à rebours » contre les blancs. Les Métallos, d'autres grands syndicats et l'AFL-CIO ont défendu les clauses d'action affirmative. En juin 1979, la cour suprême des États-Unis a rejeté la requête de Weber.

18. George Breitman, *How a Minority Can Change Society*, New York, Pathfinder, 1965.

19. *Leon Trotsky on Black Nationalism and Self-Determination* [Léon Trotsky sur le nationalisme et l'autodétermination des Noirs], New York, Pathfinder, 1978, p. 25-30.

20. Le Parti de la Raza Unida était un parti politique chicano indépendant, qui a émergé au Texas en 1970 de la montée des luttes de la nationalité opprimée chicana. Il a mené dans les États du Sud-Ouest un certain nombre de campagnes électorales indépendantes des partis démocrate et républicain.

21. À la fin de décembre 1978 et au début de janvier 1979, les troupes vietnamiennes ont aidé les insurgés kampuchéens à renverser le régime réactionnaire de Pol Pot. En réponse et après avoir consulté Washington, Beijing a envahi le Viêt-nam.

22. Élu vice-président des Travailleurs unis de l'automobile en 1937, Richard T. Frankensteen s'est présenté à la mairie de Détroit lors des élections non partisanes de 1945. Il a obtenu le plus grand vote dans les élections primaires, mais a été défait dans les élections générales.

Vingt-cinq leçons des années 70 et perspectives pour les années 80

1. Le congrès a rejeté par un vote de 121 contre 1 la contre-résolution politique intitulée « Contre le tournant ouvriériste : une critique et quelques propositions ».
2. En 1978, le gouvernement cubain a initié un dialogue avec les Cubains vivant aux États-Unis, en invitant des représentants de la communauté cubano-américaine à se rendre à La Havane pour discuter de questions d'intérêt commun. En 1979, plus de 100 000 Cubains vivant aux États-Unis ont visité Cuba.
3. Socialist Workers Party, *A Revolutionary Strategy for the 1970s,* New York, Pathfinder, 1972, p. 68-69.
4. Mise sur pied en novembre 1920 par William Z. Foster avant son adhésion au Parti communiste, la Ligue d'éducation syndicale a organisé un courant de gauche au sein de la Fédération américaine du travail. Le Comité des délégués syndicaux et des travailleurs a pris naissance parmi les métallos au cours de la grève de la vallée de Clyde en Écosse en 1915. Le Mouvement minoritaire s'est formé dans le Congrès des syndicats de Grande-Bretagne en 1924, sous la direction du Parti communiste.
5. Leon Trotsky, *The Transitional Program,* p. 148. En français : *L'agonie du capitalisme et les tâches de la Quatrième Internationale,* p. 59.
6. Leon Trotsky, *The Transitional Program,* p. 101. L'entretien du 23 mars 1938 cité ici a été traduit en français dans le volume 17 des *Oeuvres* de Léon Trotsky publiées par l'Institut Léon Trotsky de Paris. On trouvera en annexe du *Programme de transition* des éditions La Brèche un extrait de l'entretien du 19 mai 1938 qui ne comprend cependant pas la section citée ici.
7. Leon Trotsky, *The Transitional Program,* p. 155-156. En français : Léon Trotsky, *Oeuvres,* Paris, Institut Léon Trotsky, vol. 17, p. 81-82.
8. Leon Trotsky, *The Transitional Program,* p. 155-157.
9. Leon Trotsky, *The Transitional Program,* p. 163-164. En français : Léon Trotsky, *Oeuvres,* vol. 17, p. 282-283.
10. Socialist Workers Party, *A Revolutionary Strategy for the 1970s,* p. 69.
11. Cette brochure de Farrell Dobbs a été réimprimée sous le titre *Selected Articles on the Labor Movement* [Articles choisis sur le mouvement syndical], New York, Pathfinder, 1983.

12. Le Comité pour le droit de voter a regroupé des membres des Travailleurs unis des transports. Initié en 1969 dans les dépôts ferroviaires de Chicago, il exigeait que les membres du syndicat puissent ratifier leurs conventions collectives.
13. Jack Barnes et autres, *Prospects for Socialism in America* [Les perspectives du socialisme en Amérique], New York, Pathfinder, 1976, p. 225-226.
14. Jon Hillson, *The Battle of Boston*, New York, Pathfinder, 1977.
15. Léon Trotsky, *The First Five Years of the Communist International* [Les cinq premières années de l'Internationale communiste], New York, Pathfinder, 1972, vol.1, p. 233-234.

Former la direction d'un parti prolétarien

1. Voir James P. Cannon, *The Struggle for a Proletarian Party*. On trouvera un large extrait de ce livre en français dans *La lutte pour un parti prolétarien* de la série des « Cahiers de formation communiste » des éditions Pathfinder.
2. Voir James P. Cannon, *Letters from Prison*, New York, Pathfinder, 1994.
3. Voir « From Lenin to Castro: The Role of the Individual in History Making » [De Lénine à Castro : le rôle de l'individu dans le cours de l'histoire], dans George Novack, *Understanding History* [Comprendre l'histoire], New York, Pathfinder, 1980.
4. N. K. Krupskaya, *Memories of Lenin* [Souvenirs de Lénine], New York, International Publishers, 1930, p. 186-187

Le tournant vers les syndicats industriels
RÉSOLUTION DU PARTI SOCIALISTE DES TRAVAILLEURS

1. Le Parti politique noir indépendant national a été lancé à Philadelphie en 1980. Il a publié sa charte l'année suivante. Cette dernière est reproduite dans Nan Bailey et autres, *The National Black Independent Political Party,* New York, Pathfinder, 1981, p. 15-32.

2. Voir Jack Barnes, *For a Workers and Farmers Government in the United States* [Pour un gouvernement des travailleurs et des agriculteurs aux États-Unis], New York, Pathfinder, 1985.

La continuité communiste aux États-Unis
RÉSOLUTION DU PARTI SOCIALISTE DES TRAVAILLEURS

1. Les éditions Pathfinder ont commencé à publier l'ensemble des débats et résolutions des quatre premiers congrès de l'Internationale communiste ainsi que des documents de la période qui a conduit à sa fondation. Les cinq premiers volumes publiés sont :
    - *Lenin's Struggle for a Revolutionary International: Documents 1907-1916* [La lutte de Lénine pour une Internationale révolutionnaire : documents, 1907-1916]
    - *The German Revolution and the Debate on Soviet Power: Documents 1918-1919* [La révolution allemande et le débat sur le pouvoir soviétique : documents, 1918-1919]
    - *Founding the Communist International: Proceedings and Documents of the First Congress, March 1919* [La fondation de l'Internationale communiste : débats et documents du premier congrès, mars 1919]
    - *Workers of the World and Oppressed Peoples, Unite! Proceedings and Documents of the Second Congress, 1920* [Travailleurs du monde et peuples opprimés, unissez-vous ! Débats et documents du deuxième congrès, 1920]
    - *To See the Dawn: Baku 1920 — First Congress of the Peoples of the East* [Pour voir le jour : Bakou 1920 — Premier congrès des peuples d'Orient]
2. James P. Cannon, *L'histoire du trotskysme américain, 1928-1938 : le rapport d'un participant*, New York, Pathfinder, 2002, p. 17-18.
3. On trouvera un exposé des réalisations et de l'impact mondial du gouvernement des travailleurs et des agriculteurs qui a pris le pouvoir après la révolution de 1979 au Nicaragua ainsi que de la retraite politique du Front sandiniste de libération nationale qui a conduit à l'effondrement de ce gouvernement à la fin des années 80 dans le neuvième numéro de la revue *New International*, « The Rise and Fall of the Nicaraguan Revolution » [La montée et la chute

de la révolution nicaraguayenne]. Aussi traduit en espagnol dans le troisième numéro de la revue *Nueva Internacional*, « El ascenso y el ocaso de la revolución nicaragüense ».

4. Publié dans le troisième numéro de la revue *Nouvelle Internationale*, l'article « Le deuxième assassinat de Maurice Bishop » décrit les réalisations et tire les leçons de la révolution qui a eu lieu à Grenade de 1979 à 1983. Il explique aussi comment celle-ci a été renversée de l'intérieur par la bande stalinienne qui a assassiné Maurice Bishop.

5. James P. Cannon et autres « The Trade Union Movement and the Socialist Workers Party » [Le mouvement syndical et le Parti socialiste des travailleurs], dans *The Founding of the Socialist Workers Party* [La fondation du Parti socialiste des travailleurs], New York, Pathfinder, 1982, p. 123.

6. « The Political Situation and the Tasks of the Party » [La situation politique et les tâches du parti], dans *The Founding of the Socialist Workers Party,* p. 109 et 106.

7. « The Trade Union Movement and the Socialist Workers Party », dans *The Founding of the Socialist Workers Party,* p. 123.

8. Leon Trotsky, *The Transitional Program,* p. 137-138. En français : *L'agonie du capitalisme et les tâches de la Quatrième Internationale,* p. 47.

9. Sous la direction de John Riddell, *Workers of the World and Oppressed People, Unite!* Tome 2, p. 696. On trouvera ce texte en français dans *Manifestes, thèses et résolutions des quatre premiers congrès mondiaux de l'Internationale communiste, 1919-1923,* Paris, Maspéro, 1975, p. 37.

10. *Leon Trotsky on Black Nationalism and Self-Determination,* New York, Pathfinder, 1967, p. 84-85.

11. *Leon Trotsky on Black Nationalism and Self-Determination,* p. 30.

12. Discours de clôture du deuxième congrès du Parti communiste de Cuba, prononcé par Fidel Castro le 20 décembre 1980 et traduit dans l'édition du 28 décembre 1980 du *Résumé hebdomadaire Granma,* La Havane.

13. On trouvera la résolution adoptée par le troisième congrès de l'Internationale communiste, « Résolution concernant les formes et les méthodes du travail communiste parmi les femmes », dans *Manifestes, thèses et résolutions des quatre premiers congrès mondiaux de l'Internationale communiste 1919-1923,* Paris, Maspero, 1975, p. 142-151.

14. Socialist Workers Party, *The Organizational Character of the Socialist Workers Party,* New York, Pathfinder, 1970, p. 21.

INDEX

Abattage et conditionnement des viandes, industrie, 511-513
Abel, I. W., 80
Abstentionnisme, 351, 394
Accélération des cadences, 15, 61, 193, 405, 517
Accord expérimental de négociation, 193, 547
« Achetons américain », campagne, 194, 530
Action affirmative, 15, 100, 102, 114, 115, 128-129, 160, 165-166, 393, 529, 566 ; dans la direction du parti, 213-216, 219-220, 235-236, 259 ; comme question de classe, 249, 368, 382-383, 386-389, 531-532 ; et quotas, 214-216. *Voir aussi* Weber, affaire
Action de masse, 348, 402
Action politique ouvrière indépendante, 28-29, 30, 68-72, 77, 119-121, 137, 150-151, 154-155, 172, 326, 361 ; et aile gauche de lutte de classe, 107, 435, 532-534. *Voir aussi* Parti ouvrier
Afghanistan, 415
AFL. *Voir* Fédération américaine du travail
Afrique du Sud, 24
AFSCME. *Voir* Fédération américaine des employés d'État, de comté et de municipalité
AFT. *Voir* Fédération américaine des enseignants
Agence centrale de renseignements. *Voir* CIA
Agriculteurs, 15-16, 26, 44, 59, 60, 108, 195, 342, 520, 521 ; alliance de classe avec, 131-133, 329, 431, 517, 528-529, 545-547, 557-558, 566 ; SWP et, 511, 544-545, 566
Agriculture, 98, 110, 131-132
Agro-alimentaire, 131-132
Aile gauche de lutte de classe, 36, 154-155, 284, 390 ; aucun mouvement vers, 363, 473, 497 ; axe stratégique, 523 ; et luttes des opprimés, 243, 245, 350, 377-379, 386 ; modèles, 437-443 ; son programme, 163, 164, 278, 407-408, 411, 435 ; et transformation des syndicats, 107, 326, 515-516, 526-527, 540. *Voir aussi* Syndicats, courant marxiste dans
AIM. *Voir* Association internationale des machinistes
AIM. *Voir* Mouvement des Indiens d'Amérique
Aliénation, 88, 104
Allemagne, 22, 29, 87, 88
Alliance Clamshell, 392
Alliance des jeunes socialistes (YSA),

583

28, 81, 140, 174, 178-179, 199, 335, 562
Amendement pour l'égalité des droits (ERA), 129-130, 165, 342, 346, 361, 406, 449, 451 ; crise de la lutte pour, 381, 382-383, 400, 404
Amérindiens, 123-124, 143, 346
Amérique centrale et Caraïbes, 45, 143, 510, 520, 530
Amérique latine, 143 ; mouvement communiste en, 49-50
Analphabétisme, 117
ANC. *Voir* Congrès national africain
Ancienneté, 17, 129, 159-160, 382, 460, 529
Angola, 415
Antisémitisme, 125
Antisyndicalisme, 61, 65, 66-67, 80, 509-510, 519
Arabes, 124
Arbitrage, 193
Aristocratie ouvrière, 106, 518, 521-522, 560
Armée de réserve industrielle, 109, 128
Asiatiques, 124, 530
Asile politique, 529
Association internationale des machinistes (AIM), 66-67, 189, 359, 468, 510, 523
Association nationale pour l'avancement des gens de couleur (NAACP), 367, 377, 381, 392, 453
Association nationale de l'éducation (NEA), 190
Autochtones. *Voir* Amérindiens
Autodétermination, 207, 244, 347, 367, 378-379, 556-557
Automatisation, 83, 97-99, 105-106, 160
Avantages secondaires, 78-79
Avortement, droit à, 23, 129-130, 346, 382, 449 ; attaques contre, 311,
380, 406 ; et classe ouvrière, 383, 404, 529

Background to 'The Struggle for a Proletarian Party', 233-237
Badillo, Herman, 123
Baez, Joan, 430
Bakke, affaire, 406-407, 575
Battle of Boston, The (Hillson), 476
Birmingham, bataille (1963), 111
Bishop, Maurice, 35, 525, 550
Bonapartisme, 22-23, 33
Bosnie, 38
Boston, lutte pour la déségrégation, 26, 129, 370-372, 476-477
Boyle, Tony, 106
Breitman, George, 323-324, 350, 394-395, 405
Brutalité policière, 24, 44, 124, 146-147, 345, 368, 529
Buchanan, Patrick, 22
Bureaucratie syndicale, 172 ; aile « progressiste », 499-500 ; et aristocratie ouvrière, 105-106, 335, 457-458, 518 ; collaboration de classe, 62, 67, 77-79, 192, 273-274, 331, 332, 352-353, 357-358, 434, 435, 499-500, 516-519, 531, 532, 537, 566 ; confrontations prématurées avec, 538 ; et luttes des opprimés, 78-79, 105, 113, 192, 274, 276, 333-335, 364, 387-388, 517-518, 566 ; nature sociale, 78, 352, 478, 479-480, 560 ; et politique capitaliste, 74, 77-78, 105, 107, 273-274, 450, 451, 517, 518-519 ; position pro-impérialiste, 62, 70, 78, 79, 274, 335, 517-518 ; pressions sur, 196, 352-353, 385, 450, 504 ; remplacement, 63, 106, 107, 154-155, 278 ; et travailleurs non syndiqués, 78-79, 104-105, 517, 528
Burkina Faso, 35

Busing, 529. *Voir aussi* Boston, lutte pour la déségrégation

Cambodge, 146, 147, 311, 415, 578
Camionneurs artisans, 133, 134, 529
Campagnes électorales socialistes, 270, 335, 473-474, 534, 542 ; orientées vers les travailleurs, 177, 363, 468, 565 ; et parti ouvrier, 407-411, 449-454, 481-482, 483-484
Campagnes de syndicalisation, 361, 425, 460, 461. *Voir aussi* Newport News, grève de ; Teamsters, à Minneapolis
Canada, 58
Cannon, James P., 30-32, 36, 181, 189-190, 202, 211, 549, 554, 573 ; sur l'école de direction, 220-221, 489, 495
Capital, Le (Marx), 507
Capitalisme, 24-25, 96-97, 109, 419 ; abolition, 546-547 ; crise du, 13-14, 58-59, 60-61, 95-97, 150, 182, 283, 417-418, 514 ; et crise sociale, 56, 59-62, 88, 94-95, 405-406, 418, 419-420, 422-423. dépression des années 90, 13-14 ; expansion d'après-guerre, 78, 83, 97-98, 112, 145, 247, 273, 321, 331-332, 338, 516, 522 ; fin de l'expansion d'après-guerre, 13, 85, 95, 168 ; naissance, 123, 506-507 ; offensive antisyndicale, 14-15, 17-18, 59-62, 107, 195, 275-276, 283-285, 312, 400, 418-419, 499-500, 509-510, 514 ; perspectives, 60-61, 95-97, 167-168, 284, 417-418, 478. *Voir aussi* Offensive idéologique ; Récession de 1974-1975
Carter, James, 80, 352, 421-422
Castro, Fidel, 27, 35, 417, 494, 559
Caucus — dans le parti prolétarien, 216, 260 ; — dans les syndicats, 439, 485

CBTU. *Voir* Coalition des syndicalistes noirs
Censure, 165
Centralisme révolutionnaire, 51, 229, 262, 298, 318, 443, 522, 524, 560
Centrisme, 170, 286, 536
Chasse aux sorcières/guerre froide, 103, 144-145, 171, 331, 439, 518
Chauvinisme national, 157, 194, 329, 522, 530, 559-560
Cheminots, 423, 472, 580
Chemises d'argent, 30
Chicano, mouvement, 44, 115-116, 118-121, 274, 343-344, 428 ; et classe ouvrière, 211, 423-424, 455 ; crise de direction, 379, 401
Chicanos, 92, 115-121, 122, 243-244, 347, 366 ; composition prolétarienne, 34, 98, 115-116, 117, 243-244, 343-344, 379 ; dans la direction du parti, 210, 212-214, 240-245 ; et nationalisme, 278, 458
Chili, 92
Chine, 145, 151, 171, 311, 555
Chinois-Américains, 124
Chômage, 59-60, 94, 345, 420-421 ; parmi les Noirs, 114, 311, 399, 420 ; prestations, 59-60, 158, 159, 191-192, 517 ; réponse ouvrière, 158-160, 192, 325
Chômeurs, 109, 158-159, 195, 528
Chrysler, convention collective de 1979, 499, 500
Church, Sam, 500
Chypre, 89
CIA, 92, 148, 156
CIO. *Voir* Congrès des organisations industrielles
Citoyens-soldats, 142, 158, 553
Classe ouvrière, 32-33, 230-231, 282-283, 391-394, 506-507 ; ses alliés, 106-142, 152-153, 243-244, 276, 277, 298-300, 370-372, 456 ; au centre de

la politique, 62, 178, 200, 269, 275-276, 311-312, 400, 514 ; communistes et, 314-317 ; composition changeante, 97-106, 183, 184, 356-357, 387, 515, 518, 525 ; conception petite-bourgeoise, 47-48 ; sa confiance en soi, 44, 188, 235, 266-267, 279, 318, 344, 356, 382, 401, 424, 444-445, 456, 458 ; conscience changeante, 26, 90-97, 178, 183-184, 275, 312, 339-340, 352-354, 413, 420, 421, 423-424, 520-521 ; déclin de son niveau de vie, 58-60, 61-62, 88, 89-90, 405, 538 ; différenciation idéologique en son sein, 497-499, 521-522 ; divisions, 15, 19, 61, 88, 108-109, 312, 344, 519, 566 ; forger son unité, 19, 63, 68, 108, 153, 212, 215, 242-243, 277, 314-315, 344, 355-358, 362, 368, 377-379, 458-459 ; hétérogénéité, 208-209, 212-213 ; luttes défensives, 62-64, 65-66, 154, 275, 330, 362 ; et luttes des opprimés, 210, 306-307, 317, 423-424, 428-430 ; nouvelle direction, 9, 44-45, 63, 64-65, 66-68, 177, 200, 209-211, 280-281, 361-362, 565-566 ; et politique étrangère, 70-72, 501 ; comme porteuse de la culture, 16, 45 ; résistance, 9, 19, 44, 62, 65-68, 276, 311-312, 339-340, 351-354, 393, 500-501, 514-515 ; son retard politique aux États-Unis, 172 ; sous-estimation, 45. *Voir aussi* Aristocratie ouvrière ; Syndicats ; Travailleurs industriels

Cliques, fonctionnement de, 523, 560

CLUW. *Voir* Coalition des femmes syndiquées

Coalition des femmes syndiquées (CLUW), 103, 384, 472, 542

Coalition des syndicalistes noirs (CBTU), 101

Coard, Bernard, 550

Cochran, partisans de Bert, 238, 575

Cointelpro, 73, 92, 93

Collaboration de classe, 62, 67, 77-78, 192-193, 274, 521-522, 537, 566 ; institutionnalisation, 193, 273, 276, 332, 516-519

Comité de coordination non violent des étudiants (SNCC), 366

Comité national (SWP), 205, 206, 217-218, 232-233, 260-262 ; composition, 249-252, 524-525 ; élection, 215-217, 218-219, 250-252, 260-262. *Voir aussi* Direction du parti

Comités d'emploi, 543

Comités de grève, 327, 377, 441

Commission nationale des relations de travail (NLRB), 357-358, 362

Conférence de la direction chrétienne du Sud (SCLC), 366

Congrès de l'égalité raciale (CORE), 366

Congrès national africain (ANC), 35

Congrès des organisations industrielles (CIO), 363 ; bureaucratisation, 144-145, 331, 518

Conscience de classe, 153, 173, 278-279, 318, 444-448 ; développement, 68, 413, 423-424, 521 ; signification, 456-459

Conscription, 142, 157, 472

Continental, compagnie aérienne, 67

Contrôle communautaire, 123, 124, 375

Contrôle ouvrier, 153, 156, 160-162, 327, 328, 535

Conventions collectives — approche ouvrière, 538-539 ; de concession, 20-21, 61, 499, 510, 519 ; droit de les voter, 80, 164, 193, 531 ; à échelle multiple de salaires, 61, 510, 519

CORE. *Voir* Congrès de l'égalité raciale
Corée, 417 ; guerre, 73, 79, 145, 274, 518
Coughlin, Charles, 30
Crime, 15
Crise de l'énergie, 94, 311, 328, 340, 390, 419-420, 451, 452, 472
Cuba — attaques U.S., 92, 416-417, 519 ; direction marxiste, 27, 28, 35, 433, 525, 550, 559 ; révolution, 24, 27-28, 49, 146, 303, 492, 510, 536, 562
Cubains aux États-Unis, 416-417, 465-466, 579
Culture, 114, 127, 374 ; la classe ouvrière comme porteuse de, 16, 45
Curtis, Mark, 512-513
Cycle économique, 13, 30, 38, 39

Daily News, grève de 1990-1991, 63-65, 71
Déflation, 14
Dégraissage des effectifs, 14
Démocratie bourgeoise, 92-93, 143-149, 164, 515, 537. *Voir aussi* Démocratie syndicale ; Droits démocratiques
Démocratie syndicale, 354, 355, 361, 362, 441, 442, 449 ; nécessité, 276, 326, 435, 531-532 ; obstacles à, 192-193, 273, 284
Dépenses militaires, 91-92, 156, 417, 518
Déportations, 529
Dépression, grande, 29-30, 96, 103, 150, 322
Déségrégation, 111, 368, 371, 406
Détente, 86, 89
Détour de l'après-deuxième guerre mondiale, 274, 333-339, 403, 560-564
Dette — des États-Unis, 60 ; du tiers monde, 60, 514 ; des travailleurs, 59

Deutscher, Isaac, 323, 337
Deuxième Internationale, 556
Dictature du prolétariat, 367-369. *Voir aussi* État ouvrier
Direction, crise de, 288, 319, 329-330, 363-364, 393 ; dans la lutte des Noirs, 113-114, 363-367, 370, 378, 379, 399 ; dans le mouvement des femmes, 380-381, 399-400
Direction du parti — action affirmative dans, 212-216, 235-236, 244-245, 259 ; collective, 220, 230-233 ; développement, 218-226, 230-231, 234-235, 248-260, 262, 263, 490-491 ; formation, 488-492 ; multinationale, 34, 209-210, 212-213, 240-241, 243-245, 262, 279, 379, 565 ; normes prolétariennes, 211-212, 238-240, 295-296, 297 ; responsabilités, 217-218, 224, 237, 239, 488 ; sélection démocratique, 215 ; et tournant, 176, 185, 204-205, 225-226, 289, 293, 524-525 ; transition, 237, 261, 496 ; voies vers, 210-211, 491. *Voir aussi* Comité national (SWP) ; Femmes, dans la direction du parti
Dobbs, Farrell, 18, 36, 199, 238-240, 471-472, 489 ; et Teamsters, 197, 438-443
Dollar, 85, 87
Drogue, « dépistage », 15
Droit de grève, 164, 193
Droite, 22-23, 30, 151, 521-522
Droits démocratiques, 345, 346-347, 503-504 ; attaques contre, 15, 72, 73-74, 88, 89, 92-93, 147-149, 312 ; classe ouvrière et, 15, 73, 74, 89, 316-317, 346-347, 503-504 ; extension, 153, 164-167, 277 ; des soldats, 142, 158, 553
Droits de la personne, 149, 164-166
DRUM. *Voir* Mouvement syndical révolutionnaire de la Dodge

Dunne, Vincent R., 489

Eastern, grève de 1989-1991 contre la compagnie aérienne, 65, 66-67
École de direction, 205, 220-222, 258-259, 489-490, 491-492, 495-497, 525, 574-575 ; caractère des études, 494-495, 504-507
École de Trotsky, 205, 220-222, 574-575
Économisme, 298, 426, 478
Éducation, 139, 400 ; attaques contre, 61, 88, 95, 115 ; bilingue, 116-117, 122-123, 371, 529 ; comme institution de classe, 495
Électoralisme, 532, 537, 538
Ellsberg, Daniel, 92
ELRUM. *Voir* Mouvement syndical révolutionnaire de l'avenue Eldridge
Embauche, 17, 39
Employés du secteur public, 61, 99, 101, 106-107, 397, 420, 472-473
Engagements à ne pas faire grève, 193
Engels, Friedrich, 33, 36, 229, 313-315, 400, 428, 494-495, 504-506
Enseignants, 106, 133-134, 190, 420, 472-473
Environnement, 24, 25, 61, 88, 95, 161
ERA. *Voir* Amendement pour l'égalité des droits
Esclavage, 143
Espagne, 29, 49
Espagnol (langue), 45-49, 51, 525-526
Espérance de vie, 58-59
État ouvrier, 207-208, 215 ; défense, 31, 553-555
Éthiopie, 415
Étudiants, 112, 137-140, 334, 342, 563 ; luttes, 112, 139-140, 400 ; polarisation parmi, 140, 400

Europe, 38, 49, 84-85, 151, 172, 331

Factions, fonctionnement de, 523, 560
Famille, 90, 126, 344
FAPO. *Voir* Tendance « Pour une orientation prolétarienne »
Fascisme, 14, 22-23, 29, 30, 33, 145, 150, 151, 163, 427, 537 ; lutte contre, 164, 328-329, 558
FBI, 92, 148
Fédération américaine des employés d'État, de comté et de municipalité (AFSCME), 101, 189, 190
Fédération américaine des enseignants (AFT), 190
Fédération américaine du travail (AFL), 518
Femmes, 89, 126-130, 500 ; dans la direction du parti, 209-210, 212-214, 221-222, 245-260, 266-267, 279 ; dans l'industrie, 228, 247-248, 266-267, 278-279, 335, 381-383, 385-387, 424, 566 ; dans la main-d'oeuvre, 98, 101-103, 125-129, 246-247, 344, 424, 515 ; oppression, 125-126, 246, 344 ; surexploitation, 125, 128-129, 344
Femmes, mouvement, 91, 126-130, 149, 274, 404-405 ; caractère central, 207, 343-345, 456, 562 ; crise de direction, 380-381, 383-385, 400 ; direction prolétarienne, 177, 194-195, 210, 266, 277-278, 300, 312, 382-383, 455 ; impact sur la classe ouvrière, 26, 126-127, 423-424 ; et lutte des classes, 277-278, 371, 382-386, 423-424, 428-430 ; montée, 126-128, 247-248, 562 ; et syndicats, 194-195, 382-387, 404-405
Fonseca, Carlos, 35
Formation dans un parti ouvrier, 257-259, 265-266 ; comme tâche

collective, 489 ; et tournant vers l'industrie, 205, 297, 496-497, 524-526. *Voir aussi* École de direction
Forums ouvriers du Militant, 535, 542
Fractions, 299 ; dans les syndicats non industriels, 190, 290, 396, 472-473
Fractions syndicales industrielles, 185, 470, 526-528 ; dans les années 40 et 50, 439-440, 561 ; caractère central, 310-311, 341-342, 394 ; leur direction, 203-204, 524-525 ; comme entités politiques, 279, 293-294, 470-471, 486, 524, 541 ; fonctionnement, 203-204, 270, 293-294, 310, 475, 524, 526-528, 564-565 ; revitalisation, 39 ; structure nationale, 510-511, 523-524, 564 ; trois niveaux de tâches, 436, 526-528 ; comme unités collectives, 190, 196, 198, 289-290, 293-294, 464, 486, 487
France, 22, 49 ; mai 1968, 84, 576
Frankensteen, Richard T., 409, 578
Fraser, Douglas, 352-353, 384-385, 393, 410, 500
Front sandiniste de libération nationale (FSLN), 35, 550
Front unique, 154
FSLN. *Voir* Front sandiniste de libération nationale

Garde des enfants, 159, 194, 346, 400, 529
Gardes ouvrières d'autodéfense, 164, 328-329
Gauche petite-bourgeoise, 169-172, 391-392, 430-431, 479 ; et classe ouvrière, 334-336, 358-359
Gauchisme, 116, 130, 171, 172
Gays, 91, 93, 149, 346
Gel des salaires, 94, 114, 182, 340, 399, 418, 472

Golfe du Tonkin, incident, 69, 91, 572
González, Andrea, 565
Gotbaum, Victor, 170
Gouvernement des travailleurs, 153, 154, 207, 215, 245, 281, 327-328, 344, 349, 378-379, 428, 454, 456
Gouvernement des travailleurs et des agriculteurs, 13, 45, 492, 533-534, 535-536, 567 ; changement du mot d'ordre, 545-547, 557-558
Grande société, 112
Grèce, 89
Grenade, 27-28, 32, 38, 525, 550, 582
Grèves, 24, 44 ; contre le *Daily News* (1990-1991), 63-65, 71 ; contre Eastern Airlines (1989-1991), 65, 66-67 ; contre la compagnie General Electric (1969), 472 ; contre la compagnie Hormel (1985-1986), 66, 511-512 ; des mineurs (1977-1978), 573 ; de Newport News (1979), 311, 312, 327, 354-359, 377, 393, 576 ; contre la charbonnière Pittston (1989-1990), 66, 571 ; des postes (1970), 472
Groupe marxiste international (IMG, Grande-Bretagne), 304, 576
Guardian (New York), 359
Guerre — appui bipartite, 69, 72-73 ; droit de voter sur, 72-73, 158, 167 ; impérialiste, 23, 72-73, 85-86, 329, 345, 346 ; industrie de, 102, 155-156, 327. *Voir aussi* Impérialisme U.S., interventions militaires
Guerre civile (1861-1865), 109, 143
Guerre froide, 103, 144-145
Guerres mondiales — première, 29 ; — deuxième, 29-30, 78, 91, 141, 144 ; position marxiste sur, 551-553 ; — troisième, 56
Guerre du Viêt-nam, 49, 56, 73, 79, 146, 274, 572 ; bureaucratie syndicale

et, 274, 335, 519 ; défaite U.S., 84, 340, 413, 415 ; et radicalisation, 90-91, 116, 146
Guevara, Ernesto Che, 27, 35

Haig, Alexander M., 482-483
Haïtiens, 124
Halstead, Fred, 198, 574
Hansen, Joseph, 36, 238-240, 492
Harcèlement sexuel, 383, 566
Harrington, Michael, 170
Heinzen, Karl, 313-314
Hillson, Jon, 476
Hormel, grève de 1985-1986 contre la compagnie, 66, 511-512, 571
How a Minority Can Change Society (Breitman), 350, 405

Idéologie bourgeoise, 93-94, 209, 230-231, 286
Idéologie petite-bourgeoise, 47-48, 230, 430, 431 ; au sein de la classe ouvrière, 99-100, 209, 295-297, 559-560
IMG. *Voir* Groupe marxiste international
Impérialisme, 143-145, 283. *Voir aussi* Capitalisme
Impérialisme U.S. — déclin de, 84, 85, 417-418 ; interventions militaires, 87, 89, 151, 156-157, 415, 416-417, 423, 499-500, 520-521, 529-530 ; sa machine de guerre, 84, 85-86, 155-156, 417 ; puissance impérialiste dominante, 84-85, 87, 144-145, 167-168, 478, 501
Impôts et taxes, 421
Inde, 555
In Defense of Marxism (Trotsky), 31, 211-212, 233, 445, 554
Indexation des salaires et échelle mobile des heures de travail, 159, 325, 449

Individualisme, 230-231, 233, 296
Indochine, 89, 391, 415, 555. *Voir aussi* Viêt-nam
Industrialisation, 97-98, 99, 105, 131, 357
Inflation, 83-84, 162, 325, 345 ; à deux chiffres, 94, 311, 399, 418, 420, 472
Intellectuels, 265-266, 296-297
Internationale communiste, 29, 319, 479, 492, 548-550, 556, 562, 581
Internationalisme, 173, 314-315, 522, 547, 552
Investissements, 60, 85
Irak, guerre de 1990-1991 contre, 17, 23, 38, 43, 55-57, 58, 69, 73-75
Iran, 27-28, 32-33, 283, 311, 348, 415, 501-502
IRS. *Voir* Service fiscal
IS. *Voir* Socialisme international
Italie, 22, 29, 84, 576
IUE. *Voir* Syndicat international des travailleurs de l'électronique

Japon, 43, 87, 88
Japonais-Américains, 124
Jeunesse, 44 ; organisation révolutionnaire de, 39-40, 291-292 ; orientation vers, 21-25, 39-40, 174, 326, 329, 540, 559
Jim Crow, système dit de, 110-111, 355-356, 366, 399, 425
Johnson, Lyndon, 111, 146
Juifs, 125

Kamber, Victor, 502-504
Kennedy, John, 146
Kent, massacre de 1970 à l'Université de, 147
Khomeiny, ayatollah, 502
Khrouchtchev, Nikita, 171
King, Martin Luther, 112, 113, 366
Kissinger, Henry, 146

Kollontaï, Aleksandra, 246
Krach boursier de 1987, 13, 22, 38, 56
Kroupskaïa, Nadiejda, 246, 505

Latinos, 277-278, 515. *Voir aussi* Chicanos ; Portoricains
Lénine, Vladimir, 26, 29, 36, 168, 327, 494, 505, 549 ; étude de, 525 ; sur le parti, 46, 199-200, 239, 316-319
Letters from Prison (Cannon), 221, 489
Libéralisme, 400-401, 536
Licenciements/mises à pied, 14, 159-160. *Voir aussi* Chômage
Licenciements/mises à pied discriminatoires, 159-160, 529
Ligne de marche stratégique, 37, 149-167, 315-316, 340-341, 454, 534-537, 540-541 ; durant le détour, 332-333, 337-338 ; luttes sociales et, 280-281, 344-345 ; programme de transition et, 322-331
Ligue anti-diffamation, 401
Ligue de formation syndicale, 437, 579
Ligue ouvrière révolutionnaire (Canada), 524, 525
Ligue urbaine, 367
Little Rock (1957), 90
Logement, 95
Loi sur les droits civils, 111, 381
Loi sur le droit de vote, 111
Lois antisyndicales/anti-ouvrières, 107, 164-165
Loi Smith, procès et coup monté, 221, 439, 553
Lorenzo, Frank, 67
Lovell, Frank, 472
Lowndes. *Voir* Organisation du comté de Lowndes pour la liberté
Lutte pour un parti prolétarien, La (Cannon), 31, 211, 554
Luxemburg, Rosa, 36, 246, 286

Maccarthysme, 145
Malcolm X, 27, 35, 71, 111, 149 ; et lutte des Noirs, 112, 113, 366, 374-375, 399, 408, 562 ; son nationalisme, 374, 458
Mandela, Nelson, 35
Manifestation de 1963 à Washington, 111
Manifestations de masse, 348, 402-405 ; et actions de propagande, 402, 541-542
Manifeste du parti communiste, 229, 313-315, 325, 428
« Manifeste de la Quatrième Internationale sur la guerre impérialiste et la révolution prolétarienne mondiale », 175
« Manque de crédibilité », 91, 93
Maoïsme, 171-172
Marx, Eleanor, 246
Marx, Karl, 12, 16, 33, 36, 229, 313-315, 400, 428, 494-495, 504-507
Marxisme, 270, 313-316, 400, 428, 436-437, 492, 496-497, 504-507 ; étude, 265, 464, 504-507
Mason, Mel, 565
Matérialisme historique, 314, 428
Ma vie avec Lénine (N. Kroupskaïa), 505
McBride, Lloyd, 357, 358, 460-461
Meany, George, 170, 358
Métallos. *Voir* Métallurgistes Unis d'Amérique
« Métallos ripostent, Les », 80, 183, 373, 475, 573-574
Métallurgistes unis d'Amérique (Métallos), 26, 80, 385, 386, 387, 459-461, 510, 523. *Voir aussi* « Métallos ripostent, Les » ; Newport News, grève de
Méthodes prolétariennes de lutte, 154, 167
Métiers — de la construction, 99, 105-

106, 473 ; qualifiés, 105-106, 335
Mexique, 117, 143
Militant, The, 185, 335, 346, 388-389, 411, 459, 535, 542 ; distribution, 203, 204, 238, 436, 454, 467-468, 486, 526, 542-544 ; journal ouvrier, 195, 297-298, 359-360, 362-363, 437, 448, 454, 470, 526 ; travailleurs-correspondants, 464
Miller, Arnold, 196
Mineurs. *Voir* Mineurs unis d'Amérique
Mineurs unis d'Amérique (UMWA), 26, 106, 149, 196, 500, 510, 523 ; grève contre les charbonnages Pittston, 66, 571 ; grève de 1977-1978, 80, 186, 188-189, 196, 362, 393, 424-425, 573
Mondialisation, 9
Monopolisation, 97-98, 99, 131
Mouvement contre la guerre du Viêt-nam, 26, 79, 147, 334, 335, 562 ; stratégie dans, 336-338, 348, 389, 402-403
Mouvement des délégués d'atelier, 437-438, 579
Mouvement des Indiens d'Amérique (AIM), 123
Mouvement de la minorité, 437-438, 579
Mouvement « Non à la bombe atomique », 146
Mouvement ouvrier. *Voir* Syndicats
Mouvements sociaux de protestation, 92-93, 136-137, 147, 148-149, 274-276 ; direction prolétarienne, 454-455, 458 ; et lutte de classe, 79-80, 348-351, 405-407, 428-430 ; participation aux, 298-300, 342, 389-391, 427, 485-486. *Voir aussi* Chicano, mouvement ; Femmes, mouvement ; Noirs, lutte des ; Nucléaire, mouvement contre

Mouvement syndical révolutionnaire de l'avenue Eldridge (ELRUM), 376
Mouvement syndical révolutionnaire de la Dodge (DRUM), 376
Muhammad, Elijah, 408
Mussolini, Benito, 22

NAACP. *Voir* Association nationale pour l'avancement des gens de couleur
Nader, Ralph, 129, 136
Nationalisation, 327-328, 449
Nationalisme noir, 111, 112, 113, 278, 369, 458, 459, 562 ; prolétarien par opposition à petit-bourgeois, 373-375
Nationalités opprimées, 108-125. *Voir aussi* Chicanos ; Noirs
NBIPP. *Voir* Parti politique noir indépendant national
NEA. *Voir* Association nationale de l'éducation
New Deal, 95-96, 150
New International, 525
Newport News, grève de 1979, 311, 312, 327, 354-358, 377, 393, 576 ; et changements dans le Sud, 355-357, 425, 461 ; SWP et, 358-363
New York Times, 353
Nicaragua, 27, 32, 283, 415, 416, 449, 451, 536, 581 ; direction révolutionnaire, 302-303, 433, 525, 550-551
Nixon, Richard, 114, 115, 146, 147, 182, 340
NLRB. *Voir* Commission nationale des relations de travail
Noirs — alliés de la classe ouvrière, 108-115, 243-244, 347 ; dans l'armée U.S., 142, 557 ; attaques contre leurs droits, 58-59, 114-115, 406, 420, 451 ; leur autodétermination, 207, 244, 347, 367-368, 378, 556-

557 ; composition prolétarienne, 34, 98, 100-101, 109-110, 243-244, 344, 379, 515 ; dans la direction du parti, 210, 212-214, 240-245 ; divisions de classe parmi, 367, 369-370, 374-375 ; oppression, 108-110, 366 ; organisations indépendantes, 377-380 ; rôle d'avant-garde, 44, 207, 228, 244, 278, 367, 368-369, 375, 376-377, 424, 557, 565

Noirs, lutte des, 110-115, 122, 149, 274, 423-424, 561-562 ; attaques du gouvernement contre, 92, 112, 113, 147 ; besoin d'une direction prolétarienne, 177, 211, 245, 277-278, 312, 334, 364-365, 367, 368, 369-370, 455, 486-487 ; bureaucratie syndicale et, 79, 113, 146, 333-334, 364, 365, 517-518 ; crise de direction, 113, 363-367, 369-370, 378, 379, 399 ; direction petite-bourgeoise, 276-277, 333-334, 363-364, 369-370, 378 ; gains, 110-112, 113-114, 355-357, 365-366, 399, 425 ; impact sur la conscience des travailleurs, 26, 79-80, 90, 113, 356-357, 423-424 ; et lutte des classes, 79-80, 274-275, 277, 335-336, 364-365, 367-369, 428-430 ; et rébellions dans les ghettos, 90, 111-112, 113, 147, 274, 364-365, 370, 398, 399 ; rôle central, 207, 343-345 ; SWP et, 113, 361, 476-477, 557 ; syndicats et, 194, 277-278, 342, 377-379 ; Trotsky sur, 207, 367-370, 377-378, 556, 557

Novack, George, 36, 494

NOW. *Voir* Organisation nationale pour les femmes

Nucléaire — énergie, 345, 390, 421, 449 ; désarmement, 156 ; mouvement contre, 312, 342, 389-391

OAAU. *Voir* Organisation de l'unité afro-américaine

OCAW. *Voir* Syndicat international des travailleurs des industries pétrolière, chimique et atomique

Offensive idéologique, 392, 400-401, 430-431, 554

Oppression nationale, 109

Ordjonikidzé, Grigori, 239

Organisation du comté de Lowndes pour la liberté, 112

Organisation nationale pour les femmes (NOW), 380-381, 383-384, 392, 410, 453, 542

Organisation du traité de l'Atlantique Nord (OTAN), 156

Organisation de l'unité afro-américaine (OAAU), 366

« Organizational Character of the Socialist Workers Party, The », 217-218

Orientation prolétarienne, 30-31, 173-175, 179, 180, 279, 286-287, 523

OTAN. *Voir* Organisation du traité de l'Atlantique Nord

Ouvrez les livres, 162-163, 327

Ouvriers unis du caoutchouc, 351-352

Papiers du Pentagone, 93

Parler du socialisme, 196, 203, 270, 466, 467, 561

Parti bolchevique, 26, 46, 212, 233, 246, 316, 492, 494, 548-549 ; son caractère prolétarien, 200, 286, 303

Parti communiste de Cuba, 550, 559

Parti communiste des USA, 150, 170-171. *Voir aussi* Staliniens aux États-Unis

Parti démocrate, 69, 72-73, 74, 147, 348, 452, 453 ; et nationalités opprimées, 112, 119-121, 123 ; et syndicats, 107, 449-450, 451

Parti démocrate du Mississippi pour

la liberté, 112
Parti léniniste. *Voir* Parti prolétarien
Parti de la « liberté maintenant », 112
Parti noir, 375-376, 377, 408
Parti ouvrier, 28-29, 72, 77, 155, 192, 195, 278, 347-348, 375, 376, 390, 533-534, 558 ; propagande en sa faveur, 407-412, 450-454, 481-484 ; dans les années 30, 150, 442 ; Trotsky sur, 326, 450-451. *Voir aussi* Action politique ouvrière indépendante
Parti des panthères noires, 92, 113, 366
Parti politique noir indépendant national (NBIPP), 527, 542, 580
Parti prolétarien — son appareil professionnel, 201, 295 ; comme avant-garde des travailleurs, 208, 215, 228, 278-281, 341, 493, 515-516 ; caractère, 208-210, 228, 229-231, 314-317 ; et combats de classe, 13 ; composition de classe, 228, 295-297, 306-307, 332-333, 442-443, 522-523, 559-560 ; conception léniniste, 215-216, 255, 316-319 ; démocratie dans, 236-237, 443, 523, 560 ; fonctionnement collectif, 234-235, 266, 493-494, 560 ; homogénéité politique, 208, 237, 243, 443, 522, 560, 564 ; comme machine qui pense, 230, 238, 266, 493-494 ; mémoire historique du, 493, 540 ; multinational, 33-34, 213-214, 243-245, 278-279, 379, 397, 477 ; normes, 234-235, 238-240, 295-297, 333, 559-560 ; objectivité dans, 211-212, 295-296 ; comme parti de cadres, 46-47, 229-232 ; comme parti de combat, 174, 208-209, 318, 434-435, 560 ; patriotisme envers, 175 ; rôle historique, 25-26, 40, 173-174, 175, 540. *Voir aussi* Direction du parti ; Parti socialiste des travailleurs

Parti de la Raza Unida, 119-121, 376, 392, 408
Parti républicain, 69, 72, 74, 348, 482-483
Parti socialiste du travail (États-Unis), 317
Parti socialiste des travailleurs (SWP, États-Unis) — attaques du gouvernement contre, 73, 553 ; branches, 202, 204-205, 294-295, 372, 476, 541-542 ; comités exécutifs, 204, 223 ; continuité politique, 28-32, 35-36, 39, 47, 48-49, 237, 414, 432, 513, 525, 548-560 ; déploiement national, 202, 465-466 ; existence semi-sectaire, 561 ; fondation, 551-554 ; organisateurs des comités exécutifs de branche, 223-224 ; comme parti de campagne, 174, 298, 560 ; comme parti de propagande, 466 ; prolétarisation, 37-38, 46-47, 178-179, 199-200, 229, 516, 551-552, 563-565 ; et retraite des années 80, 32, 38 ; et retraite d'après 1947, 26, 331-333, 341-342, 522, 561 ; scission de 1940, 31-32, 295, 552, 553-554. *Voir aussi* Comité national (SWP) ; Direction du parti ; Fractions syndicales industrielles ; Parti prolétarien ; Résolutions du Parti socialiste des travailleurs ; Tournant vers l'industrie
Parti socialiste des travailleurs (SWP, Grande-Bretagne), 304-306, 576
Parti du tournant, 46-47
Pathfinder — éditions, 35-36 ; librairies, 270, 466, 542
Peine capitale, 165, 345, 346, 529
Pensions, 15, 59, 191-192, 535
Pénurie de pétrole de 1973, 79, 84, 137, 418, 422. *Voir aussi* Crise de l'énergie

Pénuries, 94, 327, 340, 418, 419-420, 472
Pénurie de viande de 1973, 136, 340, 418, 472
Période préparatoire, 37, 178, 226, 313, 361-363, 393, 515
Perot, Ross, 22
Personnes âgées, 91, 149
Perspectiva Mundial, 204, 436, 448, 454, 467, 525, 526, 535, 542-544
Petite bourgeoisie, 108, 133-137, 230, 430-431, 521-522
Petites entreprises, 99
Philippines, 143
Pittston, grève de 1989-1990 contre la charbonnière, 66, 571
Poids social, 280, 283, 342-347, 456, 565-566
Polarisation de classe, 59, 97, 150-151, 174, 191, 242, 309, 391, 413, 427-430 ; et approfondissement de la lutte de classe, 163, 328-329, 400 ; impact sur la classe ouvrière, 498-499, 520-522, 566 ; impact sur les étudiants, 140, 400
Politique capitaliste — divisions tactiques dans, 69, 87 ; évolution vers la droite, 17, 191, 275, 509, 519 ; nature bipartite, 69, 70, 72-73, 481-483
Politique militaire prolétarienne, 71-72, 337, 472, 552-553, 558, 578
Pol Pot, 311, 347
Portoricains, 44, 98, 121-123, 210, 213
Porto Rico, 121, 122, 556
Portugal, 49, 84, 89
Postes/mandats syndicaux, 270, 439, 441, 469, 485, 539-540
« Pour un gouvernement des travailleurs et des agriculteurs aux États-Unis », 546
Principes, 320
Prisonniers, 91, 92, 93, 149
Problèmes quotidiens élémentaires ou de « pain et beurre », 184, 322
Productivité du travail, 83, 85
Professionnels, 133-135, 521
Programme de transition, 149-150, 173, 208, 398, 556, 559 ; ligne de marche stratégique dans, 319-321, 323-331, 337, 340-341, 348-349, 444-448 ; méthode, 151-154, 319-321, 332-333, 443-448
Prolétarisation. *Voir* Tournant vers l'industrie
Propagande socialiste, 24, 35-36, 185, 270, 436, 466-467, 468, 473-474, 497-499, 526-527, 534-535, 541-542. *Voir aussi* Militant, The
Protectionnisme, 160, 457, 518-519
Pulley, Andrew, 407, 411, 451, 454, 468, 481-482

Quatrième Internationale, 149-150, 237, 255 ; création, 271-272, 549, 550-551 ; SWP et, 173, 237, 238, 271-272, 480, 562 ; et tournant vers l'industrie, 179, 282-308, 310, 432, 462-463, 477-478. *Voir aussi* Programme de transition
Que Faire ? (Lénine), 316
Questions d'usine, 12, 13, 452, 527, 534
Quotas, 100, 102, 128-129, 160, 165-166, 214-215 ; au sein du parti prolétarien, 214, 215-216, 260

Racines (Alex Haley), 375
Racisme — et capitalisme, 59, 109 ; et classe ouvrière, 88, 97, 125, 343-344, 457, 522 ; lutte contre, 23, 157, 329, 343-344, 530. *Voir aussi* Noirs
« Radical », 347
Radicalisation — ouvrière, 21-25, 36, 82-83, 188, 227, 285, 368, 401, 426-427, 497 ; des périodes antérieures, 96, 128

596 INDEX

Radicalisation des années 60 et 70, 126-127, 146, 148-149, 338, 561-562 ; son impact sur la classe ouvrière, 90-92, 94, 104, 339-340, 426-427 ; rupture de continuité, 397-402
Reagan, Ronald, 509
Recent Trends in the Labor Movement (Farrell Dobbs), 471
Récession de 1974-1975, 60, 181-182, 472 ; et campagne d'austérité, 283, 418, 519-520 ; caractère international, 26, 79, 83, 283, 420-421 ; impact sur la classe ouvrière, 26, 79-80, 94-95, 275, 312-313, 340, 413 ; reprise subséquente, 182, 184, 421
Récessions, 20, 58, 59-60, 83-84, 401, 421, 509
Recrutement, 27-28, 81, 140, 182, 285, 286, 306-307, 396-397, 545, 564 ; rythme, 292, 372, 436-437 ; de travailleurs industriels, 37, 177, 226, 270, 280, 285, 286, 442-443, 453-454, 483, 487, 516, 540-541, 564-565
Reed, Evelyn, 259, 576
Référendums, 72, 167
Réformes, 95-97, 418, 519-520
Réformisme, 172-173, 208, 286, 321, 322, 324, 537-538
Regroupement noir du Congrès, 112
Religion, 90 ; dirigeants religieux, 500, 502
« Remplaçants permanents », 64
Résolutions du Parti socialiste des travailleurs — de 1965, 563 ; de 1971, 184, 339-340, 426-427, 455-456, 574 ; de 1973, 473-474 ; de 1975, 182, 184, 324, 371
Reuther, Walter, 170
Révolution — caractère combiné, 109, 207, 378-379, 477 ; conditions préalables, 173, 175, 479-480, 536-538 ; démocratique et socialiste, 556 ; perspectives aux États-Unis, 97, 168-169, 226-227, 515, 536-538
Révolution algérienne, 49
Révolution coloniale, 151, 157, 415-416, 555-556
Révolutionnaires d'action, 302-303, 432, 480, 489
Révolutionnaires professionnels, 201, 224-225, 295
Révolution russe, 319
Révolutions bourgeoises, 506
Rivalité interimpérialiste, 16-17, 23, 85-86, 88-89, 151, 514, 518-519
Roosevelt, Franklin D., 30
Rosenberg, Julius, 430
Royaume-Uni, 22
Russie, 22
Rustin, Bayard, 170

Sadlowski, Ed, 80, 475, 573-574
Salaires, 15, 59, 78, 85, 88, 510 ; indexation, 159, 325
Salaire social — luttes pour, 159, 273-274, 399-400, 534-535 ; réduction, 15, 61-62, 88, 94, 95, 114-115, 191-192, 420
Sandstone, prison, 488-489
Sandstone, université. *Voir* École de direction
Sankara, Thomas, 35
SCLC. *Voir* Conférence de la direction chrétienne du Sud
Secret commercial, 162-163, 166-167, 327, 328
Sectarisme, 314, 317-318, 338, 409, 429, 458
Sectoralisme, 208, 228
Sécurité du travail, 14-15, 61, 160-162, 193, 405, 510, 517
Selma, 1965, 90
Semaine de travail, 192, 325
Service fiscal (IRS), 92, 148
Services de santé — attaques contre,

58-59, 61-62, 95, 159, 192, 311, 535 ; besoin d'un système universel, 79, 159, 191-192, 517, 535
Sexisme — affaiblissement, 97, 248, 382 ; utilisation par les capitalistes, 88, 97, 125-126, 344, 381, 457, 521-522
Shanker, Albert, 170
Sheppard, Barry, 474-475
SIEPB. *Voir* Syndicat international des employées et employés professionnels (les) et de bureaux
Situation prérévolutionnaire, 37, 84, 151, 152, 515-516, 576
Skoglund, Carl, 489
SLP. *Voir* Parti socialiste du travail
Smeal, Eleanor, 384-385, 410
SNCC. *Voir* Comité de coordination non violent des étudiants
Social-chauvinisme, 559-560
Socialisme international (IS, Grande-Bretagne et USA), 306
Sociaux-démocrates, 74, 77-78, 150, 151, 152, 226, 429, 552, 557 ; et direction syndicale, 169-170
Soldats, 72, 91, 111, 140-142, 149, 158, 337, 557
Solidarité — expériences de la construire, 63-64, 66, 67, 68, 357-358, 359, 441-442 ; internationale, 156, 157, 194, 284, 529-530 ; ouvrière, 19, 193-194, 242, 276, 361-362, 435, 449, 459, 528-531
Soviets, 189, 208-209, 215, 329, 445, 574
Spéculation, 60
Staline, Joseph, 29, 171
Staliniens aux États-Unis, 74, 77-78, 151, 152, 429, 552, 557
Stalinisme, 555 ; affaiblissement, 22, 34-36 ; obstacle, 22, 29-30, 171-172, 226, 552 ; rôle de collaboration de classe, 86, 89, 331

Statuts du SWP, 13, 217, 236, 546-547
Stratégie, 317-322, 330-331, 433-435, 443-444 ; et tactique, 280, 332-333, 336-337, 340-342, 347-349, 392, 402. *Voir aussi* Programme de transition
Sud des États-Unis, 98, 110, 355-357, 425 ; syndicalisation, 105, 356-357, 461
Sweezy, Paul, 430
SWP (États-Unis). *Voir* Parti socialiste des travailleurs
SWP (Grande-Bretagne). *Voir* Parti socialiste des travailleurs (Grande-Bretagne)
Syndicalisme d'« affaires », 106, 192
Syndicalisme industriel, 187-189, 519
Syndicat des débardeurs, 101
Syndicat des facteurs, 101
Syndicat international des employées et employés professionnels(les) et de bureaux (SIEPB), 190
Syndicat international des travailleurs de l'électronique et de l'électricité (IUE), 510, 523
Syndicat international des travailleurs des industries pétrolière, chimique et atomique (OCAW), 189, 510-511, 523-524
Syndicat des postiers, 101
Syndicats, transformation révolutionnaire, 68, 104-105, 154-155, 274-275, 280-281, 389-391, 411-412, 419, 515-516, 526, 527, 552 ; et luttes des opprimées, 107-108, 109-110, 277-279, 343-344, 349-351, 394, 456, 565-567 ; tâche stratégique, 12-13, 40, 326-327, 348-349, 419, 433-436, 522
Syndicats — action affirmative dans, 214 ; affaiblissement, 78, 105, 196, 276, 312, 333-334, 338, 352-353, 434, 516 ; attaques contre, 61, 62-67, 177-

178, 192-193, 275-276, 283-284, 312, 418-419, 425, 427-428, 499-500 ; bureaucratisation, 30, 78-79, 105, 144-145, 273-274, 331-332, 516-518 ; caucus, 439, 485 ; caucus de Noirs et de femmes dans, 376-377, 384, 385-386, 472 ; comités, 377, 438, 470, 534, 539 ; courant marxiste au sein, 280-281, 363, 436-438, 442-443, 471, 486-487, 498, 516, 540-541 ; déroute des années 80, 510, 511-512 ; gouvernement et, 164-165, 194, 450, 533 ; institutions de classe fondamentales, 275, 325-326, 373, 403, 418, 522 ; jeunes travailleurs et, 17-22, 103-104, 188, 326 ; et luttes sociales, 77-79, 184, 194-195, 275-276, 277-278, 298, 299, 349-351, 394, 454-455, 526, 528-530 ; Noirs et Chicanos dans, 100-101, 277-278, 356-357, 387, 423-424, 515, 517-518, 565 ; rangs, 78, 104-105 ; retraite, 273-274, 331-332, 341-342, 439-440, 516, 561 ; utilisation de leur force, 62-63, 276-277, 326, 517-518, 530-532. *Voir aussi* Action politique ouvrière indépendante ; Aile gauche de lutte de classe ; Classe ouvrière

Syndicats de métier, 105-106, 335

« Syndicats : leur passé, leur présent et leur avenir, Les » (Marx), 12

Syndicat uni des travailleurs agricoles (UFW), 118-119, 517

Système bancaire, 60-61, 163

Système bipartite, 69, 70, 72-73, 172, 481-483

Tactique, 153-154, 174, 234, 287, 329, 331, 403 ; et stratégie, 280, 320-322, 332-333, 336-338, 348-349, 381, 392, 434 ; dans les syndicats, 63, 276, 439, 442, 443, 469, 485

Taft-Hartley, loi, 518

Taux de profit, 14

TAVT. *Voir* Travailleurs amalgamés du vêtement et du textile

Teamster, série (Farrell Dobbs), 18, 41, 197, 438, 443, 574

Teamsters, syndicat, 105, 118, 423 ; à Minneapolis, 18, 438-443, 471, 531, 553, 558

Temps supplémentaire, 15, 421

Tendance « Pour une orientation prolétarienne » (FAPO), 338-339

Three Mile Island, 311, 393, 405, 420, 422

Tiers monde, 84, 89 ; prolétarisation, 33-34, 282, 416. *Voir aussi* Impérialisme U.S., interventions militaires ; Révolution coloniale

Tournant vers l'industrie — antécédents, 26, 80-81, 373, 471-477, 561-564 ; approfondissement, 309-311, 395-397, 485, 542-545 ; base politique, 26-28, 177-178, 181-185, 282-285, 413, 484-485, 522-523 ; comme cadre d'activité, 176-180, 203-206, 279-281, 282-286, 413 ; caractère international, 271, 282, 286-288, 301-302, 310, 477-478, 523, 524 ; caractère universel, 176-177, 286, 287, 463 ; conséquences de ne pas le faire, 49-50, 178-179, 199, 279, 285-286, 310-311, 432-433, 522-523, 560, 564 ; et courants révolutionnaires internationaux, 302-303, 432-433 ; et développement de dirigeantes, 247-249, 260, 266-267, 300, 566 ; « exceptions », 290, 395-397, 462-463, 551 ; pourquoi maintenant, 181-185, 199-200, 287, 288, 432 ; priorités en son sein, 189-190 ; responsabilité de la direction, 176, 178-179, 180, 204-205, 225-226, 289, 293, 463 ; résultats, 32, 269-270, 288-

291, 414, 462, 470-471, 564-565 ; rupture radicale, 287, 292-293 ; comme tactique, 179, 180, 301-302, 310-311 ; et transformation du parti, 177, 200, 204-206, 226, 229, 241-242, 279-280, 309, 379, 496. *Voir aussi* Fractions syndicales industrielles ; Travailleurs industriels

Travailleurs, jeunes, 15, 17-21, 98, 103-104, 183-184, 326-327, 362, 455, 540

Travailleurs agricoles, 98, 105, 122, 131, 517, 545 ; luttes, 116, 118-119, 124, 149, 401

Travailleurs amalgamés du vêtement et du textile (TAVT), 511, 524, 544

Travailleurs-bolcheviks, 26, 40, 179, 200-203, 205-206, 270, 287, 295, 298, 311, 397 ; définition, 46 ; mobiles et sans attache, 202, 397, 467

Travailleurs — à l'essai, 193 ; — à temps partiel, 15, 158-159

Travailleurs immigrés, 33-34, 45, 143, 544, 545 ; attaques racistes contre, 24, 92, 124, 406 ; défense, 44, 117, 118-119, 157, 194, 371-372, 529

Travailleurs industriels, 98-99 ; arène centrale du parti, 177, 198-199, 225-227, 341-342, 394 ; cible de l'offensive capitaliste, 177-178, 189, 191-196, 275-276, 283-284, 312, 339, 418-419, 424, 425, 427-428 ; poids social, 186-190, 343, 425-426 ; source de plus-value, 186, 284, 507 ; syndicalisation, 104-105, 187-188, 356-357, 467. *Voir aussi* Classe ouvrière ; Fractions syndicales industrielles ; Tournant vers l'industrie

Travailleurs sans papiers. *Voir* Travailleurs immigrés

Travailleurs de service et de bureau, 99, 101, 102, 133-134, 187, 189, 190-191, 396-397

Travailleurs unis de l'alimentation et du commerce (TUAC), 511-512

Travailleurs unis de l'automobile (TUA), 101, 189, 352-353, 359, 511, 523 ; bureaucratie, 352-353, 410 ; campagne de syndicalisation à Oklahoma City, 425, 461

Travailleurs unis des transports (TUT), 472, 511, 524

Travail à la pièce, 193

Travail syndical, 179, 196-200, 434-437. *Voir aussi* Fractions syndicales industrielles

Travaux publics, 158

Trotsky, Léon, 30-31, 36, 175, 226, 319-321, 394, 454, 479-480, 554, 572-573 ; sur la lutte des Noirs, 207, 367-369, 377-378, 556-557 ; sur les normes du parti, 211-212, 233-237, 239, 295-297, 444-445 ; sur les syndicats, 189, 325-327, 433. *Voir aussi* Programme de transition

Truman, Harry, 147

TUA. *Voir* Travailleurs unis de l'automobile

TUAC. *Voir* Travailleurs unis de l'alimentation et du commerce

TUT. *Voir* Travailleurs unis des transports

UFW. *Voir* Syndicat uni des travailleurs agricoles

UIOVD. *Voir* Union internationale des ouvriers et ouvrières du vêtement pour dames

UMWA. *Voir* Mineurs unis d'Amérique

Union internationale des ouvriers et ouvrières du vêtement pour dames (UIOVD), 511, 524, 544

Union soviétique, 22, 29-30, 35, 84, 86, 151, 553-555 ; défense de l'État ouvrier, 553-555

« Université rouge », stratégie, 140
Utopisme, 315, 455-456, 540

Vague de grèves de l'après-deuxième guerre mondiale, 78, 514
Ventes aux portes d'usine, 204, 542-544
Viêt-nam, 311, 415, 578. *Voir aussi* Guerre du Viêt-nam ; Mouvement contre la guerre du Viêt-nam
Vocabulaire politique communiste, 45-49, 50-51

Wall Street Journal, 16, 351-352, 355

Watergate, 92-93, 115, 147-148, 415, 482-483, 572
Watts (1965), 90, 111-112
Weber, affaire, 346, 377, 386-389, 393, 406-407, 459-460, 578
Worthy, William, 408
Wright, John G., 230, 493, 575

Yémen, 417
YSA. *Voir* Alliance des jeunes socialistes

Zimmermann, Matilde, 407, 411, 454, 468, 481-482

OBTENEZ DE PATHFINDER

Malcolm X, la libération des Noirs et la voie vers le pouvoir ouvrier

JACK BARNES

Stimulée par le besoin insatiable du capital en force de travail et en chair à canon pour ses guerres, la migration massive des Noirs du Sud rural des États-Unis vers les villes et les usines du continent a jeté les bases de la montée explosive de la lutte de libération des Noirs dans ce pays à partir du milieu des années 1950.

Malcolm X en émerge alors comme son plus remarquable dirigeant. Ce mouvement colossal, insiste-t-il, fait partie d'une bataille révolutionnaire mondiale pour les droits humains — « un affrontement entre ceux qui veulent la liberté, la justice et l'égalité et ceux qui veulent maintenir les systèmes d'exploitation. »

Tirant les leçons d'un siècle et demi de lutte, ce livre nous aide à comprendre pourquoi c'est la conquête révolutionnaire du pouvoir par la classe ouvrière qui rendra possible la bataille finale pour la libération des Noirs — et ouvrira la voie à un monde basé non pas sur l'exploitation, la violence et le racisme, mais sur la solidarité humaine. Un monde socialiste. 20 $ US. Aussi en anglais et en espagnol.

Nouvelle Internationale
UNE REVUE DE POLITIQUE ET DE THÉORIE MARXISTES

NOUVELLE INTERNATIONALE Nº 7
Le long hiver chaud du capitalisme a commencé
Jack Barnes

Et « Leur transformation et la nôtre, » résolution du Parti socialiste des travailleurs

Les conflits interimpérialistes qui s'aiguisent aujourd'hui sont alimentés à la fois par le début de ce qui sera des décennies de convulsions économiques, financières et sociales et de batailles de classe, et par le plus important changement dans la politique et l'organisation militaires de Washington depuis l'escalade U.S. qui a conduit à la deuxième guerre mondiale. Les travailleurs ayant un esprit de lutte de classe doivent faire face à ce point tournant de l'impérialisme et prendre plaisir à projeter avec audace un cours révolutionnaire pour y faire face. 16 $ US

NOUVELLE INTERNATIONALE Nº 9
Révolution, internationalisme et socialisme : la dernière année de Malcolm X
Jack Barnes

« Comprendre la dernière année de Malcolm X, c'est voir comment à l'époque impérialiste une direction révolutionnaire du plus haut niveau de capacité, de courage et d'intégrité politiques converge avec le communisme. Cette vérité prend un poids encore plus grand aujourd'hui alors que l'expansion violente du capitalisme mondial précipite des milliards de personnes à travers le monde dans la lutte de classe moderne, de la Chine au Brésil. » Jack Barnes

Contient aussi : « L'héritage anti-ouvrier des Clinton : les racines de la crise financière mondiale de 2008 » ; « L'intendance de la nature incombe aussi à la classe ouvrière : en défense de la terre et du travail » ; « Rétablir la vérité sur le fascisme et la deuxième guerre mondiale. » 14 $ US

CES NUMÉROS SONT AUSSI DISPONIBLES EN ANGLAIS, ESPAGNOL ET SUÉDOIS À
WWW.PATHFINDERPRESS.COM

Oeuvres de base de Marx et Engels

Le Capital
KARL MARX

Marx explique comment fonctionne le système capitaliste et comment il produit les contradictions insolubles qui alimentent la lutte de classe. Il démontre le caractère inévitable de la transformation révolutionnaire de la société, qui sera pour la première fois dirigée par la majorité productrice — la classe ouvrière. En anglais, en trois livres.
Le Capital, livre 1   18 $ US
Le Capital, livre 2   18 $ US
Le Capital, livre 3   18 $ US

Misère de la philosophie
KARL MARX

Écrite en collaboration avec des combattants ouvriers de la Ligue des justes, cette polémique contre le socialisme petit-bourgeois de Pierre-Joseph Proudhon a donné au jeune Marx, selon la préface écrite par Friedrich Engels en 1884, l'opportunité d'« élaborer les principes de sa nouvelle conception historique et économique. » 28 $ US

The Wages System
[*Le salariat*]
FRIEDRICH ENGELS

Est-il possible d'obtenir un « salaire équitable pour une journée de travail équitable ? » Pourquoi les syndicats se développent-ils inévitablement à partir des conditions de la classe ouvrière ? Les travailleurs devraient-ils construire leur propre parti politique ? Une série d'articles écrits pour la presse ouvrière en Grande-Bretagne. En anglais. 5 $ US

www.pathfinderpress.com

Aussi de Pathfinder

LE DERNIER COMBAT DE LÉNINE
ÉCRITS ET DISCOURS, 1922-1923
V. I. Lénine

Au début des années 1920, Lénine a livré son dernier combat dans la direction du Parti communiste en URSS pour maintenir le cours qui avait permis aux travailleurs et aux paysans de renverser l'empire tsariste, de faire la première révolution socialiste et de construire un mouvement communiste mondial. Les questions en jeu dans cette lutte — la composition de classe de la direction, l'alliance ouvrière et paysanne et la lutte contre l'oppression nationale — restent au centre de la politique mondiale aujourd'hui. En anglais et en espagnol. 20 $ US

LE MANIFESTE COMMUNISTE
Karl Marx et Friedrich Engels

Le document fondateur du mouvement prolétarien moderne, publié en 1848. Il explique pourquoi le communisme ne découle pas de principes préconçus, mais de la ligne de marche de la classe ouvrière vers le pouvoir — issue « d'une lutte de classe existante, d'un mouvement historique qui s'opère sous nos yeux. » 5 $ US. Aussi en anglais, espagnol et arabe.

RÉBELLION TEAMSTER
Farrell Dobbs

Les grèves de 1934 qui ont construit le mouvement des syndicats industriels à Minneapolis et contribué à l'essor du CIO, racontées par un de leurs dirigeants centraux. Le premier d'une série de quatre livres sur la direction de lutte de classe de ces grèves et des campagnes de syndicalisation qui ont transformé dans la plus grande partie du Midwest le syndicat des Teamsters en un mouvement social combatif et montré la voie en avant vers l'action politique ouvrière indépendante. 19 $ US. Aussi en anglais, espagnol et suédois.

www.pathfinderpress.com

LE CAPITALISME ET LA TRANSFORMATION DE L'AFRIQUE
REPORTAGES SUR LA GUINÉE ÉQUATORIALE
Mary-Alice Waters, Martín Koppel

Un compte rendu de la production et des relations de classe en pleine transformation dans ce pays d'Afrique centrale, aujourd'hui entraîné plus profondément dans le marché mondial et qui voit naître une classe capitaliste et un prolétariat moderne. Ici aussi, l'exemple de la révolution socialiste à Cuba ressort de la collaboration des brigades médicales volontaires cubaines qui aident à transformer les conditions sociales. Ce tableau permet de voir les éléments d'un futur pour lequel se battre aujourd'hui — un futur où les travailleurs et paysans d'Afrique joueront un rôle plus grand que jamais dans la politique mondiale. En anglais et en espagnol. 10 $ US

LEUR TROTSKY ET LE NÔTRE
Jack Barnes
Pour diriger les travailleurs à la victoire dans une révolution, il faut un parti révolutionnaire de masse dont les cadres, longtemps à l'avance, ont intériorisé un programme communiste international, ont une vie et un travail prolétariens, prennent plaisir à faire de la politique et ont forgé une direction dotée d'un sens aigu de ce qu'il faut faire. Ce livre discute comment construire un tel parti. 15 $ US. Aussi en anglais et en espagnol.

LA LUTTE POUR UN PARTI PROLÉTARIEN
(EXTRAITS)
James P. Cannon
« Les travailleurs de l'Amérique, écrit James P. Cannon, sont assez puissants pour renverser la structure du capitalisme ici et pour soulever le monde entier en se dressant. » À la veille de la deuxième guerre mondiale, un fondateur du mouvement communiste aux États-Unis et un dirigeant de l'Internationale communiste du temps de Lénine défend le programme du bolchevisme et ses normes de construction du parti. En français (extraits), anglais et espagnol. 8 $ US

HISTOIRE DU TROTSKYSME AMÉRICAIN, 1928-1938
LE RAPPORT D'UN PARTICIPANT
James P. Cannon

« Le trotskysme n'est pas un nouveau mouvement, une nouvelle doctrine, mais la restauration, la renaissance du marxisme véritable tel qu'il a été exposé et appliqué au cours de la révolution russe et des premiers jours de l'Internationale communiste. » Dans cette série de 12 présentations faites en 1942, James P. Cannon raconte un épisode décisif des efforts déployés pour construire un parti prolétarien aux États-Unis. 22 $ US. Aussi en anglais et en espagnol.

THOMAS SANKARA PARLE
LA RÉVOLUTION AU BURKINA FASO, 1983-1987

Sous la direction de Thomas Sankara, le gouvernement révolutionnaire du Burkina Faso en Afrique de l'Ouest a donné un exemple électrisant. Il a mobilisé les paysans, les travailleurs, les femmes et les jeunes pour mener des campagnes d'alphabétisation et de vaccination ; creuser des puits, planter des arbres, construire des barrages et des logements ; combattre l'oppression des femmes, transformer les relations d'exploitation à la campagne ; se libérer du joug impérialiste et se solidariser avec ceux qui étaient engagés dans le même combat ailleurs dans le monde. 24 $ US. Aussi en anglais.

LE SOCIALISME ET L'HOMME À CUBA
Ernesto Che Guevara, Fidel Castro

S'appuyant sur son expérience de dirigeant central de la révolution cubaine, Che Guevara explique pourquoi la transformation révolutionnaire des relations sociales implique nécessairement la transformation des travailleurs qui organisent et dirigent ce processus. « Pour construire le communisme, il faut développer l'homme nouveau en même temps que la base matérielle. » Contient aussi le discours prononcé à l'occasion du vingtième anniversaire de la mort de Che Guevara par le président cubain Fidel Castro. 7 $ US. Aussi en anglais, espagnol, farsi et suédois.

www.pathfinderpress.com

LIBÉRATION DES FEMMES ET SOCIALISME

La révolution socialiste et la lutte de libération des femmes
Résolution du Parti socialiste des travailleurs (SWP)

Ce document explique la place centrale et le poids de la lutte de libération des femmes dans la ligne de marche de la classe ouvrière vers le socialisme. Le produit d'une discussion et d'un débat international, cette résolution incorpore les expériences de lutte de plusieurs pays. 7 $ US

L'origine de la famille, de la propriété privée et de l'État
FRIEDRICH ENGELS

Ce livre explique comment l'émergence de la société divisée en classes a entraîné celle d'institutions d'État et de structures familiales répressives qui protègent les biens des couches dominantes et leur permettent de transmettre leur richesse et leurs privilèges. Il examine les conséquences de ces institutions de classe pour ceux qui travaillent, depuis leurs formes initiales jusqu'à leurs versions modernes. 20 $ US. Aussi en anglais.

Les cosmétiques, la mode et l'exploitation des femmes
JOSEPH HANSEN, EVELYN REED, MARY-ALICE WATERS

Comment le grand capital joue sur le statut de deuxième classe et l'insécurité sociale des femmes pour vendre des cosmétiques et empocher des profits. L'introduction de Mary-Alice Waters explique comment l'entrée de millions de femmes dans la main-d'oeuvre durant et après la deuxième guerre mondiale a transformé de manière irréversible la société U.S. et jeté les bases d'une nouvelle montée des luttes pour l'émancipation des femmes. En anglais et en farsi. 15 $ US

www.pathfinderpress.com

La révolution cubaine et la

Soldat de la révolution cubaine
Des canneraies d'Oriente à général des Forces armées révolutionnaires
Luis Alfonso Zayas

Général dans les Forces armées révolutionnaires de Cuba, Luis Alfonso Zayas retrace plus de 50 ans d'expériences dans la révolution : d'abord comme adolescent combattant dans la lutte clandestine et la guerre de 1956-1958 qui a renversé la dictature soutenue par les USA, puis en accomplissant trois missions comme un dirigeant des forces cubaines volontaires qui ont aidé l'Angola à vaincre une invasion de l'armée de l'Afrique du Sud suprémaciste blanche. Il explique comment les hommes et femmes ordinaires à Cuba ont changé le cours de l'histoire et, ce faisant, se sont eux-mêmes transformés. En anglais et en espagnol. 18 $ US

Défendre Cuba, défendre la révolution socialiste à Cuba
Mary-Alice Waters

Face aux plus grandes difficultés économiques dans l'histoire de la révolution, les travailleurs et les agriculteurs de Cuba ont défendu dans les années 1990 leur pouvoir politique, leur indépendance, leur souveraineté et le cours historique qu'ils ont initié au début des années 1960. Dans *Nouvelle Internationale* n° 5. 17 $ US. Aussi en anglais et en espagnol.

Notre histoire s'écrit toujours
L'histoire de trois généraux cubains d'origine chinoise dans la révolution cubaine

Armando Choy, Gustavo Chui et Moisés Sío Wong parlent de la place historique de l'immigration chinoise à Cuba ainsi que de plus de cinq décennies d'action révolutionnaire et d'internationalisme — à Cuba, en Angola et aujourd'hui au Venezuela. À travers leur histoire, on voit les forces sociales et politiques qui ont donné naissance à la nation cubaine et ouvert la porte à la révolution socialiste dans les Amériques. Et comment des millions d'hommes et de femmes ordinaires ont changé le cours de l'histoire et sont devenus des êtres humains différents en le faisant. En anglais, espagnol et chinois. 20 $ US

politique mondiale

Les Première et Deuxième déclarations de La Havane
Manifestes de la lutte révolutionnaire dans les Amériques adoptés par le peuple de Cuba

Nulle part, les questions de stratégie révolutionnaire auxquelles font face les hommes et les femmes qui sont aujourd'hui sur le front de la lutte dans les Amériques ne sont abordées avec plus de véracité et de clarté que dans ces mises en accusation sans compromis du pillage impérialiste et de l'« exploitation de l'homme par l'homme. » Deux documents adoptés par des assemblées réunissant des millions de Cubains en 1960 et 1962. 10 $ US. Aussi en anglais, arabe, espagnol et grec.

Che Guevara : l'économie et la politique dans la transition au socialisme
Carlos Tablada

Puisant abondamment dans les écrits et les discours de Che Guevara sur la construction du socialisme, ce livre examine les relations entre le marché, la planification économique, les stimulants matériels et le travail volontaire. Il explique pourquoi le profit et les autres catégories capitalistes ne peuvent servir à mesurer les progrès accomplis dans la transition au socialisme. 21 $ US. Aussi en anglais et en espagnol.

Dire la vérité
Pourquoi la « guerre froide » de Washington contre Cuba ne cesse pas

Dans ces discours historiques aux Nations unies et à des institutions de l'ONU, Ernesto Che Guevara et Fidel Castro expliquent aux peuples du monde pourquoi le gouvernement U.S. craint tellement l'exemple donné par la révolution socialiste à Cuba et pourquoi les efforts de Washington pour la détruire vont échouer. En anglais. 18 $ US

www.pathfinderpress.com

L'INTERNATIONALE COMMUNISTE DU TEMPS DE LÉNINE

POUR VOIR L'AURORE
Baku, 1920
Premier congrès des peuples d'Orient

Comment les paysans et les travailleurs du monde colonial peuvent-ils se libérer de l'exploitation impérialiste ? De quelle façon les travailleurs peuvent-ils surmonter les divisions incitées par leur classes dirigeantes nationales et agir ensemble dans leurs intérêts de classe communs ? Voilà les questions débattues par les 2 000 délégués au Congrès des peuples d'Orient de 1920.
En anglais. 24 $ US

TRAVAILLEURS DU MONDE ET PEUPLES OPPRIMÉS, UNISSEZ-VOUS !
Débats et documents du deuxième congrès, 1920

Les discussions entre les délégués de 37 pays abordent des questions clés de la stratégie et du programme ouvriers et offrent un portrait frappant des luttes sociales à l'époque de la révolution russe. Deux volumes, en anglais. 65 $ US

LE COMBAT DE LÉNINE POUR UNE INTERNATIONALE RÉVOLUTIONNAIRE
Documents, 1907-1916
Les années préparatoires

Les dirigeants ouvriers révolutionnaires, dont V. I. Lénine et Léon Trotsky, débattent de la réponse socialiste à la première guerre mondiale.
En anglais. 38 $ US

Aussi dans la série

THE GERMAN REVOLUTION AND THE DEBATE ON SOVIET POWER (1918–1919)
[La révolution allemande et le débat sur le pouvoir soviétique (1918-1919)]

WWW.PATHFINDERPRESS.COM

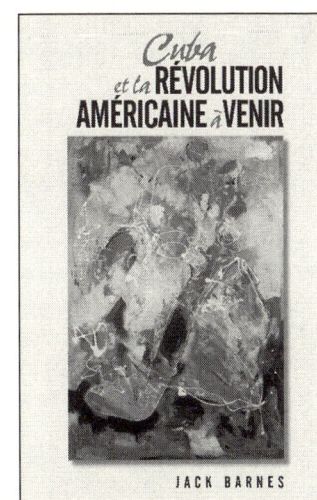

Une révolution socialiste est-elle possible aux États-Unis ?
MARY-ALICE WATERS
Dans deux présentations faites au Salon du livre international du Venezuela en 2007 et 2008, Mary-Alice Waters explique pourquoi une révolution socialiste est possible aux États-Unis. Et pourquoi les travailleurs mèneront inévitablement des luttes révolutionnaires, que les classes possédantes nous obligeront à livrer en s'attaquant à nous sous la pression de la crise. Alors que la solidarité s'approfondit parmi une avant-garde ouvrière combative, on peut déjà entrevoir les contours des batailles de classe qui viennent. 7 $ US. Aussi en anglais, espagnol et suédois.

Cuba et la révolution américaine à venir
JACK BARNES
La révolution cubaine de 1959 a eu un impact politique à travers le monde, y compris sur les travailleurs et les jeunes aux États-Unis. Au début des années 1960, dit Jack Barnes, « la lutte prolétarienne de masse pour abattre le système légal de ségrégation de Jim Crow dans le Sud marchait au pas vers des victoires sanglantes en même temps que la révolution cubaine allait de l'avant. » La profonde transformation sociale pour laquelle les travailleurs et paysans de Cuba s'étaient battus et qu'ils avaient gagnée a donné l'exemple qu'une révolution socialiste est non seulement nécessaire, mais que les travailleurs et les agriculteurs du coeur impérialiste peuvent aussi la faire et la défendre. Deuxième édition, avec une nouvelle préface de Mary-Alice Waters. 10 $ US. Aussi en anglais et en espagnol.

www.pathfinderpress.com

PATHFINDER DANS LE MONDE

Pour obtenir une liste complète de nos titres ou en commander, visitez

www.pathfinderpress.com

LES DISTRIBUTEURS DES ÉDITIONS PATHFINDER

ÉTATS-UNIS
(et Amérique latine, Antilles et Asie de l'Est)
> Pathfinder Books, 306 W. 37th St., 10ᵉ étage,
> New York, NY 10018

CANADA
> Livres Pathfinder, 7107, rue St-Denis, suite 204,
> Montréal, QC, H2S 2S5

ROYAUME-UNI
(et Europe, Afrique, Moyen-Orient et Asie du Sud)
> Pathfinder Books, 1ᵉʳ étage, 120 Bethnal Green Road
> (entrée par Brick Lane), Londres, E2 6DG

AUSTRALIE
(et Asie du Sud-Est et Pacifique)
> Pathfinder, niveau 1, 3/281-287 Beamish St., Campsie, NSW 2194
> Adresse postale : P.O. Box 164, Campsie, NSW 2194

NOUVELLE-ZÉLANDE
> Pathfinder, 4/125 Grafton Road, Grafton, Auckland
> Adresse postale : P.O. Box 3025, Auckland 1140

Adhérez au club des lecteurs de Pathfinder
et obtenez un rabais de 15 pour cent
sur tous les titres de Pathfinder
et de plus grands rabais sur les spéciaux.
Contactez www.pathfinderpress.com
ou les distributeurs qui précèdent.